Blue Book on the Development of International Competitiveness of Shanghai's Key Industries

上海重点产业国际竞争力发展蓝皮书 2021—2022

汤蕴懿 等 著

上海社会科学院新经济与产业国际竞争力研究中心

上海市商务委员会公平贸易公共服务项目资助

上海社会科学院出版社
SHANGHAI ACADEMY OF SOCIAL SCIENCES PRESS

编委会

学术指导：石良平　申卫华　干春晖

主　　编：汤蕴懿　曹　茵

副 主 编：韩　清　黄烨菁　林　兰　颜海燕

编　　委（以姓氏笔画为序）：
　　　　　　刘海燕　李锦明　张伯超　张鹏飞
　　　　　　陈嘉欢　郑　枫　孟一楠　赵文斌
　　　　　　耿梅娟　蒋程虹　瞿大光

版 权 声 明

《上海重点产业国际竞争力发展蓝皮书(2021—2022)》由上海社会科学院新经济与产业国际竞争力研究中心研制出品,本书的知识产权属于上海市商务委员会。除法律另有规定外,任何自然人、法人或其他组织如需以任何形式使用报告内容,必须经过上海市商务委员会的书面许可和授权,并注明出处。书中的所有内容和结果都是由公开数据分析、计算得出,供有关产业从业主体参考。对由于使用或依赖本书所载的任何内容而直接或间接引致的任何损失,上海市商务委员会和上海社会科学院新经济与产业国际竞争力研究中心不承担任何法律责任。

目 录

▍总报告▍

强化韧性，转化动能，为全球贸易中心建设提供更强发展支撑——2021—2022年上海重点产业国际竞争力报告暨2022SCISS指数 / 3

▍专题报告▍

亚太地区自贸协定发展趋势浅析——基于RCEP对上海重点产业的
   影响 / 27
数字化转型与上海产业国际竞争力的提升 / 62
上海国际航运中心建设与产业竞争力提升 / 76

▍重点报告▍

2021—2022年上海生物医药产业国际竞争力报告 / 85
2021—2022年上海智能制造装备产业国际竞争力报告 / 109
2021—2022年上海高端船舶和海洋工程装备产业国际竞争力报告 / 157
2021—2022年上海新能源汽车产业国际竞争力报告 / 192
2021—2022年上海化工与新材料产业国际竞争力报告 / 214
2021—2022年上海电子信息产业国际竞争力报告 / 248

总报告

强化韧性,转化动能,为全球贸易中心建设提供更强发展支撑

——2021—2022年上海重点产业国际竞争力报告暨2022SCISS指数

党的二十大报告指出,高质量发展是全面建设社会主义现代化国家的首要任务。当前,世界百年未有之大变局加速演进,世界之变、时代之变、历史之变的特征更加明显。产业是贸易根基,在技术驱动下,全球产业生态正在发生深刻变化,全球产业分工格局面临重大调整,加强对全球新型产业生态的适应和调整,契合新形势下的产业发展态势,紧扣我国经济转型和产业升级主线,加强贸易与产业的协调度,是增强贸易高质量发展的基础动力。

2021年是我国"十四五"开局之年,也是构建新发展格局的起步之年。上海作为我国最大的经济中心城市,身处这一重要历史节点,其经济的对内高质量发展与对外高水平开放具有重要意义。面对更加纷繁复杂的国际国内环境,上海经济高质量发展必须坚定不移持续提升重点产业国际竞争力,改造提升传统优势产业基础;加大战略性新兴产业,建设一批有国际影响力的先进制造业产业集群;加快建设现代产业体系,探索先进制造业和现代服务业、进口与国内产业深度融合、高效联动,将自身产业比较优势高效转化为经济社会发展胜势,通过产业高质量发展与高水平开放为上海"十四五"发展开新局、强动能、育新机。

一、2021—2022年中国产业国际竞争的环境变化

2021年是"十四五"开局之年,也是新发展格局开始构建之年。2019年的中央经济工作会议明确指出:"我国正处在转变发展方式、优化经济结构、转换增长动力的攻关期,结构性、体制性、周期性问题相互交织,'三期叠加'影响持续深化,经济下行压力加大。"2021年末召开的中央经济工作会议首次提出:

"我国经济发展面临需求收缩、供给冲击、预期转弱三重压力。"2022年的政府工作报告再次强调中国经济仍将面临"三重压力"的挑战,三重压力本质上是"三期叠加"压力的进一步延续。

与2020年相比,2022年中国企业出口面临的外部环境更加复杂,但在三年持续疫情下,中国经济内循环系统增强,以国内大循环为主体、国内国际双循环相互促进的新发展格局正在形成。

第一,2022年第一季度,中国出口规模在全球新兴经济体中仍处于领先地位,上半年中国出口与其他出口大国相比保持优势。2022年1—3月,中国相对欧盟和日韩的出口额有进一步提升的势头。2022年5月末以来,国内疫情基本稳定,长三角地区推进复工复产,对国际市场的出口重新恢复活力,增长逐步和2021年同期接近,体现了长三角出口的较强韧性。2022年5月出口总额同比超预期,达到16.9%的增长率,6月制造业PMI中的出口新订单指数反弹;6月中旬,八大枢纽港口外贸集装箱吞吐量同比创下2022年3月以来新高。

第二,2022年上半年,海外市场面临通胀压力,本土进口需求趋于萎缩,由通胀压力向宏观经济其他维度传导而来的预期下降,导致欧美本土大型企业的预期下降,新增投资意愿下降。中国出口增幅与2020年在全球的领先优势相比,有所下降。但"韧性"增强,围绕着改善供需结构,新增大型投资和鼓励新兴产业配套投入与经济刺激举措落地收到成效。

第三,全球产业链空间的"区域化"转型已经显现,跨国公司在中国以外布局离岸加工的趋势在亚太经贸和投资新格局中已经体现。以东盟十国为代表的新兴经济体市场在中国"经贸圈"的地位逐步提升。商务部的数据显示,东盟成为中国的第一大贸易伙伴。在东亚地区布局生产基地的跨国公司已经考虑在中国跨国公司可能在越南、墨西哥和印度等地建立新的制造中心,在保持效率和成本优势的同时,降低全球供应链过度依赖中国所造成的风险。

二、2021—2022年上海重点产业国际竞争力指数分析

2021年,在缺芯、缺工、缺单"三缺",以及用工、物流、原材料、能源价格"四涨"情况下,上海产业经济仍实现历史性突破,实现地区生产总值(GDP)首次突破4万亿元,达到43 214.85亿元,继续保持国内城市首位。其中,2021年上海集成电路、生物医药、人工智能三大产业制造业产值增长18.3%,是上海产业高质量发展的积极信号。集成电路产业规模占全国比重超过20%,生物医药产业科创板上市企业数量占全国总数1/4,人工智能产业重点企业超过1 150家。

然而,上海高新技术企业受本轮疫情冲击,供应链断链等问题也时有发生。在三期叠加的影响下,上海战略性新兴产业安全问题应进一步引起重视。

课题组根据过去五年上海六大重点产业国际竞争力的持续跟踪研究数据发

现,上海重点产业国际竞争力整体稳中有升,产业竞争力持续增强。在经历了2018年中美贸易摩擦和2020年的疫情大暴发冲击后,上海重点产业国际竞争力展现出极强的韧性,在迅速调整后企稳回升,为上海经济平稳健康增长奠定了产业基础。

从指数分析结果来看:上海产业国际竞争力的突出优势在于"开放"和"创新",贸易竞争力和创新竞争力呈显著逐年上升态势;企业竞争力与产业竞争力大致保持波动上升态势,2021年的短暂回落并未形成下行路径依赖;区域竞争力指标得分处于较高水平,区域内生产性服务业、重点产业政策与优惠税收政策为产业发展提供优越的环境。

(一) 总指数保持稳定,发展韧性提高

2021年,上海重点产业国际竞争力指数为129.81,较2020年的129.35略有增长,展现出上海在全球经济下行中的韧性发展能力持续增强。

回顾五年演变趋势,上海重点产业国际竞争力经历了快速提升、集中冲击、韧性增长三个阶段。

快速提升:2017—2018年为快速提升阶段,上海重点产业国际竞争力指数由122.10快速上升至125.37。

集中冲击:受中美贸易摩擦等外部负面因素影响,2018—2019年间上海重点产业国际竞争力遭受较大冲击,年度增速较2018年前有所放缓,但是仍然保持稳步增长态势,指数由125.37微幅上升至126.77。

韧性增长:上海重点产业在受到多重外部负面因素冲击,关键中间品进口成本提高,可得性与合作预期不确定性增强的不利背景下,通过深化调整,在疫情暴发后的2020—2021年借助国内疫情防控与快速复工复产先发优势实现逆势突围,2021年竞争力指数上升至129.81,展现了重点产业的国际竞争优势对上海经济的"稳定器"效应。

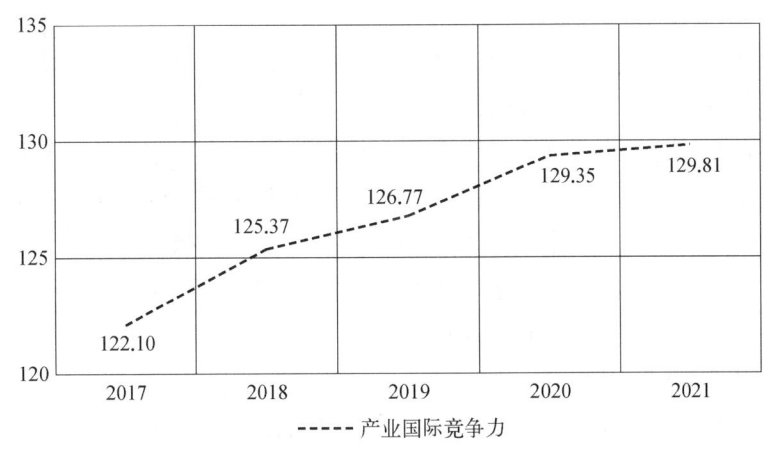

图1 2017—2021年上海重点产业国际竞争力指数的年度变动

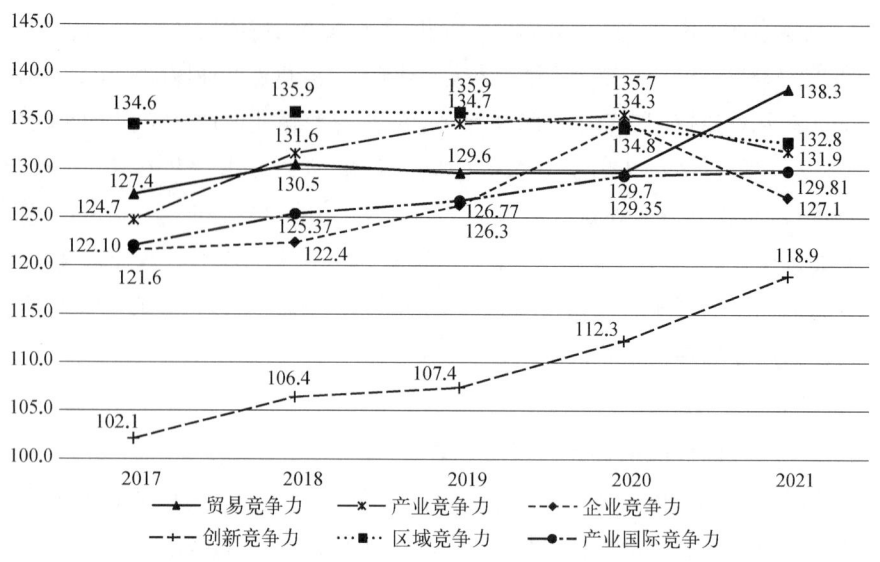

图 2　2017—2021 年上海重点产业国际竞争力总指数及二级指标变动

1. 贸易竞争力逆势上扬

从二级指标变动趋势看,上海重点产业国际竞争力指数的贸易竞争力和创新竞争力保持显著增长态势。

贸易竞争力由 2020 年的 129.7 上升至 2021 年的 138.3,增幅明显,表明上海重点产业的国际市场表现上佳,抢占海外市场份额能力突出。

2017—2021 年间,上海重点产业贸易竞争力指数呈持续上升态势,由 2017 年的 127.4 上升至 2021 年的 138.3。上海作为长三角制造业外向型产业链的枢纽,经历了三年疫情反复冲击所要求的海外市场调整、本土供应链建设和配套产业与指引性贸易政策的支持,逐步形成了抗风险能力。在 2021 年期间,总体贸易形势稳定。在 2021 年下半年至 2022 年第二季度,上海在中国出口中所占贡献份额总体保持稳定,体现了上海在主动求变和供给侧结构性改革战略发力形成的抗风险能力。

2. 创新策源功能强化

创新竞争力指标是对上海重点产业国际竞争力中"技术链"的测度,是产业技术升级和研发创新能力的体现。

创新竞争力常年来一直是上海重点产业国际竞争力较为薄弱的环节,分值在五个二级指标当中始终最低。但是,其近五年来保持强劲增长态势,创新竞争力是五个二级指标中唯一五年来始终保持增长的指标(由 102.1 上升至 118.9)。这表明上海建设全球科创中心、提升科技创新策源功能以及发展创新型经济等工作已经取得显著成效。

3. 产业集群加快布局

产业竞争力在 2020 年及之前保持显著增长态势,而在 2021 年呈下降趋势。这主要是整体产业利润水平下降所导致——受制于当前全球大宗商品和资产价格的高企不下,产业整体利润水平下降压低其整体产业竞争力表现。

4. 企业竞争日趋激烈

企业竞争力反映出上海重点产业在企业招引和集聚,产业资本配置与流量控制以及企业自身发展的独立自主性水平等,是上海重点产业国际竞争力的微观基础。

从 2017—2021 年上海重点产业企业竞争力指标变动趋势来看,2017—2020 年上海重点产业的企业竞争力指标呈现快速上升态势,由 2017 年的 121.6 上升至 2020 年的 134.8,从数值绝对值也可看出,上海重点产业在企业竞争力领域具有极大优势。2021 年企业竞争力指数下降至 127.1,但是仍然高于 2019 年指数水平。由此可预测其指数变动是呈现波动式上升的演进趋势,短期内的下降并不会形成长期路径依赖和下行态势。

5. 生产性服务配套完善

区域竞争力主要反映产业所在地的相关产业配套完善程度,比如生产性服务业集聚水平等,以及税收政策和产业政策等政策环境对产业竞争力提升的支撑作用。

从 2017—2021 年上海重点产业区域竞争力指标变动趋势来看,2017—2021 年上海重点产业的区域竞争力指标始终保持在 130 以上的高水平。尽管 2019 年后区域竞争力指标呈现微幅下降,但是其绝对值仍然保持在 130 以上。

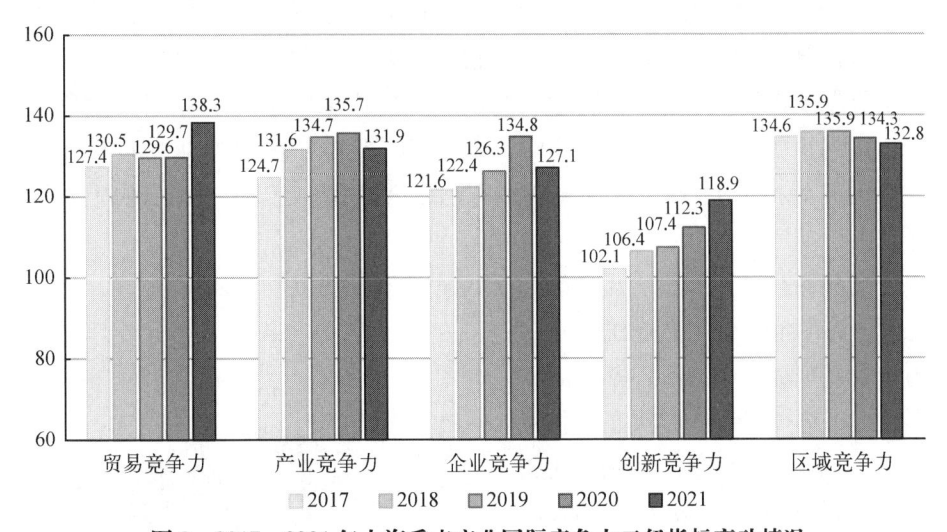

图3 2017—2021年上海重点产业国际竞争力二级指标变动情况

(二) 分行业指数贡献,硬核产业表现抢眼

1. 新能源汽车、生物医药和智能制造是上海重点产业国际竞争力提升的主要动力源

2021 年,新能源汽车、智能制造和电子信息三大硬核产业成为上海重点产

业国际竞争力提升的重要推动力量,其对上海重点产业国际竞争力的贡献度合计超过 75%。

与"十三五"时期相比,上述三大硬核产业对上海重点产业国际竞争力的贡献度明显提升。该结果反映出上海重点产业国际竞争力领域的产业集中度呈现快速上升态势,上海重点产业领域中具备显著比较优势的产业系统雏形逐渐显现。

2021 年,新能源汽车产业对上海重点产业国际竞争力的贡献度较 2017 年增长 8.34;生物医药紧随其后,贡献度在 2017—2021 年间增长 2.15;智能制造产业则为 1.83。上述三大产业构成了上海重点产业国际竞争力提升的主要动力源。此外,船舶工业在 2017—2021 年的贡献度也呈正向变动态势,其在未来很有可能成为上海重点产业国际竞争力的又一硬核支撑点。

2. 电子信息产业对上海重点产业国际竞争力贡献度微幅下降,但近期开始抬头上行

电子信息产业在 2017—2021 年间对上海重点产业国际竞争力提升的贡献度有微幅下降——近年来,电子信息产业承压因素最多,外部环境负面因素扰动使得行业在竞争力提升和产业提质增效方面面临诸多挑战。美国在电子信息领域对核心技术的"卡脖子"举措更加凸显上海电子信息产业通过强化自主创新来实现产业独立自主发展和塑造国际竞争硬核优势的必要性。从分项指标来看,上海电子信息产业过去五年的创新竞争力指数并未有显著提升,这可能是造成其贡献度指数微幅下降的重要原因之一。但是就其贡献度占比而言,电子信息产业仍然是构成上海重点产业国际竞争力新优势的重要组成部分,且在 2020—2021 年间,电子信息产业的贡献度提升 0.8,开始抬头上行,电子信息在多方承压因素背景下,有望开启向上发展通道。

3. 精细化工产业贡献度继续走低,竞争力优势重塑期待破局

上海的精细化工产业国际竞争力指数呈现先上升、后下降的倒 U 形发展态势,其倒 U 形状态的拐点年份在 2018 年。2021 年,精细化工产业国际竞争力指数为 86.32,较 2018 年的最高值 98.95 减少了 12.63。从近三年的变化趋势来看,其竞争力下行的态势并未有所好转,向上增长的拐点仍未出现,未来上海精细化工的产业国际竞争优势仍需进一步挖掘塑造。

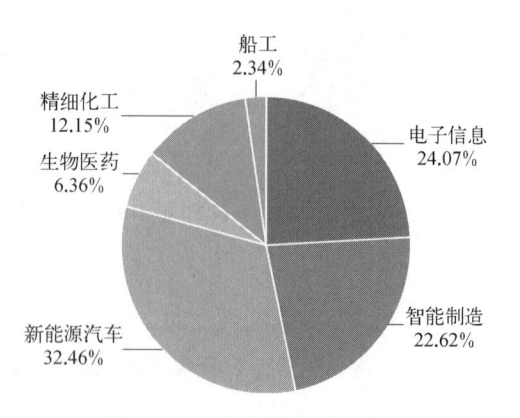

图 4 2021 年上海各重点产业国际竞争力指数贡献度

（三）三级指标各有侧重，产业体系还需升级

1. 贸易竞争力：电子信息和智能制造增速居首

电子信息和智能制造两大产业对贸易竞争力指标拉动作用最为明显，分别达到3.68和3.14；船工在贸易竞争力指标上的贡献度达到0.71，年度变化上有极大提升，与新能源汽车和生物医药等相比，成为贸易竞争力增幅首位。

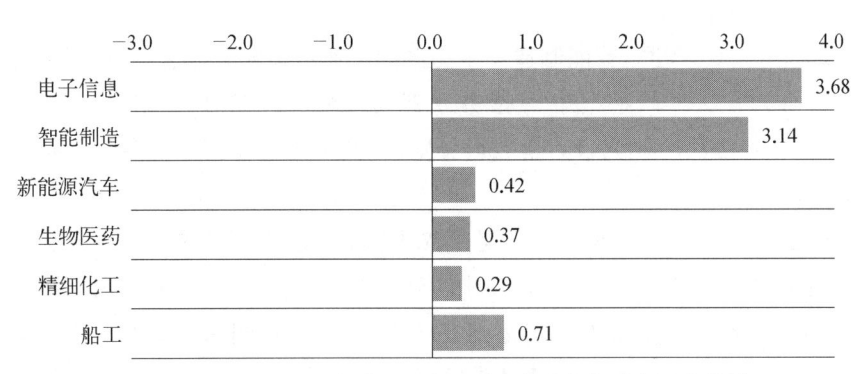

	-3.0	-2.0	-1.0	0.0	1.0	2.0	3.0	4.0
电子信息								3.68
智能制造							3.14	
新能源汽车					0.42			
生物医药					0.37			
精细化工					0.29			
船工					0.71			

图5 2020—2021年上海重点产业贸易竞争力指标分行业变化情况

上海重点产业贸易竞争力逐渐加强。如表1所示，新能源汽车在2017—2019年由27.455上升至36.742后，在2019—2021年间，其贸易竞争力指标均保持在36以上的水平波动演进。化工产业在2017—2019年由15.311上升至17.975之后，其贸易竞争力指标也在随后始终保持在17以上的水平波动演进。

表1 2017—2021年上海贸易竞争力指标分行业贡献度

行　业	2017年	2018年	2019年	2020年	2021年
电子信息	42.052	39.935	36.811	36.388	40.063
智能制造	34.981	33.309	31.334	31.388	34.530
新能源汽车	27.455	30.960	36.742	36.160	36.584
生物医药	5.091	5.167	5.195	5.895	6.266
精细化工	15.311	18.310	17.975	17.611	17.899
船工	2.543	2.830	1.558	2.291	2.998
汇总	127.433	130.512	129.615	129.734	138.341

2. 产业竞争力：智能制造和生物医药持续走强

2020—2021年期间产业竞争力比上一年有所下降，其中新能源汽车产业和化工产业对其贡献度呈现负向拉拽态势，上海精细化工行业产业竞争力贡

献度在 2020—2021 年之间为 −0.49,影响较小。新能源汽车行业的产业竞争力贡献度为 −8.81,影响较大。究其原因可以从几个方面来理解:一方面,本土新能源汽车行业的市场日趋激烈,导致上海新能源汽车行业在国内的市场份额开始有所下降。另一方面,2020—2021 年间发生了全球性芯片短缺,新能源汽车行业进口关键中间品的成本提高,导致其利润被拉低,从而行业整体盈利水平也跟着下降。

2017—2021 年间,智能制造和生物医药产业贡献度呈显著上升态势,智能制造行业 2017 年产业竞争力指数贡献为 25.779,2021 年则一路上升至 30.437,生物医药产业竞争力指数得分则由 2017 年的 4.371 一路上升至 2021 年的 6.554。

电子信息和船工产业贡献度呈现先下降、后上升的演变态势。电子信息产业竞争力得分在 2017—2019 年间由 31.981 下降至 26.699,随后又一路上升至 28.028。船工产业竞争力指标则在 2017—2019 年间由 2.251 一路下降至 1.225,随后又一路上升至 2021 年的 2.754。

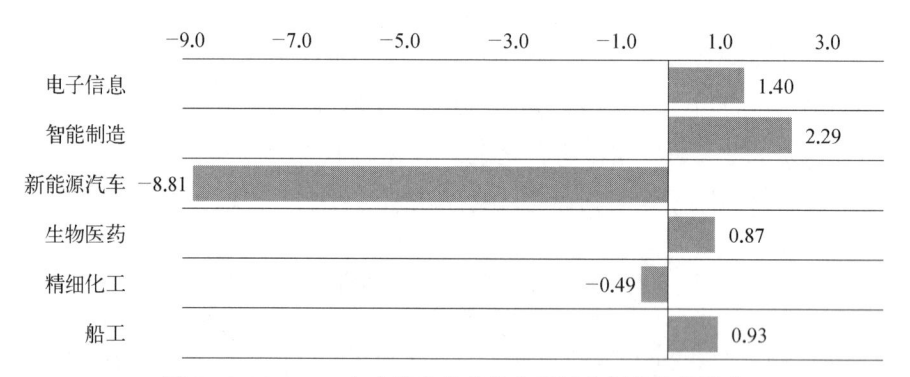

图 6 2020—2021 年上海产业竞争力指标分行业变化情况

表 2 2017—2021 年上海产业竞争力指标分行业贡献度

行　业	2017 年	2018 年	2019 年	2020 年	2021 年
电子信息	31.981	31.749	26.699	26.624	28.028
智能制造	25.779	26.694	25.339	28.146	30.437
新能源汽车	40.140	41.136	56.530	54.139	45.330
生物医药	4.371	4.399	4.315	5.681	6.554
精细化工	20.201	24.908	20.608	19.247	18.757
船工	2.251	2.736	1.225	1.824	2.754
汇总	124.724	131.622	134.716	135.660	131.860

3. 创新竞争力方面,生物医药创新竞争力贡献度最高

各行业创新竞争力贡献度最高的是生物医药,达到 2.392;稳健性方面,以新能源汽车产业为代表的高端装备产业上升最为稳定,在 2017 年的指标为 33.187,2021 年上升至 46.082;2019 年以后,智能制造、生物医药和船工行业的产业竞争力贡献度开始进入 U 形上升拐点;然而,电子信息的创新竞争力贡献度基本保持在 23—26 之间波动,精细化工的创新竞争力贡献度总体偏低,大致维持在 11—15 的区间波动,其在 2021 年的创新竞争力贡献度已经跌破 2017 年水平。究其背后原因,主要是其研发活动的投入强度过低以及创新产出的数量减少。

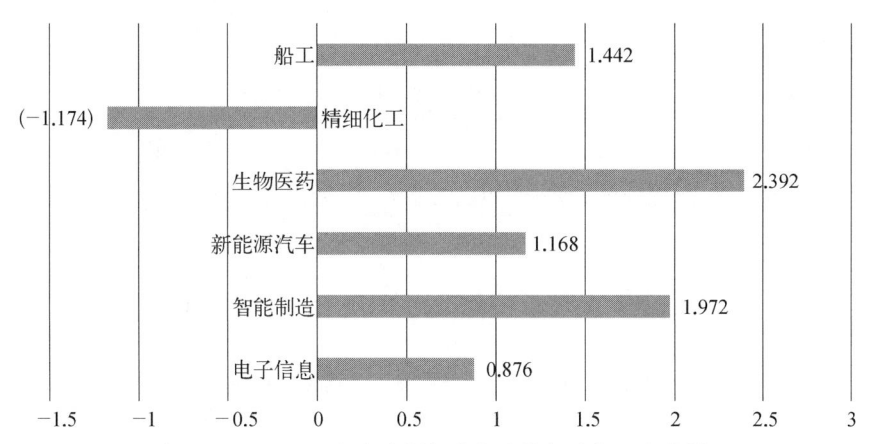

图 7　2020—2021 年上海创新竞争力指标分行业变化情况

表 3　2017—2021 年上海创新竞争力指标分行业贡献度

行　　业	2017 年	2018 年	2019 年	2020 年	2021 年
电子信息	26.137	25.677	23.620	23.884	24.760
智能制造	21.508	20.703	19.828	21.756	23.728
新能源汽车	33.187	39.810	45.583	44.915	46.082
生物医药	6.990	5.254	5.159	6.886	9.278
精细化工	11.950	12.429	11.834	12.374	11.200
船工	2.311	2.531	1.364	2.444	3.886
汇总	102.084	106.405	107.386	112.258	118.934

4. 企业竞争力方面,新能源和精细化工下降明显

从分行业变动趋势来看,2020—2021 年上海重点产业企业竞争力指数得分下降的主要原因是新能源汽车和精细化工产业的贡献度是显著负向的。其

中,精细化工的负向值高达-10.32,新能源汽车产业的负向值则为-6.13。在正向贡献的产业当中,贡献值最高的是生物医药,但是其贡献值仅为3.47,远不能抵消新能源产业和精细化工产业的负向冲击。

究其原因,主要是新能源汽车的产业链强度和产业链韧性水平在近年来有所下降;而精细化工产业则是由于上海产业政策导向的调整,其在吸引外资方面开始走弱,精细化工的产业资本来沪发展态势趋缓,造成精细化工产业的企业竞争力水平下降。

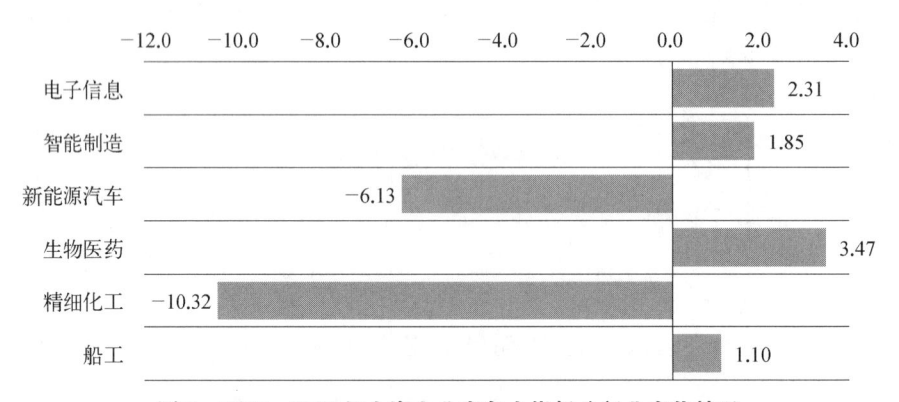

	-12.0	-10.0	-8.0	-6.0	-4.0	-2.0	0.0	2.0	4.0
电子信息								2.31	
智能制造								1.85	
新能源汽车				-6.13					
生物医药									3.47
精细化工		-10.32							
船工								1.10	

图 8 2020—2021 年上海企业竞争力指标分行业变化情况

表 4 2017—2021 年上海企业竞争力指标分行业贡献度

行　业	2017 年	2018 年	2019 年	2020 年	2021 年
电子信息	33.741	31.178	28.633	29.030	31.335
智能制造	31.848	30.685	29.870	32.127	33.982
新能源汽车	24.481	28.260	38.480	42.452	36.323
生物医药	7.814	5.335	6.693	7.911	11.383
精细化工	21.698	24.594	21.410	21.272	10.949
船工	2.053	2.328	1.174	2.014	3.114
汇总	121.636	122.381	126.261	134.806	127.085

5. 区域竞争力方面,电子信息和智能制造政策体系最完善

在分行业当中,贡献度最高的是电子信息和智能制造,分别达到1.54和1.36,上述两大产业是上海重点发展的先导性产业,产业政策和税收优惠政策均十分优越。但是,电子信息产业的区域竞争力贡献度由2017年的36.708下降至2021年的32.025,船工产业则由3.200下降至2.418,下降趋势明显。生物医药产业的区域竞争力指标贡献度呈现显著的稳步上升态势,其在2017年

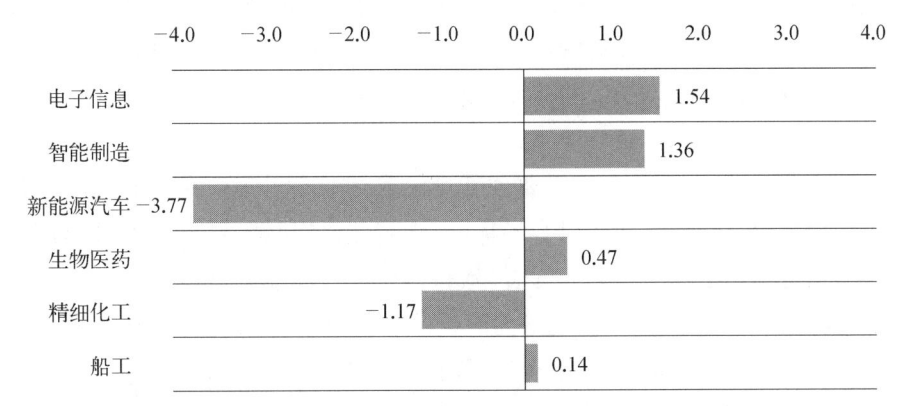

的指标为 6.294，2021 年上升至 7.826。

```
         -4.0   -3.0   -2.0   -1.0   0.0   1.0   2.0   3.0   4.0
电子信息                                    1.54
智能制造                                    1.36
新能源汽车 -3.77
生物医药                                0.47
精细化工              -1.17
船工                                 0.14
```

图 9 2020—2021 年上海区域竞争力指标分行业变化情况

表 5 2017—2021 年上海区域竞争力指标分行业贡献度

行　　业	2017 年	2018 年	2019 年	2020 年	2021 年
电子信息	36.708	34.774	30.579	30.489	32.025
智能制造	23.507	23.542	21.400	22.760	24.116
新能源汽车	43.730	45.681	54.635	50.152	46.382
生物医药	6.294	6.248	6.276	7.351	7.826
精细化工	21.192	22.185	21.373	21.239	20.073
船工	3.200	3.478	1.617	2.279	2.418
汇总	134.632	135.908	135.881	134.270	132.841

三、2023 年上海重点产业国际竞争力新环境、新机遇和新挑战

（一）全球经济下行中蕴藏新动能

1. 全球经济面临多重下行压力

新冠肺炎疫情在全球的大流行对世界经济造成了前所未有的负面冲击，后疫情时代全球主要经济体经济复苏不均衡态势将进一步持续，进而拉低全球经济与贸易增长预期。世贸组织在 2022 年 11 月预计，2022 年全球商品贸易量将增长 3.5%，略高于 4 月预测的 3.0%，但 2023 年增长率预计仅为 1%，远低于此前估计的 3.4%。预计全球 GDP 将在 2022 年和 2023 年分别增长 2.8% 和 2.3%。

地缘政治进一步紧张。美国科技霸权主义将进一步延续,一些重要产业链供应链遭到人为干扰,俄乌冲突加剧东西方对立与割裂;主要经济体宽松政策效应持续外溢将持续推动资产价格与大宗商品价格上行,大宗商品价格高位波动,全球通胀居高不下,国际金融市场持续动荡。

2. 未来产业进入加速培养周期

从产业创新方向看,全球主要创新型国家产业布局集中在智能、低碳、健康等前沿方向。智能体现在对半导体、人工智能、区块链、量子技术、机器人、脑神经信息等前沿技术集群的部署;低碳体现在对新能源、生物能源、绿色交通、氢能、低碳工业、低成本核能等前沿技术集群的部署;健康体现在对未来医学、生物信息学、疫苗研发、精准医疗等前沿技术集群的部署。

从产业转型趋势看,注重在传统产业基础上孵化新兴方向并形成未来产业。如美国利用先进技术升级传统制造业、俄罗斯基于新技术与传统产业融合提出九大市场方向等。

全球产业链布局呈现本土化、区域化、松动化趋势;产业链组织方式则呈现短链化、集群化、智能化态势。未来会形成从技术、生产、产品到商业的全产业创新链。

贸易流量和结构发生变化。世界经济和战略重心已经从欧美向亚太地区转移,尤其是东亚地区崭露头角,成为大众媒体和竞争的对象;传统货物贸易比重将进一步降低,服务贸易、数字贸易等新型贸易形态将进一步涌现。

未来产业更需要推动"政产学研用金"等多方互动形成创新链。由于较强的前瞻性和不确定性,主要创新型国家注重技术转化与知识产权并行,形成各类产业新技术、新要素、新主体联合推动方式。

(二) 区域产业体系重构中蕴含新机遇

1. 供应链:效率与安全平衡并重

以跨国公司为主体的跨境供应链组织者,在疫情持续反复中,愈发重视价值链各环节的要素配置,与空间格局中"效率—安全"的平衡关系。其中,针对制造业链中关键缺陷的"弥补之道",既包括对内降低复杂度、提高数字化水平,也包括企业供应链的"区域"和"多元"布局。

疫情暴发前,世界市场总体处于低风险环境中,跨国公司普遍追求集中、准时、极致的"零库存"来降本增效,以低成本供应和最小库存作为供应链管理的核心原则总体有效,但伴随着制造业领域国际专业化分工的日趋加深,全球产品供应链日趋复杂化、网络化,导致对风险的抵抗能力降低,以生产率和经济效益为核心的生产布局不断强化着供应链内在的脆弱性。

2020年的新冠疫情暴发与蔓延集中暴露了全球供应链的这一内在弱点。其中,制造业似乎比其他行业更容易出现延误和中断。部分原因是其他行业对制造业依赖,另一个原因是供应链中严重缺陷的共性,由于供应链运营结构呈"线性"模式特点,供应链上游出现干扰时,必将影响下游,譬如原物料短缺会中断生产,成品交付延迟则导致市场缺货,最终冲击销售等供应链上的其他节点,无法灵活应对日益增加的突发事件。

跨国供应链,特别是重要环节的"多元"布局愈发凸显。

信息技术制造业产业链是所有产业中跨国专业化分工较深,同时供应链非常复杂,价值链的跨国迂回度高的产业链,并随着技术升级换代而趋于复杂。该领域的主要跨国公司对于下一阶段海外生产与供应链管理理念和策略因为疫情而作了较大调整。疫情导致的供应链"断链"与持续升温的贸易保护主义市场态势叠加,更加传递出产业安全胜过效率的"安全"理念,企业将关键中间品供应的抗风险与多元化供应渠道建设置于更高的地位。针对现阶段制造业产业链在全球高度分散的潜在风险,在跨国生产策略转型中,高度重视兼顾专业化分工效率与供应安全,以"弹性供应链"建设来提升产业链抗风险能力,对于海外投资的空间布局强调多个空间节点的"平行投资"。

表6 制造供应链中的7个关键缺陷以及如何弥补

企业复杂性	复杂性是供应链脆弱性的最重要驱动因素。制造行业供应链涉及许多步骤,其中信息、产品和材料必须经过多方处理。这些复杂的网络使快速跟踪和响应中断变得困难。	以供应链流程的数字孪生来模拟变化,从而找到简化流程,降低复杂性。
供应链碎片化	制造商越来越依赖第三方公司来生产专用组件。最近的半导体短缺揭示了这种依赖如何使其难以理解和适应变化。	制造商还应增加第三方之间的沟通。规定企业特定的库存规模。
缺乏库存可见性	只有6%的企业报告拥有完整的供应链可见性,而46%的企业依靠人工方法进行库存跟踪或根本不跟踪。新冠疫情导致需求急剧变化,缺乏透明度导致过度订购和订购不足导致过剩和短缺。	提高库存可见性的关键是摆脱人工统计系统。制造商必须使用RFID标签或物联网跟踪器为其库存中的所有零件和产品提供实时位置数据,并构建仓库管理系统(WMS)。
缺乏货物运输的可见性	企业将集装箱滞留在过度拥挤的港口,导致运输时间延长了20%。而其解决方案是采用实时跟踪技术。	增加货运中的远程信息处理系统和物联网跟踪器,供应链根据数据来通知战略变化,例如运送到另一个港口以避免拥堵或采用另一条路线以获得更安全的交付;监控货运司机的绩效指标,以帮助他们提高效率,并降低保险费率。随着时间的推移,这些数据还可以揭示制造商可以用来设定基准或未来目标的趋势。

续表

对单一来源的依赖	准时制造模式最显著的缺陷之一是它对单一供应商的依赖。当供应商由于当地或地缘政治问题而突然变得不可用或不可靠时,可能会造成重大的中断。	制造商的目标应该是拥有少数主要供应商,同时通过多个较小的、地理上分散的供应商,采用分布式采购来防止这些中断,但要避免庞大的供应网络。
对国际供应链的依赖	地缘政治和特定地区中断供应链,对国际企业依赖增加了风险。	制造商应寻找更接近生产的来源,同时制造商也必须进行国内采购,以减少运输时间和成本,在出现中断时更快地适应。
对供应链的网络攻击	由于物联网连接的增加,供应链是最容易受到网络攻击的目标之一。仅2021年第一季度,网络攻击数量就增加了42%,影响了制造行业137家企业700万名员工。	供应链将网络分段以将项目和数据分开,并加密所有数据传输。制造商应仅与能够证明其拥有强大安全措施(例如满足行业网络安全标准)的企业合作。

资料来源：瀚云科技；课题组加工整理。

2. 产业链：多点与集群共同发展

从全球产业链发展历程看,在利润最大化的驱动下,国际水平分工和垂直分工持续深化细化,一方面促进了资本收益的提升,另一方面也使各国之间的依赖度明显上升。然而,逆全球化思潮涌现及新冠疫情暴发导致保护主义盛行,全球产业链在空间布局上加快重组,跨国公司产业链在本土化、区域化、松动化的动向逐步显现,对于上海与长三角在全球制造业分工网络内的定位构成较大变数。在这一形势下,上海亟须识变、应变,顺势而动。

产业链关键环节本土化近岸化趋势加快。决定全球产业链分布的主要标准将是综合成本而非单一经济成本,关键产业链和关键生产环节的国际竞争趋于白热化。

以美国为代表的西方国家意识到现有的全球产业链分工模式存在巨大风险。只有牢牢掌握涉及国家安全、经济安全的关键产业链和关键生产环节,才能使本国在面临外部冲击时处于主动地位。在政府推动及风险规避的影响下,推动关键产业链回归本土、实现关键核心环节的自给自足成为各国产业布局的优先考量,传统全球化模式面临极大挑战。

美国自2016年对华发起贸易摩擦以来,围绕着高技术产业各类要素投入开展"闭环"式空间布局调整：一方面,从政界、政府、投资人,美国各界就加强产业安全达成高度一致,降低对中国的离岸生产和配套产品专业化分工的依赖；另一方面,通过对本土产业链缺失的制造环节加大投资,以完善产业链布局,降低对外依赖,填补产业链早期转移到新兴市场的加工与配套生产环节。2019年以后,日本政府多次呼吁本国大型企业从中国"搬家"回日本本土,并出台了一些激励方案,释放出贸易和跨国资本未来有放慢的信号,全球生产网络之间合作紧密度下降,这或将导致亚太地区制造业供应链的"碎片化"态势。以中国市场为目标的高技术中间品"断供"开始显现,跨国公司离岸外包业务模式也呈现收缩趋势。

产业链生产环节集群在特定区域集中趋势加强。以美国为代表的发达国家已经开始逐步收缩产业链的全球化布局,试图通过产业链回归和加速再工业化来打造区域产业链体系。与此同时,为降低对美国等发达国家的技术和市场依赖,中国也在加快补链强链,建立一套自主可控的技术创新体系和统一大市场,并加强区域合作,扩大区域内需,稳定区域产业链。未来以区域中心国家掌控核心环节、周边国家配套生产的区域经济小循环将进一步凸显,传统的全球经济大循环将出现一定程度的松动。

产业链集群会在一定空间范围内,不同企业在非一体化的前提下进行分工生产,从而在较小的特定空间内实现产品内分工,这意味着产业链的空间分布将改变传统的全球化分布形态,产业链中的企业将有可能不会再遍布全球,而是在某一特定区域内形成囊括产业链绝大多数中间品的生产集群。发展区域产业链集群,可以在获取产业链分工收益的前提下,有效缩短物流时间,大幅提高物流效率,明显降低物流成本,最大限度避免自然灾害、公共卫生事件等各种突发事件的冲击,提升产业链的抗风险能力。

3. 价值链:数字与绿色重塑规则

数字化技术将促进产业链环节的整体化。随着新技术和传统产业的深度融合,新经济、新业态、新模式加快发展,个性化、定制化生产模式将逐渐取代传统的生产方式,将要求企业缩减产业链的生产环节,提高生产对需求的反应灵敏度,进而实现"C2M"生产模式,并且数字化技术的应用也有助于企业减少产业链分工环节,促进产业链环节有机整合,使产业链由累加式体系转向共生协同的统一体系。

数字化供应链将提升价值链两端能力。疫情给全球供应链的正常运行带来了巨大的负面影响,但同时也加速了新型数字技术在供应链生产、服务活动中的部署。2020年全球疫情暴发后,发达国家的"在线经济"成为主要增长点,全球供应链自身有很大一部分业务是商务服务、管理沟通与电子商务平台的信息服务。在服务活动方面,虽然疫情对供应链中传统的服务提供方式(包括跨境交付、自然人流动等)造成严重打击,却加速了远程通信、区块链、物联网等新型数字技术的部署,这些技术在保障疫情防控期间全球供应链的协作效率和反应能力方面发挥了巨大作用。例如,远程会议软件ZOOM在疫情防控期间参与会员日峰值突破3亿人,2020年第一季度总营收为3.28亿美元,同比增长169%。许多跨国企业甚至表示,在疫情恢复之后会考虑永久使用远程会议取代现场会议。此外,由于3D打印、智能机器人、区块链、远程通信等技术有助于降低制造业中低成本劳动力的竞争优势，新型数字技术在加速全球供应链数字化转型的同时，也会推动全球供应链的再平衡进程。

供应链组织与要素配置构成的智能化趋势日趋明朗。随着新一代信息技术的逐步成熟并投入使用，传统产业链的数字化、智能化进程将进一步加快，新型产业链发展模式将以数据为关键要素，推动上下游企业间、链内外企业间的数据共享，从而构建一个可视化的供应链网络，进而有效整合产业链各环节，最终实现不同产业间的协同优化，这一模式有助于降低供应链中的效率损耗，促进整个供应链高效运转。另外，新兴智能科技的发展带来了全新的业态和产业，5G、工业机器人、3D打印、大数据、人工智能等与智能化相关的新兴产业加速兴起，推动形成新的产业链。其中，工业机器人、人工智能等技术具有劳动替代特性，可能改变各国的劳动禀赋；3D打印技术则将改变中间品贸易模式，推动本地化生产成为可能，这些新兴产业都将在很大程度上影响未来的全球产业分工趋势。

（三）提升上海产业国际竞争力的挑战

虽然经过持续的疫情，上海的产业国际竞争力保持稳定，内生性动力增强，但从未来升级看，当前上海重点产业国际竞争力还存在较大提升空间。

一是上海在战略性产业领域对关键设备进口依赖度大，产业链高价值部分与核心环节尚未掌握。据海关统计，在2019年，我国仪器仪表进出口总额分别为519.93亿美元和338.38亿美元，逆差额高达181.55亿美元。

二是长三角地区制造部门受国际市场上游产品价格波动制约，影响其中长期发展。受新冠疫情与俄乌冲突爆发影响，上游供应链关键产品价格大幅度波动，对长三角地区的制造业企业而言，构成极高的成本压力。中小企业退出市场的比例在过去一年有所提高，对于长三角整体市场带来疲弱则进一步冲击企业维持与扩大产能的信心。

三是创新链与产业链接续障碍明显，研发优势向产业优势转化力不足。（1）上海创新链的中试环节薄弱，导致上游研发与下游产业化脱节严重。与美国具有多个国家级新药研究实验室与成熟的中试工艺技术平台相比，上海由于中试投资金额和运营成本投入不足，生物医药2021年在全国排名仅为第3位。（2）上海创新熟化环节薄弱。上海既是全国风投机构最为集聚的城市之一，也是早期投资机构最为密集的城市之一。但在2021年41家"硬科技"企业种子轮、天使轮融资中，北京、深圳、杭州和苏州等地的国资风投机构，在上海初创企业的早期融资中表现更为活跃，而上海获得科技成果转化风险投资的创新主体多为高校、科研院所。

单位：美元/吨

图10　2019年第一季度至2022年第一季度国际铜价

数据来源：伦敦金属交易所（LME）（https://www.lme.com/）。

四是战略性新兴产业中民营企业发展弱势，"鲶鱼效应"未能充分激发创新活力。2020年面对严峻复杂的国际国内形势，上海市地方国有企业充分发挥了国资国企"压舱石""主力军"作用，将80%以上新增投资聚集在关键核心产业，为全市经济和社会发展作出了积极贡献。但上海始终较为缺乏有竞争力的民营领军企业，尤其是新兴领域的龙头企业还不够多，独角兽企业仍需加大培育力度。

五是服务制造产业融合程度不高，中间环节存在较大缺失。（1）本次疫情的特点就决定了上海服务业内多数行业生存与发展会受到极大的影响，并波及相关的服务业和制造业，甚至农业的部分行业。（2）与制造业融合的高端生产性服务业仍有很大的市场发展空间。服务业对上海经济的贡献早已超过70%，制造业则不到30%，但占上海服务业增加值60%的生产性服务业，虽然比重已经不小，接近发达国家服务业增加值"70%"的比例状况，但其结构仍有待完善。（3）缺少有影响力的综合性工业互联网平台，无法支持全面数字化转型。上海工业互联网行业发展尚处于早期，行业处于无序竞争状态，平台较多但缺乏影响力，行业集群效益有限。

四、2023年上海重点产业国际竞争力提升建议

（一）构筑更安全的产业链供应链

1. 上海要更加重视供应链弹性及安全

将维护供应链安全上升为国家战略，进一步处理好效率成本与安全、政府与企业、自给自足与可行性三者之间的关系。尽快启动新一轮新基建投资计

划，提供保障资金支持，持续推动半导体、生物技术和生物医学、可再生能源和储能等产品能够进一步融入全球市场。通过加大出口信贷、基金投资等方式为上海企业尤其是中小企业提供融资支持和政府审批上的便利。

2. 围绕 RCEP 加强近岸布局

发挥上海在国内国际双循环中的战略链接作用。上海的优势产业应抓住 RCEP 生效实施的机遇，进一步开拓 RCEP 成员国市场，要鼓励企业"走出去"，同时也要把"引进来"做精，积极开展在 RCEP 区域的跨国产业链合作，利用好 RCEP 的机遇，加深区域产业链供应链合作，推动企业开展研发和技术交流，促进区域产业链深度融合，防范贸易摩擦冲击，全方位强化上海产业竞争力。

3. 加深友城供应链合作网络

目前，上海已建立起以新加坡、美国芝加哥市、日本大阪府等地市为节点的国际友好城市网络。建议形成以友城为节点的覆盖全球主要国家的供应链网络体系。可以将供应链合作纳入友城合作协定，重点聚焦在数字平台互联上，主要是操作系统的互操作性和标准统一等方面。尤其需要以新加坡为节点，形成上海人工智能供应链在东南亚区域的供应链网络；以美国芝加哥市为节点，形成上海生物医药在北美区域的供应链网络；以日本大阪府为节点，形成上海先进制造在东北亚区域的供应链网络。

（二）超前谋划未来产业新布局

1. 强化高端产业引领功能

积极布局未来发展新赛道，推动"三大先导产业"规模倍增，"六大重点产业"创新突破，新兴产业积厚成势，传统产业改造升级。扎实推动绿色低碳、元宇宙、智能终端、数字经济等新赛道产业加快发展，完善发布未来产业行动方案，聚焦产业技术新方向，围绕未来健康、未来智能、未来空间、未来能源、未来材料等新领域，布局一批产业创新中心，组织一批重大项目，培育一批创新型企业，加快构建新型产业体系。

2. 强化园区核心承载作用

做大增量：以临港新片区为战略增长极，依托《临港新片区三年行动方案》，将临港新片区打造成为"十四五"产业发展的战略增长极。

布局变量：以五个新城为战略支点，是未来产业发展的重要承载区和经济增长点，要依托现有主导产业定位，大力引进全球领先的创新型企业、总部型企业，促进产城融合，与头部企业共同创新，形成具有独特产业特点和产业生态的集聚区。

优化存量：打造特色产业园区。53 个特色产业园区作为高端产业的重要承载，加大园区产业类重大设施和功能性平台布局，提升园区交通和市政等配套服务设施水平，搭建园区产业空间信息平台，研究促进盘活存量产业用地的税费制度，鼓励盘活存量用地。

3. 持续完善数字基础设施建设

数字基础设施是数字化转型顺利进行的基础条件，更是产业国际竞争力提升的保障。一是持续推进5G覆盖同时，前瞻性布局6G。相比5G，6G在沉浸式体验等方面具备明显优势，且美国已在谋求联合欧盟、日本等在6G领域重新夺回主导权，需要上海加快布局6G先行示范区。二是加快推进传统基础设施通过数字技术进行改造升级，重点是推进人工智能、物联网等数字技术在海关、物流、仓储等领域的融合创新，为通关、物流等提供便利，降低价值链链接成本，提升产业国际竞争力。三是进一步提升大数据中心能级，重点是升级服务器硬件等，提升大数据中心的性能和效率。数字化转型与产业国际竞争力提升的内在逻辑。

数字化转型是指以数据为核心要素，通过数字技术的创新应用，带来产品或服务创新，以及业务流程和商业模式的变革，最终引发经济发展范式的转变。

对于特定产业而言，数字化转型将会带来生产成本和贸易成本降低、劳动生产率提升等经济效应，另从两个维度对产业竞争力产生影响：一是会从市场垄断、交易成本、经济效率和知识溢出等维度对传统产业的国际竞争力产生影响，二是数字产业本身在国际市场中所具有的竞争力。

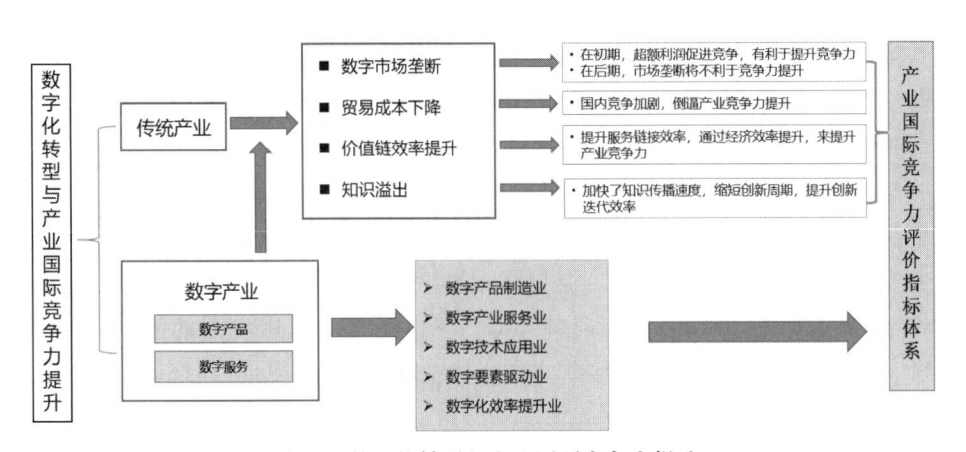

图11 数字化转型与产业国际竞争力提升

4. 在新产业中争取规则话语权

一方面要完善国内相关法律法规，打造市场化、法治化、国际化的营商环境。另一方面对标高标准电子商务规则，为区域内跨境电子商务等外贸新业态提供更好的营商环境和制度保障；放宽市场准入标准，将服务贸易正面清单逐步转为负面清单，促进市场公平竞争，加大知识产权保护力度，建设统一大市场；提升国内监管能力水平，对内优化事前、事中、事后审查监督管理流程，对外重视运用国际规则维护本土权利；深化国有企业改革，调整产业政策，建立健全现代企业制度；加强对劳工的保护，坚持依法治理，提倡环境保护等。

（三）更好顺应新兴消费发展趋势

近年来，国际国内消费市场处于急剧变化中，上海要密切关注未来消费发展趋势，在跨周期外向型经济的大背景下，相关的支持政策措施需要靠前发力。

1. 针对"Z世代"群体消费需求，进一步挖掘消费潜力

采取跨周期调节措施，加快构建以"Z世代"为重心的消费市场，提供更具个性化、定制化和优质的产品和服务，培育更加具有可持续性和竞争力的消费市场。

同时，针对国外"Z世代"消费群体需求，提前布局海外仓。高效快捷地满足消费者需求是未来国际贸易的关键，根据不同国家消费群体对产品和服务需要趋势分析与研究，借鉴希音（SHEIN）发展电子商务经验，有针对性地布局海外仓，及时满足海外消费群体的需求。

根据国内"Z世代"消费群体需求，挖掘消费品进口潜力。以举办进博会为契机，不断扩大进口类别，调整优化跨境电商零售进口商品清单，更好满足多元化消费需求。

此外，还要重视春节、中秋、国庆节等重大假日对消费的拉动作用，举办形式多样的"Z世代"喜爱的品牌促销活动，刺激消费，带动经济增长。

2. 把握新消费理念，提前布局品牌消费和绿色健康消费

上海建设国际消费城市，需要抓住年轻消费群体的国潮品牌发展机遇。一是抓住城市数字化转型先机，大力培育网络消费品牌，尤其是要实施传统消费品牌、老字号重振和网络新消费联动计划，引领时代新国潮的特色产品，努力在改变中把握发展机遇。二是提早布局绿色消费赛道，尽早布局绿色消费，将"绿色元素"贯穿在商品流通各环节。三是瞄准具有爆发力的健康消费领域，创造源源不断的消费能力，从构建国民健康体系的视角，培育体育、健身、养生消费。

3. 优化国际贸易服务新体系，拓展商业运行服务新模式

一是加快发展跨境产业电商平台，构建全流程的跨境数字服务体系，更好助力中小企业拓展海外市场。二是搭建商贸市场主体诚信评估体系，营造良性市场环境，实现消费与产业双向驱动的数字贸易，带动国内品牌升级。三是加快线上线下消费有机融合，培育壮大智慧产品和智慧零售、智慧旅游、智慧广电、智慧养老、智慧家政、数字文化、智能体育和"互联网＋医疗健康""互联网＋托育""互联网＋家装"等消费新业态。

4. 加快服务贸易新发展,提升国际规则制定能力

随着上海自贸区服务业的扩大开放和城市数字化转型,将为服务贸易和数字贸易发展带来巨大消费潜力和发展机遇。未来上海国际贸易中心建设要着力发展服务贸易和数字贸易,形成"两条腿走路"的主要贸易新格局。一是依托浦东高水平改革开放、自贸试验区和临港新片区、虹桥国际开放枢纽等重大战略载体,率先推进服务贸易制度创新先行先试,提升我国制度型开放水平。二是加快"数字贸易国际枢纽港"建设,形成良好的市场主体培育生态环境。

执笔:

汤蕴懿　上海社会科学院应用经济研究所副所长、研究员

韩　清　上海社会科学院经济研究所数量经济研究室主任、研究员

黄烨菁　上海社会科学院世界经济研究所全球化经济研究室主任、研究员

张伯超　上海社会科学院经济研究所助理研究员

张鹏飞　上海社会科学院世界经济研究所助理研究员

专题报告

亚太地区自贸协定发展趋势浅析

——基于 RCEP 对上海重点产业的影响

在 2020 年 11 月 15 日《区域全面经济伙伴关系协定》(RCEP)签署后召开的两次国务院常务会议上,国务院总理李克强先后部署加快做好 RCEP 生效实施的国内有关工作,落实中国深入推进高水平制度型开放,要求全面认识更大范围、更高标准开放与竞争带来的机遇和挑战,努力在市场竞争中拓展合作发展空间。上海的相关经贸决策部门提出,需要充分利用 RCEP 等自贸协定,建设新型国际贸易先行示范区。近年来亚太地区自贸协定不断整合深化,RCEP 的正式生效将进一步引导区域贸易投资自由化便利化程度的提升。如何利用好大型自贸协定的优势,在更大范围内完善产业分工、促进价值链融合发展,是未来推进亚太区域经济一体化的重要议题。

一、RCEP 协定签署与落实的现状

(一) RCEP 概述与特有的规则安排

《区域全面经济伙伴关系协定》(RCEP),即由东盟与中国、日本、韩国、澳大利亚、新西兰共 15 个成员方推动达成,旨在通过削减关税及非关税壁垒,建立亚太统一市场的大型区域自由贸易协定。

1. RCEP 的基本情况

RCEP 由东盟于 2012 年发起,在经历 8 年 31 轮谈判后,最终各成员国达成一致,于 2020 年 11 月 15 日签署 RCEP,这标志着世界上涵盖人口最多、经贸规模最大、最具发展潜力的区域自由贸易协定正式启航。2022 年 1 月 1 日,RCEP 在新加坡、越南、泰国、文莱、柬埔寨、老挝 6 个东盟成员国,以及中国、日本、新西兰、澳大利亚 4 个非东盟成员国生效实施;2 月 1 日在韩国生效实施;3 月 18 日在马来西亚生效实施;5 月 1 日在缅甸生效实施。

RCEP 在所有 15 个成员国之间生效后,将极大地增加亚太地区经贸政

策的稳定性,优化投资预期,提振各国生产和消费信心,扩大亚太经济圈影响力,与欧洲、北美自贸圈形成"三足鼎立之势"。RCEP在成员国原有自由贸易协定(FTA)的基础上进一步削减贸易关税,根据各国自身国情,实施最长过渡期为25年的"渐进式零关税"贸易政策。其中,中国近30%的货物都可以享受出口零关税待遇,将极大促进国内制造企业出口,同时中国对RCEP其他成员国91%产品的进口关税削减至零,预估加权关税水平将下降至0.99%—2.22%之间,①此类进口关税的减免可以使企业以更低的成本进口原材料、关键产品以及设计研发等生产性服务,强化国内产业链,满足市场消费升级需求。

RCEP协定首次在中日、日韩之间形成优惠贸易安排,成功联通东亚地区市场,也是我国首次与世界前十的经济体(日本)签署自贸协定。2019年,日本是中国第四大贸易伙伴,而中国是日本第一大贸易伙伴,双边贸易额达3 147亿美元(占RCEP贸易总量的3.03%)。

2. RCEP协定促进区域大市场特有的安排

RCEP协定在市场准入、规则协调等方面都展现出诸多区别于早先东亚地区一体化协定的特殊规则,有利于进一步改善区域贸易投资环境,也有助于促进区域内价值链的发展。

首先,RCEP采用"原产成分累积"原产地规则,使得产品原产地价值成分可在15个成员国构成的区域内进行累积,来自RCEP任何一方的价值成分都会被考虑在内,这个比例只要达到40%,即被视为RCEP原产货物。这将显著提高协定优惠税率的利用率,有助于跨国公司更加灵活地进行产业布局,建立更精细更完善的产业链分工体系,降低最终产品的生产成本,不仅有助于扩大RCEP成员之间的贸易,还将极大地促进区域供应链、价值链的深度融合和发展。

其次,RCEP基于"负面清单"模式的服务投资自由化将扩大贸易可能性。对于服务和投资自由化,RCEP采取基于"负面清单"模式的共同而有区别地灵活安排。就服务贸易而言,各方可以根据自身情况,选择服务贸易开放的承诺模式,在一定的过渡期后,成员方将实现全面采用负面清单模式作出开放承诺的最终目标。② 在协定达成的最初阶段,为了提升服务贸易开放的承诺水平,对于采用正面清单模式作出承诺的成员方,需要作出相应的"增值要素"承

---

① 《全球最大自贸区即将诞生:中国近三成出口可享零关税》,《21世纪经济报道》,http://www.rcep.com.cn/index.php?m=content&c=index&a=show&catid=9&id=557,访问于2021年11月12日。

② 根据RCEP协定第8章第12条的规定,对于采用正面清单方式作出承诺的缔约方而言,协定要求其在不迟于协定生效之日后三年(老挝缅为12年),向服务和投资委员提交一份以负面清单方式列明的"不符措施拟议承诺表",并提供同等或更高水平的自由化承诺。整个转换过程限定在协定生效之日后6年内完成(老挝缅为15年),最终实现以负面清单模式作出承诺的较高水平服务贸易自由化。

诺,包括以下两部分内容:(1)在已经承诺开放的部门/分部门中,有选择地作出"未来进一步自由化"承诺,即对部分开放承诺主动适用"棘轮机制",一方面锁定现有承诺开放水平,另一方面也确保未来的进一步开放;(2)任选其一,作出"最惠国待遇"承诺或提供"透明度清单"。在已经承诺开放的部门/分部门中,有选择地作出"最惠国待遇"承诺;或者选择提交无约束力的"透明度清单",该清单需要列明已经承诺开放的部门/分部门下的中央层级的现行不符措施,提升协定的透明度。而对非服务业(农林牧渔及制造业)投资而言,15个成员方全部采用负面清单模式进行承诺。除了部分国家,出于保护国家安全等目的,作出"自判性"安全例外保留①外,总体在非服务投资领域的开放,都维持在较高的水平。

3. RCEP 对中国的积极影响

对中国而言,加入 RCEP 有利于推进制度型开放,通过实施高标准经贸规则,形成适应更高开放标准的可复制、可推广经验,为未来参与其他自贸协定谈判夯实基础。继签订 RCEP 后,中国分别于 2021 年 9 月 16 日和 11 月 1 日正式提出申请加入《全面与进步跨太平洋伙伴关系协定》(CPTPP)和《数字经济伙伴关系协定》(DEPA),展现了坚持扩大开放的决心。其中,CPTPP 特别在国有企业垄断、劳工和环境等标准方面提出了更严苛的要求,其规则水平远高于 RCEP,因此中国在诸多边境后议题的谈判上可能将面临相当大的挑战。DEPA 则与 RCEP 和 CPTPP 都不同,前者不覆盖所有贸易领域的规则规制,而是专注于数字贸易方面,相比后两者的电子商务章节,DEPA 规则的创新性和深度都是前所未有的。从正式加入 RCEP 到申请加入 CPTPP 和 DEPA,中国正在以实际行动践行高水平对外开放,未来也将推动更多的多边 FTA 谈判。

(二) 中国作为 RCEP 缔约方落实协定的阶段性成果

1. 上海启动 RCEP 最优关税查询系统

2022 年 1 月 4 日,2022 年中国(上海)国际贸易"单一窗口"金融服务季暨《区域全面经济伙伴关系协定》(RCEP)最优关税查询系统启动仪式在上海举行。启动仪式上,金融机构、企业等现场签署了中国(上海)国际贸易"单一窗口"合作协议,并发布"单一窗口"专享金融服务方案。"单一窗口"是指外贸企业等国际贸易参与方通过一个单一的平台提交标准化的信息和单证,以满足相关法律法规和管理的要求。目前,上海国际贸易"单一窗口"服务外贸企业4.3万家,合作金融机构逾30家,上线金融产品超40款;国际结算业务服务货

---

① 例如,澳大利亚在负面清单(附件三清单 B)条目 3 中规定:澳大利亚保留采取和维持任何其认为对于保护其关键安全利益所必需的措施的权利。马来西亚在附件清单(附件三清单 B)条目 39 中也有同样的表述。

主企业4 556家,去年累计交易额超过390亿元人民币,同比增长2.7倍。该平台在2014年上海率先试点的国际贸易"单一窗口"基础上叠加了金融服务和RCEP最优关税查询系统两项功能,帮助外贸企业获得优惠的金融服务和专业的关税信息。其中,RCEP最优关税查询系统能够为外贸企业查询RCEP经济体的优惠税率提供便利化工具,能展示协定税率与非协定税率之间的差异,助力外贸企业充分享受RCEP政策红利。①

2. 上海正式发布《上海市关于高质量落实〈区域全面经济伙伴关系协定〉(RCEP)的若干措施》

2022年2月18日,上海正式发布《上海市关于高质量落实〈区域全面经济伙伴关系协定〉(RCEP)的若干措施》(以下简称《若干措施》),明确制定了22项任务清单,覆盖货物贸易、服务贸易、双向投资合作、高水平区域合作、企业服务以及营商环境六个方面。其中,在加快货物贸易高质量发展上,《若干措施》鼓励上海市优势领域企业深度参与RCEP区域供应链合作,持续增强边境措施透明度,提升集成电路、新能源汽车、医疗器械等相关产品及中间件出口通关效率,帮助企业提高供应链协同响应能力。鼓励企业扩大区域内业务辐射范围,支持企业在RCEP重点市场完善国际营销网络布局,开拓展示、分拨和零售等功能。在深化双向投资合作上,《若干措施》也明确,以集成电路、人工智能、生物医药三大产业为先导,聚焦电子信息、生命健康、汽车、高端装备、先进材料、时尚消费品六大重点产业集群,围绕金融、电信等高端服务业,加强与日本、新加坡、韩国等国驻沪投资促进机构的对接联系,加大投资促进力度,着力吸引更多外资投资上海。② 面对当前严峻的国际形势,RCEP在技术来源、企业合作和高端产品与服务的对接等方面都将为中国寻求更深层次的国际合作发挥出显著作用,也将为上海进一步发挥长三角地区产业链龙头地位发挥更大的作用。

3. 中国—新西兰自贸协定推进成果

2022年4月7日,中国—新西兰自由贸易协定升级及经贸合作座谈会召开。两国代表就增进合作、抓住中新自贸协定升级带来的新机遇、实现共同发展积极进行了交流。RCEP产业合作委员会负责人强调了中新自贸协定升级的里程碑意义,即两国获得更大的开放市场,双方经贸合作进入又一新阶段,将带来贸易投资的新商机,有益于共同推进RCEP区域经济一体化进程,充分彰显双方合作发展的信心和行动,两国全面战略伙伴关系得到进一步巩固发展。新西兰驻华大使傅恩莱表示,自2008年中新自贸协定签署以来,中国已

---

① 《上海国际贸易"单一窗口"建设功能叠加 RCEP最优关税查询系统启动》,中国新闻网,http://www.chinanews.com.cn/cj/2022/01-04/9644131.shtml,访问于2022年1月4日。
② 上海市商务委员会:《市商务委关于印发〈上海市关于高质量落实〈区域全面经济伙伴关系协定〉(RCEP)的若干措施〉的通知》,https://www.shanghai.gov.cn/gwk/search/content/a218ffe416494c9988978bb310d4bc03,访问于2022年2月18日。

成为新西兰第一大贸易伙伴,双边贸易和服务贸易从 2008 年的 90 亿新元增长到 2021 年的 380 亿新元。中新自贸协定的升级对出口企业而言极大地改善了货物的市场准入条件,增加了贸易便利化的措施,并开辟了新的经济合作领域,将有助于新西兰在疫后加快经济复苏。①

4. RCEP 数字贸易合作发展论坛举行

2022 年 8 月 22 日,RCEP 数字贸易合作发展论坛在重庆举行。此次论坛以"数字经济推动贸易高质量发展"为主题。邀请商务部、中国贸促会、RCEP 成员国驻华使领馆、在华国际商协会负责人,知名经济学家、自贸区研究学者、企业高管等专业人士,解读数字经济发展趋势,引导企业抓住数字经济快速发展新机遇,用好 RCEP 持续释放的红利,加快推进贸易方式转变,引导企业抓住数字经济快速发展新机遇,推进区域数字贸易高质量发展。参会专家表示,RCEP 生效实施将推动区域内海关程序简化和一致化、无纸化通关和无纸化贸易,将大幅提升区域内通关效率和贸易数字化水平。RCEP 电子商务章节营造了区域内便利的、可信任的电子商务环境,有利于扩大区域线上消费和贸易规模,支持各国企业借助电子商务融入全球产业链供应链。②

(三)RCEP 成员贸易情况分析

1. RCEP 成员内贸易是亚太地区贸易最活跃力量

2010 年至 2020 年亚太地区贸易呈增长态势(见图 1),区域内经贸合作更加紧密。亚太区域内贸易主要集中于亚洲的中国、日本、韩国、东盟十国以及大洋洲的澳大利亚和新西兰,即 RCEP 成员国。

从贸易规模来看,RCEP 成员根据贸易额从大到小排列依次为中国、东盟、日本、韩国、澳大利亚和新西兰(见表 1)。2020 年,中国贸易总额为 46 586.66 亿美元,约等于其他成员贸易额总和,2010 年至 2020 年贸易总额年复合增长率为 4.59%,高于其他成员。东盟的贸易总额为 21 033.72 亿美元,而后是日本 12 766.85 亿美元、韩国 9 802.08 亿美元、澳大利亚 4 570.19 亿美元、新西兰 759.76 亿美元。其中,对 RCEP 成员贸易额占本国总贸易额比重最高的是澳大利亚,占比达 65.03%,其次是新西兰 59.29%,韩国、日本、东盟分别为 49.37%、48.64%、44.77%。相对而言,中国的该比重仅为 31.72%,随 RCEP 的签订实施,中国与其他 RCEP 成员之间预计将挖掘出较大的贸易发展潜力。

---

① 《中国—新西兰自贸协定升级及经贸合作座谈会召开》,人民网,http://world.people.com.cn/n1/2022/0408/c1002-32394728.html,访问于 2022 年 4 月 8 日。
② 《中外人士建议瞄准 RCEP 红利 抢抓数字贸易发展新机遇》,中国新闻网,http://www.chinanews.com.cn/cj/2022/08-22/9834032.shtml,访问于 2022 年 8 月 22 日。

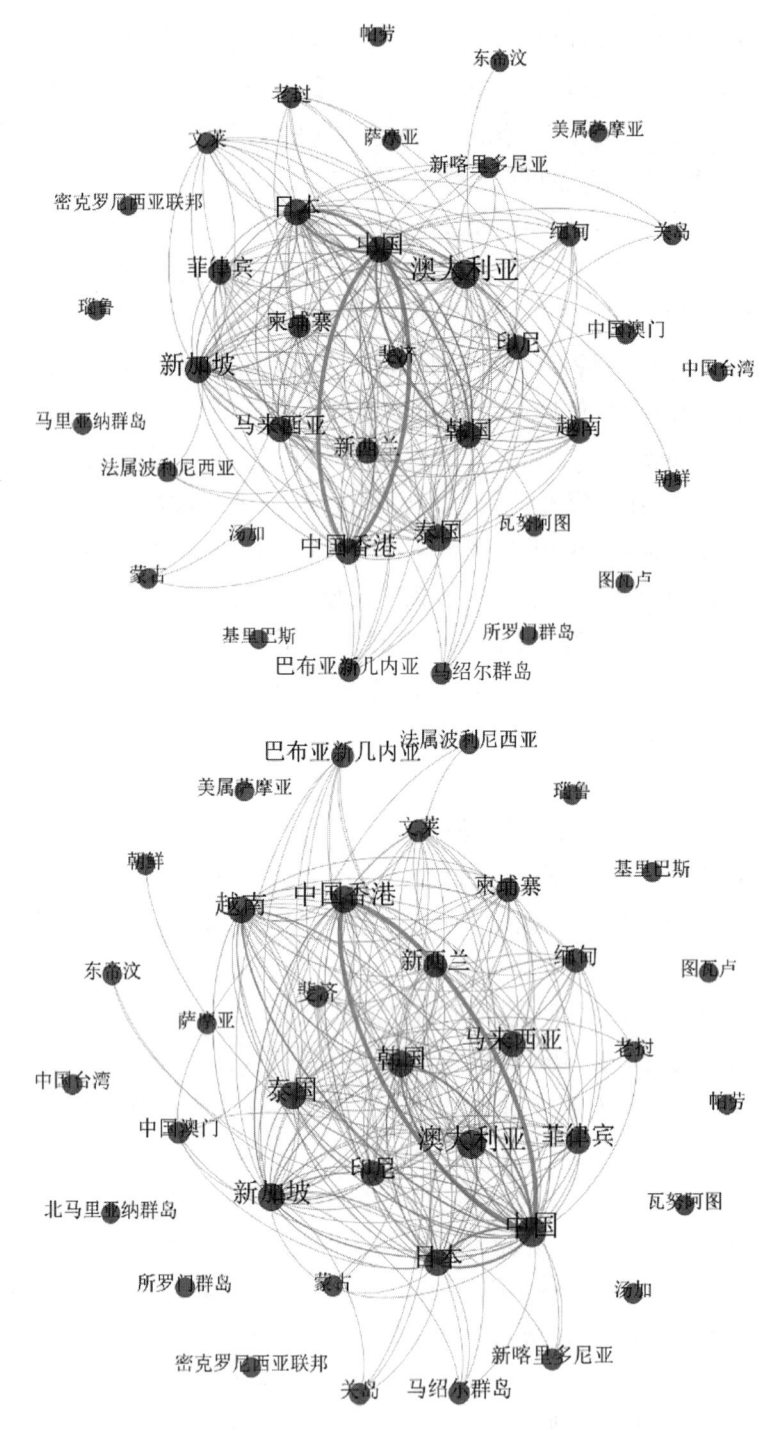

图 1　2010 年和 2020 年亚太贸易网络

注：1. 图中线条代表贸易流，贸易流向为顺时针方向，线粗细代表贸易额大小，线越粗则贸易额越大，反之越小；
2. 图中只显示 1 亿美元及以上的贸易流，1 亿美元以下或数据缺失的贸易流不显示；
3. 上图和下图分别表示 2010 年和 2020 年亚太贸易网络。

数据来源：UN Comtrade 数据库。

表 1　2020 年 RCEP 成员的总贸易、RCEP 区内贸易
以及 RCEP 区内贸易占各成员的总贸易的比例　（单位：亿美元）

贸易流向	报告国	总贸易	RCEP 区内贸易	RCEP 区内贸易占各成员的总贸易的比例
出口	中国	25 890.98	6 982.69	26.97%
	东盟	10 975.79	4 160.02	37.90%
	日本	6 412.83	2 923.58	45.59%
	韩国	5 127.10	2 543.48	49.61%
	澳大利亚	2 450.46	1 793.82	73.20%
	新西兰	388.77	232.76	59.87%
进口	中国	20 695.68	7 794.92	37.66%
	东盟	10 057.93	5 257.13	52.27%
	日本	6 354.02	3 286.31	51.72%
	韩国	4 674.98	2 296.13	49.12%
	澳大利亚	2 119.73	1 178.35	55.59%
	新西兰	370.98	217.71	58.68%

数据来源：UN Comtrade 数据库。

细分 RCEP 贸易伙伴作结构性分析，发现中国与东盟十国之间的贸易额最大，而与新西兰贸易增速最高。2020 年，中国与东盟贸易额为 6 856.42 亿美元，十年复合增长率（以下简称"增长率"）达 8.88%；中国与日本贸易额为 3 172.52 亿美元，增长率为 0.64%；中国与韩国贸易额为 2 855.76 亿美元，增长率为 3.26%；中国与澳大利亚贸易额为 1 711.62 亿美元，增长率为 6.84%；中国与新西兰贸易额为 181.29 亿美元，增长率达 10.75%。此外，东盟与日本、韩国和澳大利亚的贸易额分别为 2 048.56 亿美元、1 549.12 亿美元和 548.25 亿美元，日本与韩国的贸易额为 712.88 亿美元，其余成员间贸易额均不超过 500 亿美元。值得注意的是，RCEP 多数成员间的贸易额在 2010 年至 2020 年间有所下降，而中国与所有其他成员的贸易额都保持较高增速。

对贸易差额的国别结构作进一步对比，可见国别之间的差异较大。中国对东盟的贸易差额由 2010 年的 165.18 亿美元贸易逆差转变为 2020 年的 817.08 亿美元贸易顺差。而中国对东盟外的 RCEP 其他成员国都呈现贸易逆差格局，2020 年，中国对新西兰贸易逆差 60.23 亿美元，对日本贸易逆差

320.59亿美元,对韩国贸易逆差606.24亿美元,对澳大利亚贸易逆差642.26亿美元。此外,同期东盟对澳大利亚、新西兰和日本的贸易顺差分别为70.10亿美元、10.28亿美元和4.82亿美元,对韩国的贸易逆差为378.74亿美元;日本对韩国贸易顺差为180.89亿美元,对澳大利亚和新西兰的贸易逆差分别为236.45亿美元和6.56亿美元;韩国对新西兰的贸易顺差为2.81亿美元,对澳大利亚贸易逆差为125.15亿美元;澳大利亚对新西兰贸易顺差为19.02亿美元。

2. 上海与RCEP成员货物贸易的规模及其特征

2021年,上海对外货物贸易总额为6 161.26亿美元,占全国货物贸易总额的10.19%,同比增长25.71%。其中,上海出口额为2 431.16亿美元,占全国出口额的7.23%,同比增长24.69%;上海进口额为3 729.10亿美元,占全国进口额的13.89%,同比增长26.38%。同期,上海与RCEP成员货物贸易总额为2 155.03亿美元,占上海对外货物贸易总额的34.98%,同比增长25.46%,贸易逆差为797.56亿美元。从具体贸易对象来看,2021年与上海贸易总额由大到小排列的RCEP成员分别为东盟、日本、韩国、澳大利亚和新西兰(见表2)。

表2 2021年上海与RCEP成员贸易概况 （单位：亿美元）

	东盟	日本	韩国	澳大利亚	新西兰	RCEP合计
贸易总额	832.11	636.30	336.90	309.58	40.14	2 155.03
同比增长率	19.51%	16.28%	29.70%	68.09%	32.69%	25.46%
贸易差额	−245.70	−232.10	−125.10	−172.62	−22.04	−797.56

数据来源：GTT数据库。

依据《上海市先进制造业发展"十四五"规划》要求："发挥上海产业基础和资源禀赋优势,以集成电路、生物医药、人工智能三大先导产业为引领,大力发展电子信息、生命健康、汽车、高端装备、先进材料、时尚消费品六大重点产业,构建'3+6'新型产业体系,打造具有国际竞争力的高端产业集群"[1],本文分别选取电子信息、新能源汽车、智能制造、高端装备、生物医药、精细化工六大上海重点产业作为研究对象。2021年,上海重点产业对外贸易额加总为3 559.44亿美元,占上海对外贸易总额的57.77%,同比增长19.32%。其中,上海与RCEP成员在重点产业领域的贸易总额为1 173.73亿美元,占上海对RCEP成员贸易总额的54.46%,同比增长21.30%。

---

[1] 《上海市人民政府办公厅关于印发〈上海市先进制造业发展"十四五"规划〉的通知》,https://www.shanghai.gov.cn/nw12344/20210714/0a62ea7944d34f968ccbc49eec47dbca.html。

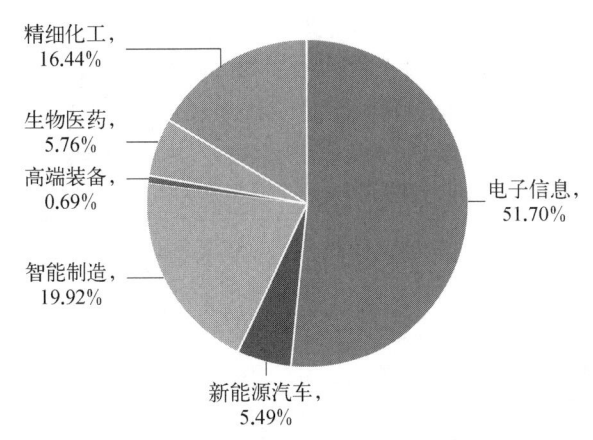

图 2　2021 年上海与 RCEP 成员在重点产业领域贸易占比情况

数据来源：GTT 数据库。

(1) 电子信息

电子信息产业重点发展集成电路、下一代通信设备、新型显示及超高清视频、物联网及智能传感、智能终端等制造领域，延伸发展软件和信息服务、工业互联网等服务领域。2021 年，上海与 RCEP 成员电子信息产业贸易总额为 606.77 亿美元，同比增长 16.33%，贸易逆差为 225.19 亿美元。其中，电子信息核心产品贸易额为 392.86 亿美元，同比增长 14.05%，贸易逆差为 210.74 亿美元。RCEP 成员中，东盟是上海在电子信息产业领域最大的贸易伙伴，2021 年上海出口东盟 81.73 亿美元，向东盟进口 208.25 亿美元，贸易总额占比达 47.79%。上海与日本、韩国、澳大利亚和新西兰在该领域的贸易总额分别为 157.40 亿美元、147.55 亿美元、11.13 亿美元和 0.72 亿美元，占比分别为 25.94%、24.31%、1.83% 和 0.12%。

表 3　2021 年上海与 RCEP 成员电子信息产业贸易额

（单位：亿美元）

		电子信息	同比增长	电子信息核心产品	同比增长
出口	东　盟	81.73	14.87%	50.83	10.02%
	日　本	54.80	8.19%	10.40	−7.23%
	韩　国	42.65	69.25%	27.76	71.89%
	澳大利亚	10.94	−1.08%	1.94	6.76%
	新西兰	0.67	33.31%	0.13	12.34%
	RCEP 合计	190.79	20.32%	91.06	20.62%

续表

		电子信息	同比增长	电子信息核心产品	同比增长
进口	东　盟	208.25	14.84％	145.67	9.76％
	日　本	102.60	7.54％	62.59	5.65％
	韩　国	104.90	21.99％	93.51	21.46％
	澳大利亚	0.19	−29.72％	0.00	−62.36％
	新西兰	0.05	26.95％	0.02	212.10％
	RCEP 合计	415.98	14.58％	301.80	12.20％

数据来源：GTT 数据库。

(2) 新能源汽车

新能源汽车产业重点发展新能源汽车、智能网联汽车、整车及零部件等制造领域，延伸发展智慧出行、汽车金融等服务领域。2021 年，上海与 RCEP 成员新能源汽车产业贸易总额为 65.45 亿美元，同比增长 43.61％，贸易顺差为 17.79 亿美元。其中，新能源汽车核心产品贸易额为 13.07 亿美元，同比增长 183.68％，贸易顺差为 6.13 亿美元。RCEP 成员中，日本与上海在该领域的贸易总额最大，2021 年上海出口日本 10.19 亿美元，向日本进口 14.50 亿美元，贸易总额占比达 38.31％。上海与东盟、澳大利亚、韩国和新西兰在该领域的贸易总额分别为 17.32 亿美元、11.97 亿美元、8.41 亿美元和 2.06 亿美元，占比分别为 26.88％、18.57％、13.05％和 3.20％。

表 4　2021 年上海与 RCEP 成员新能源汽车产业贸易额

（单位：亿美元）

		新能源汽车	同比增长	新能源汽车核心产品	同比增长
出口	东　盟	13.30	31.97％	1.53	96.13％
	日　本	10.19	45.55％	2.47	588.90％
	韩　国	3.65	5.04％	0.23	77.77％
	澳大利亚	11.93	207.40％	4.29	2 261.50％
	新西兰	2.06	444.77％	1.08	1 580.44％
	RCEP 合计	41.12	65.75％	9.60	533.86％

续表

		新能源汽车	同比增长	新能源汽车核心产品	同比增长
进口	东盟	4.02	26.93%	0.83	−3.29%
	日本	14.50	14.72%	2.15	48.51%
	韩国	4.76	13.09%	0.49	−37.49%
	澳大利亚	0.04	−12.88%	0.00	−72.06%
	新西兰	0.01	22.18%	0.00	−100.00%
	RCEP合计	23.33	16.24%	3.47	12.15%

数据来源：GTT数据库。

(3) 智能制造

智能制造产业是具有感知、分析、推理、决策和控制功能的装备制造业的统称，是先进制造技术、信息技术和智能技术在装备产品上的集成和融合，主要包括工业机器人、数控机床、重大成套设备制造、智能测控装备制造、其他智能设备制造和智能关键基础零部件制造。2021年，上海与RCEP成员智能制造产业贸易总额为233.83亿美元，同比增长24.24%，贸易逆差为72.11亿美元。其中，智能制造核心产品贸易额为27.73亿美元，同比增长35.64%，贸易逆差为10.50亿美元。RCEP成员中，日本与上海在该领域的贸易总额最大，2021年上海出口日本27.22亿美元，向日本进口87.62亿美元，贸易总额占比达49.11%。上海与东盟、韩国、澳大利亚和新西兰在该领域的贸易总额分别为83.41亿美元、28.00亿美元、6.82亿美元和0.76亿美元，占比分别为35.67%、11.97%、2.92%和0.33%。

表5 2021年上海与RCEP成员智能制造产业贸易额

（单位：亿美元）

		智能制造	同比增长	智能制造核心产品	同比增长
出口	东盟	35.13	21.12%	3.93	18.51%
	日本	27.22	18.50%	2.70	8.00%
	韩国	11.32	20.57%	1.51	0.33%
	澳大利亚	6.50	19.34%	0.42	16.20%
	新西兰	0.70	41.29%	0.06	34.38%
	RCEP合计	80.86	20.15%	8.62	11.55%

续表

		智能制造	同比增长	智能制造核心产品	同比增长
进口	东 盟	48.28	46.88%	5.06	94.74%
	日 本	87.62	21.95%	12.57	38.70%
	韩 国	16.68	5.70%	1.45	39.42%
	澳大利亚	0.32	−2.55%	0.03	109.20%
	新西兰	0.07	−10.75%	0.01	7.49%
	RCEP合计	152.97	26.52%	19.12	50.27%

数据来源：GTT数据库。

（4）高端装备

高端装备产业重点发展航空航天、船舶海工、高端能源装备、节能环保装备、轨道交通装备、先进农机装备等制造领域，以及系统集成、智能运维等服务领域。2021年，上海与RCEP成员高端装备产业贸易总额为8.11亿美元，同比下降46.64%，贸易顺差为5.09亿美元。其中，高端装备核心产品贸易额为6.60亿美元，同比增长55.70%，贸易顺差为4.67亿美元。RCEP成员中，东盟与上海在该领域的贸易总额最大，2021年上海出口东盟3.87亿美元，向东盟进口0.60亿美元，贸易总额占比达55.07%。上海与韩国、日本、澳大利亚和新西兰在该领域的贸易总额分别为2.02亿美元、1.11亿美元、0.47亿美元和0.05亿美元，占比分别为24.93%、13.65%、5.76%和0.6%。

表6 2021年上海与RCEP成员高端装备产业贸易额

（单位：亿美元）

		高端装备	同比增长	高端装备核心产品	同比增长
出口	东 盟	3.87	−64.08%	3.33	31.42%
	日 本	0.28	34.22%	0.26	42.92%
	韩 国	1.94	442.68%	1.76	537.71%
	澳大利亚	0.47	−1.34%	0.26	−18.57%
	新西兰	0.05	242.18%	0.02	75.35%
	RCEP合计	6.60	−44.19%	5.63	69.58%

续表

		高端装备	同比增长	高端装备核心产品	同比增长
进口	东 盟	0.60	386.57%	0.12	11.64%
	日 本	0.83	−69.42%	0.76	0.60%
	韩 国	0.09	−84.25%	0.08	57.96%
	澳大利亚	0.00	98.80%	0.00	191.46%
	新西兰	0.00	272.28%	0.00	272.28%
	RCEP 合计	1.51	−55.22%	0.96	5.28%

数据来源：GTT 数据库。

(5) 生物医药

生物医药产业重点发展生物制品、创新化学药、高端医疗器械、智能健康产品等制造领域，延伸发展健康服务、医药流通等服务领域。2021 年，上海与 RCEP 成员生物医药产业贸易总额为 67.60 亿美元，同比增长 19.56%，贸易逆差为 37.33 亿美元。其中，生物医药核心产品贸易额为 55.69 亿美元，同比增长 19.29%，贸易逆差为 30.36 亿美元。RCEP 成员中，日本与上海在该领域的贸易总额最大，2021 年上海出口日本 3.46 亿美元，向日本进口 35.88 亿美元，贸易总额占比达 58.19%。上海与东盟、韩国、澳大利亚和新西兰在该领域的贸易总额分别为 14.56 亿美元、8.61 亿美元、3.43 亿美元和 1.67 亿美元，占比分别为 21.54%、12.73%、5.07% 和 2.47%。

表 7　2021 年上海与 RCEP 成员生物医药产业贸易额

(单位：亿美元)

		生物医药	同比增长	生物医药核心产品	同比增长
出口	东 盟	6.05	14.51%	4.57	15.09%
	日 本	3.46	21.16%	3.03	19.49%
	韩 国	3.62	13.67%	3.27	14.43%
	澳大利亚	1.61	26.04%	1.42	24.82%
	新西兰	0.40	2.93%	0.38	1.20%
	RCEP 合计	15.14	16.56%	12.66	16.48%

续表

		生物医药	同比增长	生物医药核心产品	同比增长
进口	东　盟	8.51	28.83%	6.33	30.03%
	日　本	35.88	31.48%	29.94	33.54%
	韩　国	4.99	51.64%	3.86	65.33%
	澳大利亚	1.81	−66.86%	1.74	−67.85%
	新西兰	1.27	41.59%	1.16	49.28%
	RCEP合计	52.47	20.45%	43.03	20.14%

数据来源：GTT数据库。

(6) 精细化工

精细化工产业重点发展化工先进材料、精品钢材、关键战略材料、前沿新材料等制造领域，延伸发展设计检测、大宗贸易等服务领域。2021年，上海与RCEP成员精细化工产业贸易总额为192.96亿美元，同比增长36.67%，贸易逆差为90.02亿美元。其中，精细化工核心产品贸易额为189.00亿美元，同比增长36.65%，贸易逆差为88.39亿美元。RCEP成员中，日本与上海在该领域的贸易总额最大，2021年上海出口日本14.68亿美元，向日本进口68.38亿美元，贸易总额占比达43.04%。上海与东盟、韩国、澳大利亚和新西兰在该领域的贸易总额分别为56.53亿美元、46.00亿美元、4.99亿美元和2.38亿美元，占比分别为29.30%、23.84%、2.58%和1.24%。

表8　2021年上海与RCEP成员精细化工产业贸易额

（单位：亿美元）

		精细化工	同比增长	精细化工核心产品	同比增长
出口	东　盟	22.85	32.09%	22.48	32.70%
	日　本	14.68	46.98%	14.22	44.00%
	韩　国	11.14	80.79%	10.84	81.64%
	澳大利亚	2.47	71.41%	2.44	71.02%
	新西兰	0.33	32.41%	0.33	31.89%
	RCEP合计	51.47	46.48%	50.30	45.99%

续表

		精细化工	同比增长	精细化工核心产品	同比增长
进口	东　盟	33.68	52.99%	33.41	53.13%
	日　本	68.38	23.97%	66.36	23.99%
	韩　国	34.86	35.54%	34.36	35.44%
	澳大利亚	2.52	45.91%	2.52	46.28%
	新西兰	2.05	43.27%	2.05	43.37%
	RCEP 合计	141.49	33.41%	138.70	33.54%

数据来源：GTT 数据库。

二、理论模型与实证分析

为了预测 RCEP 生效对各成员的贸易增长效应，本文借鉴贸易自由化的经济效应理论框架下的贸易引力模型分析范式（Eaton and Kortum，2002；Anderson and Wincoop，2003），在经典模型基础上加以发展，构建 FTA 的贸易创造效应理论模型。根据这一模型，本文构建如下实证检验模型，对影响系数参数进行估计，作为预判未来 RCEP 区内贸易的依据，从而进一步预测 RCEP 生效后区域内贸易的变化态势。

（一）理论模型

首先假设代表性消费者的偏好可由不变替代弹性（CES）效用函数表示：

$$U_j = \left(\sum_{i=1}^{n} c_{ij}^{\frac{\sigma-1}{\sigma}}\right)^{\frac{\sigma}{\sigma-1}} \#(1)$$

其中，i、$j = 1, 2, 3, \cdots, n$，分别代表出口国和进口国，世界由 n 个经济体构成。c_{ij} 代表进口国 j 消费的来自出口国 i 的产品总量。$\sigma(>1)$ 代表产品替代弹性。进口国 j 的消费者面临预算约束：

$$\sum_{i=1}^{n} p_{ij} c_{ij} = E_j \#(2)$$

其中，p_{ij} 代表出口国 i 的产品在进口国 j 的价格。E_j 代表进口国 j 消费者的总支出。进口国 j 消费者的价格指数（CPI）为：

$$P_j = \left(\sum_{i=1}^{n} T_i p_{ij}^{1-\sigma}\right)^{\frac{1}{1-\sigma}} \#(3)$$

其中，T_i代表了出口国i的生产技术水平。假设国际贸易成本是包含"冰山成本"的贸易影响因素方程，其中的"冰山成本"变量由τ_{ij}表示，出口国i在进口国j销售一单位产品，则必须生产$\tau_{ij} \geqslant 1$单位，假设贸易成本直接体现在产品价格中，那么有$p_{ij}=p_{ii}\tau_{ij}$，其中p_{ii}代表i国产品在i国的销售价格。根据价格的定义如下，$p_{ii}=Y_i/Q_i$，其中Y_i代表i国总收入，Q_i代表i国产品总产量。因此出口国i的产品在进口国j的价格p_{ij}为：

$$p_{ij}=\frac{Y_i\tau_{ij}}{Q_i} \#(4)$$

结合上文进口国j消费者的效用函数以及预算约束，可得进口国j对出口国i的产品的总支出：

$$X_{ij}=\pi_{ij}E_j=\frac{T_i p_{ij}^{1-\sigma}}{P_j^{1-\sigma}}E_j=\frac{T_i\left(\frac{Y_i\tau_{ij}}{Q_i}\right)^{1-\sigma}}{\sum_{l=1}^n T_l\left(\frac{Y_l\tau_{lj}}{Q_l}\right)^{1-\sigma}}E_j \#(5)$$

其中，π_{ij}代表进口国j对出口国i的产品的支出份额，主要由i国生产技术水平以及相对价格水平决定。令贸易弹性$\theta=\partial\ln(X_{ij}/X_{jj})/\partial\ln(\tau_{ij})$，它代表了需求对成本的敏感性，在阿明顿模型中，$\theta=\sigma-1$(Anderson and Wincoop, 2003)。因此，进口国j对出口国i的产品的总支出函数可以进一步改写为：

$$X_{ij}=\frac{T_i Y_i^{-\theta}\tau_{ij}^{-\theta}Q_i^\theta}{P_j^{-\theta}}E_j=\frac{T_i Y_i^{-\theta}\tau_{ij}^{-\theta}Q_i^\theta}{\sum_{l=1}^n T_l Y_l^{-\theta}\tau_{lj}^{-\theta}Q_l^\theta}E_j \#(6)$$

可见，总支出受到收入水平、贸易成本、贸易壁垒以及贸易弹性等因素的共同影响。对式(6)作变形，并增加时间变量，得到新的方程如下：

$$X_{ijt}=e^{\ln T_{it}Y_{it}^{-\theta}Q_{it}^\theta+\ln\frac{E_{jt}}{P_{jt}^{-\theta}}+\ln\tau_{ijt}^{-\theta}}+\varepsilon_{ijt} \#(7)$$

上式右侧指数部分由关于出口国i的时变因素、关于进口国j的时变因素以及关于进出口国家对的时变因素三部分构成，其中第三部分包含了国家间影响贸易的因素，如贸易双方的地理距离、文化距离、政治和宗教等因素，同时也包含了受FTA影响的双边关税及非关税贸易壁垒因素。因此，式(7)中的$\ln\tau_{ijt}^{-\theta}$反映了两国间贸易受FTA影响的因素，可以进一步写为：

$$\ln\tau_{ijt}^{-\theta}=\rho F_{ij}+\beta FTA_{ijt}+\varepsilon_{ijt} \#(8)$$

其中，F_{ij}代表不随时间变化的双边贸易成本，FTA_{ijt}代表双边国家签订FTA的状态或深度。将上式代入总支出函数可得：

$$X_{ijt}=e^{\gamma_{it}+\lambda_{jt}+\mu_{ij}+\beta FTA_{ijt}}+\varepsilon_{ijt} \#(9)$$

(二) 计量模型设定

根据理论部分的推导,本文进一步对式(9)两边取对数得到引力模型:

$$\ln X_{ijt} = \beta_0 + \beta FTA_{ijt} + \gamma_{it} + \lambda_{jt} + \mu_{ij} + \varepsilon_{ijt} \#(10)$$

其中,被解释变量 $\ln X_{ijt}$ 代表对数形式的出口国 i 向进口国 j 出口的贸易额,核心解释变量 FTA_{ijt} 代表双边国家是否签订 FTA 的哑变量或深度变量。γ_{it} 代表影响双边贸易的出口国 i 的时变因素,如出口国收入水平等,λ_{jt} 代表影响双边贸易的进口国 j 的时变因素,如进口国收入水平、进口国多边贸易阻力等,μ_{ij} 代表影响双边贸易的双边国家对因素,包括地理、文化、政治、宗教等因素。模型控制出口国 i—年份、进口国 j—年份、出口国 i—进口国 j 的国家对固定效应,分别以 γ_{it}、λ_{jt} 和 μ_{ij} 表示。β_0 为截距项,β 为核心变量系数,ε_{ijt} 为误差项。

(三) 变量描述和数据来源

1. 被解释变量

本文被解释变量选取为国家或地区层面的双边年度贸易数据,原始数据来自 UN Comtrade 数据库。参考韩剑和许亚云(2021),本文对所有贸易数据作对数线性化处理。最终得到 t 年度出口国 i 向进口国 j 出口贸易额(美元值)的对数,用变量 $\ln X_{ijt}$ 表示。考虑到 RCEP 成员的地理分布和经济发展水平均存在较大差异,为了能够更全面地预测 RCEP 成员的贸易增长,本文以全球 246 个国家或地区间 1995—2020 年的贸易数据为样本,以确保实证结果更具代表性。

2. 核心解释变量

(1) FTA 虚拟变量 (FTA_dum_{ijt})

FTA 虚拟变量是研究贸易协定贸易效应的最常见方法。当期双边国家存在生效的 FTA 关系时变量取 1,否则取 0。由于各国政治经济基础差异明显且存在不同的利益诉求,不同国家之间签订的 FTA 存在显著差异性。因此,后续变量将从不同角度量化全球 FTA 条款深度。

(2) DESTA 总覆盖度 (FTA_desta_{ijt}) 和 DESTA 深度 ($FTA\_desta\_index_{ijt}$)

DESTA 总覆盖度是 FTA 在数据库考察范围中的总体覆盖情况,即每个 FTA 在 310 个问题中取 1 的总数目,用变量 FTA_desta_{ijt} 表示,分值范围为 0 到 310,分值越高则该 FTA 覆盖的条款内容越多或越详细。DESTA 深度是 DESTA 数据库从七大领域[①]定义的 FTA 深度,用 $FTA\_desta\_index_{ijt}$ 表示,分值范围为 0 到 7,分值越高则该 FTA 深度越深,越具有效力。DESTA 总覆

---

① DESTA(The Design of Trade Agreements)数据库定义的七大领域分别是 FTA 完整性、标准(包括 TBT 和 SPS)、服务贸易、投资、公共采购、竞争和知识产权保护。第一项规定了该协定是否预见将所有关税(除有限的例外情况)全部降低到零(即目标是不是建立一个完整的自由贸易区)。其他六项规定包括在服务贸易、投资、标准、公共采购、竞争和知识产权领域实现削减关税以外的合作,并且包含实质性条款(具有法律约束力)。

盖度和 DESTA 深度变量的数据来自 DESTA 2.0 数据库①。

(3) 52 条款总覆盖度（FTA_52pro_{ijt}）

本文采用数据库中覆盖力测度方法②定义总覆盖度 FTA_52pro_{ijt}，总覆盖范围为 52 个条款，包括 14 个"WTO+"条款和 38 个"WTO-X"，分值范围为 0 到 52。52 条款总覆盖度变量的数据来自 Hofmann(2017)数据库③。

(4) 与贸易和投资相关的核心 18 条款深度（$FTA\_18core\_pro_{ijt}$）

核心 18 条款深度参考 Damuri(2012)定义的影响贸易投资最显著的 18 项核心条款，其中包括全部 14 项 WTO+条款和 4 项 WTO-X 条款。同样采用覆盖力测度方法，分值范围为 0 到 18。

(5) 与全球价值链相关的核心 19 条款深度（$FTA\_19core\_pro_{ijt}$）

核心 19 条款深度参考 Mattoo 等(2020)定义的与全球价值链相关的 19 个核心规则条款，包括关税、配额等涉及边境间协调的 11 个浅度一体化措施即边境间条款，以及国内监管制度相关的 8 个深度一体化措施，即边境后条款。同样采用覆盖力测度方法，分值范围为 0 到 19。

(6) FTA 综合深度指数（FTA_pca_{ijt}）

为了进一步综合上述变量，本文对上文提到的 6 个 FTA 指标进行主成分分析④，其中作为综合深度的第一主成分的累计方差贡献率达到 87.5%，能较好地代表 FTA 综合深度，本文以此作为 FTA 综合深度变量，分值范围为 −0.5 到 15。

本文使用的 FTA 原始数据均来自 WTO RTA 数据库。表 9 汇总展示了上述核心解释变量的情况。

表 9　核心解释变量汇总

变　　量	变量名	方　法　来　源	理论分值范围
FTA_dum_{ijt}	FTA 虚拟变量	WTO RTA 数据库	0 或 1
FTA_desta_{ijt}	DESTA 总覆盖度	Dür 等(2014)	0—310

① DESTA 2.0 数据库涵盖了 1948 年至 2021 年全球 781 个贸易协定（包括基本协定、成员加入或退出、议定书或修正案、升级版协定和正在谈判的协定）。该数据库从市场准入、服务、全球价值链、投资、企业人员临时入境、知识产权、竞争、监管合作和透明度、贸易保护政策等 16 个领域对 FTA 进行文本分析，通过 310 个问题的形式对每个 FTA 的条款覆盖情况、条款深度、条款灵活度、争端解决机制有效性等方面进行量化，每个问题可以由 0 或 1 回答。当答案为 1 时，则意味着包含或符合该条款，取 0 则不包含。
② 覆盖力测度方法就是考察 FTA 条款内容是否分别涉及考察范围内的条款。若分析的 FTA 涉及某条款比如"反倾销"，那么该 FTA 在"反倾销"这一项上则得 1 分，否则 0 分。
③ Hofmann(2017)数据库涵盖了截至 2015 年 12 月向 WTO 通报的并且仍然生效的所有 FTA。总共包含 189 个国家在 1958 年至 2015 年间签署的 279 个 FTA。本文在此数据库的基础上，参考彭羽等(2022)的工作，将 FTA 数据库更新至 2018 年，共包含全球 332 个 FTA。
④ 主成分分析法是通过降维技术把多个变量化为少数几个主成分的方法，这些主成分能够保留原始变量的绝大部分信息，是构建综合指标的一种常用方法。

续表

变　量	变量名	方法来源	理论分值范围
$FTA\_desta\_index_{ijt}$	DESTA深度	Dür等(2014)	0—7
FTA_52pro_{ijt}	52条款总覆盖度	Hofmann(2017)	0—52
$FTA\_18core\_pro_{ijt}$	核心18条款（贸易和投资相关）	Damuri(2012)	0—18
$FTA\_19core\_pro_{ijt}$	核心19条款（全球价值链相关）	Mattoo等(2020)	0—19
FTA_pca_{ijt}	综合深度	主成分分析法（PCA）	−0.5—15

（四）回归结果分析

1. 基准回归结果

表10报告了实证模型的基准回归结果,其中被解释变量双边国家贸易额均作对数处理,七个FTA相关的核心解释变量分别对应模型(1)—(7)。该表显示,在控制出口国—时间固定效应、进口国—时间固定效应以及国家对固定效应之后,解释变量系数基本为正,且通过了1%水平的显著性检验。显然,FTA生效或协定深度提高对双边国家贸易额有显著的促进作用,主要原因是FTA协定深度加深,代表双边关税及非关税壁垒减少,也有助于协调和整合双边制度环境,进一步促进贸易投资便利化。

具体来看,模型(1)中FTA虚拟变量（FTA_dum_{ijt}）的回归系数为0.431 5,说明两国间签订FTA将使双边贸易额增加43.15%。模型(2)中DESTA总覆盖度（FTA_desta_{ijt}）的回归系数为0.001 5,系数较小,可能的原因是FTA条款深度指数的绝对值较大,具体来说,两国间签订FTA涉及的信息点每增加100个,将使双边贸易额增加15%。模型(3)中DESTA深度（$FTA\_desta\_index_{ijt}$）的回归系数为0.057 2,说明两国间签订FTA在FTA完整性、标准（包括TBT和SPS）、服务贸易、投资、公共采购、竞争和知识产权保护七大领域每多涉及一个,双边贸易额将增加5.72%。特别地,模型(4)中52条款总覆盖度（FTA_52pro_{ijt}）的回归系数为−0.001 2,这意味着并非所有条款都对贸易有促进作用,尤其是超越WTO框架的WTO-X条款,可能对部分不发达国家贸易产生抑制作用(Kohl等,2016)。考虑到国家差异性,论文进一步在解释变量中加入贸易、投资相关的核心条款变量。模型(5)中与贸易和投资相关的核心18条款变量（$FTA\_18core\_pro_{ijt}$）的回归系数为0.005 6,说明两国间签订的FTA在Damuri(2012)选取的与贸易、投资相关的核心18个条款中每多覆盖1个条款,将使双边贸易额增加0.56%。模型(6)

表 10 国别贸易数据回归结果

变 量	模型(1)	模型(2)	模型(3)	模型(4)	模型(5)	模型(6)	模型(7)
FTA_dum_{ijt}	0.431 5*** (19.621)						
FTA_desta_{ijt}		0.001 5*** (7.429)					
$FTA\_desta\_index_{ijt}$			0.057 2*** (13.494)				
FTA_52pro_{ijt}				−0.001 2* (−1.737)			
$FTA\_18core\_pro_{ijt}$					0.005 6*** (3.970)		
$FTA\_19core\_pro_{ijt}$						0.003 7*** (2.697)	
FTA_pca_{ijt}							0.012 3*** (6.025)
Constant	4.978 6*** (1 631.003)	5.013 5*** (2 152.667)	5.008 4*** (2 121.072)	5.020 1*** (2 048.908)	5.014 0*** (2 006.714)	5.015 4*** (2 010.974)	5.018 6*** (2 252.343)
出口国-年份 FE	YES	YES	YES	YES	YES	YES	YES
进口国-年份 FE	YES	YES	YES	YES	YES	YES	YES
国家对 FE	YES	YES	YES	YES	YES	YES	YES
样本数	1 397 524	1 397 524	1 397 524	1 397 524	1 397 524	1 397 524	1 397 524
R^2	0.879	0.879	0.879	0.879	0.879	0.879	0.879

注:***、**、*分别表示系数在1%、5%和10%显著水平下显著,括号内为经异方差稳健性标准误调整后的 t 值。

中与全球价值链相关的核心19条款变量($FTA\_19core\_pro_{ijt}$)的回归系数为0.003 7,说明两国间签订的FTA在Mattoo等(2020)选取的19个与全球价值链相关的条款中每多覆盖1个,将使双边贸易额增加0.37%。模型(7)中综合深度变量(FTA_pca_{ijt})的回归系数为0.012 3,代表综合深度每提高1分,将使双边贸易额增加1.23%。

2. 稳健性检验

由于甄别贸易数据中包含的零值与缺失值较为困难,而且用微小值替代贸易零值或是直接删除样本的方法可能会造成样本选择性偏误,从而得到有偏的估计结果(Westerlund和Wilhelmsson,2009)。泊松伪极大似然估计(PPML)可以在零值存在、模型误设以及存在异方差情况下,得到较好的估计结果(Silva and Tenreyro,2006),本文以此作为稳健性检验。表11报告了PPML模型回归结果,由于PPML回归中被解释变量贸易额没有进行对数线性化处理,系数大小发生了变化,但是除了52条款深度(FTA_52pro_{ijt})变量以外,其他系数的显著性以及符号基本没有发生变化。因此,提升FTA协定深度能够有效促进贸易增长的结论是稳健的。

3. 上海出口数据回归结果

表12报告了上海出口数据的回归结果,可以看出,控制进口国固定效应之后,所有解释变量系数均为正,且通过了1%水平的显著性检验。此外,与国家层面的基准回归结果相比,上海出口贸易受FTA深度影响更大。FTA虚拟变量(FTA_dum_{ijt})的回归系数为0.561 0,说明签订FTA将使上海向伙伴国出口额增加56.10%。DESTA总覆盖度(FTA_desta_{ijt})的回归系数为0.003 3,表明签订FTA涉及的信息点每增加100个,将使上海向伙伴国出口额增加33%。DESTA深度($FTA\_desta\_index_{ijt}$)的回归系数为0.086 5,说明签订FTA在FTA完整性、标准(包括TBT和SPS)、服务贸易、投资、公共采购、竞争和知识产权保护七大领域每多涉及一个,将使上海向伙伴国出口额增加8.65%。52条款总覆盖度(FTA_52pro_{ijt})的回归系数为0.018 9,说明签订的FTA在Horn、Mavroidis和Sapir(2010)划分的52个条款中每多覆盖一个,将使上海向伙伴国出口额增加1.89%。与贸易和投资相关的核心18条款变量($FTA\_18core\_pro_{ijt}$)的回归系数为0.032 5,说明签订的FTA在Damuri(2012)选取的与贸易、投资相关的核心18个条款中每多覆盖一个,将使上海向伙伴国出口额增加3.25%。与全球价值链相关的核心19条款变量($FTA\_19core\_pro_{ijt}$)的回归系数为0.032 8,说明签订的FTA在Mattoo等(2020)选取的19个与全球价值链相关的条款中每多覆盖一个,将使上海向伙伴国出口额增加3.28%。综合深度变量(FTA_pca_{ijt})的回归系数为0.040 9,这表示综合深度每提高1分,将使上海向伙伴国出口额增加4.09%。

表 11 国别贸易数据 PPML 回归结果

变　量	模型(1)	模型(2)	模型(3)	模型(4)	模型(5)	模型(6)	模型(7)
FTA_dum_{ijt}	0.035 2*** (3.446)						
FTA_desta_{ijt}		0.000 3*** (3.541)					
$FTA\_desta\_index_{ijt}$			0.004 8*** (2.690)				
FTA_52pro_{ijt}				0.001 4*** (4.382)			
$FTA\_18core\_pro_{ijt}$					0.002 3*** (3.892)		
$FTA\_19core\_pro_{ijt}$						0.002 4*** (4.116)	
FTA_pca_{ijt}							0.003 1*** (3.702)
Constant	23.438 8*** (4 092.494)	23.450 1*** (9 294.460)	23.450 3*** (7 553.794)	23.438 8*** (5 167.942)	23.440 4*** (4 990.504)	23.439 4*** (5 015.961)	23.445 3*** (6 463.780)
出口国-年份 FE	YES	YES	YES	YES	YES	YES	YES
进口国-年份 FE	YES	YES	YES	YES	YES	YES	YES
国家对 FE	YES	YES	YES	YES	YES	YES	YES
样本数	471 439	471 439	471 439	471 439	471 439	471 439	471 439
R^2	0.993	0.993	0.993	0.993	0.993	0.993	0.993

注：***，**，* 分别表示系数在 1%，5% 和 10% 显著水平下显著，括号内为经异方差稳健性标准误调整后的 t 值。PPML 回归中被解释变量贸易额没有进行对数线性化处理。该结果使用了 Correia 等 (2019) 的 stata 程序。

表 12 上海出口数据回归结果

变量	模型(1)	模型(2)	模型(3)	模型(4)	模型(5)	模型(6)	模型(7)
FTA_dum_{ijt}	0.561 0*** (3.120)						
FTA_desta_{ijt}		0.003 3*** (3.334)					
$FTA\_desta\_index_{ijt}$			0.086 5*** (3.291)				
FTA_52pro_{ijt}				0.018 9*** (3.287)			
$FTA\_18core\_pro_{ijt}$					0.032 5*** (3.339)		
$FTA\_19core\_pro_{ijt}$						0.032 8*** (3.281)	
FTA_pca_{ijt}							0.040 9*** (3.321)
Constant	14.851 1*** (601.739)	14.878 9*** (735.365)	14.877 3*** (730.292)	14.882 1*** (745.278)	14.876 3*** (728.250)	14.875 9*** (725.064)	14.898 0*** (772.807)
进口国 FE	YES	YES	YES	YES	YES	YES	YES
样本数	2 214	2 214	2 214	2 214	2 214	2 214	2 214
R^2	0.984	0.984	0.984	0.984	0.984	0.984	0.984

注：***，**，* 分别表示系数在 1%，5% 和 10% 显著水平下显著，括号内为经异方差稳健性标准误调整后的 t 值。

4. 上海分产业出口数据回归结果

由于同一产业中各变量的正负性和显著性基本一致,为了节省篇幅,下文仅以综合深度变量(FTA_pca_{ijt})的系数作为分析对象(见表13)。可以看出,综合深度提升对上海各重点产业出口影响效应存在差异。除电子信息产业外,综合深度提升正向促进了其他五大产业的出口额,但只有智能制造和精细化工两大产业的促进效果显著。

表13 上海分产业出口数据回归结果

变量	(1)电子信息	(2)新能源汽车	(3)智能制造	(4)高端装备	(5)生物医药	(6)精细化工
FTA_dum_{ijt}	−0.468 3** (−2.357)	0.604 9 (0.707)	0.336 3*** (4.158)	0.812 3 (1.267)	0.333 1 (0.986)	1.460 4*** (2.722)
FTA_desta_{ijt}	−0.002 3* (−1.950)	0.004 1 (0.982)	0.002 2*** (4.575)	0.003 9 (1.113)	0.001 4 (0.745)	0.009 2*** (3.393)
$FTA\_desta\_index_{ijt}$	−0.059 5** (−1.967)	0.081 6 (0.658)	0.052 6*** (4.397)	0.106 9 (1.132)	0.054 4 (1.145)	0.238 8*** (3.108)
FTA_52pro_{ijt}	−0.013 7** (−2.010)	0.019 8 (0.757)	0.012 5*** (4.645)	0.026 8 (1.283)	0.007 6 (0.761)	0.052 8*** (3.146)
$FTA\_18core\_pro_{ijt}$	−0.023 6** (−2.130)	0.031 7 (0.681)	0.019 9*** (4.449)	0.042 4 (1.198)	0.017 7 (0.982)	0.088 9*** (3.077)
$FTA\_19core\_pro_{ijt}$	−0.023 6** (−2.077)	0.029 6 (0.609)	0.020 2*** (4.495)	0.045 3 (1.246)	0.017 1 (0.993)	0.090 3*** (3.012)
FTA_pca_{ijt}	−0.029 0** (−2.033)	0.042 1 (0.738)	0.025 9*** (4.533)	0.052 7 (1.187)	0.021 1 (0.933)	0.113 3*** (3.158)

注:***、**、*分别表示系数在1%、5%和10%显著水平下显著,括号内为经异方差稳健性标准误调整后的t值。为了节省篇幅,此表将各FTA深度解释变量回归结果进行了汇总。

具体来看,精细化工产业深度指标系数最高为0.113 3,且通过了1%水平的显著性检验。表示综合深度每提高1分,将使上海向该国出口精细化工产业产品增加11.33%。其次,高端装备产业深度指标系数为0.052 7,表示综合深度每提高1分,将使上海向该国出口高端装备产业产品增加5.27%。但该系数t值仅为1.187,未通过10%水平的显著性检验。新能源汽车产业深度指标系数为0.042 1,表示综合深度每提高1分,将使上海向该国出口新能源汽车产业产品增加4.21%。但该系数t值仅为0.738。智能制造产业深度指标系数0.025 9,表示综合深度每提高1分,将使上海向该国出口智能制造产业产品增加2.59%。该系数t值达到4.533,通过了1%水平的显著性检验。生物医药产业深度指标系数为 0.021 1,表示综合深度每提高 1 分,将使上海向该国出口生物医药产业产品增加 2.11%。但是该结果同样未通过 10% 水平的显著性检验。特别地,FTA 综合深度提升反而抑制了上海出口电子信息产业产品,根据回归结果,电子信息产业深度指标系数为 −0.029 0,表示综合深度每提高 1 分,将使上海向该国出口电子信息产业产品金额降低 2.90%,并且该结果通过了 5% 水平的显著性检验。这说明在国家层面达成 FTA 后,上海的电子信息产业可能出现了向外转移。

5. 上海分产业核心产品出口数据回归结果

本文进一步选取代表性产业领域的核心产品出口额,以此作为被解释变量(见表 14)。结果显示,FTA 综合深度提升对上海各重点产业核心产品出口影响效应同样存在差异。电子信息产业核心产品贸易额仍呈现负向影响,其他五大产业核心产品均受到 FTA 综合深度提升的正向影响,并且新能源汽车、智能制造和精细化工三大产业核心产品影响显著。

表 14 上海分产业核心产品出口数据回归结果

变量	(1)电子信息	(2)新能源汽车	(3)智能制造	(4)高端装备	(5)生物医药	(6)精细化工
FTA_dum_{ijt}	−0.444 7 (−0.959)	0.980 8** (2.019)	1.313 6** (2.094)	0.747 0 (1.249)	0.488 2 (1.260)	1.469 2*** (2.740)
FTA_desta_{ijt}	−0.002 7 (−1.135)	0.006 5** (2.309)	0.006 6** (2.073)	0.003 8 (1.130)	0.002 1 (0.953)	0.009 2*** (3.422)
$FTA\_desta\_index_{ijt}$	−0.055 1 (−0.841)	0.139 9** (2.015)	0.184 5** (2.009)	0.105 7 (1.196)	0.076 8 (1.413)	0.241 1*** (3.143)
FTA_52pro_{ijt}	−0.016 5 (−1.103)	0.034 0** (2.159)	0.039 3** (1.983)	0.025 2 (1.282)	0.011 7 (1.007)	0.053 3*** (3.169)
$FTA\_18core\_pro_{ijt}$	−0.024 4 (−0.992)	0.053 7** (2.065)	0.069 7** (2.031)	0.039 0 (1.184)	0.025 8 (1.242)	0.089 6*** (3.100)
$FTA\_19core\_pro_{ijt}$	−0.023 4 (−0.921)	0.051 9** (1.967)	0.070 6** (1.969)	0.042 1 (1.251)	0.025 7 (1.277)	0.091 0*** (3.037)
FTA_pca_{ijt}	−0.030 9 (−0.995)	0.070 7** (2.123)	0.086 1** (2.018)	0.050 2 (1.204)	0.030 8 (1.183)	0.114 2*** (3.185)

注:***、**、* 分别表示系数在 1%、5% 和 10% 显著水平下显著,括号内为经异方差稳健性标准误调整后的 t 值。为了节省篇幅,此表将各 FTA 深度解释变量回归结果进行了汇总。

具体来看,精细化工产业深度指标系数最高为 0.114 2,且通过了 1% 水平的显著性检验。表示综合深度每提高 1 分,将使上海向该国出口精细化工产业产品增加11.42%。该结果与精细化工产业总体出口额回归结果相比差别不大,因此FTA对该产业产品的影响效应比较均匀。智能制造产业深度指标系数为0.0861,且通过了5%水平的显著性检验。表示综合深度每提高1分,将使上海向该国出口智能制造产业产品增加8.61%。相比之下,智能制造产业总体出口额回归系数为0.0259,可以看出,FTA对智能制造产业的影响效应主要集中在核心产品。类似地,新能源汽车产业深度指标系数为0.0707,且通过了5%水平的显著性检验。表示综合深度每提高1分,将使上海向该国出口新能源汽车产业产品增加7.07%。相比之下,新能源汽车产业总体出口额回归系数为0.0421,并且显著性水平达不到10%。可以看出,FTA综合深度提升对新能源汽车产业的影响效应主要也集中在核心产品。高端装备和生物医药产业核心产品的回归系数分别为0.0502和0.0308,表示综合深度每提高1分,将使上海向该国出口核心产品分别增加5.02%和3.08%,与产业总出口回归结果相差不大,并且这两个结果均没有通过10%水平的显著性检验。同样,FTA综合深度提升抑制了上海出口电子信息产业核心产品,根据回归结果,电子信息产业核心产品深度指标系数为-0.0309,表示综合深度每提高1分,将使上海向该国出口电子信息产业核心产品降低3.09%,但是该结果没有通过10%水平的显著性检验。这说明在国家层面达成FTA后,上海的电子信息产业虽然出现了向外转移,但是电子信息产业核心产品仍然通过上海出口到世界各国。

三、预测RCEP生效后成员贸易增长趋势

根据前文实证检验的回归结果,我们进一步就RCEP生效后各国双边贸易增长趋势进行预测。由于DESTA数据库未公布完整的RCEP量化结果,因此本文只使用回归结果最接近综合深度指标的核心19条款深度($FTA\_19core\_pro_{ijt}$)进行测算。同时,受限于UN Comtrade数据库未公布部分RCEP成员国家2021年的贸易数据,本文以UN Comtrade数据库中2020年RCEP成员国家双边贸易数据为基础进行国家层面的贸易增长预测;另由于GTT数据库的上海贸易数据已更新至2021年,本文以2021年的贸易数据为基础进行上海的贸易增长预测。

(一)RCEP成员贸易收益

表15汇总了根据核心19条款深度($FTA\_19core\_pro_{ijt}$)的回归系数预测的各国双边贸易增长预测情况,从总出口增额来看,RCEP生效带给中国的出口预计增额最大,达到205.63亿美元,主要原因是中国出口基数大。受影响较大的是日本,预计出口增长111.59亿美元。东盟预计出口增额排在第三位,

达到 70.73 亿美元。韩国、澳大利亚和新西兰在 RCEP 签署以前就已经与各成员国签订了双边或多边自由贸易协定,且深度较高,因此受 RCEP 生效的影响较小,具体来看,韩国出口预计增长 21.85 亿美元,澳大利亚预计增长 3.70 亿美元,新西兰与各成员国签订的双边或多边自由贸易协定深度在核心 19 个条款范围内均不低于 RCEP,因此预估增幅为 0。

表 15　RCEP 生效对各国双边贸易增长预测　（单位：亿美元）

国家/地区	澳大利亚	中国	日本	韩国	新西兰	东盟	总计
澳大利亚	—	3.70	0.00	0.00	0.00	0.00	3.70
中　国	1.98	—	84.42	0.00	0.00	119.24	205.64
日　本	0.00	83.71	—	26.46	0.00	1.42	111.59
韩　国	0.00	0.00	14.85	—	0.00	7.00	21.85
新西兰	0.00	0.00	0.00	0.00	—	0.00	0.00
东　盟	0.00	65.18	1.62	3.93	0.00	—	70.73

从双边贸易增幅来看,受 RCEP 生效影响较大的有中国—东盟、中国—日本、日本—韩国。其中,中国与东盟间的贸易额将受到 RCEP 生效的影响较大。虽然中国—东盟 FTA 已于 2010 年生效,但 RCEP 内有关原产地规则的突破比前者的原产地规则有较大进步,主要表现为：一方面,RCEP 的"区域累积"规则使货物的原产成分能够在 15 个成员国内进行累积,相当于大幅降低了原产地"门槛";另一方面,RCEP 原产地证明的类型更加丰富,除了传统原产地证书之外,协定还承认经核准的出口商声明或生产商自主声明,进一步提高区域内产品的流通效率。

RCEP 贸易自由化协定在不同成员国之间呈现较大差异。其中较为突出的是,中国—日本和日本—韩国之间尚未签署过自由贸易协定,这些国家组作为"空白点"预计将实现较大的边际贸易增长水平。根据测算,中国对东盟出口预计增长 119.24 亿美元,东盟对中国出口预计增长 65.18 亿美元。中国对日本出口预计增长 84.42 亿美元,日本对中国出口预计增长 83.71 亿美元。日本对韩国出口预计增长 26.46 亿美元,韩国对日本出口预计增长 14.85 亿美元。

（二）上海重点产业贸易收益

表 16 汇总了 RCEP 生效对上海重点产业分目的国出口贸易增长预测情况。根据测算,RCEP 生效会使上海对 RCEP 成员国总出口增长 185.77 亿美

元,增额主要来自日本和东盟,其中上海对日本出口预计增长106.06亿美元,对东盟出口预计增长77.46亿美元。在上海对东盟出口中,越南、泰国和马来西亚增额最大,分别为16.09亿美元、15.66亿美元和13.03亿美元。从重点产业增额来看,首先是精细化工产业总计增额最大,为38.67亿美元,其中增额主要来自日本和东盟,分别为21.21亿美元和17.24亿美元。其次是智能制造产业,增额为14.56亿美元,其中8.80亿美元增额来自日本,5.63亿美元增额来自东盟。再次是新能源汽车产业,增额8.54亿美元,其中日本和东盟增额分别为4.83亿美元和3.36亿美元;生物医药和高端装备产业增额较小,分别为1.80亿美元和1.34亿美元,其中生物医药产业的出口增额中有0.95亿美元来自日本,0.83亿美元来自东盟,而高端装备产业出口增额主要来自东盟,达到1.12亿美元;电子信息产业则预计受到负向影响,出口可能降低35.35亿美元,其中日本降低20.69亿美元,东盟降低14.40亿美元。由于中国和澳大利亚、新西兰以及韩国已经分别于2008年到2015年先后生效了深度较高的双边自由贸易协定,因此预计上海对这三个RCEP成员的出口增额不高。上海对澳大利亚预计出口增额为2.25亿美元,其中重点产业主要有新能源汽车产业预计增长3 500万美元,精细化工产业预计增长2 200万美元以及1 300万美元的智能制造产业产品出口增长。由于中韩和中新自贸协定的深度基本与RCEP持平,因此预估上海对韩国和新西兰出口不受RCEP生效影响。

表16 RCEP生效对上海重点产业出口贸易增长预测

(单位:亿美元)

出口目的国/地区	总出口	电子信息	新能源汽车	智能制造	高端装备	生物医药	精细化工
总 计	185.77	−35.35	8.54	14.56	1.34	1.80	38.67
日 本	106.06	−20.69	4.83	8.80	0.20	0.95	21.21
东 盟	77.46	−14.40	3.36	5.63	1.12	0.83	17.24
越 南	16.09	−2.82	0.35	1.01	0.07	0.25	4.53
泰 国	15.66	−2.19	1.13	1.39	0.10	0.15	3.78
马来西亚	13.03	−3.87	1.17	1.11	0.05	0.10	1.65
印度尼西亚	12.24	−0.53	0.17	0.80	0.17	0.13	3.62
新加坡	11.37	−3.70	0.23	0.94	0.57	0.13	1.66
菲律宾	6.10	−1.28	0.24	0.31	0.06	0.06	1.50
澳大利亚	2.25	−0.26	0.35	0.13	0.02	0.03	0.22

续表

出口目的国/地区	总出口	电子信息	新能源汽车	智能制造	高端装备	生物医药	精细化工
柬埔寨	1.63	−0.01	0.03	0.04	0.00	0.01	0.27
缅甸	1.18	−0.01	0.02	0.02	0.10	0.01	0.20
老挝	0.09	−0.01	0.01	0.01	0.00	0.00	0.01
文莱	0.07	0.00	0.02	0.00	0.00	0.00	0.01
韩国	0.00	0.00	0.00	0.00	0.00	0.00	0.00
新西兰	0.00	0.00	0.00	0.00	0.00	0.00	0.00

表17汇总了RCEP生效对上海重点产业核心产品分目的国出口贸易增长预测情况。与表16汇报结果类似，上海重点产业核心产品的出口增额主要来自日本和东盟。根据预测，上海向日本出口精细化工产业核心产品增额最大，为20.70亿美元；智能制造产业核心产品增额为3.05亿美元；新能源汽车产业核心产品增额为2.05亿美元；生物医药产业核心产品增额为1.25亿美元；高端装备产业核心产品增额为0.18亿美元；电子信息产业核心产品则预计减少3.89亿美元。上海向东盟出口核心产品增额最大的也是精细化工产业，达到17.09亿美元；智能制造产业核心产品增额为2.16亿美元；生物医药产业核心产品增额为0.93亿美元。上海向东盟出口的高端装备和新能源汽车产业核心产品增额相对较小，分别为8 400万美元和5 800万美元。上海向东盟出口电子信息产业核心产品则预计减少9.22亿美元。

表17 RCEP生效对上海重点产业核心产品出口贸易增长预测

（单位：亿美元）

出口目的国/地区	电子信息产业核心产品	新能源汽车产业核心产品	智能制造产业核心产品	高端装备产业核心产品	生物医药产业核心产品	精细化工产业核心产品
总计	−13.16	2.85	5.24	1.03	2.21	38.01
日本	−3.89	2.05	3.05	0.18	1.25	20.70
东盟	−9.22	0.58	2.16	0.84	0.93	17.09
越南	−2.21	0.22	0.29	0.06	0.29	4.48
泰国	−1.38	0.12	0.87	0.06	0.14	3.78
马来西亚	−2.54	0.03	0.16	0.02	0.10	1.65

续表

出口目的国/地区	电子信息产业核心产品	新能源汽车产业核心产品	智能制造产业核心产品	高端装备产业核心产品	生物医药产业核心产品	精细化工产业核心产品
印度尼西亚	−0.19	0.00	0.32	0.11	0.17	3.55
新加坡	−1.85	0.18	0.42	0.53	0.15	1.66
菲律宾	−1.05	0.01	0.08	0.03	0.06	1.49
澳大利亚	−0.05	0.22	0.03	0.01	0.04	0.22
柬埔寨	0.00	0.00	0.02	0.00	0.01	0.26
缅甸	0.00	0.00	0.00	0.04	0.01	0.20
老挝	0.00	0.00	0.00	0.00	0.00	0.01
文莱	0.00	0.00	0.00	0.00	0.00	0.01
韩国	0.00	0.00	0.00	0.00	0.00	0.00
新西兰	0.00	0.00	0.00	0.00	0.00	0.00

四、总结与政策建议

(一)总结

根据前文对 RCEP 推进现状和 RCEP 成员间贸易情况的研究分析,我们发现,RCEP 对上海重点产业的出口贸易的影响总体上是积极的。

1. 中国积极推进 RCEP 落地,上海努力优化营商环境

随着 RCEP 正式落地实施,中国各地举办一系列会议活动,颁布政府规章优化营商环境,全面助力企业利用好 RCEP 的机遇。第一,政府开展相关专题培训,建立 RCEP 最优关税查询系统,为企业提供支持;第二,政府颁布相关规章,鼓励优势领域企业深度参与亚太区域供应链合作;第三,各方共同推进数字贸易发展,开展合作论坛,借助 RCEP 释放的红利,推进区域数字贸易高质量发展;第四,中国与 RCEP 伙伴开展座谈交流会,深化在 RCEP 基础上的合作,实现共同发展。

2. 亚太区域内货物贸易主要集中于 RCEP 成员间,各国贸易合作加深

RCEP 成员内贸易是亚太地区贸易最活跃力量,2010 年至 2020 年间,RCEP 成员贸易总额大幅增长,亚太区域内贸易联系加深。从贸易规模来看,2020 年中国贸易总额为 4.66 万亿美元,几乎与其他成员贸易总额相当,且具有较大的经贸发展潜力;从贸易伙伴结构来看,中国与东盟的贸易额最

大,增长率较高;从贸易差额来看,中国对东盟贸易顺差最大,且有进一步扩大趋势。

上海与RCEP成员在六大重点产业领域贸易合作紧密。2021年,上海与RCEP成员在六大重点产业领域的贸易总额为1173.73亿美元,占上海对RCEP成员贸易总额的54.46%,同比增长21.30%。其中,电子信息、智能制造、精细化工、生物医药、新能源汽车和高端装备在六大重点产业中分别占比51.70%、19.92%、16.44%、5.76%、5.49%和0.69%,是上海对RCEP成员贸易的主力军。在上海六大重点产业领域中,东盟和日本是主要的贸易伙伴,2021年上海对东盟和日本的重点产业贸易总额分别为466.26亿美元和420.43亿美元。

3. 国家(地区)层面的FTA贸易创造效应显著,上海六大重点产业受FTA影响各异

本文建立实证模型,检验了FTA及其深度指标对其成员国贸易的影响,结果显示,在国家(地区)层面上,自贸协定的签订生效和协定深度的加深均对成员国的贸易额有显著的正向影响,即FTA对其成员产生了显著的贸易创造效应,证明了我国加入各类自贸协定的重要性。以2020年的贸易数据为基础,本文估计RCEP的正式生效将使中国对RCEP成员的出口增长205.63亿美元,增额将主要来源于中国对东盟和日本的出口,分别为119.24亿美元和84.42亿美元。

上海六大重点产业的出口贸易受FTA影响各不相同。根据分产业出口数据的回归结果来看,上海新能源汽车、智能制造、高端装备、生物医药、精细化工产业都表现出FTA贸易创造效应,其中智能制造产业和精细化工产业的系数显著为正,新能源汽车、高端装备、生物医药产业的系数为正但不显著,而电子信息产业的系数显著为负。分产业核心产品出口数据的回归结果表明,电子信息产业核心产品出口额仍然受到FTA生效的负向影响,其他五大产业核心产品均受到FTA相关变量提升的正向影响,并且新能源汽车、智能制造和精细化工产业核心产品影响显著。以2021年上海贸易数据为基础,本文预测RCEP生效将使上海对RCEP成员总出口增加185.77亿元。在重点产业领域,上海对RCEP成员的总出口预计将增加29.56亿美元,增量主要来自日本和东盟,其中上海对日本出口预计增长15.3亿美元,对东盟出口预计增长13.78亿美元。

(二) 政策建议

1. 明确RCEP带来的机遇和挑战,关注上海重点产业的影响

上海在六大重点产业领域与亚太地区经贸联系紧密,在RCEP关税减让幅度加大、贸易投资自由化便利化程度加深的同时,上海对各成员国的贸易投

资都将受到显著的积极影响。一方面,RCEP 的生效实施将降低新能源汽车、智能制造、高端装备等产业的原材料进口成本,促进生物医药产业对日韩澳新医疗仪器和药品的进口,降低所有产业对成员国的出口成本,助力产业扩大出口;另一方面,RCEP 的投资开放承诺有助于本地产业"走出去",完善在亚太区域的产业链布局,同时也能将国外优质企业"引进来",带动本地产业转型升级,提升上海产业竞争力。RCEP 在带来机遇的同时也将给各产业带来一定挑战,产业将面临更激烈的外部市场竞争,部分产业可能有加速向外转移的风险。例如,国内精细化工产品较为缺乏,相对掌握成熟技术的日韩企业,上海精细化工产业竞争力不高,随着未来进口高端石化产品价格进一步降低,区域内外企将抢占更多市场份额,上海化工企业将面临更激烈的外部市场竞争;又如电子信息产业随 RCEP 成员关税的下降和原产地规则的优化可能发生低端环节向东盟迁移的情况,掌握核心技术的外企可利用新的原产地累积规则,将产业链中低附加值的组装和检测工序转移到成本更低的东盟国家完成。结合上文实证部分对上海重点产业的回归结果来看,应重点关注 RCEP 给电子信息产业带来的挑战,兼顾新能源汽车、高端装备、生物医药产业,发挥好协定对智能制造和精细化工的积极影响。

综上,针对以上 RCEP 可能的影响,本文提出以下三条建议。第一,聚焦上海重点产业提质增效,加快产业转型升级和高端化发展。应提升制造业自主创新能力,加大核心产品技术攻关,提升产品、工程和服务质量水平,增强企业参与区域市场竞争的能力。第二,引领长三角一体化发展格局,实施长三角一体化发展战略。上海要发挥龙头作用,立足自身优势,强化制度创新,深化区域合作,推动长三角优势互补和联动发展。第三,发挥上海在国内国际双循环中的战略链接作用。上海的优势产业应抓住 RCEP 生效实施的机遇,进一步开拓 RCEP 成员国市场,要鼓励企业"走出去",同时也要把"引进来"做精,积极开展在 RCEP 区域的跨国产业链合作,利用好 RCEP 的机遇,加深区域产业链供应链合作,推动企业开展研发和技术交流,促进区域产业链深度融合,防范贸易摩擦冲击,全方位强化上海产业竞争力。

2. 加强政府务实指导,结合地方优势特点,指引企业利用好 RCEP

针对 RCEP 的落地实施,政府应指引地方和企业有针对性地对接协定各领域开放规则,围绕 RCEP 货物贸易、服务贸易、跨境投资、知识产权、电子商务等领域的开放承诺提出推动跨境贸易投资高质量发展、提升产业竞争力的一系列重点任务和要求,为各部门、各地方高质量实施协定提供依据。各地方政府应以高质量实施 RCEP 为契机,加强与 RCEP 成员的经贸交流,主动积极发挥区位优势,结合当地产业发展特点,推动优势产业获得更好的外向发展机会,补足劣势产业短板以抵御外资企业冲击,不断扩大高水平对外开放。政府应深入开展相关培训,做好高水平配套服务,帮助企业抓住机遇以实现更好发展,措施包括鼓励金融机构加大对企业的金融支持,建立公共服务平台以提供协定相关的贸易投资咨询服务,充分发挥驻外经商机构和各类贸易展会的促进作用等。外贸企业应根据自身经营方向,尽快熟悉中国与 RCEP 成员间的关税优惠承诺,对不同的进口来源地和出口目的地因地制宜,结合原产地累积规则最大程度利用关税减让带来的贸易优惠,着力扩大重点产品的进出口,提高 RCEP 的实际利用率。然而,RCEP 在为外贸企业带来机遇的同时,也给部分企业带来更大的竞争压力。因此,这些企业应注重自身风险防控,制定合理的经营策略,化"危机"为动力,努力降本增效,加快技术创新和转型升级,提升企业国际竞争力。

3. 积极改善国内营商环境,完善相关法律法规,对标高标准国际经贸规则

近年来的高标准自贸协定相对于传统自贸协定更关注边境后条款,RCEP 已在原有"10+1"自贸协定的基础上深化了各国边境后经贸合作,而 CPTPP 在这些领域的很多方面要求更高,比如在国有企业垄断、劳工和环境等标准方面提出了更严苛的要求。这就要求中国对国内一些目前不符合国际标准的、不再适应自身时代发展的法律规制进行深入改革,推进制度型开放进程,提升贸易投资自由性和便利性,使之与高标准国际经贸规则逐步对接。此类改革涉及领域广、影响范围大、实施难度高,因此更需要多部门协同配合、共同推进。改革的具体措施繁多,包括但不限于:大力发展数字经济,对标高标准电子商务规则,为区域内跨境电子商务等外贸新业态提供更好的营商环境和制度保障;放宽市场准入标准,将服务贸易正面清单逐步转为负面清单,促进市场公平竞争,加大知识产权保护力度,建设统一大市场;提升国内监管能力水平,对内优化事前、事中、事后审查监督管理流程,对外重视运用国际规则维护本土权利;深化国有企业改革,调整产业政策,建立健全现代企业制度;加强对劳工的保护,坚持依法治理,提倡环境保护等。总的来说,我国应"以开放促改革",完善国内相关法律法规,打造市场化、法治化、国际化的营商环境。

4. 借助 RCEP 深化中日韩经贸合作关系,打造中日韩自贸区

中国、日本、韩国经贸联系紧密但贸易规则联系却滞后,特别是中国和日本在 RCEP 生效前没有签订过任何自贸协定,这致使中日之间的经贸潜力没有得到充分挖掘,随着 RCEP 正式实施,三方达成进一步经贸合作的必要性日益凸显。中日韩自由贸易区协商早在 2012 年就已经启动,在 2019 年的第十五轮谈判中,三方一致同意在共同参与的 RCEP 已取得共识的基础上进一步提高贸易和投资自由化水平,纳入更高标准规则,争取将中日韩 FTA 打造为超越 RCEP 的"RCEP+"。在当前贸易保护主义兴起、全球经济不确定性增加、亚太区域贸易投资规则碎片化的背景下,中日韩都在积极寻求广泛的区域经济合作,希望通过建立自贸区降低贸易投资壁垒以促进区域价值链的深度融合。尽管三方在一些边境后条款的谈判上仍有分歧,但通过 RCEP 的过渡

及协商,相信三方达成一致的进程将全面加快。举例而言,三方可以就目前非零关税产品协商给予各国更长的过渡期以尽可能降低关税,就知识产权和劳工等边境后规则按重要性分阶段实施,短期无法达成一致的重要条款暂时搁置为例外条款日后再行处理,优先实现阶段性高标准中日韩FTA,尽快发挥三方经贸合作优势。

5. 紧抓区域合作发展趋势,参与更多高质量自贸协定,共同推进亚太区域经济一体化进程

高水平、高标准的自由贸易规则将是未来区域乃至全球化合作的趋势,中国应以长期发展的角度综合研判,在不涉及原则问题的基础上申请加入更多高质量自贸协定,连同多方共同推进亚太区域经济一体化进程。一方面,中国应参与针对现有自贸协定的升级谈判,提升与现有伙伴国的贸易投资自由化便利化水平,强化贸易伙伴之间的经贸合作关系;另一方面,中国也要积极加入各类高质量自贸协定,以RCEP为经验,努力推动CPTPP和DEPA的加入进程,拓展亚太自由贸易网络的广度和深度。随着中国在世界上的经济影响力不断提升,中国应主动倡导维护经济全球化发展大趋势,整合优化现有经贸规则,参与更多高水平自贸协定,坚定扩大对外开放,勇于担当亚太区域经济一体化的引导者,为构建人类命运共同体做贡献。

参考文献

[1] 韩剑、许亚云:《RCEP及亚太区域贸易协定整合——基于协定文本的量化研究》,《中国工业经济》2021年第7期,第19页。

[2] 彭羽、郑枫、沈玉良:《"一带一路"FTA网络国家地位测度及出口效应研究》,《亚太经济》2022年第1期,第47—58页。

[3] Anderson, J. E., Van Wincoop, E., "Gravity with gravitas: A solution to the border puzzle", *American Economic Review*, 2003, 93(1), pp.170-192.

[4] Damuri, Y. R., "21st century regionalism and production sharing practice", Graduate Institute of International and Development Studies, 2012.

[5] Eaton, J. Kortum, S., "Technology, geography, and trade", *Econometrica*, 2002, 70(5), pp.1741-1779.

[6] Hofmann, C., Osnago, A., and Ruta, M., "Horizontal depth: A new database on the content of preferential trade agreements", Policy Research Working Paper Series, 2017.

[7] Horn, H., Mavroidis, P. C., and Sapir. A., "Beyond the WTO? An anatomy of EU and US preferential trade agreements", *The World*

Economy, 2010, 33(11), pp.1565 – 1588.

[8] Kohl, T., Brakman, S., and Garretsen, H., "Do trade agreements stimulate international trade differently? Evidence from 296 trade agreements", *World Economy*, 2016, 39(1), pp.97 – 131.

[9] Mattoo, A., Rocha, N., Ruta, M., *The Evolution of Deep Trade Agreements*, Washington, DC: World Bank, 2020.

[10] Silva, J. M. C. S., Tenreyro, S., "The log of gravity", *Review of Economics and Statistics*, 2006, 88(4), pp.641 – 658.

[11] Joakim Westrlund, Fredrik Wilhelmsson, "Estimating the gravity model without gravity using panel data", *Applied Economics*, 2011, 43(6), pp.641 – 649.

指导：
  汤蕴懿　上海社会科学院应用经济研究所副所长、研究员
  黄烨菁　上海社会科学院世界经济研究所研究员
执笔：
  李锦明　上海社会科学院世界经济研究所博士研究生
  郑　枫　上海社会科学院世界经济研究所博士研究生

数字化转型与上海产业国际竞争力的提升

近年来,在人工智能、3D打印、区块链等数字技术驱动下,加上新冠肺炎疫情在全球蔓延,全球经济已进入深度数字化转型发展的新阶段。数字产业化和产业数字化成为数字经济时代全球产业发展的两大新趋势,数据资源已成为产业发展的核心要素。对上海而言,数字化转型是上海在"十四五"期间的重要任务,要打造世界级数字产业集群,全面推进城市数字化转型发展,最终打造具有世界影响力的国际数字之都,这在根本上需要上海具备较强的产业国际竞争力。因此,在数字化转型背景下,产业国际竞争力体现在哪些方面?衡量指标包括哪些?上海现状与问题有哪些?以及未来该如何优化政策?为此,本报告在阐述数字化转型与产业国际竞争力提升的内在逻辑的基础上,构建了数字化转型下的产业国际竞争力测度的指标体系,还对上海数字产业的国际竞争力进行评价,并进一步提出以数字化转型为抓手来提升上海产业国际竞争力的政策建议。

一、数字化转型与产业国际竞争力提升的内在逻辑

数字化转型是指以数据为核心要素,通过数字技术的创新应用,带来产品或服务创新,以及业务流程和商业模式的变革,最终引发经济发展范式的转变。对于特定产业而言,数字化转型将会带来生产成本和贸易成本降低、劳动生产率提升等经济效应,并从两个维度对产业竞争力产生影响:一是会从市场垄断、交易成本、经济效率和知识溢出等维度对传统产业的国际竞争力产生影响,二是数字产业本身在国际市场中所具有的竞争力。

(一) 数字产品与数字产业

为了弄清楚数字化转型对产业国际竞争力提升的影响,重点需要明确数

字产品或者数字服务的内涵特征,以及数字产业的明细分类。首先,对数字产品或数字服务而言,均不同于实物产品或传统服务,具有如下四个特定特征:一是公共产品属性。尽管数字产品或者数字服务在版权、专利等保护下,可能会排除部分人使用,但是数字产品或数字服务本身可以无限地零成本进行复制,对其消费不会阻止其他人进行消费,具有非排他性和非竞争性,因此数字产品或数字服务具有内在的公共产品特性,最终会导致搭便车问题,即第三方可以轻松地复制或模拟数字产品,而无须承担前期研发成本。二是固定成本高、可变成本低。数字产品或者数字服务的核心要素是数据,这就需要集成现有数据到数据库系统,建设相应的数据库等信息通信基础设施,而且这部分成本高昂。但是,在对数据进行处理、传输和评估等环节,这部分的可变成本却相对较低。三是市场双方信息不对称,大部分数字产品或数字服务是以参数代码等形式存在,比较复杂性,非专业人员很难清楚背后的逻辑架构,使得市场上卖方比买方拥有更多的关于数字产品或者数字服务质量的详细信息,使得数字市场容易存在信息不对称现象。四是网络效应,主要是指消费者的效用会随着数字产品或数字服务的消费者数量的增多而增大。

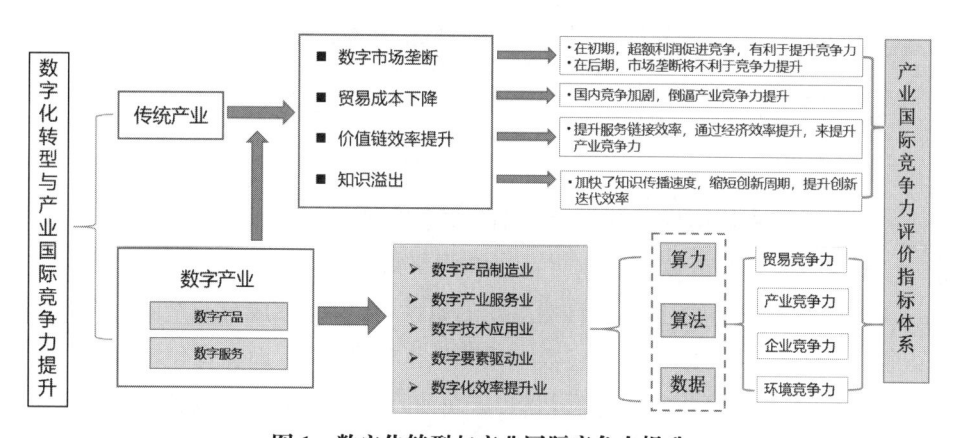

图 1　数字化转型与产业国际竞争力提升

而在产业发展层面,根据国家统计局发布的《数字经济及其核心产业统计分类(2021)》,核心数字产业主要包括五大数字产业:数字产品制造业、数字产品服务业、数字技术应用业、数字要素驱动业和数字化效率提升业等五大类。而数字产品制造业主要是指为数字产品制造提供支撑的信息设备制造行业,具体包括计算机制造、通信及雷达设备制造、数字媒体设备制造、智能设备制造、电子元器件及设备制造等。数字产品服务业主要是指为数字产品提供各种服务的行业,具体包括数字产品批发业、数字产品零售业、数字产品租赁业、数字产品维修业等。数字技术应用业主要是指与数字技术相关的产业,具体包括软件开发、电信与广播等卫星传输服务、互联网服务和信息技术服务。数字要素驱动业主要是指基于互联网平台所提供的各项服务,如互联网平台、互联网批发零售、互联网金融、数字内容与媒体、信息基础设施、数据资源与产权交易等。数字化效率提升业主要是指数字技术对传统产业的升级和改造，如智慧农业、智能制造、智能交通、智慧物流、数字金融、数字商贸、数字社会和数字政府等。

表1 核心数字产业

数字产业	具体类别
数字产品制造业	主要包括计算机制造、通信及雷达设备制造、数字媒体设备制造、智能设备制造、电子元器件及设备制造等
数字产品服务业	主要包括数字产品批发业、数字产品零售业、数字产品租赁业、数字产品维修业等
数字技术应用业	主要包括软件开发、电信与广播等卫星传输服务、互联网服务和信息技术服务
数字要素驱动业	主要包括互联网平台、互联网批发零售、互联网金融、数字内容与媒体、信息基础设施、数据资源与产权交易等
数字化效率提升业	主要包括智慧农业、智能制造、智能交通、智慧物流、数字金融、数字商贸、数字社会和数字政府等

资料来源：根据国家统计局发布的《数字经济及其核心产业统计分类(2021)》整理得出。

（二）数字化市场垄断与产业国际竞争力提升

基于数字产品或数字服务所具有的网络效应与高固定成本、低可变成本等属性特征，数字市场具备了自然垄断的属性，很容易形成行业垄断。在市场竞争格局中，如果一家公司通过数字化降低了生产成本，而在竞争格局不受影响情况下，这家厂商将获得超额利润，从而使得其他竞争对手也通过数字化来降低成本，最终将是整个行业的生产成本降低，企业超额利润消失，消费者从低成本中获益，将有利于整个产业的国际竞争力的提升。

大企业会比小企业更有实力提前进行数字化转型，这主要是由于数字化的前期固定成本较高，很多中小企业在物力、人力、技术等上均无法承担，其数字化转型会相对滞后于大企业。而大企业借此获得持续的超额利润，并最终影响整个市场的竞争环境，把中小企业完全赶出市场，形成行业垄断格局，还会将初始成本转嫁给消费者，并进一步掠夺消费者剩余价值，来弥补前期高额的固定成本，将不利于整个产业的国际竞争力的提升。

（三）贸易成本下降与产业国际竞争力提升

在国际贸易中，数字化转型最显著的作用就是降低贸易成本和物流协调成本,有利于缩短通关时间,并降低通关成本等,使得更多企业参与贸易,而竞争加剧将带来国际竞争力的提升。本文将通过图2来演示数字化如何通过降低贸易成本,推进产业国际竞争力的提升。

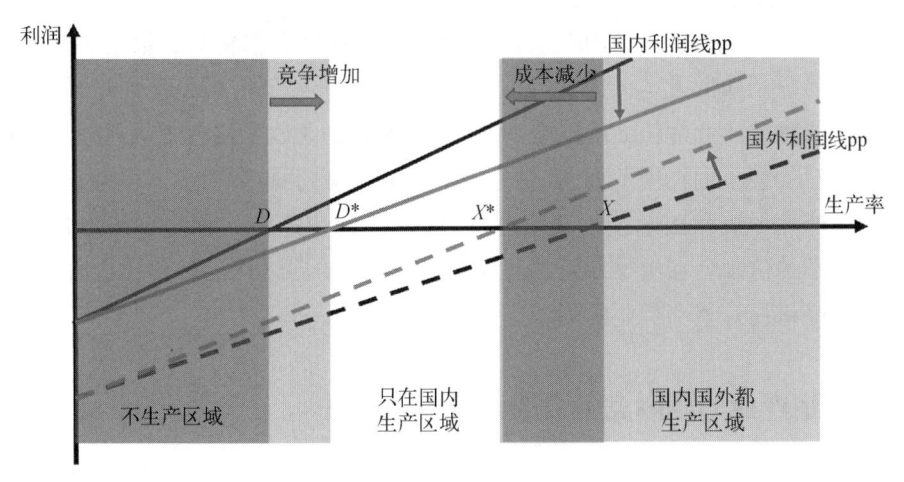

图2 贸易成本减低对出口活动的影响

资料来源：Morasch and Bartholomae (2017)。

在图2中,国内利润线pp,是由该国的生产率决定的。一般生产率越高,则利润也越高。但是在产品生产中,除了生产成本外,还必须涵盖固定成本ff,这就产生了最低生产率D。且当生产率低于D时,利润为负,则企业将不再生产,图2中的灰色区域为不生产区域。国外利润线pp表示在生产力到一定水平,企业进行海外贸易可以获利,但在生产成本中增加了贸易成本。很明显,随着数字化转型,贸易成本降低,海外利润增加,即国外利润线pp变得更加陡峭,生产率较低的X^*的企业也能够进行海外贸易。

然而,这种积极影响却对国内企业产生了负面影响,主要是更多企业开始出口,会使得国内市场竞争加剧,国内利润线pp将变得更加平坦,国内生产率低于D^*的企业将离开市场。总之,数字化转型降低了贸易成本,使得更低生产率的企业同时供给国内和国外,强化了市场竞争的激烈程度,倒逼整个行业提升平均生产率,最终增强了产业的国际竞争力。

(四) 价值链效率提升与产业国际竞争力提升

在传统价值链贸易中,通过将产品生产过程进行模块化分割,然后专业化生产来降低成本。而在整个价值链贸易中存在服务链接成本,主要用于将各个模块连接起来,具体包括通信、物流、质量控制、售后等成本。而数字化转型能够提升价值链贸易中的协调效率,如通过对不同地点生产过程进行实时监控以及根据需求进行快速调整仓储和产量等来降低服务链接成本,企业可以更加专业化地根据比较优势进行生产,并提升整个价值链的经济效率,增强了产业国际竞争力。

(五) 知识溢出与产业国际竞争力提升

数字产品或数字服务内在的公共产品属性对数字创新具有很大影响,尤其是容易复制和低成本传递等特征,使得很多基于外部规模经济而形成的传统路径依赖的产业优势面临威胁,倒逼行业龙头企业改变路径依赖,进行持续创新。对于整个创新周期而言,数字化转型的影响也非常明显。得益于新技术传播速度加快和国际技术交流增加,国际知识快速溢出缩短了研发周期:一是前端的仿制会在更早期阶段发生,二是后端的后续产品转移也会加快进行。最终将提升整个行业的创新迭代效率。

二、数字产业的国际竞争力的评价指标体系

数字化转型对产业国际竞争力的提升,主要体现为两个方面:对于传统产业的数字化转型,具体是从数字化市场垄断、贸易成本下降、价值链效率提升和知识溢出四个层面来衡量产业国际竞争力所受到的影响。对于数字产业而言,主要是结合数字产品或数字服务,及数字产业的基本特征,本文将基于此开发一套能够衡量数字产业的国际竞争力的评价指标体系。

(一) 数字产业国际竞争力的决定因素

数据、算力和算法是数字产业国际竞争力的三大核心决定要素,其中数据是作为数字产业最基本的生产要素,比如人工智能等技术都需要数据来促进算法的自主学习,目前印度等已经提出数据国家主权等概念,进一步强化数据作为数字产业国际竞争力的关键作用。而算力主要是由芯片等关键零部件决定的,是数据中心的关键基础设施,直接决定着整个产业的国际竞争力。目前,随着美国《芯片与科学法案》等颁布实施,全球芯片产业被美国用作制裁他国的手段,来提升美国在数字产业中的国际竞争力。此外,算法也是数字产业国际竞争力的关键要素,尤其是自学习算法等是人工智能等技术领域的核心,直接影响一国数字产品出口的国际竞争力。

而由于数据、算力和算法的国际竞争力很难进行量化,在国际产业竞争力测算中,更多采用数字产品或数字服务来进行计算,具体表现为贸易竞争力、产业竞争力、企业竞争力和环境竞争力。

(二) 数字产业的综合评价指标体系

本文主要从 4 个一级指标、9 个二级指标对数字产业的国际竞争力进行综

合评价。4个一级指标分别为贸易竞争力、产业竞争力、企业竞争力和环境竞争力,其中贸易竞争力主要是数字产业在国际贸易中的表现,具体由贸易竞争力指数和国际市场占有率来进行衡量。而产业竞争力主要是从生产层面来考察,具体是由行业研发强度、行业集中度和产业链韧度来衡量。企业竞争力主要是从微观企业主体来考察,具体是由龙头企业的国际排名和数量占比来衡量。环境竞争力是指数字产业发展的生态环境的竞争力,包括了数字基础设施的水平和数字制度开放水平。

表2 数字产业国际竞争力的综合评价指标体系

一级指标	二级指标	测算方法	指标说明
贸易竞争力	贸易竞争力指数(TC)	$\frac{E_{ci}-M_{ci}}{E_{ci}+M_{ci}}$,即i产业净出口额与进出口总额之比	反映净出口的优势。若该值>0,则该产业具有比较优势,值越大比较优势越大
	国际市场占有率(MS)	$\frac{E_{ci}}{E_{wi}}$,即城市i产业出口占世界(全国)i产业出口的比重	反映产品在国际市场上的占有率。值越高市场份额越大,竞争力越强
产业竞争力	行业研发强度	R&D经费支出占产值的比重	越高代表研发强度越大
	行业集中度	头部企业的产值占比进行主观判断(1—10分)	行业适度集中是有利的(30%—60%),超过60%则不利
	产业链韧度	以关键零部件是否需要进口进行主观判断(1—10分)	得分越高,产业链韧度越高
企业竞争力	龙头企业的国际排名	以全球科技企业500强(福布斯)为基准	排名越靠前则实力越强
	龙头企业的数量占比	在全球科技500强企业中的占比	数量占比越高,则竞争力越强
环境竞争力	数字基础设施水平	5G的覆盖率	覆盖率越高越有利于数字产业的发展
	数字制度开放水平	基于数字贸易限制指数来进行衡量(1—10分)	数值越大,数字制度的开放水平则越高

(三)数字贸易限制指数的评估指标

数字贸易限制程度主要是通过数字贸易的相关政策制定情况,来看数字企业的营商环境和贸易便利度。本文主要借鉴 OECD 数字服务贸易限制指数,从跨境数据流动限制、电子签名与手写签名的法律效力、是否需要商业存在来提供跨境服务、跨境下载的便利度等方面来衡量数字产业的贸易限制情况。

表3 数字贸易限制指数的评估

指 标	测 量 方 法	权重
跨境数据流动限制	根据具体情况分别打分 0(完全限制)、3 分(在特定区域开放)、6 分(特定类型数据开放)、9 分(大部分数据均开放)、10 分(完全开放)	0.4
电子签名与手写签名是否具有同等法律效力	根据具体情况分别打 0 分(不具有同等效力)、5(仅只是部分行业具有)、10(具有相同效力)	0.1
是否需要商业存在才能提供跨境服务	根据具体情况分别打 0 分(只能商业存在才能提供)、5 分(部分行业可以提供)、10 分(完全没有限制)	0.3
跨境下载的便利度	根据具体情况分别打 0 分(完全不可以)、5 分(通过特定方式如 VPN 或者特定区域可以)、10 分(自由下载)	0.2

三、上海数字化转型对产业国际竞争力影响的评估

近年来,上海先后发布了《上海大数据发展实施意见》《上海市关于促进云计算创新发展培育信息产业新业态的实施意见》《关于建设人工智能上海高地 构建一流创新生态的行动方案(2019—2021 年)》等政策文件,上海数字核心产业快速发展,2021 年上海数字产业化增加值规模超过 1 000 亿元,尤其在数字产品制造业、数字技术应用业、数字要素驱动业等领域已具备一定的产业国际竞争力。

(一)综合评估

根据评估结果,整体来看,近年来,上海数字产业的国际竞争力快速提升,综合产业国际竞争力指数从 2018 年的最低点 41.8,增长为 2021 年的 65.9,年均增长率为 16.7%,表明上海数字产业的国际竞争力得到了长足发展。从分项来看:

第一,贸易竞争力下降较为明显。指数得分从 2017 年的 30 分,降到 2021 年的 5 分。主要是近年来中美贸易摩擦加剧,美国对我国在芯片等领域禁运等,导致上海数字产业在国际市场的表现持续走弱。在国际贸易上表现为,上海数字产业的进口持续增加,而出口增长不明显,净出口规模持续下降。

第二,行业竞争力持续增强。指数得分从 2017 年 5 分,增长到 2021 年的

35.9分。主要是因为上海近年来把人工智能、集成电路等列为战略性先导产业,强化在核心技术环节的攻关能力,不断在数字产业研发领域持续发力,产业竞争力得到持续较快提升。

第三,企业竞争力变化不大。指数得分在15左右徘徊,2021年稍微有所抬升。主要是因为数字产业缺乏国际性的龙头企业,尤其是在核心关键领域,上海数字科技企业错失先导优势,企业成长较慢。此外,部分核心零部件仍然受制于外国企业,使得上海数字科技企业成长不是很明显。

第四,环境竞争力提升较快。指数得分从2017年的0.5分,增加到2021年的10分。尽管环境竞争力指标的权重较小,但指数提升较快,主要得益于上海自贸区及临港新片区在全球数字港建设过程中,在跨境数据流动等领域先行先试,上海不仅实现了5G在主城区和郊区核心区域的全覆盖,而且在跨境数据流动有序流动等方面的制度创新也走在全国前列。

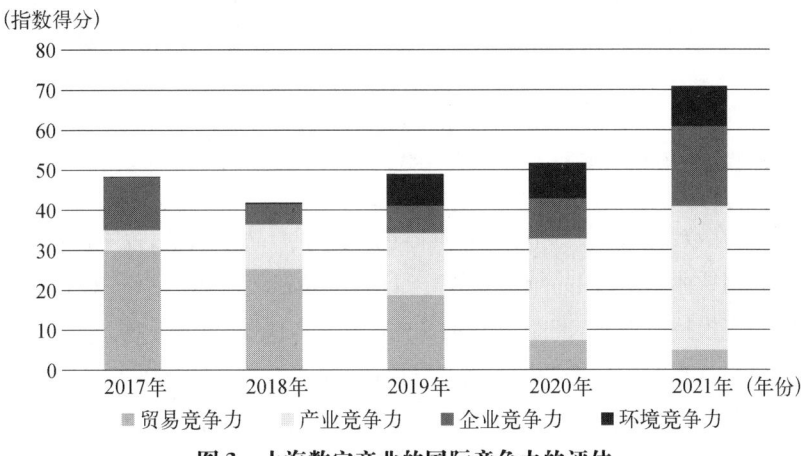

图3 上海数字产业的国际竞争力的评估

(二)核心数字产业的评估

主要是根据国家统计局发布的《数字经济及其核心产业统计分类(2021)》,对数字产品制造业、数字产品服务业、数字技术应用业、数字要素驱动业四大核心产业进行评估。

第一,在数字产品制造业方面,根据《数字经济及其核心产业统计分类(2021)》,数字产品制造业主要包括计算机制造、通信及雷达设备制造、数字媒体设备制造、智能设备制造、电子元器件及设备制造等。同时对标《上海市统计年鉴》和《上海海关统计数据》,数字产品制造业主要体现为电子及通信设备制造业。

总体来看,近年来上海电子及通信设备制造业规模快速增长,除2019年受到疫情影响,2020年已达到3 800亿元人民币,保持较快的增长趋势。与此同时,结合上海海关关于计算机与通信技术的最新数据,2021年,上海出口3 090亿元人民币，同比下降2.05%；进口1 193亿元人民币，同比增长28.63%。很明显，上海电子及通信设备制造业出口规模远高于进口，表明上海数字产品制造业具备一定的竞争力。尤其是近年来，上海通信和网络设备制造业呈现出显著的结构调整、转型升级特征，未来上海的数字产品制造业的国际竞争力将持续增强。

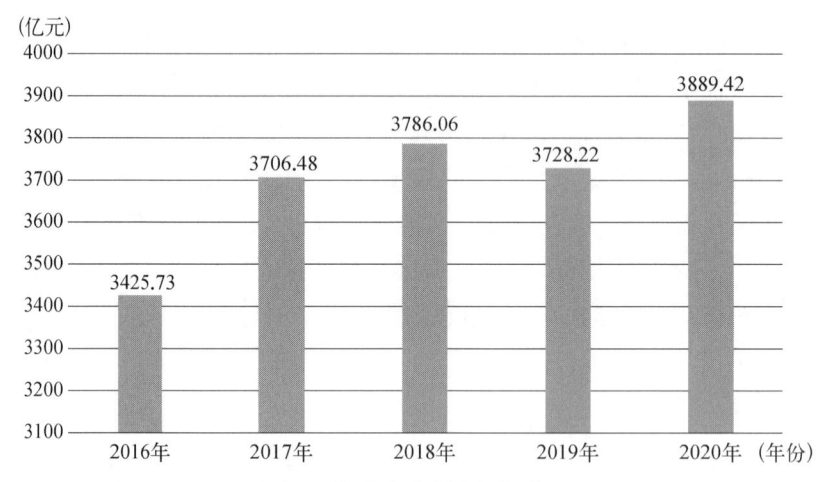

图4 电子及通信设备制造业

数据来源：《上海统计年鉴》。

第二，在数字产品服务业方面，具体包括数字产品批发业、数字产品零售业、数字产品租赁业、数字产品维修业等。目前，上海在传统数字产品如电子书等方面的交易规模持续萎缩，2020年仅有1 000万元人民币，同比下降10%（见图5）。而上海核心具有竞争力的数字产品为网络游戏，2020年上海网络游戏国内销售收入达999.2亿元，占全国比重达35.9%，且以自研产品为主，占比超过总规模的90%以上。此外，2020年上海网络游戏海外销售收入约206.8亿元，增幅超50%

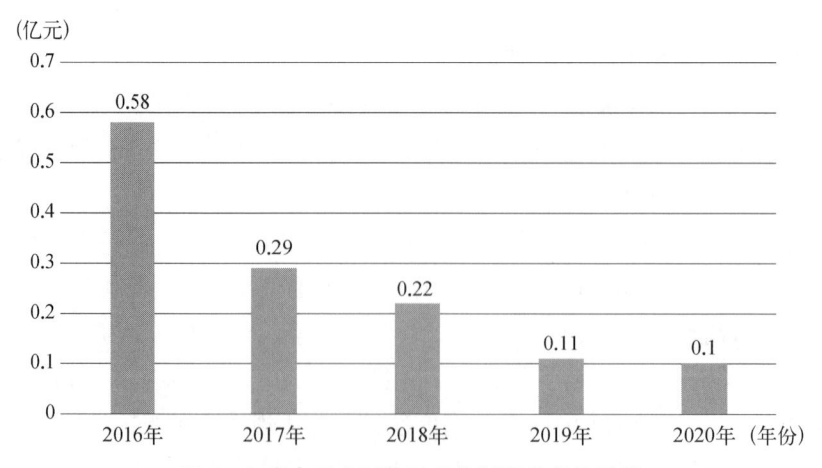

图5 上海电子出版物及音像制品类交易规模

数据来源：《上海统计年鉴》。

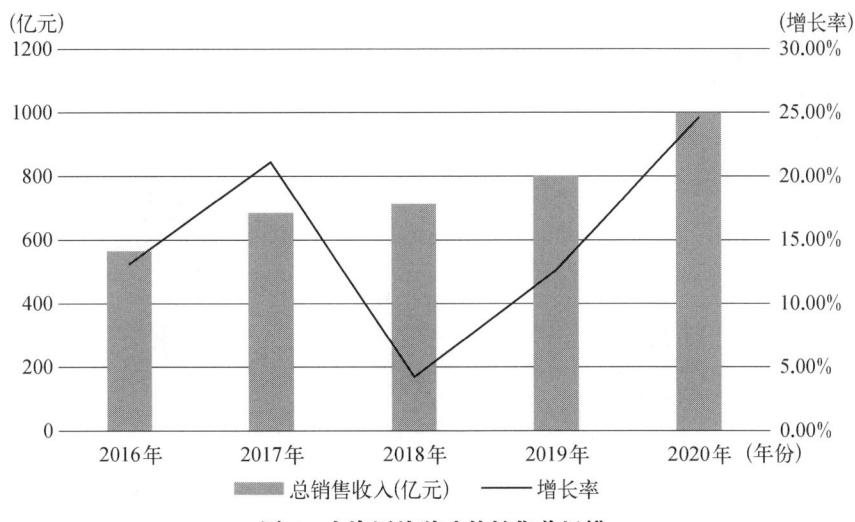

图 6　上海网络游戏的销售总规模

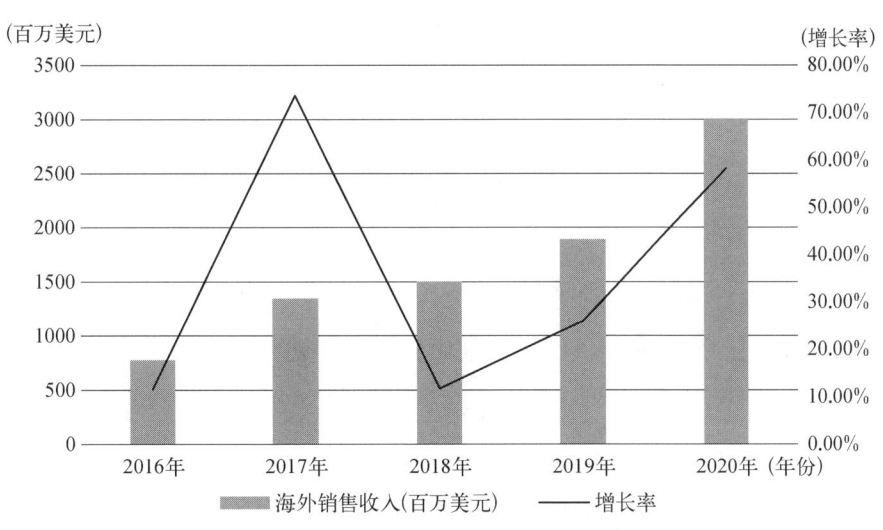

图 7　上海网络游戏的海外销售总规模

第三,在数字技术应用业方面,具体包括软件开发、电信与广播等卫星传输服务、互联网服务和信息技术服务。近年来,上海数字技术应用的销售收入规模迅速增加,从 2019 年的 6 598 亿元人民币,增加到 2020 年的 1.6 万亿元人民币,增加了约 1.4 倍。其中 2020 年软件和信息技术服务业占比 52.7%,增加了约 1.7 倍;互联网和相关服务占比为 33.6%,增加了约 1.1 倍;电信、广播电视和卫星传输服务占比为 13.7%,增加了约 1.5 倍。

在贸易方面,上海电信、计算机和信息服务的出口规模持续增长,2020 年为 101.3 亿美元,同比增长 7.2%;而进口规模常年在 40 亿美元左右,变化不大,出口与进口规模差距逐年拉大,这也在一定程度上反映了上海数字技术应用业的国际竞争力在持续增强。

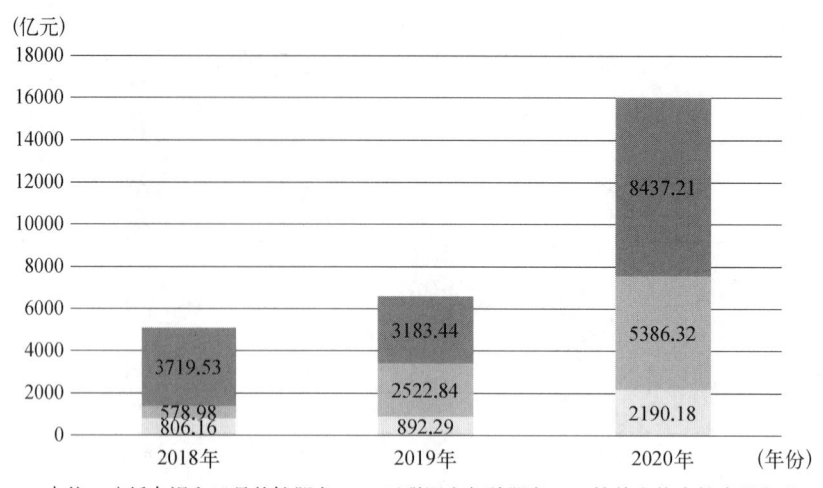

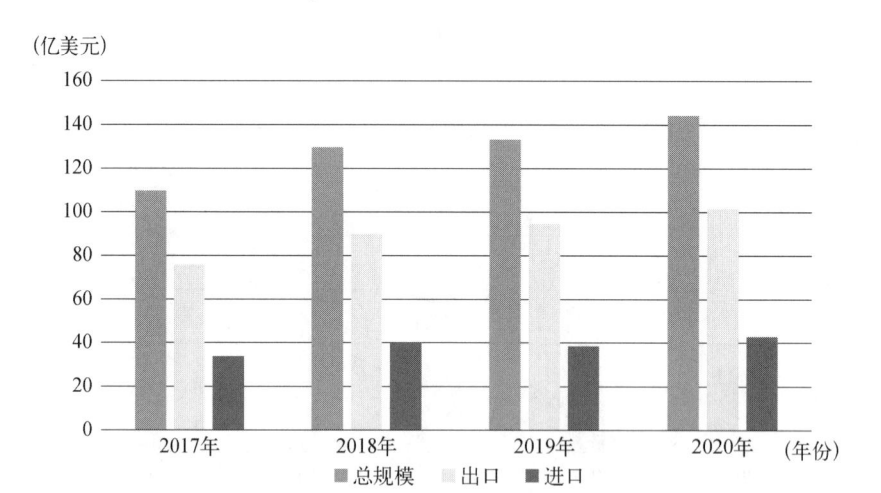

图 8　上海数字技术应用主要行业的销售收入

图 9　上海电信、计算机和信息服务的进出口情况

第四,在数字要素驱动业方面,主要包括互联网平台、互联网金融和信息基础设施等。鉴于数据的可获得性,这里主要从数字基础设施来论述。近年来,上海信息通信基础设施建设不断得到加强,以信息通信管线长度来看,2020年长度为1.2万沟公里,同比增加3.2%。此外,在5G建设上,上海先后出台了《上海5G产业发展和应用创新三年行动计划(2019—2021年)》《5G应用"海上扬帆"行动计划(2022—2023年)》等文件,明确到2023年,上海要打造成为全国重要的5G应用创新发展高地、5G发展引领区和示范区。截至2021年底,上海累计建成并开通5G基站55 674个,5G基站密度达到8.8个/平方公里,全国排名第一,且已基本形成贯穿5G网络建设、5G系统集成及5G应用终端的5G产业链。在工业互联网建设上,上海出台了《关于推动工业互联网创新升级实施"工赋上海"三年行动计划(2020—2022年)》等政策文件,鼓励移动通信、信息服务等龙头企业,与宝信软件、电气集团等80家单位发起成立上海工业互联网产业发展联盟;并推动集成电路、生物医药、汽车、钢铁化工、航天航空等重点领域300多家企业创新工业互联网应用。目前,上海工业互联网企业超过130家,主要分布在服务、平台、工业App等领域。在大数据中心建设上,上海出台了《关于推进本市数据中心健康有序发展的实施意见》等文件,目前上海地区IDC市场在全国主要城市中居第2位(仅次于北京),规模达到120多亿元,拥有宝信软件、优刻得等龙头企业。此外,上海在建成的用于公众服务的互联网数据中心有100多个。

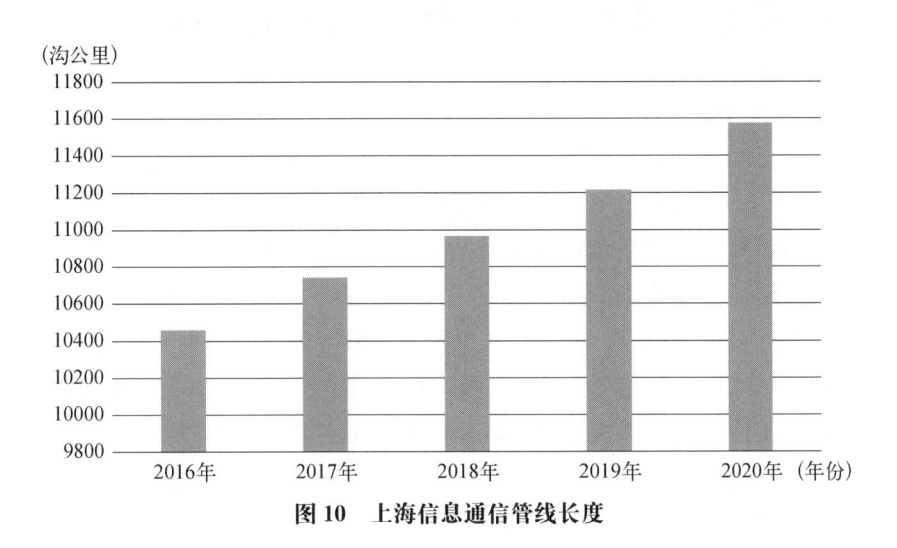

图10 上海信息通信管线长度

(三)主要问题与瓶颈

尽管上海数字产业化和产业数字化在国际上具备一定的影响力,但是上海数字化转型在提升产业国际竞争力方面依然存在诸多问题和瓶颈。具体表现在以下几个方面:

第一,上海外部环境依然复杂。尤其是在芯片等核心环节依然被外国"卡脖子"的情况下,中美科技竞争不仅使得关键零部件进口面临不稳定因素,也使中国数字产业"走出去"面临威胁。尤其是此次俄乌冲突事件,加速美国形成"印太经济框架",强化了美国联合欧盟、日本、印度等对芯片等核心产业的产业链的管控能力,使得上海整个数字产业随时面临供应链断链的威胁。

第二,上海整个数字化转型中缺少亮点。首先,目前上海数字产业尚未形成全球性龙头企业,大部分数字产业都是数量少、规模小,在共享经济、平台经济等方面缺少大企业,缺少华为、阿里巴巴这样的巨无霸企业。其次,上海在元宇宙等新兴业态中尚未形成具有引领性的热点或爆点,尚无法通过颠覆性创新来带动整个行业的变革。此外,上海在核心技术攻关成效较弱,缺少原创性创新,大量核心技术依然依赖进口。

第三,上海数字生态仍需继续完善。尽管临港目前已经在部分数据跨境传输实现了突破,但是依然不能满足商业发展需求。数字制度建设滞后,比如数据所有权、数字身份系统、线上知识产权保护、算法监管等方面均没有实质性突破,使得整个数字创新生态存在不确定因素。此外,上海内部数据的跨部门流动也较为困难。如近年来,上海数字建设积累了大量人口、企业、房产等基础数据,但由于各部门数据多源且异构、各自平台相对独立,极易形成数据孤岛,造成数据应用效果不理想的后果。

四、对上海进一步提升数字产业国际竞争力的政策建议

上海数字化转型在提升产业国际竞争力方面,需要强化核心技术攻关,探索跨境数据流动放开的新政策,进一步优化数字创新生态,促进数字产业化、产业数字化,不断提升上海产业的国际竞争力。

第一,持续完善数字基础设施建设。数字基础设施是数字化转型顺利进行的基础条件,更是产业国际竞争力提升的保障。一是持续推进 5G 覆盖同时,前瞻性布局 6G。相比 5G,6G 在沉浸式体验等方面具备明显优势,且美国已在谋求联合欧盟、日本等在 6G 领域重新夺回主导权,对此,上海需加快布局 6G 先行示范区。二是加快推进传统基础设施通过数字技术进行改造升级,重点是推进人工智能、物联网等数字技术在海关、物流、仓储等领域的融合创新,为通关、物流等提供便利,降低价值链链接成本,提升产业国际竞争力。三是进一步提升大数据中心能级,重点是升级服务器硬件等,提升大数据中心的性能和效率。

第二,强化数字技术攻关。数字技术尤其是在芯片等关键环节的攻关,不仅涉及上海产业国际竞争力提升,更涉及上海产业安全问题。而数字技术攻关,一方面是强化科研支持、人才培育,推动集成电路、基础软件、工业设计软件、工业大数据、核心元器件等薄弱环节实现根本性突破,加快行业共性技术的支撑,打造全球领先、安全可控的数字技术体系。另一方面是创新组织机制,目前上海主要设计研发机构大多数为事业单位或国企,市场对创新驱动不强、攻关能力不行,需要采用新型研发机构的组织机制,来全面激发上海研发创新的动力,在原创性创新方面不断有所突破。

第三,完善体制机制,优化数字创新生态。创新生态系统的构建是数字创新持续健康发展的根本保证。一是持续扩大在跨境数据流动方面的创新,建议对标欧盟的《通用数据保护条例》,定期对数据传入国进行充分性评估,对合格的数据流入国不加限制,来提升数据传输的便利性,促进数字贸易的发展。二是加强知识产权保护,尤其是未来元宇宙等内容产业的繁荣,需要依托于知识产权的保护机制,不断激励原创性创新。三是加大个人隐私保护力度。加

快推进数字身份系统等建设,在为电子签证等提供的便利的同时,大力提升大数据环境下隐私保护技术水平。四是维护数字安全。主要是因为数据流动,需要改变传统监管模式,需要相关部门应建立高效的联席会议制度,开展联合执法,着力解决部门职能交叉、监管信息不共享等难题。五是建立数字市场反垄断机制,基于数字市场的自然垄断属性,需要对垄断行为进行抑制,重点是改变供需双方的信息不匹配现状,需要供给方对必要的数字产品、数字服务和数字平台等所涉及的代码或算法进行定期披露等,并增强对数字科技初创企业的扶持力度。

主要参考文献:

[1] 顾晓敏:《上海产业数字化转型的现实基础和路径选择》,《科学发展》2022年第5期,第5—14页。

[2] 顾丽梅、李欢欢:《上海全面推进城市数字化转型的路径选择》,《科学发展》2022年第2期,第5—14页。

[3] 陈志成:《上海数字经济发展策略》,《科学发展》2020年第7期,第87—97页。

[4] 赵义怀:《上海数字经济发展的现实基础、未来思路及举措建议》,《科学发展》2020年第4期,第79—88页。

[5] Zhu, X., Ge, S., Wang, N., "Digital transformation: A systematic literature review", *Computers & Industrial Engineering*, 2021, 162: 107774.

[6] Morasch, K., Bartholomae, F., *Handel und Wettbewerb auf globalen Märkten*, 2nd Edition, Wiesbaden: Springer Gabler, 2017.

[7] Bartholomae, F., "Cybercrime and Cloud Computing. A Game Theoretic Network Model", *Managerial and Decision Economics*, 2018, 39, pp.297–305.

[8] Florian W. Barholomae, "Digital Transformation, International Competition and Specialization", CESifo Forum 19(4), pp.23–28.

执笔:

张鹏飞　上海社会科学院世界经济研究所助理研究员

汤蕴懿　上海社会科学院应用经济研究所副所长、研究员

上海国际航运中心建设与产业竞争力提升

2009年4月14日,国务院印发《国务院关于推进上海加快发展现代服务业和先进制造业建设国际金融中心和国际航运中心的意见》(国发〔2009〕19号),将上海国际航运中心建设与现代产业发展紧密结合。上海国际航运中心和以现代服务业为主体、战略性新兴产业为引领、先进制造业为支撑的现代产业体系基本形成。但百年未有之大变局正在向纵深发展,新冠肺炎疫情和经济逆全球化使世界经济进入动荡变革期。上海作为我国改革开放的前沿窗口和对外依存度较高的国际大都市,上海国际航运中心建设和产业发展都面临外部环境深刻变化带来的重大挑战。新发展阶段和新发展格局的形势下,《上海市国民经济和社会发展第十四个五年规划和二〇三五年远景目标纲要》中提出"深入建设全球领先的国际航运中心"和"强化高端产业引领功能,加快释放发展新动能"的经济目标,只有掌握好国际航运中心和产业经济之间的发展规律和要素指标,才能形成具有强大的经济控制能力和聚集扩散能力的高端制造业和战略新兴产业集群,紧密联系国际和国内两个市场,实现上海在国家经济战略布局中的引领作用。

一、国际航运中心建设与产业竞争力提升的一般规律

国际航运中心将世界各个国家与地区联系起来,实现了相互之间技术、产业、贸易的沟通交往,使生产和消费活动转变为世界性、全球性的活动。国际航运中心经过航海大发现、工业化及信息化等多个阶段,其核心模式和主导功能也在不断变化。按国际航运中心的功能划分,可以将国际航运中心的发展分为四代[1]:第一代国际航运中心是"航运中转型",在世界范围内转运、储存、

---

[1] 茅伯科:《国际航运中心的代际划分》,《水运管理》2010年第11期。

发货是其主要使命;第二代国际航运中心的核心模式是"加工增值型",以加工制造为核心,努力实现在途与存储货物的加工增值,配之以集装箱化运输程度的提高及自由港税收的优惠等;第三代国际航运中心的核心模式是"资源配置型和服务型",主要任务是航运服务和配置航运资源;第四代国际航运中心是"低碳智网型",是以绿色环保和信息化为要素的航运中心。从全球价值链的角度而言,每一次产业竞争力的提升都需要高效便捷的物流供应链与之相匹配。各个国家的产业链形成一个个圆环,国际航运中心将闭合的产业链圆环连接起来。商品产业链是从原料到成品到批发到零售到消费者自上而下的推进关系,而国际航运中心在这自上而下的价值链中,除了承担自上而下的转运仓储及分配等物流功能外,还能逆向甚至跨层级连接。国际航运中心与产业竞争力提升之间有内在相互依赖和相互促进的关联性,有明显的同质性和共同性。每次国际航运中心功能或代际更迭也会促进产业竞争力提升,反之亦然,一国的产业升级也必然影响到国际航运中心功能的更新和重塑。

表1 国际航运中心代际更替与产业发展之间的关系

航运中心类型	功能	产业/贸易方式	航运资源配置方式
第一代国际航运中心	转运、储存、发货	大宗贸易、转口贸易	海运为主
第二代国际航运中心	加工增值型	加工贸易	海运为主
第三代国际航运中心	资源配置型和服务型	航运融资/租赁/保险	航运服务
第四代国际航运中心	低碳智网型	区块链	立体式运输体系/综合服务体系

二、国际航运中心建设与产业竞争力提升的实践样本——新加坡

新加坡是国际航运中心与产业竞争力同步升级的典型范例。新加坡国际航运中心发展不是代际的更替,是多重功能的叠加。国际航运中心功能升级的同时,新加坡国家经济产业竞争力也发生变化。

第一,国际中转航运功能+转口贸易。新加坡是连通欧洲、亚洲和非洲的最重要的海上交通枢纽,利用这一地理优势,转口贸易在新加坡占有重要比重。每年有超过10万艘船只通过马六甲海峡,把波斯湾的石油、亚洲的工业制品源源不断地运往世界各地。[①] 新加坡港集装箱吞吐量中超过80%是国际中转箱。新加坡港与世界上120多个国家和地区的600多个港口建立了业务

---

① 陈颖君:《新加坡自由贸易港的发展经验及教训》,《中国经贸导刊(中)》2021年第6期。

联系,开展了高密度、全方位的班轮航线,在任何时候,新加坡港口大约有1 000艘船只,每2—3分钟就有一艘船到达或离开新加坡。①

第二,加工增值型航运功能＋出口导向型产业。新加坡通过设立裕廊自由贸易区,改变转口贸易的经济结构,并依托新加坡航运优势,发展出口导向型产业。最初,裕廊工业园区的产业以服装、纺织品、玩具、家具、电子部件的组装等劳动密集型产业作为产业重点。新加坡又通过兴办科技园区,将劳动密集型出口产业转向技术密集型产业,将集成电路、计算机、工业电子设备等技术密集型产业为发展重点,主要产品包括工业电器、集成电路的精密工程部件、精制化学品、石油化学产品、医学设备等。

第三,资源配置型航运功能＋资本密集型产业。随着航运服务能级的拓展,新加坡国际航运中心衍生出货柜租赁中心、航油贸易的交易中心,升级为资源配置型国际航运中心。为了服务转口贸易,新加坡建立了良好的集装箱租赁和调配市场,船公司把新加坡作为集装箱管理和调配基地。新加坡也是亚洲最大的修船基地之一,可以同时修理的船舶总吨位超过200万吨,在为船舶提供维修服务的同时,新加坡港还提供国际船舶换装与修造一体化的服务。在产业方面,新加坡具有完整上下游产业链条的石油化学品生产基地,以石油、石油化工和专用化学品为主的化学工业获得极大发展,最终构成新加坡庞大的第二大工业体系,新加坡也成为世界第三大炼油中心。利用优良的港口设施、绝佳的地理位置、强大的炼油能力、一流的集散交易水平、优越的税制和融资政策,新加坡一跃成为亚洲石油产品定价中心、国际船舶燃料供应中心。

第四,低碳智网型航运中心＋信息化产业。2011年,新加坡开始新的产业升级战略,通过直接投资方式将其原有的支柱产业——半导体产业领域内的IC设计、晶圆制造、封装测试产业链转向更具有比较优势的国家或地区。新加坡产业升级主要集中于以生物医学、信息产业、媒体资讯等知识密集型产业为发展重点,主要产品及服务包括生物医学、生物科技、医疗保健、资讯传播、媒体等。② 新加坡已建设完成了8个自由贸易区属性的产业园区③,促进产业集聚和协同。在这些自由贸易区中可以实现区内货物以及跨区货物的自由流动,"高精尖"货物可以从机场自贸区转运到海港自贸区,实现海空联运的物流模式,打造了新加坡全方位、立体化的物流体系。

同时,新加坡国际航运中心的建设转向低碳数字化方向。新加坡图阿斯港(Tuas Port)于2022年9月1日正式开放,预计到2040年,图阿斯港的吞吐

---

① Introduction to Maritime Singapore,详见新加坡港务局, https://www.mpa.gov.sg/web/portal/home/maritime-singapore/introduction-to-maritime-singapore/facts-and-trivia,访问于2022年1月5日。
② 陈颖君:《新加坡自由贸易港的发展经验及教训》,《中国经贸导刊(中)》2021年第6期。
③ 根据新加坡海关官网信息,8个自由贸易区包括:布拉尼港自贸区、吉宝港物流园区、班西巴港自贸区、三巴旺自贸区、丹戎马葛自贸区、吉宝港区、裕廊港自贸区、樟宜机场自贸区。

量将达到 6 500 标箱①，新加坡港务管理局（MPA）正与港口运营商合作，推动新加坡港口采用数字技术。MPA 正在开发下一代船舶交通管理系统，以提供准确、实时的船舶交通态势感知，以及"digitalPORT@SGTM"，以提高港口的运营效率。新加坡港务集团（PSA）的目标是到 2050 年，图阿斯港实现净零排放。图阿斯港将成为一个自动化、智能化和可持续发展的港口。

三、国际航运中心建设与产业竞争力提升的要素指标

从本质而言，国际航运中心建设与产业竞争力提升体现的是物流链与产业链的关联性。两者在要素指标上具有一体化、便利化、协同化以及智能化的特点。

一体化是指现代供应链和产业链的资源整合。实际上是强调如何通过整合国际航运中心和产业的内外部资源，实现供应链系统的资源优化配置和产业链的成本最小化以及效用最大化。比如，通过自由贸易产业园区与枢纽港联动发展，实现一体化资源整合。这种一体化资源整合的过程优化了运作环境，提升了供应链系统的运作水平和外部协作能力，也增强了产业系统的综合竞争力。②

便利化是现代供应链和产业链的资源自由流动。首先，应具备完善的基础设施建设，为"物畅其流"提供便捷的环境；要建立高效开放的通关制度，推行"联合查验、一次放行"。其次，应具备良好的营商环境，简化产业审批和商事登记制度，优化配置航运资源，提高航运服务能级；在人员进出自由方面，可为各类人才提供更加便利的入境手续；在资金融通自由方面，可以通过建立更加宽松的货币兑换机制以及完善的融资租赁体系，便利企业资金往来，降低企业融资成本。

协同化是指现代供应链和产业链的价值协同。强调国际航运中心与产业之间的彼此合作。政府、客户、企业、供应商及其他利益相关者能够通过紧密合作，在供应链和产业链之间形成发展共同体。这种协同具有广泛应用性和适用范围，可以包括跨区域、跨国界的协同合作。从国际航运中心的角度，在区域内发展立体化的集疏运体系，在国际上开展多国家和多地区的航线；从产业领域，实现设计—研发—制造—市场跨国界的纵向协同。只有建立供应链和产业链成员之间的共享合作关系，才能提升参与全球价值链的创造能力。

智能化是指现代供应链和产业链的资源信息化。新技术时代，一体化、便利化和协同化都要依靠信息化的手段来实现。运用数字化推动现代综合物流

---

① 详见新加坡海事局，https://www.mpa.gov.sg/maritime-singapore/port-of-the-future，访问于 2022 年 10 月 29 日。
② P. K. Bagchi, T. Skjott-Larsen, "Integration of Information Technology and Organizations in a Supply Chain", *The International Journal of Logistics Management*, 2003, 14(1).

体系建设，构建包括港口客户、港口企业、政府、金融机构、物流企业、自动化装卸、港口生产管理在内的智能化、信息化平台，实现港口的智能决策、自动装卸，实现港口生态圈中各种物流资源的有效衔接，全面促进物流链的质量与效率提升，进而构建一个更加便捷、安全、智能、高效的智慧型港口生态圈。而信息化本身就是产业竞争力的提升有效途径，5G技术应用、人工智能、物联网、大数据等现代信息技术，无人化和智能化的生产运营是产业升级的表现形式。

总而言之，一体化是国际航运中心与产业竞争力提升的基础，协同化是国际航运中心与产业竞争力提升的本质，便利化是国际航运中心与产业竞争力提升的保障，智能化是国际航运中心与产业竞争力提升的路径。因此，国际航运中心与产业竞争力提升的要素指标应包括如下内容（见表2）：

表2 国际航运中心与产业竞争力提升的要素指标

一级指标	二级指标	三级指标
一体化指标	自由贸易区（港）	特殊经济功能区/总部经济
		产业园区/展览中心
		高科技园区/研发中心
	枢纽港	海运枢纽港
		航空枢纽港
便利化指标	营商环境	商事登记
		通关便利
		投资自由
		税收优惠
	金融服务	货币可兑换
		金融市场开放
	物流服务	航运租赁业务
		航运维修业务
		航运代理业务
协同化指标	集疏运体系	海铁联运
		海空走廊
		多式联运

续表

一级指标	二级指标	三级指标
协同化指标	伙伴关系	AEO制度
		企业信用体系
智能化指标	智慧港口	数字化港口
		全自动化码头
	信息平台	单一窗口
		国家贸易信息平台

四、上海国际航运中心与产业竞争力提升的建议

上海国际航运中心已经完成从发展—突破—基本建成的阶段性任务。除保持现有的发展优势之外,建议未来上海国际航运中心与产业竞争力提升在如下几方面加以完善:

(一)广泛运用PPP(Public-Private Partnership,PPP)管理模式

PPP管理模式是政府和社会资本合作,公共部门和私营部门为提供服务达成的长期伙伴关系。在该模式下,鼓励私营企业、民营资本与政府进行合作,参与公共基础设施的建设。"十四五"规划对上海国际航运中心提出"深入建设"的要求和"全球领先"的标准,现代供应链和产业链的复杂模式,使得国际航运中心与产业竞争力提升是不可能只依靠政府或者企业任一方单一力量实现的。广泛运用PPP模式,在"十四五"时期深入建设上海国际航运中心过程中,前期发挥政府主导作用,中期和企业形成合作,后期让企业进行创新和提供服务。可以通过PPP管理模式,建设和管理"单一窗口","国家信息平台"或者"上海数据港"。PPP模式不仅可以实现基础设施融资,也深化了政府和企业之间的协同合作,是深入建设上海国际航运中心最为经济和有效率的方式。

(二)尽快制定配套"产业竞争力提升供应链规划图"

"十四五"规划对上海产业竞争力提升的要求是"发挥集成电路、生物医药、人工智能三大产业引领作用"和"促进电子信息产业、生命健康产业、新能源汽车产业、高端装备产业、新材料产业以及高端消费品产业等六大产业集群

发展"。先进的产业需要匹配领先的供应链,但是产业领域不同,对供应链的需求也必然存在差异。比如医药和生命健康产业对供应链需求就是延时性低,必须采用"航空走廊"的方式进行运输。但是,延时性低并不是所有产业对供应链关注的重点。因此,应当对"三大产业"和"六大产业集群"分别制定"产业竞争力提升规划图"[①],每个产业规划图都列出了推动行业向前发展所需供应链的蓝图和关键战略,从而节省资源,真正解决产业发展的瓶颈问题。

(三)打造全球航运数据综合信息平台

深化建设上海国际航运中心应充分发挥自身发展优势,应建立三个航运服务平台。一是航运衍生品交易平台,利用上海国际航运中心与上海金融中心同步深化建设的内涵条件,发挥全球集装箱运力第一大港的物流优势,主动掌握集装箱运价定价权,完善上海航运交易所集装箱运价以及集装箱期权信息等航运衍生品交易平台。二是建立航运碳交易平台。可以通过出台上海航运碳交易指南手册等先行方式,掌握国际航运碳交易话语权。三是建立上海数据港,上海数据港应是一个综合性的数据平台,包括航运信息和贸易信息,实现企业、航运公司和政府共享共用,互联互通,最终形成具有话语权的信息产品。

执笔:

  刘海燕 上海海关学院副教授

---

① 新加坡在 2016 年开始制定产业运输的规划图,2016 年预算中首次启动,旨在为 23 个产业制定路线图,以解决每个行业内的问题。详见新加坡海事局网站,https://www.mpa.gov.sg/maritime-singapore/industry-transformation。

重点报告

2021—2022 年上海生物医药产业国际竞争力报告

一、2021—2022 年全球生物医药产业发展趋势研判

(一) 全球将继续深化重建细胞和基因治疗技术

随着全球研发持续投入、技术革新进步以及相关疾病的爆发增长,细胞和基因治疗技术市场份额快速增长,成为目前商业化的主流方向。相比于传统药物,细胞和基因治疗兼具临床＋研发优势,可实现精准治疗。根据 Frost & Sullivan 数据与预测(图 1),2021 年全球基因治疗市场规模达 41 亿美元,预计到 2025 年全球基因治疗市场规模将达到 305.4 亿美元。但是,细胞和基因治疗是一个技术复杂、生产成本高和相对个性化的治疗手段,其对于研发和生产的要求远远大于传统药物。例如 CAR - T 疗法,其具有不同于传统化学药和生物药的诸多特点,包括对细胞培养和基因稳定要求高,对环境及其敏感,易

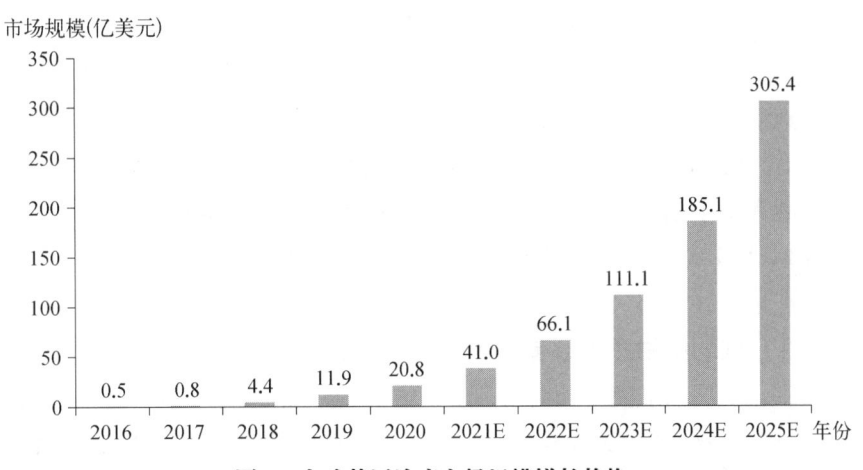

图 1 全球基因治疗市场规模增长趋势

注:2022—2025 年市场规模为预测值。
资料来源:Frost & Sullivan、蛋壳研究院。

受多种因素(温度、二氧化碳浓度、湿度)的影响等。随着全球新冠肺炎疫情大流行,各国需优先满足疫苗生产,使得对细胞和基因治疗的制造能力要求也越来越高,因此增加产能十分必要。

(二) 预计全球生物医药企业并购增加

受新冠肺炎疫情、通货膨胀和利率调整带来的资金成本上升等诸多因素的影响,预计全球生物医药产业将迎来并购热潮。从生产能力而言,由于生物/医药产业研发生产周期长,只靠内部资源和研发很难保持企业竞争力,企业常通过并购快速实现内部创新能力的提升、扩大企业的经济版图。全球数据研究显示,在制造业收购方面存在巨大差异,美国的并购数量几乎与印度、中国和英国的总和相同。从增加企业抗风险能力而言,在疫情对生物医药产业的冲击下,并购可以快速帮助企业进入新领域,增强企业的抗风险能力。例如2023年,由于专利保护到期,艾伯维(AbbVie)将失去对有史以来的重磅药之王修美乐(Humira,阿达木单抗)的美国独家市场经营权,这是该公司乃至整个制药行业最畅销的自身免疫治疗产品。不过为了抵消专利到期对收入的影响,大型制药公司早已学会通过内部药物开发和外部交易来更新其产品线,如艾伯维在2019年斥资630亿美元收购了艾尔建,这个行为在很大程度上是基于修美乐面临仿制药竞争的威胁。

(三) 对医药制造工艺提出了更高的要求

生物医药产业的高质量发展离不开制药设备工艺的技术升级。以全球生物医药产业发展领先者的美国为例,虽然美国无法在劳动力成本上与其他国家进行竞争,但它有能力生产更高效率和更高质量的医药制品。一方面,其为了满足制造工艺更高的要求,培训了更多的医药专业技能人员;另一方面,鼓励医药制造商通过全球生物制药合同生产(CMO)或合同研发生产组织(CDMO)方式委托开展研发生产活动,从而实现更高的效率和更低的成本,以及更好地满足新药研发设计和制造工艺的需求。例如,在过去十年中,细胞疗法、基因疗法或mRNA疗法等新治疗模式的兴起,需要对病毒载体、细胞操作以及核酸和基于脂质制剂的产能进行大量投资。面对日益增长的个性化项目需求,CMO和CDMO方式将推动医药制造工艺的快速提升。

(四) 推动生物医药数字化转型是大势所趋

数字化发展已经使新药物发现、开发、制造和销售等环节产生显著变化。迄今为止的药物研发范式,虽然也产生了非常重要且偶有革命性的新疗法,但对信息和数据的处理速度一直制约着前沿药物的研发效率。但如今,复杂的生物问题正在被转化为计算问题。数字化转型将药物研究从假设驱动转变为数据驱动,对于生物医药产品的研发、生产和销售环节的重要作用日渐凸显。例如,2022年1月,传统药企复星医药与AI药物研发技术公司英矽智能宣布达成合作,同年2月,不足40天就提名了临床前候选化合物,刷新了药物研发速度的纪录。

生物医药数字化转型大致分为三个阶段。一是资源数字化,主要包括产业基础设施和资源的数字化、信息化改造;二是协同网络化,大范围按需动态配置资源、实现产业链上下游间的在线交易、服务和协同;三是产业智能化,产业数字化的高级阶段,主要是依据产业发展规律和不同产业主体的个性化需求,深度挖掘和智能配置资源,最终实现产业智能。所以,无论是在早期的前驱体化学合成过程和配方开发过程中,还是在今天正在使用的处理算法中,推动数字化转型都是一个能够筛选和评估的巨大催化剂。

(五) 推进基础医学与临床医学相融合

20世纪下半叶以来,传统的以疾病为中心的诊疗模式对于健康的控制效率不断下降,医疗费用持续上升,世界医学发展步入"后医学时代"。在基础研究与临床应用脱节、人类疾病图谱由以急性病为主转向以慢性病为主的背景下,打破基础医学与临床医学、预防医学、药物研发和健康促进之间的人为屏障,建立彼此之间的直接联系,成为全球生物医学领域的新趋势。其中一个重要的手段便是转化医学,其核心是将医学生物学基础研究成果迅速有效地转化为可在临床实际应用的理论、技术、方法和药物。

部分国家已率先将转化医学作为国家医学研究的重要战略,并已依托高等院校、医学研究中心、研究所、医院或独立的转化医学中心等开展了大量工作。英国已投入4.5亿英镑用于转化医学研究。欧洲共同体也在转化医学研究方面投入60亿欧元。科研领域顶级期刊 *Science* 杂志社特地开辟子刊 *Science Translational Medicine* 来促进转化医学的发展。可以预期,转化医学将成为医学科学发展的一个重要方向。

(六) 监管趋严迫使生物医药企业国际化难度增大

国际方面,在医疗器械领域,欧盟于2021年5月开始实施新的欧盟医疗器械法规(MDR)和体外诊断医疗器械法规(IVDR)。总体来看,新法规更加关注临床性能、加强医疗器械的可追溯性和提高对患者的透明度,给中国医疗器械出口企业带来成本增加、认证周期拉长及合规风险增大等问题。在药品生产检查领域,美国FDA于2021年7月恢复了正常的检查工作,但仍然积压了大量海外药品生产检查项目,而FDA尚未大力推广远程检查方式,预计2022年检查排队情况仍无法得到根本缓解,这将对中国部分药企开拓美国市场的计划形成阻碍。国内方面,药品、医疗器械、化妆品的监管法规愈发完善,要求也越来越高,医疗器械注册人制度实施、医保药品目录调整、带量采购扩容、原料药反垄断等,对于企业的生产经营提出了更高要求。

(七) 带量采购逐步常态化,引领行业良性发展

带量采购的买卖双方可以针对交易细节开展谈判,同时具有推动药品采购流程的完善、减少药品购销过程中的灰色空间等方面的优势。2021年初国务院办公厅发布《关于推动药品集中带量采购工作常态化制度化开展的意见》,标志着药品和高值耗材的集中带量采购将逐步常态化。带量采购的常态化推进一方面将加快创新药品纳入医保的速度,实现仿制药和耗材的低价准入。截至2021年11月,共进行了5轮药品带量采购(图2),其价格平均降幅分别为4+7带量采购的52%、第二批带量采购的53%、第三批带量采购的53%、第四批带量采购的52%和第五批带量采购的56%;另一方面,对于未通过一致性的仿制药将迅速被市场淘汰,逐步改变过去行业规模偏小、品质偏低的局面,推动生物医药行业向规模化、集约化和现代化发展。带量采购并非中国首创,欧盟、美国、澳大利亚、新加坡等国家或地区均具有较完善的带量采购政策,其中美国第一家集中采购组织(GPO)成立于1910年。

图2　2018—2021年历次国家带量采购降价幅度

数据来源:上海阳光医药采购网、医药魔方、兴业证券经济与金融研究院。

(八) 合成生物学成为生物医药领域新风口

合成生物学将颠覆传统化学合成,成为生物医药发展的新风口。一是合成生物学符合我国"双碳"目标的实现,与传统技术路线相比,合成生物学更环保、成本优势更明显;二是国内外差距不大,国内企业存在弯道超车可能。合成生物学在基因设计、菌株改造、产物功能性质的鉴定、分离纯化、放大量产等方面存在多学科知识交叉,需要企业有深厚的技术积累作为支撑。目前国内外尚未出现真正的合成生物学领军者,国外纳斯达克上市公司如Amyris、Ginkgo Bioworks市值均在50亿美元以下;国内代表性龙头企业有华恒生物、凯赛生物、新日恒力等,其通过产学研或自主研发的形式,有望在合成生物学领域实现弯道超车,成为传统化工产业一条新的升级之路。

二、生物医药产业国际竞争力变化的因素解析

(一) 化学药国际竞争力变化解析

1. 产业链的稳定成为化学药国际竞争力的重要影响因素

中国和印度是全球主要的原料药生产和出口国家。疫情影响下,下游制剂需求增加,驱动全球原料药市场规模稳步提升,但印度等主要原料药生产国出现生产停滞,交货、收货困难等情况。全球供给缺口拉大,订单持续向中国转移。中国原料药外销势头强劲,挑战印度领先地位。第一,中国受新冠肺炎疫情影响相对较小,在政府有效的管控下,企业较早复工复产;第二,原料药储备充足,产业链供应稳定,在历年中出口额位居世界前列;第三,与印度的仿制药产品结构类似,均以抗感染、心血管领域见长,凭借疫情的扩张机遇,中国有望在大宗原料药和特色原料药领域抢占国际市场份额,国内相关生产企业会因此受益。

2. 特色化学原料药发展激发化学药新活力

欧美的环保政策和日益高涨的用工成本使得全球原料药供给市场向亚太地区转移。全球大宗原料药生产格局基本稳定,而特色原料药相对于大宗原料药技术壁垒比较高,市场竞争格局较为宽松,毛利率相对较高(图3)。伴随着大批原研药产品专利保护期满,届时相应的特色原料药需求会随之提升,市场处于快速发展期。据全球知名医药市场调研机构 Evaluate Pharma 的预计,2020—2024 年间,全球合计将有近 1 600 亿美元销售额的专利药到期。大批专利药到期将会刺激仿制药的需求市场持续增长,带动特色原料药市场规模扩张。

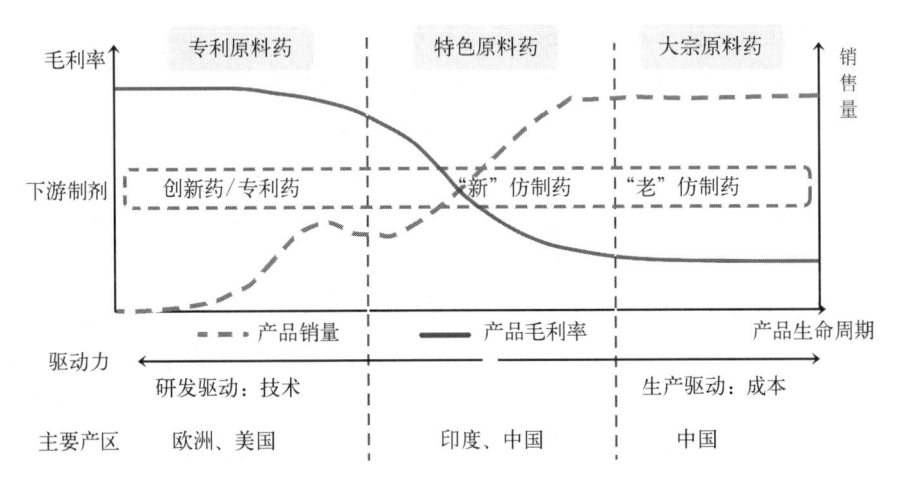

图 3 原料药子行业分类和具体特征

数据来源:招商银行研究院。

相比于欧美,中国原料企业规模较小、研发能力仍较弱,生产出口的多是大宗原料药,技术含量不高。为顺应国际原料药格局变化,中国出台多项政策,支持高端特色原料药发展。例如,2021年国家发改委、工信部发布《关于推动原料药产业高质量发展实施方案的通知》,提出将大力发展特色原料药和创新原料药,提高新产品、高附加值产品比重。在政策和需求的多重作用下,特色原料药市场还将快速发展。

(二)生物药产业国际竞争力变化解析

1. 供应链稳定成为维持生物药市场竞争力的重要影响因素

新冠疫情正冲击全球供应链稳定,生物医药行业作为高度依赖全球供应链的关键领域之一,面临原料短缺和产能不足的问题。全球对疫苗需求的剧增,加剧了其他生物医药产品的供应压力。其中生物药产品受供应链变化影响最为显著,一方面由于生物药的结构复杂,其原研药与其他仿制药往往有较大差别,彼此之间很难相互替代。另一方面,生物药的生产工艺和流通储存更具复杂性,任何环节的偏差都会对最终生物药产品的质量产生显著影响。

国际产业环境日趋复杂,供应链升级成为必然。为了应对供应链影响,中国也采取了相应的举措,2021年国家药监局药品审评中心发布并施行的《已上市生物制品药学变更研究技术指导原则(试行)》,规定已上市的生物制品,生产过程中培养基、细胞培养工艺以及分离纯化工艺中的关键工艺变更均属于重大工艺变更,需要对变更前后生产设施设备的性能、工作原理、生产能力等与生产工艺的匹配性提供支持性资料,同时进行连续三批商业生产规模的原液和制剂进行工艺验证和质量分析,并需要3—6个月的稳定性研究数据等多项验证工作。所以,保障供应链的稳定性成为维持生物药产业竞争力的重要影响因素。

2. 聚焦前沿技术是维持生物药竞争力的关键

面对全球新冠肺炎疫情的肆虐,诸多新技术的临床应用得到突破性进展,主要包括广受关注的核酸疫苗平台、病毒载体疫苗平台、重组蛋白疫苗平台,也包括新的佐剂等。同时国内外也加快了对于新技术平台的探索,并为其他非新冠疫苗提供宝贵经验。mRNA技术平台在此次新冠疫苗研发中备受关注,疫情之前,RNA疫苗多停留于临床研究阶段。mRNA疫苗是继灭活疫苗、亚单位基因工程疫苗后的第三代疫苗,新冠mRNA疫苗首次验证了该技术平台具有针对病原体变异反应速度快、生产工艺简单、易规模化生产和安全有效性高等特点。在新冠疫情期间,mRNA疫苗技术路径大放异彩,由于众多技术平台的有效性、开发速度、产能放大,及潜在的多联多价优势使其成为疫苗行业拟重点发力的下一代疫苗平台。

中国在mRNA药物的前期基础研究和临床阶段表现均落后于国外企业,

直到2019年以后才开始受到关注。首先,中国目前对转录调控的研究占全球发表论文总量近五分之一,但对翻译调控的研究才刚刚起步,欧美在这一领域近十年几乎每年有超过1 500篇论文发表。其次,国内mRNA疫苗的生态环境还不完备,大部分mRNA药物研发所需原材料和设备需进口。要实现mRNA技术全产业链的突破,还需要很长时间。

(三) 医疗器械产业国际竞争力解析

1. 行业结构变化对医疗器械国际竞争力产生重要影响

中国生产的医疗器械以生产低附加值产品为主(图4)。产品多集中于Ⅰ类产品(普通管理产品,风险较低,大多数为普通医用耗材,产品附加值较低),占比接近50%,而Ⅲ类器械(对其安全性、有效性必须严格控制的医疗器械,包括植入设备等高端医疗器械,产品附加值较高)占比不足7%。2021年,国内2.5万家医疗器械企业中,高新技术产业不足四分之一。在高端医疗器械产品方面,中国仍以进口品牌为主,尤其是在医学影像设备如CT机、磁共振设备、超声等技术壁垒较高的领域,外资品牌的平均市场占有率超80%。近年来随着政策推动良性发展与产品结构调整,高端产品占比结构逐步优化,高端医疗市场将成为未来主战场。

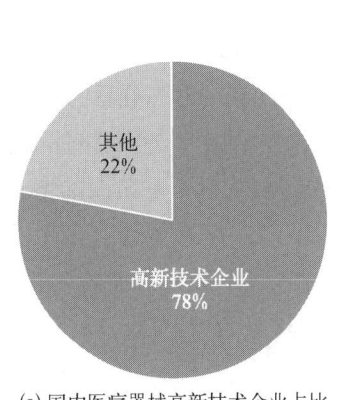

(a) 国内医疗器械高新技术企业占比　　(b) 国内医疗器械企业产品构成

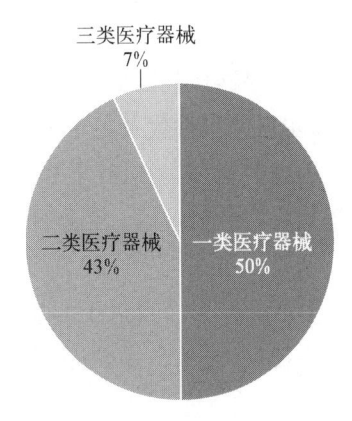

图4　国内医疗器械企业和产品构成

数据来源:众成医械、招商银行研究院。

2. "自主研发+并购+全球化运营"是医疗器械企业快速成长的重要路径

医疗器械赛道细分领域数量众多,开发技术门槛高,仅依托自主研发很难成为行业平台型龙头。除突破性创新外,企业大多通过并购和合作研发进行产品升级及技术升级。美股医疗器械通常代表全球医疗器械各细分领域的龙头,从美股器械2021年的十倍股或百倍股公司目录来看,公司主要产品多以突破性创新产品为基础,引领术式或需求升级,带来爆发性的成长

(表1)。以国际医疗器械巨头美敦力的发展为例,美敦力早期在心血管领域建立了技术领先优势,为后续的长期发展奠定了基础,在主业建立起竞争壁垒之后,开始进行跨专业并购,其产品范围从神经刺激设备到替换心脏瓣膜,以及胰岛素泵和机器人手术平台。目前美敦力的业务已拓展至70余种疾病领域,始终把并购整合作为长期发展的驱动要素,并最终成为全球多元化医疗器械巨头。

表1 部分美股医疗器械十倍股公司

证券简称	上市后涨幅(%)	市值(亿美元)	产品核心技术
精密科学	55 305	209	粪便DNA大肠癌筛选
Illumina	52 902	662	基因测序
阿莱技术	48 435	484	隐形牙套
直觉外科	43 114	1 023	手术机器人
德康医疗	29 326	387	连续血糖监测
爱德华	9 899	622	介入心脏瓣膜

数据来源:Wind数据库(截至2021年6月13日)、中信建投。

国内医疗器械仍以低端为主,高端器械市场仍以进口为主。通过自主创新,逐步实现进口替代及走上国际化是重要发展方向。同时,在医疗设备行业整体升温情况下,国内医疗器械行业也开启了收并购大潮,呈现整体分散、逐步趋于集中的趋势,2021年金额远高于前两年数据,为其下一阶段的增长奠定基础。据有关统计,截至2021年11月13日,国内医疗器械行业当年发生了超50笔并购交易,多聚焦于心脏疾病耗材(结构性心脏病、心血管)、糖尿病、神经介入耗材、医学影像设备、体外诊断、牙科耗材等领域。

三、上海生物医药产业国际竞争力分析

(一) 上海生物医药产业国际竞争力总体分析

生物医药产业是上海重点发展的三大先导产业之一,2021年的产业规模达到7 617亿元,约占全市GDP的六分之一。从进出口额占比情况来看(图5),2021年医疗器械依旧占据上海生物医药产业进出口的最大组成部分。2021年,上海医疗器械进口达89.39亿美元,占生物医药行业进口总额的35%;出口20.75亿美元,占生物医药行业出口总额的35%。生物药是药品进出口领域的重要部分,2021年上海生物药进口达77.86亿美元,占生物医药行

业进口总额的30%,在上海药品进口领域占比最大;出口11.01亿美元,占生物医药行业出口总额的18%。

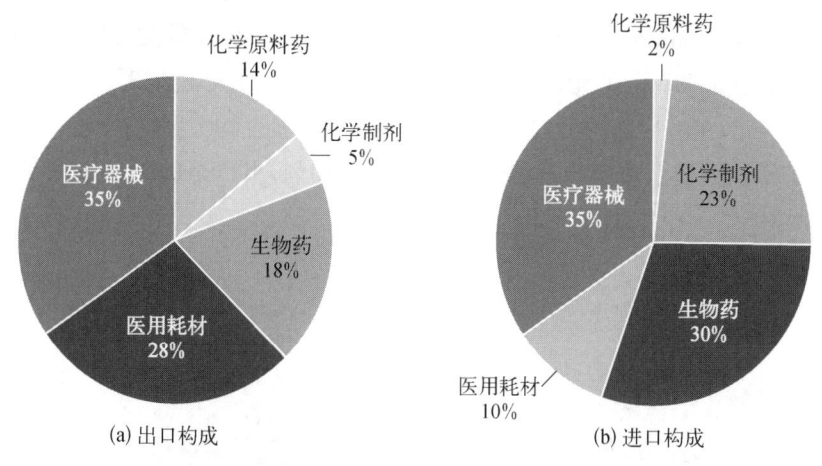

图5 2021年上海生物医药产业进出口构成对比

(a) 出口构成：医疗器械35%、医用耗材28%、生物药18%、化学制剂5%、化学原料药14%

(b) 进口构成：医疗器械35%、生物药30%、化学制剂23%、医用耗材10%、化学原料药2%

1. 上海生物医药产品进出口额均呈现快速增长趋势

如表2所示,与2020年相比,2021年上海生物医药行业进出口增加明显,出口增速达22.99%,进口增速达14.24%。从生物医药行业细分领域看,2021年生物医药行业出口的迅速增长主要得益于生物药和医疗器械出口额的显著增加,其中生物药的出口额为11.01亿美元,增速达90.69%;医疗器械出口额为20.75亿美元,增速达16.92%。生物医药行业进口的迅速增长同样主要得益于生物药和医疗器械等方面的快速增长,其中生物药进口额达77.86亿美元,增速达24.61%;医疗器械进口额为89.39亿美元,增速达12.67%。

表2 2021年上海生物医药行业进出口情况

类 型	2021年出口额（亿美元）	2020年出口额（亿美元）	出口额同比增长率(%)	2021年进口额（亿美元）	2020年进口额（亿美元）	进口额同比增长率(%)
化学原料药	8.34	7.44	12.02	4.52	3.13	44.53
化学制剂	3.11	3.66	−14.98	60.46	59.66	1.35
生物药	11.01	5.77	90.69	77.86	62.48	24.61
医用耗材	16.55	13.97	18.5	26.13	21.54	21.31
医疗器械	20.75	17.75	16.92	89.39	79.34	12.67
合计	59.76	48.59	22.99	258.36	226.15	14.24

2. 市场需求和技术能级是影响上海医疗器械进出口的动因

医疗器械细分品种的进出口结构分异明显,植介入生物医用材料及设备、医疗、外科及兽医用器械,以及医疗诊断、监护及治疗设备三大领域在医疗器械进出口过程中占据绝对地位(图6)。具体来说,医疗、外科及兽医用器械设备进口金额38.37亿美元,在医疗器械进口中占比最大,达43%,出口金额3.91亿美元,在医疗器械出口中占比达19%;植介入生物医用材料及设备进口金额23.20亿美元,在医疗器械进口中占比达26%,出口金额1.19亿美元,在医疗器械出口中占比达6%。

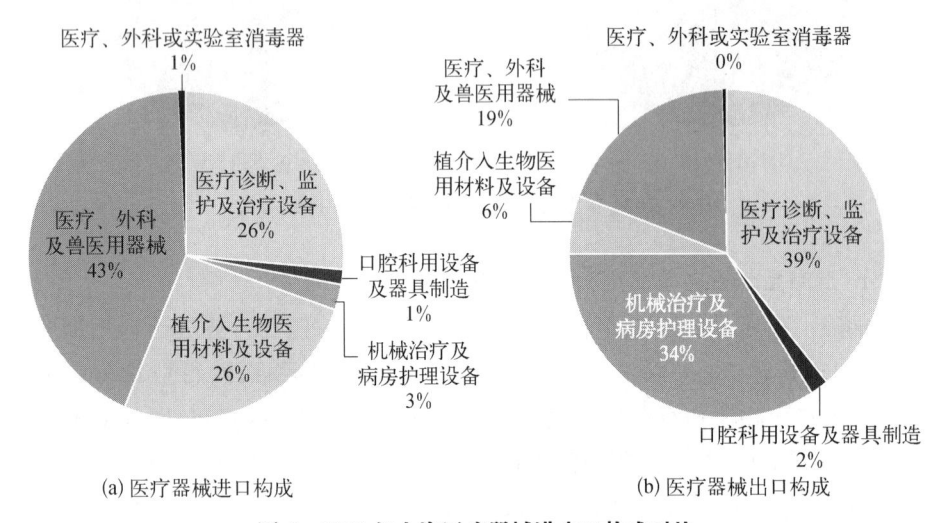

(a) 医疗器械进口构成
- 医疗、外科或实验室消毒器 1%
- 医疗诊断、监护及治疗设备 26%
- 医疗、外科及兽医用器械 43%
- 植介入生物医用材料及设备 26%
- 口腔科用设备及器具制造 1%
- 机械治疗及病房护理设备 3%

(b) 医疗器械出口构成
- 医疗、外科或实验室消毒器 0%
- 医疗、外科及兽医用器械 19%
- 植介入生物医用材料及设备 6%
- 医疗诊断、监护及治疗设备 39%
- 机械治疗及病房护理设备 34%
- 口腔科用设备及器具制造 2%

图6 2021年上海医疗器械进出口构成对比

究其原因,一方面,骨科设备的进口量远超出口量。一是因为上海作为全中国人口老龄化最严重的地区之一,骨科疾病的发病人数逐年增加,对于骨科类产品的需求不断增大;二是外资占据了约60%份额的上海骨科市场,尤其是在关节、运动医学领域以及细分领域的高端市场。例如,关节类产品技术含量最高,容易建立竞争壁垒,不同的产品在术后康复水平、人体舒适度、生理模拟度、使用时间等方面均有显著差异。相比于美国公司对关节类产品的研发投入普遍较大,专利技术多,上海医疗器械产品同质化现象普遍,国产替代仍有较长的路要走。

另一方面,医疗外科仪器中的大型设备是影响医疗器械进出口差异的重要因素。一是受疫情影响,上海对大型医疗设备的需求量继续增大。例如,疫情之下对X射线成像设备和呼吸设备需求激增;二是上海医疗设备出口仍集中在中低端品种,高端医疗器械主要依靠进口。国外企业由于其技术优势以"设备+试剂"的封闭系统策略,依然占据着国内大部分医疗器械的中高端市场,导致进出口金额差距明显。

3. 化学原料药出口远大于进口，维生素等原料药占据进出口核心地位

2021年上海化学原料药出口额远大于进口额，出口金额8.34亿美元，占药品出口的37%；进口金额4.52亿美元，仅占药品进口的3%。从原料药细分领域来看，维生素及矿物质类原料药（42%）、镇痛及退烧类原料药（23%）、氨基酸及其盐类原料药（16%）是原料药出口的重要组成部分（图7）。

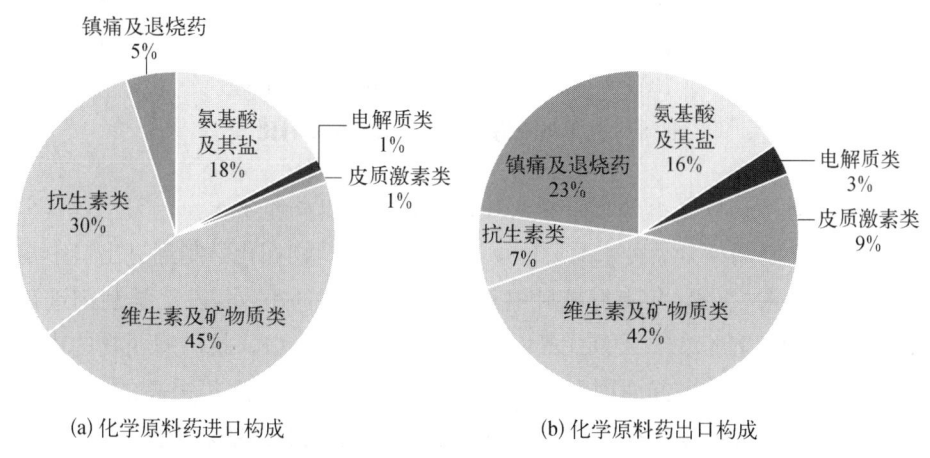

图7 2021年上海化学原料药进出口构成对比

在维生素及矿物质类原料药方面，成本优势是上海维生素行业在国际市场的主要核心竞争力，与欧美等发达国家企业相比，上海维生素企业的原材料成本、人力资源成本、固定资产投资成本相对较低。上海维生素及矿物质类原料药生产企业积极改进生产工艺，充分发挥成本优势，出口量逐年递增，其中一半以上的产品出口至美国、荷兰等发达国家。

在镇痛及退烧类原料药方面，由于新冠病毒感染主要症状为发热，上海市出口量持续增加，2021年上海镇痛及退烧类原料药相比2020年出口有所提升，增速达6.77%。

4. 生物药进出口结构差异明显，重组蛋白和核酸分别为进出口重点领域

生物药在药品进出口领域占比均最大，但是从生物药细分领域来看，进出口差异明显（图8），在生物药进口构成中，重组蛋白占比80%，核酸仅占3%；在出口构成中，核酸占69%，重组蛋白仅占比19%。造成重组蛋白进出口差异巨大的原因，主要是欧美发达国家在重组蛋白试剂方面处于长期垄断局面，除了具备更早的领域布局、平台化的开放体系、稳定的生产工艺和充足的人才储备，外资品牌还具有较强的产业影响力，导致上海对于重组蛋白试剂的高依赖性。但是，近些年来随着国际形势的变化与国内发展需求，上海生物制药行业快速发展，国产替代呈加速趋势。2021年，上海重组蛋白出口额相比2020年明显扩大，增速达到90.78%。

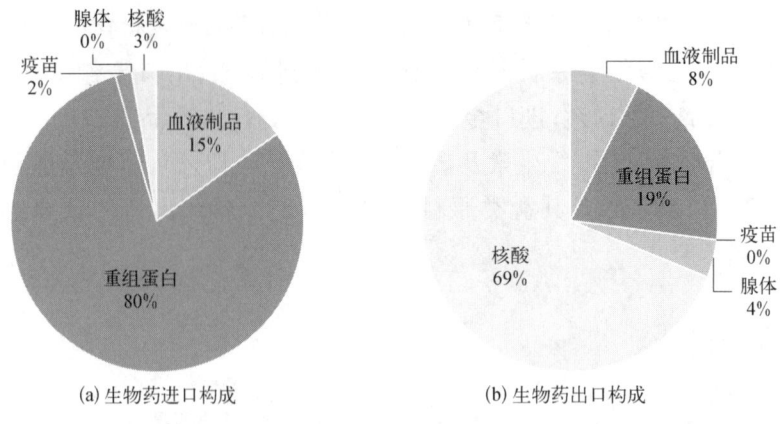

图 8　2021 年上海生物药进出口构成对比

5. 抗肿瘤药物是上海化学制剂进出口的重要组成部分

从化学制剂细分品种来看(图 9),上海抗肿瘤药物在化学制剂进出口中均占有最高比重。2021 年上海抗肿瘤药物进口额 42.76 亿元,占化学制剂进口额的 70%;出口额 21.54 亿元,占化学制剂出口额的 69%。抗肿瘤药物的进口额远大于出口额受多方面因素影响。一是在老龄化程度逐年提高的背景下,上海肿瘤患病人数逐年提高,对于抗肿瘤药物市场需求也越来越大;二是上海肿瘤药物市场中靶向治疗和免疫治疗的起步相对较晚,相较于国外上海抗肿瘤药物仍以传统化药为主,一定程度上影响了肿瘤药物市场的发展,而市场对于先进治疗药物的需求量激增,导致进出口差距较大。

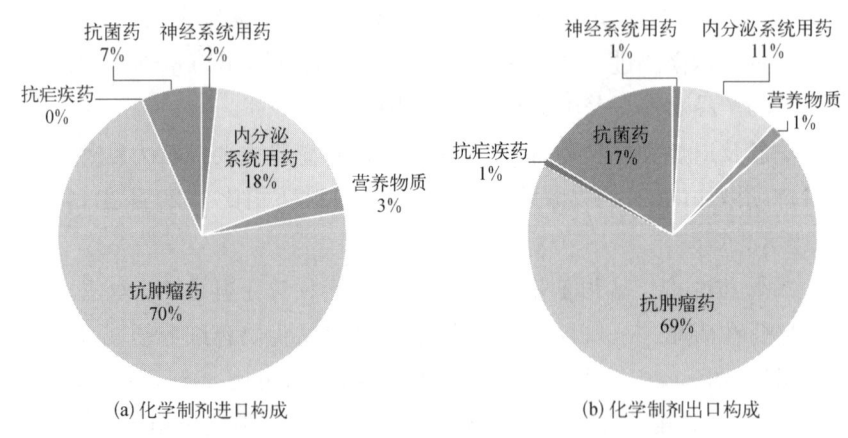

图 9　2021 年上海化学制剂进出口构成对比

(二)上海生物医药产业竞争力的重点企业识别

2021 年从管理规模、管理基金数量和基金管理人数量来看,上海皆位居全国第一。从研发方面来看,上海生物医药企业在创新药、仿制药领域投入大量资源进行研发(表 3)。从不同领域来看,上海生物医药企业涉及化学药、生物药和医疗器械及耗材等的研发、制造和销售等,接下来将从不同领域展开对上海生物医药产业竞争力的重点企业识别分析。

表3 2021年上海市生物医药企业研发投入

证券简称	研发费用同比增长(%)	研发强度(%)	研发人员数量占比(%)	本科及以上学历员工占比(%)
三生国健	26.08	50.97	27.70	56.10
美迪西	65.57	6.66	86.76	79.06
君实生物	15.07	51.40	31.94	77.33
上海医药	26.94	9.97	3.01	33.50
复旦张江	60.13	21.76	17.65	52.19

数据来源:各大公司2021年财务报告。

1. 化学药

(1) 化学原料药

上海在高端化学原料药产业集中化与绿色转型方面领先全国,重点布局化学原料药的高端生产以及化学药物创新品种的产业化平台建设。例如,上海医药正着力落实《上海医药化药原料药整体发展规划》,通过与金山第二工业区签约,营造集聚发展的生态环境,进一步突破制约原料药绿色发展的瓶颈,打造原料药绿色智能化生产基地。从而使金山能充分发挥作为上海原料药生产承载地的区域优势,有力推动了上海生物医药规模化、集聚化。上海在化学原料药领域的部分代表性企业见表4。

表4 2021年上海化学原料药领域部分代表性企业

领域	企业名称	主要产品	竞争优势
化学原料药	迪赛诺	艾滋病治疗药物、抗疟疾药物等系列药物原料产品	全球最重要的抗艾滋病原料药供应商之一,每年向艾滋病患者提供约600万人份用药支持
	艾力斯	非小细胞肺癌小分子靶向药(伏美替尼)	在第三代EGFR-TKI中的市场占有率为22%
	复旦张江	尖锐湿疣治疗用药(盐酸氨酮戊酸外用散)、蒽环类抗肿瘤药物(长循环盐酸多柔比星脂质体注射液)	①蒽环类抗肿瘤药物在中国多柔比星制剂市场占有率约为19.79% ②盐酸氨酮戊酸外用散是全球首个针对尖锐湿疣的光动力药物,在中国尖锐湿疣用药治疗领域市场份额排名第一

(2) 化学制剂

化学药品制剂可直接作用于人体疾病防治、诊断,同时也是我国居民日常使用最为广泛的医药产品。因此,化学药品试剂的质量是衡量产品竞争力的硬指标,同时产品的销售模式对化学试剂的竞争力也有重要影响。

例如,上海谊众药业集医药研发、生产、商业化为一体,在化学药品制剂质量方面,公司核心产品注射用紫杉醇聚合物胶束,作为紫杉醇的创新剂型,大幅提升了安全性和有效性。在产品销售模式上,根据营销布局,层层深入,逐步展开各省市备案挂网工作。加强营销数字化建设,精准把控渠道库存,提高患者用药可及性,逐步建立起高端制剂平台。

2. 生物药

(1) 单克隆抗体类

上海在单克隆抗体方面领先全国,且毛利率高于全国平均水平。以三生国健为例,作为中国第一批专注于抗体药物的创新型生物医药公司,其构建了创新型抗体药物的多个技术平台,涵盖从基础研发到新药注册上市全过程。三生国健主力产品益赛普在以价换量、渠道下沉以及以患者为中心的推广模式等多重因素的共同推动下,国内销量较2020年同期同比增长89.81%,国内销售收入同比增长28.18%。另一主力产品赛普汀于2021年4月被正式纳入CSCO乳腺癌诊疗指南,成为晚期乳腺癌患者全程抗HER2治疗的基础药物。这都体现了三生国健公司卓越的创新药物研发能力,是国内少数具备开发全球首创药物潜力的公司。上海在单克隆抗体类产品领域的部分代表性企业见表5。

表5 2021年上海单克隆抗体领域部分代表性企业

领域	企业名称	主要产品	竞争优势
单克隆抗体	君实生物	特瑞普利单抗、新冠中和抗体JS016	特瑞普利单抗是全球首个获批鼻咽癌治疗的抗PD-1单抗药物。新冠中和抗体JS016与礼来的LY-CoV555形成的鸡尾酒疗法已在全球超过15个地区获得紧急授权使用,在美国分发顺利,是第一个获得美国NIH指南推荐使用的国产生物药物。
	三生国健	肿瘤坏死因子(TNF-α)抑制剂(益赛普)、重组抗CD25人源化单克隆抗体注射液(健尼哌)、注射用伊尼妥单抗(赛普汀)	益赛普的国内市场份额自2006年以来一直占据领先地位,2018年益赛普在国内TNF-α抑制剂市场的份额约52.3%,是国内大分子自身免疫系统疾病药物市场的领导者(市场份额约48.7%)。

(2) 血液制品

由于血液制品直接关系到患者的生命健康安全,我国对于血液制品行业采取了严格的监管手段,具备新设单采浆站的资质企业较少,血浆供给长期存在缺口。在整个产业链中,单采血浆站的数量和质量是衡量血液制品企业核心竞争力的关键。

上海生物药在血液制品板块具有比较优势,其中上海莱士在国内血液制品行业中处于领先地位,是目前国内少数可从血浆中提取六种组分的血液制品生产企业之一,同时也是国内血液制品行业中结构合理、产品种类齐全、血浆利用率相对较高的领先企业。从2021年公司年报数据来看(图10),上海莱士采浆量为1 280吨,浆站数量为41个,仅次于天坛生物。

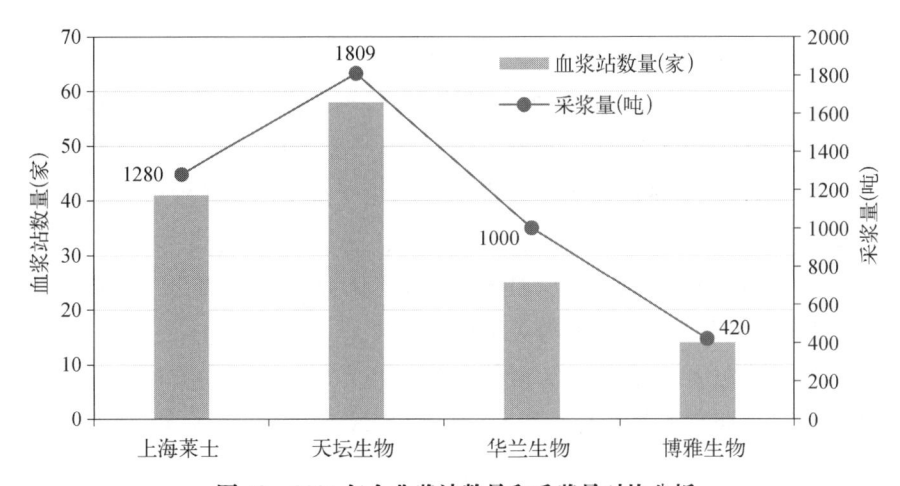

图10　2021年企业浆站数量和采浆量对比分析

数据来源:根据各公司年报、中康产业研究中心相关资料整理。

2021年,上海莱士成功完成了适合血液制品业务长期健康发展的营销体系的重塑,实现公司自身业务发展需求。过去几年,公司积极推动不同治疗领域专家制定血液制品合理应用专家共识并成功发表,提升广大的临床医生对血液制品认知和合理应用水平,为推动公司血液制品市场增长做出了积极努力。

3. 医疗器械及耗材

(1) 医用耗材

上海医用高端耗材主要依赖进口,出口能力偏低。随着国民可支配收入的增加,以及人口老龄化带来的介入手术需求,上海对高值耗材需求持续增加。高值耗材是医疗器械里国产率最低的大类产品,其研发生产涉及多学科交叉,对生产环境和制造工艺都有较高的要求,是典型的知识密集、资金密集的高技术产业。据不完全统计,上海医药高值耗材60%—70%依赖进口厂商,国产替代空间很大。

近几年来,上海积极出台政策鼓励医疗器械创新和技术升级,为国产高值耗材开辟了绿色通道，推动进口替代。具体公司表现来看，上海三友医疗专注于医用骨科植入耗材的研发、生产与销售，是国内脊柱类植入耗材领域少数具备从临床需求出发进行原始创新能力的企业之一。在研发方面，三友医疗在产品技术开发中始终高度重视原始创新，始终贯彻以临床需求为导向，进行疗法创新，不断开发扩充产品线并持续更新现有产品，例如，在脊柱微创领域，成功开发出全球首创的软硬结合的经皮椎弓根螺钉系统 Zina、全球首创 Duetto 双头钉，大大降低了脊柱畸形复杂手术的风险和操作难度，并在脊柱植入物细分领域已建立起较高的品牌知名度。在销售方面，三友医疗执行既定的以疗法创新为先导的销售战略。同时，也积极把资源投入医学教育和产品宣传有效下沉至地级市甚至区县级手术医生范围内，为后期渠道下沉战略执行奠定了坚实的基础。

（2）医疗器械

上海在全国医疗器械领域处于领先水平，一是提高创新医疗器械审评审批效率，加大注册申报前服务指导力度，加强产业项目落地服务，优化产业生态，推动上海医疗器械产业高质量发展。二是支持中小微企业开展创新技术研发，培育一批创新型初创企业和硬核技术企业。三是加快推动大数据、人工智能、3D 打印等技术赋能产业，加强企业数字化管理，大力推进产业数字化转型，推动产业链上重要环节取得关键技术突破。

从具体公司表现来看，上海微创医疗机器人（集团）股份有限公司作为全球行业中唯一拥有覆盖五大主要手术专科（即腔镜、骨科、泛血管、经自然腔道及经皮穿刺手术）产品组合的公司，拥有强劲的研发实力和巨大的先发优势，有望成为全球手术机器人龙头。公司研发的 3 款旗舰产品蜻蜓眼™ DFVision™ 三维电子腹腔镜、图迈™ Toumai™ 腔镜手术机器人、鸿鹄™ Skywalker™ 关节置换手术机器人，均已被纳入国家药监局的创新医疗器械特别审查程序。相比于过去开放式手术，手术机器人将实现超越人手的灵活度和精确度，极大缩短手术时间，提高手术精度。

上海在医疗器械及耗材领域的部分代表性企业见表 6。

表 6　2021 年医疗器械及耗材领域部分代表性企业

领域	企业名称	主要产品	竞争优势
制药设备	东富龙科技	注射剂单机及系统、生物工程单机及系统、净化设备与工程业务	2020 年制药设备市场占有率为 13.65%
	多宁生物	细胞培养基、生物反应器 上海三友医疗	加速了一次性生物反应器的国产替代进程

续表

领域	企业名称	主要产品	竞争优势
医药包装	上海海顺	冷冲压成型复合硬片产品、PTP铝箔、SP复合膜、聚三氟氯乙烯/PVC复合硬片	70%的中国医药工业百强企业与该公司建立了合作关系
医疗器械	心脉医疗	主动脉与周围血管介入医疗器械	心脉医疗是全球主动脉介入器械产品线最为齐全的企业

（三）2021上海生物医药产业国际竞争力指数分析

1. 模型构建与计算

本报告基于直接竞争力和综合竞争力两个一级评价指标，并进一步从贸易、产业、企业、创新、区域等5个二级指标入手，构建包含25个三级指标的生物医药产业国际竞争力评价指标体系，具体如表7所示。

表7 生物医药产业国际竞争力评价指标体系

一级评价指标	二级评价指标	三级评价指标
直接竞争力	贸易竞争力	显示性比较优势指数（RCA）
		贸易竞争力指数（TC）
		国际市场占有率（MS）
		显示性竞争优势指数（CA）
		出口产品质量指数
		对外贸易依存度
	产业竞争力	劳动生产率
		利润率（%）
		新产品产值占比（%）
		国内市场占有率（%）
		本地市场规模
	企业竞争力	外商直接投资
		企业总部数量（个）
		产业链强度

续表

一级评价指标	二级评价指标	三级评价指标
直接竞争力	企业竞争力	产业韧性度
		企业数字化水平(%)
综合竞争力	创新竞争力	R&D投入强度(%)
		R&D人员全时当量
		发明专利数(件)
		科技机构(个)
		科技转化
	区域竞争力	生产性服务业集聚
		产业集中度
		税收政策
		产业政策

在对具体指标的数据处理上，使用标准差标准化法(又称 Z-score 方法)对数据做规范化处理，采用变异系数法和主观赋权法相结合的方法确定权重并逐级加权平均得到 2017—2021 年不同省(市)医药产业国际竞争力的综合评价指数。

2. 模型结果分析

(1) 上海生物医药产业综合国际竞争力变化分析

2017—2021 年，上海生物医药产业综合国际竞争力总体呈现先下降后上升的趋势(图11)。相比于 2017 年，2018 年上海生物医药产业综合国际竞争

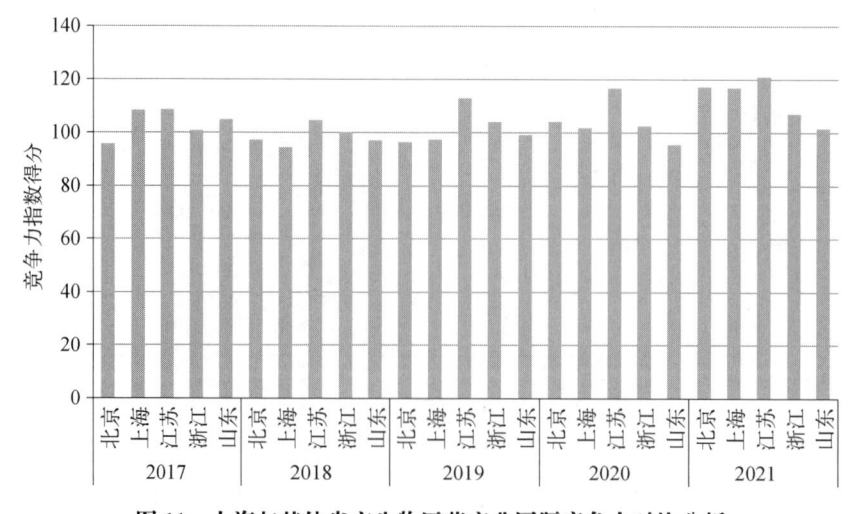

图 11 上海与其他省市生物医药产业国际竞争力对比分析

力指数下降较大,降幅达11.55%,随后开始上升。此外,通过与中国北京、江苏、浙江和山东4个典型地区的对比分析可知,上海生物医药产业综合国际竞争力总体落后于北京和江苏、强于浙江和山东。

(2) 上海生物医药贸易国际竞争力变化分析

2017—2021年,上海生物医药行业贸易竞争力指数呈先上升后下降的态势。2017—2019年,上海生物医药行业贸易竞争力持续增强,由88.98分提高至91.04分。2020年后受疫情冲击,上海生物医药产业贸易竞争力略有下降,由91.04分下滑至88.08分。

进一步通过考察产业部门RCA指数、TC指数、CA指数及对外贸易依存度,可以看出:

产业贸易竞争力指数(RCA)有所下降。RCA指数是地区产业出口值占世界出口总值比重,用来反映产业部门贸易优势。2017—2021年,上海生物医药RCA指数出现较为明显的下降。其中,2021年下降最明显,较上一年下降了5.67%。一方面,在新冠肺炎疫情影响下,生物医药的重要性愈发凸显,世界各国纷纷把生物医药技术及产业化提升作为国家战略,完善生物医药相关产业发展,加大研发投入力度,同时部分发达国家开始扩充管制清单物项,加大生物医疗产品及技术对华出口管控范围。另一方面,疫情常态化之后,各国加速复工复产,部分抗疫原料药需求回落,上海生物医药出口行情逐渐进入低潮期。

贸易竞争力指数(TC)上升。行业贸易优势用行业TC指数来表示,TC指数下降说明上海生物医药行业净出口占进出口总额比例下降。2017—2021年,上海生物医药行业TC指数虽有波动,但整体呈上升趋势;2021年,药品净出口额较上一年上升11.85%,其中随着多款新冠疫苗集中上市,上海新冠疫苗出口额大幅度上升。

显示性竞争优势指数(CA)下降趋势。CA指数是地区产业出口的比较优势减去该产业进口的比较优势,2017—2021年上海CA指数波动明显,其中2021年出现明显下降,较上一年下降了7.16%。

对外贸易依存度下降。2017—2021年,上海生物医药行业对外贸易依存度波动明显,其中2020年对外贸易依存度下降明显,降幅达7.36%。究其原因,一方面是新冠疫情对全球生物医药产业造成冲击,各国检疫和管制措施增加,导致国际物流受限,运力严重不足,贸易成本上升,对进出口业务造成了显著影响。另一方面,以美国为首的发达国家在生物医药关键物项上施加出口管制等贸易管制举措。例如BIS主要通过《美国商业管制清单》对出口产品进行管制,其中生物医药方面,在遗传因子和转基因生物、疫苗、免疫毒素等关键项目上如果出口地是中国,则需要获得美国商务部颁发的出口许可证,在一定程度上限制了生物医药产品进口。

(3) 上海生物医药产业国际竞争力变化分析

2017—2021年,上海生物医药行业产业竞争力指数增加明显,由76.40分提高至92.13分。2017—2019年,上海生物医药产业贸易竞争力持续增强,由88.98分提高至91.04分。通过考察上海生物医药行业劳动生产率、利润率、国内市场占有率,可以看出:

行业生产效率稳步提升——2017—2021年,上海生物医药行业劳动生产率逐年提高。至2021年,上海医药行业劳动生产率已经实现连续5年增长。一是上海生物医药发展不断强化集聚效应,上海的"1+5+X"生物医药产业发展格局聚焦培育特色产业链条,各个产业园区分工明确,有力推动了资源高度集聚和空间的协作共享;二是上海市持续推进生物医药产业数字化转型,支持新一代信息技术与生物医药深度融合。以上海君实生物为例,君实生物临港生产基地颠覆了传统生物制药的管理模式,通过"人机料法环"的整体数字化,摆脱了过去药品质量需人工管理的状况,实现了由数字系统保障药品质量,从而从源头上保障用药安全和生产效率,引领上海生物医药行业高端化升级。

近两年行业利润率显著提高——2017—2021年,上海生物医药行业利润率虽有波动,但近两年总体态势向好。2017—2019年上海生物医药行业利润率由15.51%降至13.13%。其主要原因首先是国家对疫苗领域监管加强,出台相应政策对于疫苗公司的临床试验、生产和生命周期管理进行了严格的限制,对企业的收入造成了影响;其次是"4+7"城市带量采购试点政策的推动下,各企业逐渐加大研发投入,导致运营成本提高。行业利润率下降在一定程度上也是受到上海莱士巨额亏损影响,其所持有的重仓万丰奥威和兴源环境两只股票超六成跌幅,导致2018年亏损15.23亿元,加剧了当年上海生物医药行业利润率总体下降趋势。2019—2021年,上海生物医药行业利润率持续向好,行业利润率由13.13%上升至16.89%。其主要原因首先是受新冠肺炎疫情影响,海外许多国家药品供应链受到影响,我国复工复产迅速,抓住机遇拓展海外市场。以上海医药为例,面对新冠疫情全球大流行,积极开拓国际业务,组建了新的国际业务事业部,拓展工业产品海外销售,一方面通过抗疫药品出口注册加速审批,实现了数十个国家和地区的药品准入突破;另一方面抓住原料药国际市场供应格局调整的契机,进一步提升市场占有率。2020年公司净利润为44.96亿元,同比增长10.17%;其次是积极推动建设世界级生物医药产业集群,2021年举办了首届上海国际生物医药产业周,总投资613亿元的86个项目签约落地,助力上海生物医药行业发展。

国内市场占有率稳步提升——2017—2021年,上海生物医药行业国内市场占有率稳步提升,由2017年的3.39%增长至2021年的4.11%。一是因为先进数字技术在生物医药产业中不断推广,将人工智能运用到新药研究大大提升了药品研发效率和质量；二是仿制药替代原研药加速。一方面，以需求为导向，对急需的仿制药进一步释放仿制药一致性评价资源。另一方面，伴随着国家药品"4+7"的政策实施，意在通过技术升级实现原研药的国产替代，对仿制药疗效与原研的一致性提出了要求，通过大幅降价解决全民用药的可及性，推动国内市场占有率提升。

(4) 上海生物医药产业创新国际竞争力变化分析

2017—2021年，上海生物医药行业创新竞争力呈现先下降后上升的趋势，受研发投入和研发成果近三年增长明显。主要包括：

研发投入持续增加。2017—2021年，上海生物医药研发投入虽有波动，但近三年增长显著。2021年，行业研发投入较2020年增长21.09%，在增速上位于全国前列水平。究其原因，一方面，上海生物医药产业在药物方面重点支持创新药品的研发，立足构建"研发+临床+制造+应用"全产业链政策体系，创新是未来生物医药企业可持续发展的核心竞争力；另一方面，国家带量采购政策的常态化推进，推动企业在研发创新上加大投入。以复旦张江为例，该公司专注于药物创新研究，持续推动包括基因工程技术、光动力技术、纳米技术和口服固体制剂等技术平台的研发投入。2020年度，该公司研发投入共计人民币1.55亿元，较2019年增长19.23%。该公司研发立足于临床需要，针对临床需求不断开发提供更有效的治疗方案和药物，已形成创新研究开发、生产制造和市场营销一体化的现代医药公司。

研发成果转跌为增。2017—2021年，上海生物医药行业专利数转跌为增。2021年专利数较上一年增加202件，提高了48.33%。从具体公司表现来看，复星医药持续加大对单克隆抗体生物创新药、小分子创新药等在内的研发投入。截至2021年底，其主要在研药物总计208个，其中创新药64项、自研生物类似药14项、仿制药105项、一致性评价项目25项。2021年度，复星医药旗下包括复必泰(mRNA新冠疫苗)、汉利康、苏可欣等在内的新品和次新品药物在中国大陆以外地区和其他国家收入135.99亿元，全球化运营能力进一步增强。

(四) 上海生物医药产业国际竞争力提升路径

1. 推动生物医药行业的数字化

新冠大流行推动药品研发方式的转变，对药品研发提出了更高的要求，应尽快加大人工智能在药品研发领域的使用。一是通过人工智能加快靶点发现、化合物筛选、临床试验设计与实验结果预测等方面的速度，降低药品研发成本、提高研发成功率、缩短研发时间。二是要积极布局人工智能辅助新药全产业链研发，构建数字化专业创新服务系统，统一数据计算标准，提高数据质量。三是强化资金、人才、技术的有效供给，培育复合型人才，加快形成满足行业需求的人才网络。四是建立监管机制，保护新药研发过程中的数据安全和知识产权。

2. 实现生物医药全产业链发展

当前,上海生物医药规模集聚效应初显,已形成了以张江为核心,以东方美谷生命健康融合发展区等5个特色园区为支撑,以其他特色基地为补充的"1+5+X"产业发展布局。当前上海产业链协同基本要素齐备,但是仍存在具体薄弱环节。

在创新成果本地转化方面,一是要发挥上海高端制造业优势,提升生物产品供应能力,对一些生产研发连贯性要求较高的生物制品,要保留关键生产环节。二是落实土地供给政策,提高土地的利用效率,促进科技成果就地产业化发展,避免技术过早转移。

在协同创新机制方面,建立有效的园区内协同创新平台,进一步整合特色园区资源,通过产业融合布局推进技术融合创新,促进知识、技术、人才、资金在基地内部的流动,促进资源在园区内部的整合、资源的共享、优势互补,破解园区生物医药产业空间拓展难题。

在投融资体系方面,一是为转化阶段的生物技术产品提供更多融资功能,保障生物医药研发成果顺利实现产业化。二是优化扶持基金机制,组织业内专家对相关待扶持项目进行评估,引入容错标准,对企业发展进行整体评估,有效衔接技术与资本,从而为企业营造创造良好的研发氛围。

3. 聚焦关键领域和环节的突破

近年来,国际制药技术长期发展趋势已从传统的小分子药物转向生物技术制药。上海医药研发机构和企业需要加强抗体药物、RNA干扰、基因治疗和细胞治疗等新疗法、新技术的研发,开展以临床价值为导向的源头创新。具体来说,一是根据药物研发创新规律和国际标准,针对目前药物创新存在的临床价值探索不充分,临床价值审批过程中出现的依据不科学、不充分问题,尽快建立和完善研发和审评标准。二是加强科技赋能临床研究,进一步提高研发效率,优化临床资源配置。三是研发创新关注各个治疗领域的临床需求。要鼓励和支持临床研究机构为自己或者委托第三方开展临床转化的服务。同时,在转化过程中的知识产权保护、如何对研究人员或者研究机构进行激励等方面,也要逐步推进相关措施的落地。

四、提升上海生物医药产业国际竞争力的对策建议

(一)完善跨学科复合人才培养机制,搭建产学研合作交流平台

一是上海高校在及时了解行业趋势和企业需求的基础上,加快增设交叉学科体系,增设临床研究相关课程。理顺多学科协同发展的运行机制,重点把握以人工智能、互联网、大数据等为代表的新兴信息技术与医学学科交叉融

合,不断适应当前产业发展对人才的要求。二是通过校企合作,高校和企业共同建设实训基地,提前植入岗前培训课程;搭建校企人才、技术交流平台,实现校企间资源、信息互联互通,精准对接人才渠道。三是上海人力资源和社会保障部门要加大对技术经纪人队伍的人才管理工作力度,推动将技术经纪人纳入国家职业资格目录,成立技术经纪人职称评审委员会,精准确定技术经纪人职级、待遇、奖励和晋升等职业发展办法。此外,鼓励技术经纪人参与继续教育,组织专门机构对技术经纪人进行技术咨询、成果挖掘、价值评估、合同签订、知识产权、科技金融等全过程综合化培训。

(二) 加大对行业前沿领域创新投入,实现医药制造工艺升级

从产业特性出发,创新投入是持续提升生物医药产业国际竞争力的源动力。上海仍需持续加大对基础研究和前沿技术的研发投入,全面提升产业链上游自主研发能力,尤其是在创新药物和疫苗研发领域、细胞和基因治疗、药物新靶点发现、高端医疗器械等全球前沿领域的国际竞争力。为实现上述目标,一是上海可依托医院及高等院校设立概念验证中心,并在概念验证中心组建由风险投资人、企业家、科技型企业高管构成的外部导师团队,主要负责对医学科研项目进行遴选,并为具有市场潜力的科技成果提供适当的种子资金、创业教育和商业顾问等服务。二是鼓励国外龙头企业和机构在上海设立研发中心,建立与上海本土企业的创新研发合作模式,在合作过程中逐步实现模仿创新到自主创新的转变。三是充分运用数字化赋能医药制造业工艺升级,发挥数字化在医药产品开发、临床试验、营销等各个环节中的作用,以满足来自全球各国家、客户及企业内部日益严苛的监管要求。

(三) 加速基础医学和临床医学融合,推动科研成果临床转化

药物临床试验是展示生物医药创新力的重要指标,能较为客观地反映地区的医药研发创新力与影响力。具体来说,一是推动跨国药企与上海重要的临床研究机构加强战略性合作,共同打造临床试验生态系统,促进临床研究者的共同成长。二是积极搭建医药企业、医疗机构和相关部门沟通交流平台,方便企业获得医疗机构的诉求,让医疗机构更直接了解本土生物医药和医疗器械企业的产品,形成常态化的沟通合作机制。三是优化上海医疗机构科技创新体制,将科研成果转化作为医疗机构绩效评价和人员职称评定的重要依据。四是依托生物医药产业园区建立中试平台,引导上下游企业共同参与,构建"产业链"式中试平台,下游企业提出需求,上游企业提供方案。

(四) 建立医药产品紧急使用授权制度,应对全球生物医药市场变化

当今世界风云突变,随着全球新冠肺炎疫情大流行,全球生物医药产业市

场正面着快速重构，上海生物医药行业的进出口受到一定程度的波动与影响，需要完善已有的快速应对和响应机制。应尽快完善国家和地方层面医药产品紧急使用授权制度，不仅快速审批、快速使用，还要做到有根据地快速调整。要加大评估已知潜在风险，确保产品满足安全性和有效性合理阈值，扩大现有以新冠检测类和疫苗类为主的药物种类范围，对其他传染病、恐怖袭击、化学污染等导致疾病威胁的测试、预防性和治疗性医药产品的适用品种范围，优化审评审批要点。同时，制定上海应对突发公共卫生健康威胁的治疗药物研发与流行病基础研究的地方规划，健全紧急授权产品正常上市许可转化与激励机制、授权责任豁免机制与授权终止后的监管机制、不良反应监测与动态评价机制，以及鼓励本土应急药物研发应用的创新激励机制。

执笔：

林　兰　上海社会科学院城市与人口发展研究所研究员

孟一楠　上海社会科学院城市与人口发展研究所硕士研究生

2021—2022年上海智能制造装备产业国际竞争力报告

智能制造装备是具有感知、分析、推理、决策和控制功能的制造装备的统称，是先进制造技术、信息技术和智能技术在装备产品上的集成和融合，体现了制造业的智能化、数字化和网络化的发展要求。智能制造装备可提高生产效率、降低生产成本，实现柔性化、数字化、网络化及智能化的全新制造模式。智能制造装备的水平已成为当今衡量一个国家工业化水平的重要标志。世界主要发达国家先后提出了先进制造业战略，美国制定了"先进制造伙伴计划"和"先进制造业国家战略计划"，德国实施了以智能制造为主体的"工业4.0"战略，日本提出先进制造国际合作研究项目，加快发展协同式机器人、无人化工厂。党的十九大报告中指出，要加快建设制造强国，加快发展先进制造业，推动互联网、大数据、人工智能和实体经济深度融合，促进我国产业迈向全球价值链中高端，培育若干世界级先进制造业集群。智能制造装备是中国制造业未来发展的基石，是中国占领制造技术制高点的重点领域。上海作为我国智能制造的前沿阵地，提升智能制造装备产业国际竞争力，既是上海经济发展的需要，也是服务国家战略发展的要求。

一、2021—2022年智能制造装备产业国际竞争力变化分析

智能制造发展离不开智能制造装备的支撑，智能制造装备产业主要包括工业机器人、数控机床、重大成套设备制造、智能测控装备制造、其他智能设备制造和智能关键基础零部件制造等。近年来，我国智能制造装备取得长足进步，但产业链上游核心零部件相关核心技术积累和自主生产能力较弱，还有很长的路要走。

（一）概况

智能制造对于我国国际竞争力的提升越来越重要，在我国新型工业化等

政策支持下,我国智能制造行业保持着较为快速增长速度,市场需求旺盛,技术发展活跃,能力成熟度不断提高,核心技术亟待取得突破,智能制造装备正处于上升期。

1. 智能制造装备处于需求旺盛期

我国经济发展已由高速增长阶段逐步转入高质量发展阶段,政府更加关注于优化经济结构、转换增长动力。制造业是供给侧结构性改革的主要领域,2021年我国制造业增加值为313 797.2亿元,同比增长17.8%。

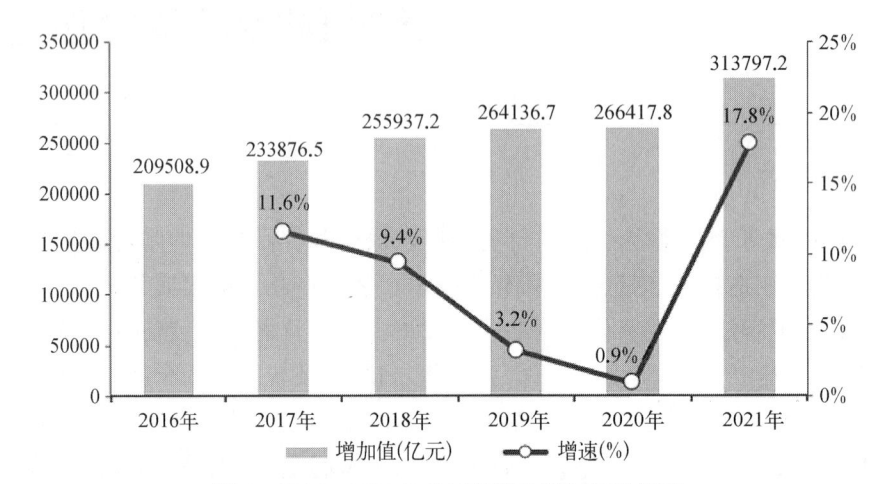

图1　2016—2021年我国制造业增加值及增速

在制造业中,我国智能制造产业发展更加突出,2021年产业规模达到2.7万亿元,对智能制造装备需求旺盛。

图2　2010—2021年中国智能制造业产值规模及增速

2. 智能制造处于技术活跃期

近年来,全球智能制造行业专利申请数量持续增大,截至2022年6月15日,全球智能制造行业专利申请数量为15 094项。2020年全球智能制造行业专利授权量为784，授权比重为52.13%。截至2022年6月15日，全球智能制造行业专利年授权数量为530项，授权比重为39.06%。目前，全球智能制造行业共有56 803项专利处于"有效"状态，占全部专利数量的66.51%；处于"审中"状态的有24 759项，占比28.99%。从专利类型方面来看，在目前全球智能制造行业专利中，有45 408项发明专利，占专利总量的53.41%。而实用新型与外观设计专利的数量占比分别为44.03%和2.56%。

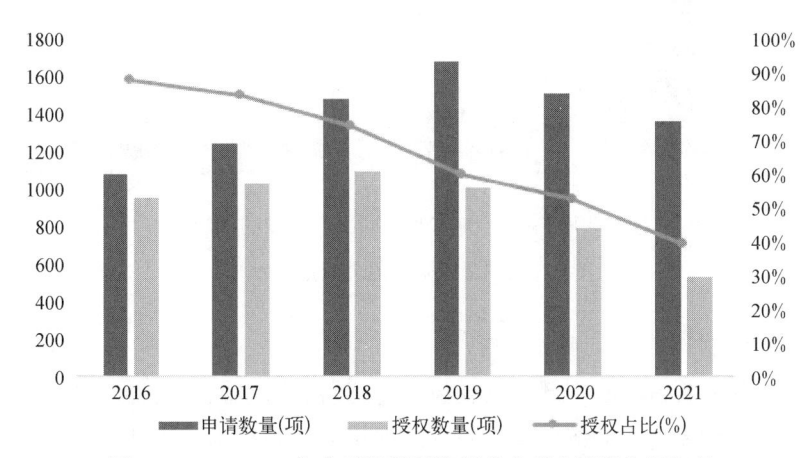

图3　2016—2021年全球智能制造行业专利申请量与授权量

目前，全球智能制造行业第一大技术来源国是中国，截至2022年6月15日，中国智能制造相关专利数量为74 912项，占全球智能制造专利数量的74%。

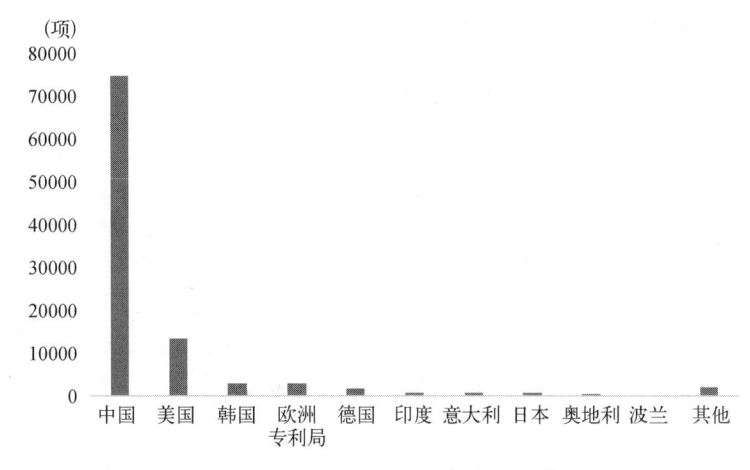

图4　截至2022年6月全球智能制造行业专利来源国分布

3. 智能制造能力处于成熟度提高期

随着国家不断推动智能制造产业发展，全国智能制造能力成熟度提高。目前我国69%的制造企业处于一级及以下水平，达到二级、三级的制造企业分别占比为15%以及7%，四级及以上制造企业占比达9%。2021年全国制造业智能制造能力成熟度较 2020 年有所提升,一级及以下的低成熟度企业占比减少 6 个百分点,三级以上的高成熟度企业数量增加了 5 个百分点。

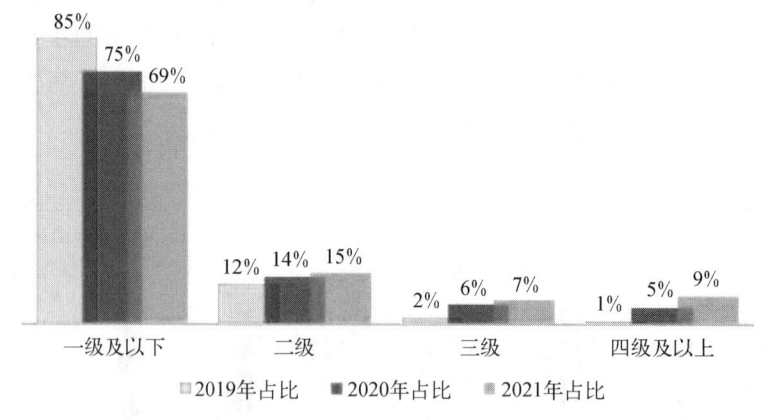

图 5 全国智能制造能力成熟度水平

4. 智能制造装备处于突破期

智能制造装备核心零部件主要包括传感器、减速器、控制器、伺服电机等,我国智能制造装备产业链上游核心零部件相关核心技术积累和自主生产能力较弱,正处于技术突破期。以传感器为例,目前,我国已有 2 000 多家从事传感器生产的企业,但整体素质参差不齐,规模以上企业仅有 300 家左右,小型企业占比近 70%,产品以低端为主,高端产品自给率不足,多为进口。传感器的质量、价格、功能都是需要重点提高的方面。目前,我国传感器产业面临着高端人才较为缺乏、关键技术还未突破、产业结构不合理等问题。

表 1 中国传感器行业面临的主要问题

主要问题	原因
高端人才较为缺乏	目前国内研究传感器人才都集中在大中院校,据工信部数据,这一部分的研究方案最后能落地的产品只有不到 10%
关键技术还未突破	传感器的工业和制程,每一个环节都是一个难点;传感器数据基础科学,是材料学和化工学的结合,最关键的一环是敏感元器件。然而,国产传感器的设计技术、封装技术、装备技术等都与国外存在较大差距
产业结构不合理	我国企业技术实力落后,行业发展规范尚未形成,导致国内传感器产品不配套且不成系列,产业化程度与品种和系列不成正比,只能长期依赖国外进口

(二) 工业机器人

机器人被誉为"制造业皇冠顶端的明珠",其研发、制造、应用是衡量一个国家科技创新和高端制造业水平的重要标志。自"十三五"以来,我国机器人产业蓬勃发展,尤其是工业机器人,作为推动制造业转型升级的重要力量,目前已广泛应用于汽车及汽车零部件制造业、机械加工行业、电子电气行业等领域。2021年,中国工业机器人销量为25.6万台,同比增长48.8%,已经连续8年成为全球最大的工业机器人消费国。

1. 我国继续保持全球最大的工业机器人消费国地位

2021年,中国工业机器人产量再创新高,达36.6万台,同比增长54.4%。《中国工业机器人产业发展报告(2021年)》显示,国产品牌市场占有率从2011年的不到1%增长到2020年的28%。

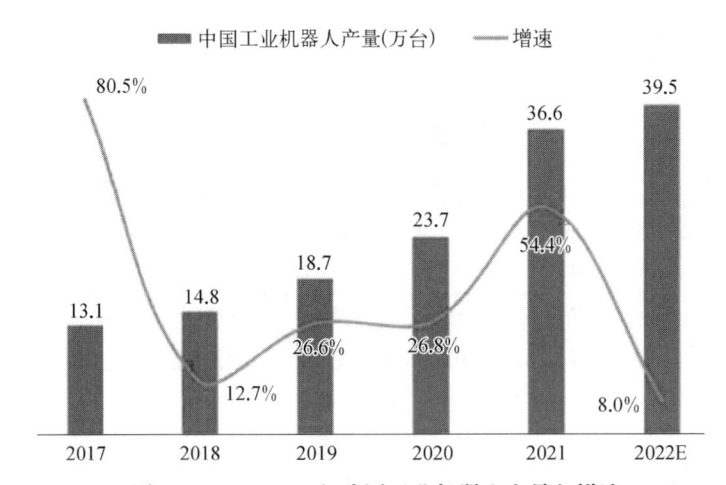

图6 2017—2022年我国工业机器人产量与增速

2021年,我国工业机器人销量为25.6万台,同比增长48.8%,我国已经连续8年成为全球最大的工业机器人消费国。预计2025年我国工业机器人销售将突破45万台。

图7 2017—2025年我国工业机器人销量与增速

工业机器人下游广泛应用于汽车、3C电子、金属加工等领域,其中最早应用在汽车领域,该领域是应用范畴最广、应用标准最高、应用成熟度最好的领域。受行业景气度和贸易摩擦影响,汽车领域对工业机器人需求量也有所下降,随着汽车行业的回暖,行业需求量也将再度回升。资料显示,2021年我国汽车产量突破2 600万辆,达2 608.2万辆,同比增长3.4%。

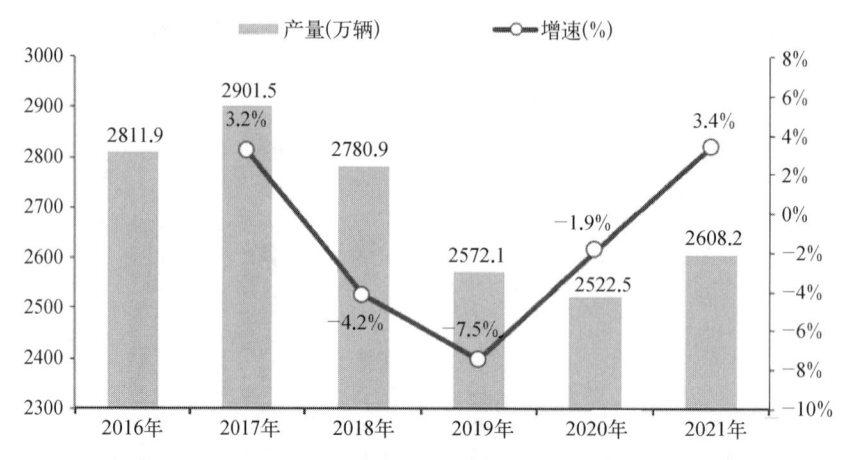

图8　2016—2021年中国汽车产量及增速情况

图9　我国工业机器人成本结构占比情况

2. 核心零部件成本居高不下

工业机器人产业链主要可分为上游核心零部件、中游本体制造和下游系统集成三大方面。上游核心零部件分别是减速器、伺服电机和控制器,三者成本占到工业机器人总成本的70%。其中减速器占比为35%,伺服电机占比为20%,控制器占比为15%。

市场占有率方面,全球工业机器人市场主要被瑞士ABB、德国库卡、日本发那科、日本安川四大家族占据,四家企业合计占据全球50%以上、国内60%左右的份额。从产业链环节来看,四大家族在上游零部件和中游机器人本体制造环节占据主导地位,而国内企业由于自主核心技术较少、机器人技术水平较低,主要面向低端产品。近年来,随着国产机器人自主化率不断提升,虽然外资仍然占有优势地位,但国产企业凭借成本和服务优势逐渐向核心零部件领域发展,目前国内已经出现一批具有较强实力的核心零部件企业。

表2 国内市场国内外企业机器人本体市场份额

产业链阶段	细分领域	国外企业	国内企业
核心零部件	减速器	哈默纳科、纳博特斯特、住友等	绿的谐波、南通振康、双环传动、秦川机床等
	伺服系统	安川、松下、三菱、西门子、台达等	汇川技术、埃斯顿、新时达等
	控制器	发那科、库卡、ABB、安川电机、爱普生、科控、贝加莱等	固高科技、埃斯顿、埃夫特等
整机制造		ABB、安川电机、发那科、库卡、那智、川崎、现代、柯马等	埃夫特、新松、埃斯顿、广州数控、拓斯达、华中数控、钱江机器人、伯朗特等
系统集成		库卡、柯马、ABB、FFT等	埃夫特、新时达、广州明珞、华昌达、哈工智能、瑞松智能、埃斯顿、拓斯达、三丰智能等

从盈利能力角度来看,工业机器人上游零部件、中游本体和下游集成领域的盈利能力具有一定差异。其中处于中游本体领域的企业毛利率、净利率水平相对较低,零部件和集成领域凭借其较高的工艺要求和客户资源优势盈利能力较强。

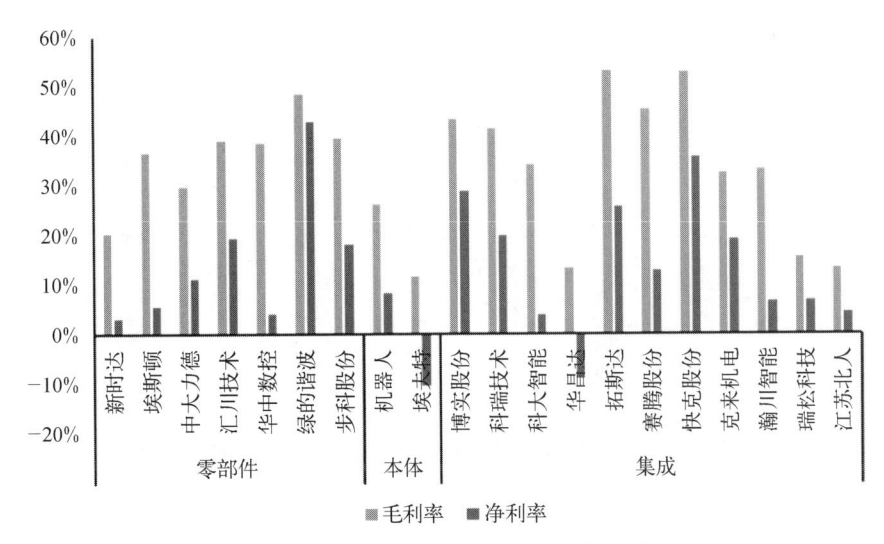

图10 工业机器人产业链企业盈利能力情况

3. 国产工业机器人本体市场份额稳步提升

工业机器人本体生产商负责工业机器人本体的组装和集成,即机座和执行机构,包括手臂、腕部等,部分机器人本体还包括行走结构。按机械结构分,工业机器人可以分为直角坐标机器人、SCARA 机器人、关节型机器人、圆柱坐标机器人等。我国工业机器人销量结构以坐标机器人和关节机器人为主,占比达到 80%。

内资品牌机器人销售占比不断上升。2015 年到 2019 年国产机器人本体的内资市场份额由 18.6% 提升至 30.3%,2020 年内资占比略有下降,为 28.6%。目前内资工业机器人本体制造仍主要集中在中低端市场,高端应用市场仍然被发那科、库卡、ABB、安川四家企业占据。根据 MIR Databank 统计的 2020 年中国工业机器人出货量数据,2020 年"四大家族"合计共占据市场份额的 36%,分别为发那科(14%)、ABB(8%)、安川(8%)、库卡(6%)。国产龙头埃斯顿市场份额为 3%,排第八位,是前十名中唯一的内资品牌。

4. 内资在下游工业机器人集成领域占据主体

系统集成和应用主要根据不同的应用场景和用途在工业机器人本体的基础上进行有针对性的系统集成和软件二次开发,将机器人本体和附属设备进行系统集成,使其拥有特定的工作能力。MIR DATABANK 的数据显示,2021 年我国工业机器人系统集成市场规模为 1 753.62 亿元,其中 80% 的市场份额被本土工业机器人系统集成商占据。随着 5G 技术带动 3C 行业的再次提速,系统集成需求也有望持续提升,2022 年工业机器人系统集成市场规模有望接近 2 000 亿元。

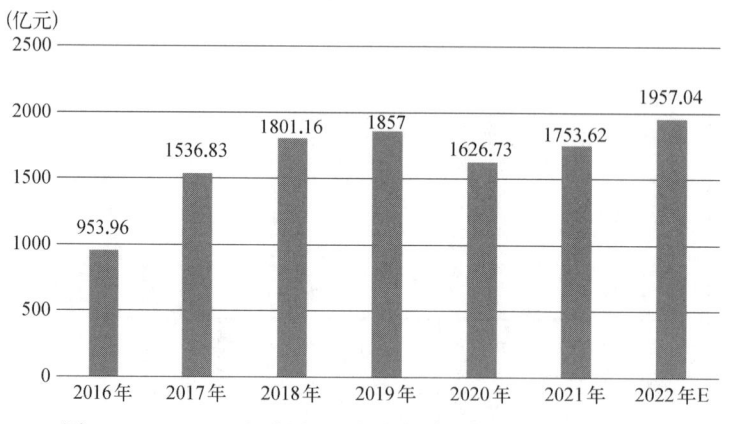

图 11 2016—2022 年中国工业机器人系统集成市场规模及预测

（三）数控机床

数控机床是一种装有程序控制系统的自动化机床,是制造业的加工母机和国民经济的重要基础,为国民经济各个部门提供装备和手段,具有放大的经济与社会效应。数控机床控制系统能够有逻辑地处理具有控制编码或其他符号指令规定的程序,并将其译码,从而使机床动作并加工零件。数控机床行业属于技术密集、资金密集、人才密集的产业,数控机床的上游行业主要为数控系统、钢铁铸造、机械配件制造、电子元器件等行业,上游材料价格的波动对行业具有较强的关联性,若上游材料价格上涨,则将相应提高机床行业的生产成本,但由于下游需求行业广泛,本行业具有较强的定价能力,转移价格上涨的能力较强。

1. 全球数控机床产业呈增长态势

近几年,全球数控机床行业的市场规模呈现逐年升高的趋势,由 2017 年的 1 342 亿美元增长至 2020 年的 1 573 亿美元左右,市场增速达到约 5.4%,到 2021 年全球数控机床市场规模增长至 1 614 亿美元,随着全球机床工业发展进程的持续加快,预测 2028 年全球数控机床市场规模将有望突破 2 350 亿美元,年平均复合增长率达到约 6.1%。

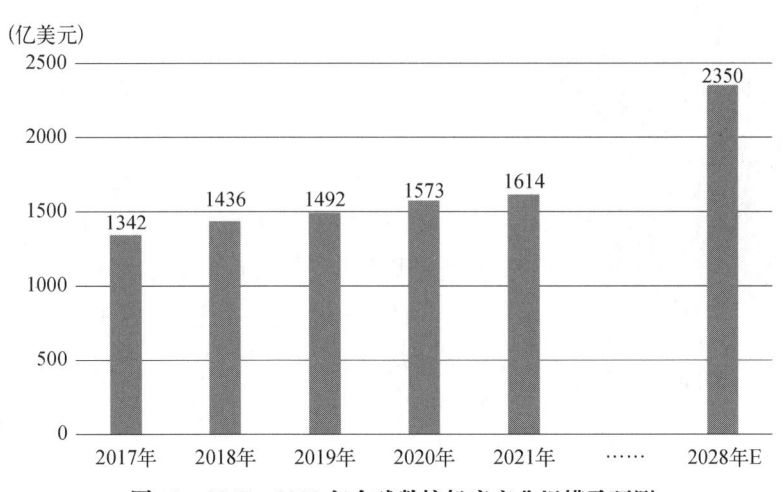

图 12 2017—2028 年全球数控机床产业规模及预测

从全球数控机床的市场分布情况来看,目前主要集中于亚洲和欧美等地区,其中中国和日本的市场占有率并列全球第一,均为 32% 左右,其次是德国约为 17%,美国、意大利和韩国分别占比 6%、5% 和 4%。数控机床行业竞争格局分成三个层次。德国、日本、美国等先进国家的数控机床企业起步较早,目前在技术水平、品牌价值等方面仍居明显优势地位,位于第一梯队,世界四大国际机床展上,数控机床技术方面的创新主要来自美国、德国、日本,美、德、日等国厂商竞相展出高精、高速、复合化、直线电机、并联机床、五轴联动、智能化、网络化、环保化机床,在国际市场上,中、高档数控系统主要由日本发那科、德国西门子公司为代表的少数企业所垄断,其中发那科占一半左右。我国近数十年来亦产生了一批发展迅速的优秀企业,如秦川机床、海天精工等,在自身优势产品领域内和领先企业乃至国际先进企业进行竞争,位于第二梯队。第三梯队是数量众多的低端数控机床生产企业,竞争激烈。

图 13 数控机床行业竞争梯队

第一梯队：全球领先的跨国公司及外资企业
以马扎克、大隈、德马吉森精机等国际企业为代表

第二梯队：国内规模较大的数控机床生产商
以秦川机床、海天精工、日发精机等企业为代表

第三梯队：数量众多的低端数控机床生产企业
在低端市场开展竞争，竞争非常激烈

在全球数控机床行业的细分市场方面，以金属切削机床的占比最大，约为52%，其次是金属成形机床和特种加工机床，分别占比为28%和18%左右，其他细分市场领域占比合计约为2%。

2. 我国数控机床产业继续增长

我国机床行业的发展与我国制造业的蓬勃发展密切相关。2000年以后，中国顺应全球制造业第四次转移，成为新的世界工厂，制造业得到了快速发展，机床消费也呈现出爆发式增长；2000—2011年，我国机床行业进入高速发展期，

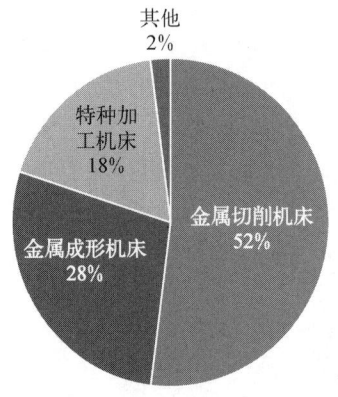

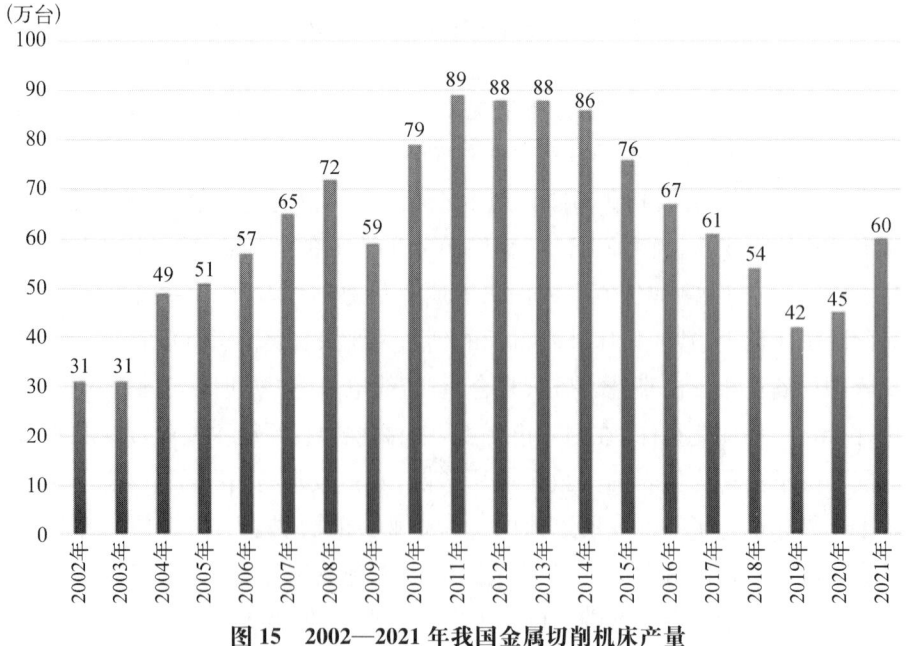

图 14 全球数控机床行业细分市场产业比例

- 金属切削机床 52%
- 金属成形机床 28%
- 特种加工机床 18%
- 其他 2%

图 15 2002—2021年我国金属切削机床产量（单位：万台）

2002年	31
2003年	31
2004年	49
2005年	51
2006年	57
2007年	65
2008年	72
2009年	59
2010年	79
2011年	89
2012年	88
2013年	88
2014年	86
2015年	76
2016年	67
2017年	61
2018年	54
2019年	42
2020年	45
2021年	60

金属切削机床产量年均复合增速达到12%，2011年达到历史顶点89万台；2012—2019年，全球制造业开始新一轮转移，中低端制造业开始向东南亚、南美洲等地区转移，高端制造业向欧美等工业先进国家回流，中国机床市场开始进入下行调整通道。2019年我国金属切削机床产量为41.60万台，相比2012年下降了52.72%；2020年至今，由于疫情之后我国制造业复苏强劲、机床行业设备更新需求托底以及机床国产化替代等多重有利条件，我国机床行业开始回暖，2020年我国金属切削机床产量为44.60万台，2021年金属切削机床产量为60.20万台，同比增长34.98%。

3. 我国数控机床技术继续提升

一是数控化率持续提升。数控机床相较于普通机床，在加工精度、加工效率、加工能力和维护等方面都具有突出优势，随着我国制造业转型升级，在加工精细度需求不断提升的驱动下，我国数控机床的渗透率在逐年提升。2020年我国金属切削机床数控化率已达到43%，但与发达国家80%左右的数控化率水平仍存在较大差距。《中国制造2025》战略纲领中明确提出："2025年中国的关键工序数控化率将从现在的33%提升到64%。"在政策鼓励、经济发展和产业升级等因素影响下，未来我国数控机床行业将迎来广阔的发展空间。

二是高档数控机床市场进口替代。从应用领域看，高档机床应用范围涵盖能源、航天航空、军工、船舶等关系国家安全的重点支柱产业，此外，汽车、航天航空、医疗设备等下游重点行业的产业升级加速也进一步加大对高档机床的需求。从我国制造业整体发展来看，目前正在从"制造大国"向"制造强国"转变，未来"高端化、高利润"替代"薄利多销"是我国制造业的发展趋势，未来对高速度、高精度、高价值的高档数控机床需求的占比也将越来越高。目前，西方国家对高档数控机床和技术出口我国进行了严格管制，使得我国在高档数控机床行业面临"卡脖子"的难题，而中美贸易摩擦加剧了这一情况，进一步加速了我国推进高档机床国产化、实现高端产品的自主可控的进程。近年来，国内中高档数控机床市场崛起了一批具备一定核心技术的民营企业，未来将紧跟国产化替代的浪潮，进一步扩大高端市场份额。

三是核心部件自给能力提高。数控机床核心部件主要包括数控系统、主轴、丝杆、线轨等，目前国内各核心部件技术与国际水平存在一定差距，国内机床厂商为提高机床精度和稳定性，提高产品竞争力，核心部件以国际品牌为主，国产化率较低，对国际品牌部件依存度较高，特别是高档数控机床配套的数控系统基本为发那科、西门子等境外厂商所垄断。《〈中国制造2025〉重点领域技术路线图》对数控机床核心部件国产化提出了明确规划：到2025年，数控系统标准型、智能型国内市场占有率分别达到80%、30%；主轴、丝杆、线轨等中高档功能部件国内市场占有率达到80%；高档数控机床与基础制造装备总体进入世界强国行列。目前,国内一批机床企业正在不断突破掌握核心部件技术,随着国家政策的大力支持,国内中高档机床自主研发水平的不断提高,我国机床核心部件自给能力将会进一步提升。

与之同时,我国数控系统、线轨、丝杆等数控机床核心部件受制于人。核心部件的质量是保证机床技术水平的重要因素之一,目前我国中高档数控机床的核心部件绝大部分仍需依赖国际品牌。尤其是作为数控机床大脑的数控系统,虽然取得了较大的发展,但高档数控机床配套的数控系统90%以上都是国外产品,特别是高档数控机床。高档数控系统是决定机床装备的性能、功能、可靠性和成本的关键因素,而国外对我国至今仍进行封锁限制,成为制约我国高档数控机床发展的瓶颈。国内数控系统的中高端市场被德国西门子、日本发那科瓜分。低端市场是国内数控系统的天下,数十家系统厂挤在这个狭小的市场区域内激烈搏杀。

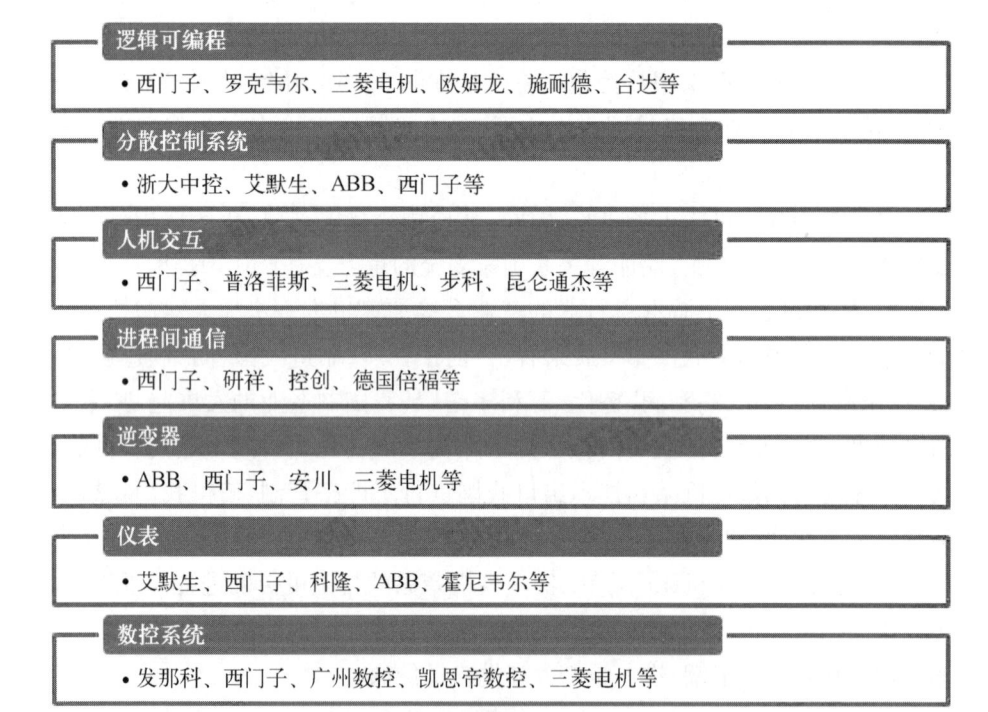

逻辑可编程
- 西门子、罗克韦尔、三菱电机、欧姆龙、施耐德、台达等

分散控制系统
- 浙大中控、艾默生、ABB、西门子等

人机交互
- 西门子、普洛菲斯、三菱电机、步科、昆仑通态等

进程间通信
- 西门子、研祥、控创、德国倍福等

逆变器
- ABB、西门子、安川、三菱电机等

仪表
- 艾默生、西门子、科隆、ABB、霍尼韦尔等

数控系统
- 发那科、西门子、广州数控、凯恩帝数控、三菱电机等

图16 中国数控系统市场竞争格局分析

二、上海智能制造装备产业国际竞争力指数及分析

本部分将从贸易竞争力、产业竞争力、企业竞争力、创新竞争力、区域竞争力5个二级指标来诠释上海智能制造装备产业国际竞争力,运用定量数据测算,形成25个三级指标。

表3 产业国际竞争力指数评价指标体系

第一级指标	第二级指标	第三级指标
产业国际竞争力	贸易竞争力	显示性比较优势指数(RCA)
		贸易竞争力指数(TC)
		国际市场占有率(MS)
		显示性竞争优势指数(CA)
		出口产品质量指数
		对外贸易依存度
	产业竞争力	劳动生产率
		利润率
		新产品产值占比
		国内市场占有率
		本地市场规模
	企业竞争力	外商直接投资
		企业总部数量
		产业链强度
		产业韧性度
		企业数字化水平
	创新竞争力	R&D投入强度
		R&D人员全时当量
		发明专利数
		科技机构
		科技转化
	区域竞争力	生产性服务业集聚
		产业集中度
		税收政策
		产业政策

延续以前研究方法,竞争力指数大于 150,表示具有极强竞争优势;介于 100—150 之间,表示具有较强竞争优势;介于 50—100 之间,表示具有中等竞争优势;小于 50,表示具有弱竞争优势。

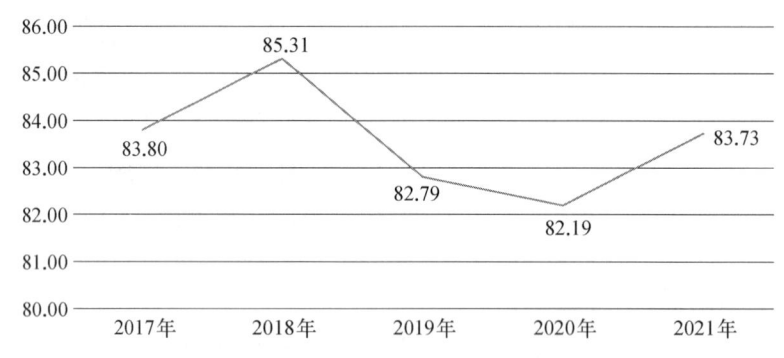

图 17 2017—2021 年上海市智能制造装备产业国际竞争力指数变化

研究发现,2021 年上海智能制造装备产业国际竞争力排名基本不变,指数稍有起伏。2017—2021 年,上海智能制造装备产业国际竞争力保持中等竞争优势,广东、江苏保持较强竞争优势。在 13 个省市中,2017—2021 年,上海智能制造装备产业国际竞争力数值 2018 年增长至 85.31,增长 1.8%,2019 年、2020 年分别下降 3.0%、0.7%,2021 年回到增长趋势,增长 1.9%,排名总体变化不大,除 2018 年排第 5 位,其他年份基本保持在第 6 位,广东保持第一位,江苏居第二位。

表 4 13 个省市智能制造装备产业国际竞争力指数与排名

	2017 年		2018 年		2019 年		2020 年		2021 年	
	指数	排名	指数	排名	指数	排名	指数	排名	指数	排名
广东	121.01	1	123.09	1	124.64	1	126.33	1	130.47	1
江苏	102.79	2	103.22	2	102.23	2	101.55	2	103.00	2
浙江	86.78	4	86.24	4	87.48	3	88.84	3	90.21	3
辽宁	84.17	5	83.88	6	83.44	5	87.86	4	85.96	4
北京	87.06	3	86.37	3	83.71	4	85.25	5	84.57	5
上海	83.80	6	85.31	5	82.79	6	82.19	6	83.73	6
福建	77.47	8	78.42	8	79.63	8	79.81	8	81.08	7
天津	78.36	7	78.79	7	79.80	7	80.50	7	80.99	8
山东	76.50	9	76.85	9	77.70	9	77.64	10	80.39	9
安徽	73.23	11	75.11	10	76.44	10	77.96	9	78.72	10

续表

	2017年		2018年		2019年		2020年		2021年	
	指数	排名	指数	排名	指数	排名	指数	排名	指数	排名
湖北	73.71	10	74.73	11	75.07	11	75.20	12	78.46	11
湖南	69.31	13	69.96	13	73.31	12	75.33	11	77.20	12
河北	70.33	12	68.89	12	71.71	13	73.55	13	74.74	13

（一）贸易竞争力具有较强优势

2017—2021年，上海智能制造装备产业中贸易竞争力指数除2020年为97.70之外，其余均大于100，具有较强竞争优势。2021年，在13个省市中广东省贸易竞争力居首位，浙江名列第二，上海位居第七，贸易竞争力排名稍逊。

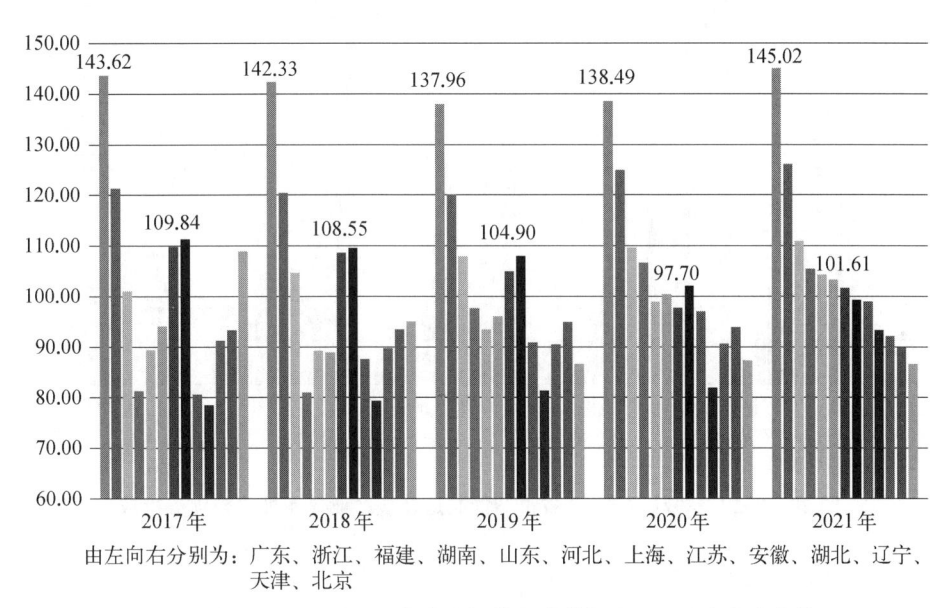

由左向右分别为：广东、浙江、福建、湖南、山东、河北、上海、江苏、安徽、湖北、辽宁、天津、北京

图18　2017—2021年13个省市智能制造装备产业贸易竞争力指数

1. 出口占比高

2021年，在13个省市中，广东省智能制造装备产业显示性比较优势指数最高，并且远超其他省市，具有极强比较优势。

2017—2021年，上海智能制造装备产业显示性比较优势指数均大于110，具有较强竞争优势，在13个省市中排名第二，体现了上海智能制造装备出口在全国出口份额占比较高。以工业机器人为例，从2017年起，上海工业机器人出口总额保持增长态势，2021年出口额比2020年增长19.2%，高于全国出口增幅13.3%，其中，电阻焊接机器人出口额占全国出口额的30.8%。

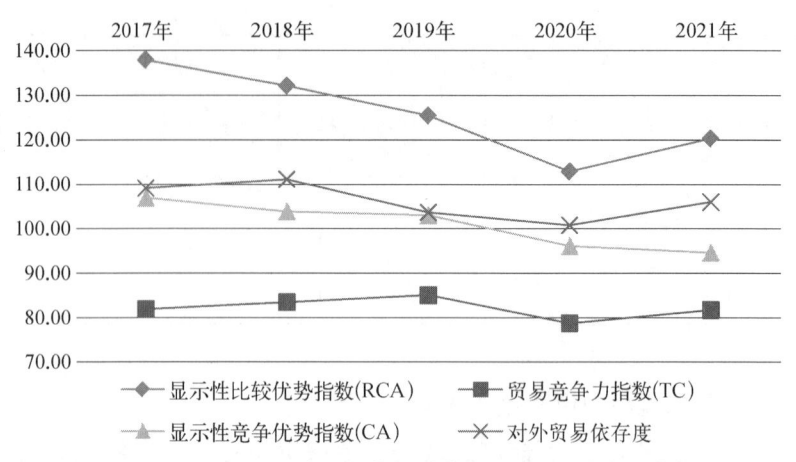

图 19　2017—2021 年上海市智能制造装备产业贸易竞争力指标表现

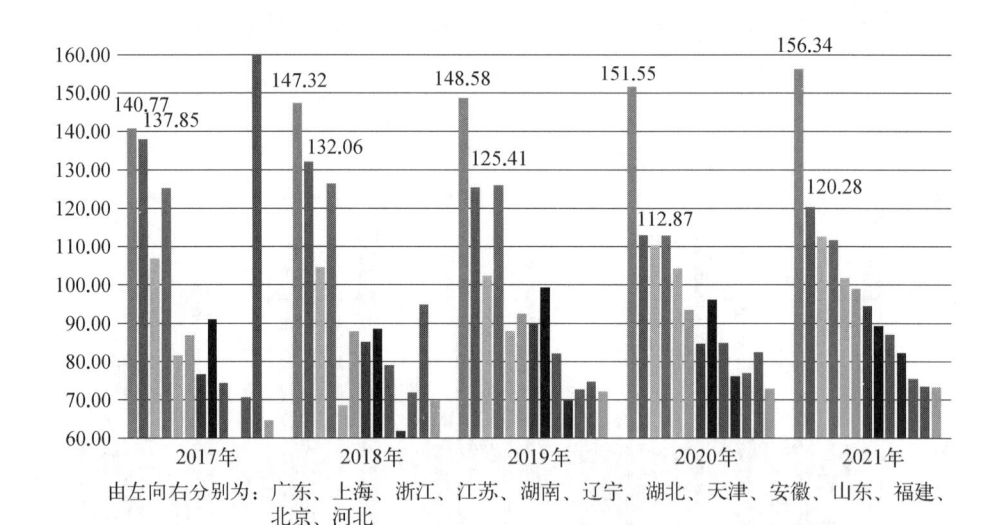

图 20　2017—2021 年 13 个省市智能制造装备产业显示性比较优势指数

由左向右分别为：广东、上海、浙江、江苏、湖南、辽宁、湖北、天津、安徽、山东、福建、北京、河北

2. 进口需求强劲

2017—2021 年，上海智能制造装备产业贸易竞争力指数在 13 个省市中排名靠后，一直位居倒数第二，浙江贸易竞争力指数一直居首位，并始终保持极强竞争优势。上海贸易竞争力指数提升空间较大。

同时说明在智能制造快速发展驱动下，上海对智能制造装备进口需求强劲。如从 2015 年起，上海工业机器人进口在全国进口占比一路攀升，到 2021 年上海工业机器人进口占全国进口超过一半，达到 59.92%，反映了上海对工业机器人需求强劲。一旦工业机器人发生贸易摩擦，上海将首当其冲。

3. 贸易逆差缩小

上海数控机床进出口贸易一直处于逆差，2015 年以来呈现收窄态势，2021 年贸易逆差为 1.71 亿美元，略有上升。

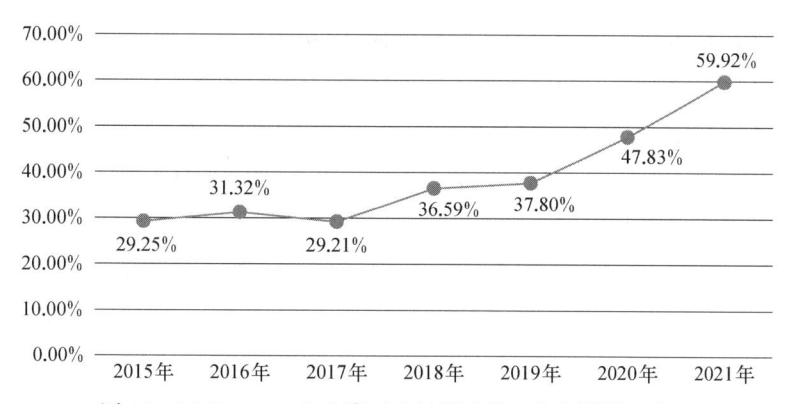

图 21　2015—2021 年上海工业机器人进口在全国进口占比

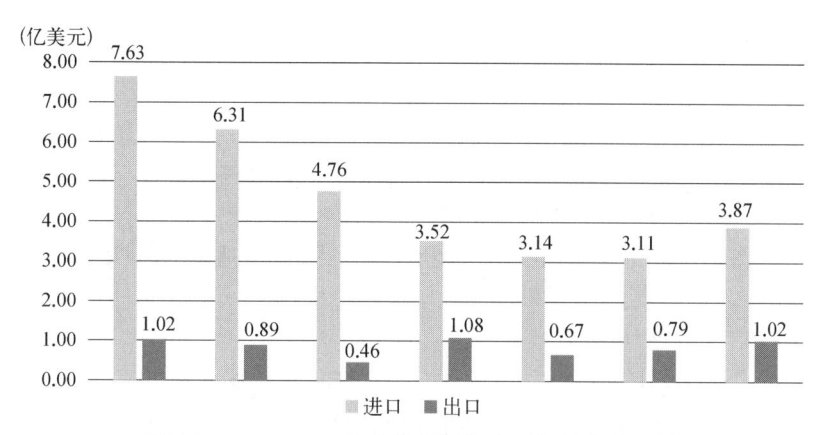

图 22　2015—2021 年上海数控机床零部件进出口额

上海数控机床零部件进出口贸易总额大于成套数控机床,生产配套件、输入模块、电磁制动器和立式加工中心四种数控机床零部件出口基本处于千万美元级,2021 年出口总额突破 1 亿美元。

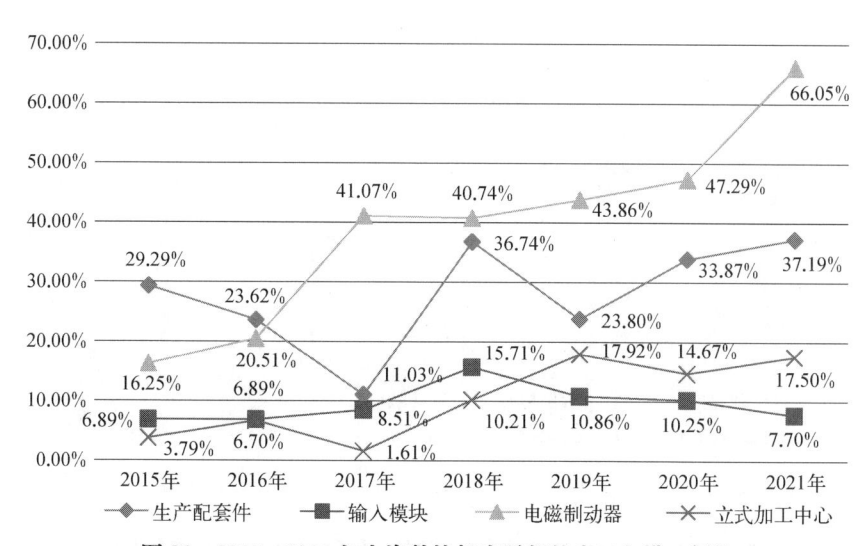

图 23　2015—2021 年上海数控机床零部件出口与进口额比

四种数控机床零部件出口与进口额比,电磁制动器稳步上升,2021年增长40%。同样工业机器人的三大核心零部件贸易逆差与成套工业机器人贸易逆差比值持续收窄,减速器贸易逆差也持续缩小,2021年终于实现了贸易顺差,出口2.43亿美元,进口2.24亿美元,顺差0.19亿美元。说明核心零部件的国产替代性逐步增加。

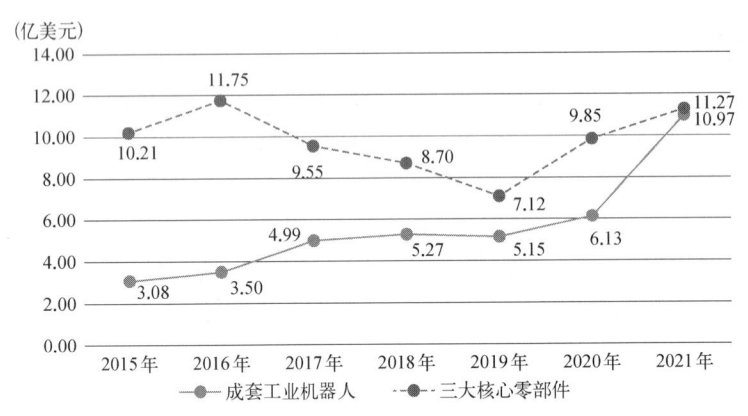

图 24　2015—2021年上海工业机器人、三大核心零部件进出口逆差

4. 对外贸易依存度高

2017年到2021年,在13个省市中,上海对外贸易依存度指数保持第二位,体现了上海智能制造装备产业对外依存度高。如上海工业机器人进出口总额一直以来保持增长态势,2021年超过12亿美元。上海工业机器人进出口贸易一直处于逆差,而且逆差呈现上升态势,2021年进口猛增到11.51亿美元,贸易逆差达到10.97亿美元,说明上海工业机器人对外依存度依然高。广东一直位居首位,但震荡下行;上海与广东差距收窄。

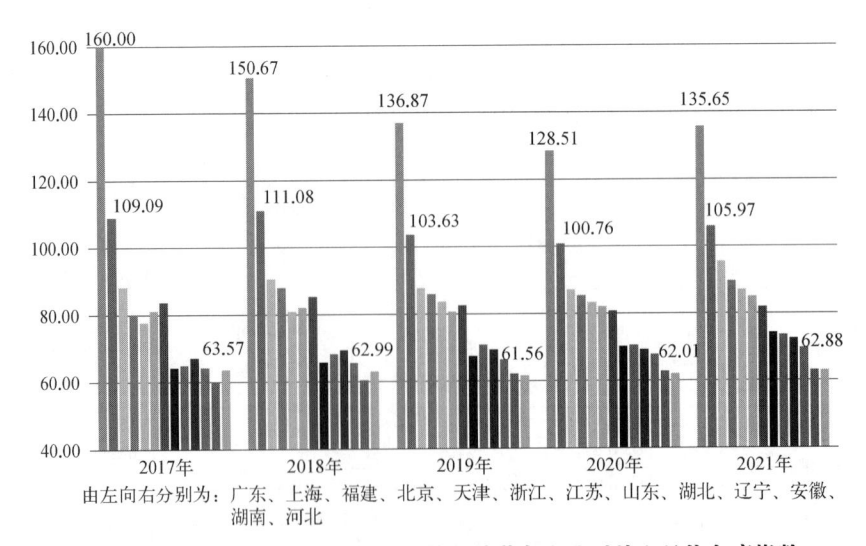

由左向右分别为:广东、上海、福建、北京、天津、浙江、江苏、山东、湖北、辽宁、安徽、湖南、河北

图 25　2017—2021年13个省市智能制造装备产业对外贸易依存度指数

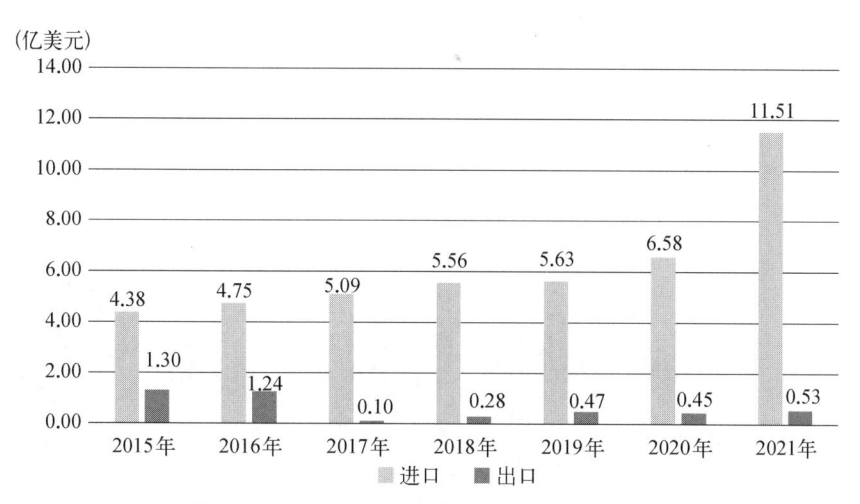

图 26　2015—2021 年上海工业机器人进出口值

（二）产业竞争力指数逐步上升，排名下滑

2017 年至 2021 年，上海智能制造装备产业中产业竞争力指数逐年上升，2017 年为 80.94，2021 年上升至 89.57，具有中等竞争优势，但排名震荡下滑，2021 年，在 13 个省市中居第九位，北京首次超过广东、居首位，北京和广东具有极强竞争优势。

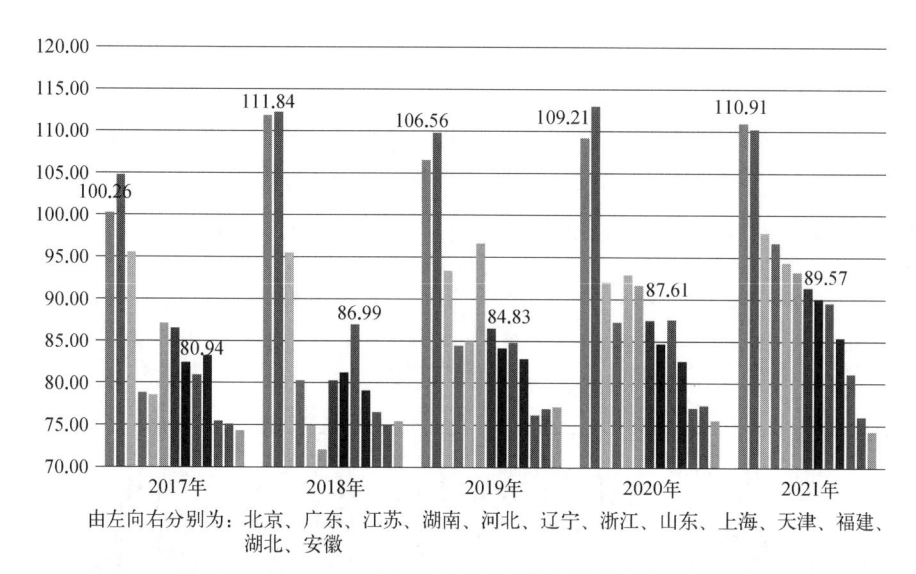

由左向右分别为：北京、广东、江苏、湖南、河北、辽宁、浙江、山东、上海、天津、福建、湖北、安徽

图 27　2017—2021 年 13 个省市智能制造装备产业竞争力

1. 劳动生产率优势较强

2018—2021 年，上海智能制造装备产业劳动生产率指数均大于 100，且每年小幅递增，2021 年增长 8.8%，具有较强的竞争优势。上海智能制造的加速发展，提升了劳动生产率。

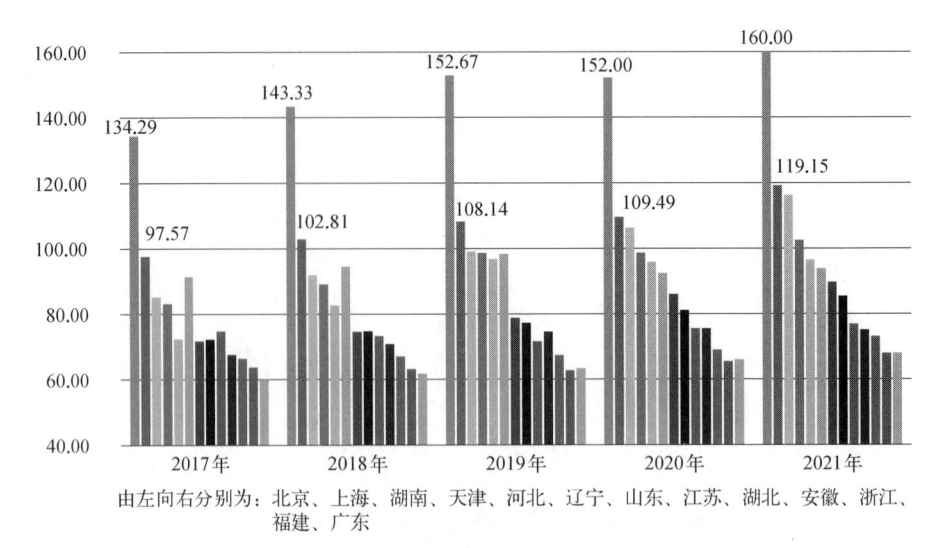

由左向右分别为：北京、上海、湖南、天津、河北、辽宁、山东、江苏、湖北、安徽、浙江、福建、广东

图 28　2017—2021 年 13 个省市智能制造装备产业劳动生产率指数

2017—2021 年，在 13 个省市中，北京劳动生产率指数一直居首位，并呈上升态势，2019 年起具有极强竞争优势。

2. 利润率不高，拖累产业竞争力优势

2018 年上海智能制造装备产业利润率指数为 105.43，在 13 个省市中排名第六，2020 年 95.58，排名第九，其他三年在底部徘徊，2021 年位居倒数第二。在 13 个省市中，辽宁省利润率指数逐年递增，2018—2021 年，在 13 个省市中位居第一，具有极强竞争优势。

2021 年上海市智能制造装备产业销售收入是辽宁省的 4.16 倍，利润率只是辽宁省的 43%。随着上海人力、土地、商务等成本增加，制造业的利润率随之下降。要提高利润率，降低成本的同时要大力发展高附加值智能制造装备产业。

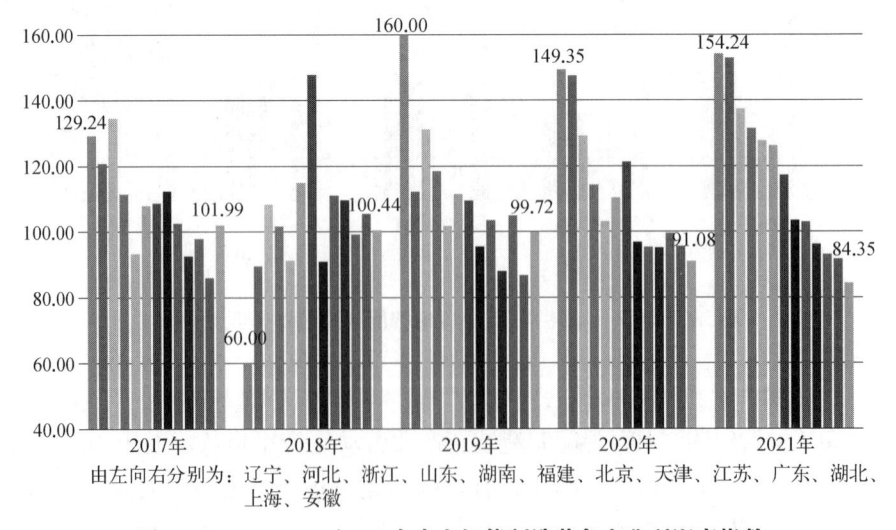

由左向右分别为：辽宁、河北、浙江、山东、湖南、福建、北京、天津、江苏、广东、湖北、上海、安徽

图 29　2017—2021 年 13 个省市智能制造装备产业利润率指数

3. 国内市场占有率竞争优势不明显

上海智能制造装备产业国内市场占有率不高,五年来国内市场占有率指数均在65左右,在13个省市中,排名第九位。上海智能制造装备产业出口额在13个省市位居第四,广东第一、浙江第二、江苏第三。

2017年到2021年,在13个省市中,广东国内市场占有率指数一直居首位,并远超其他省市,2018年起具有极强竞争优势。

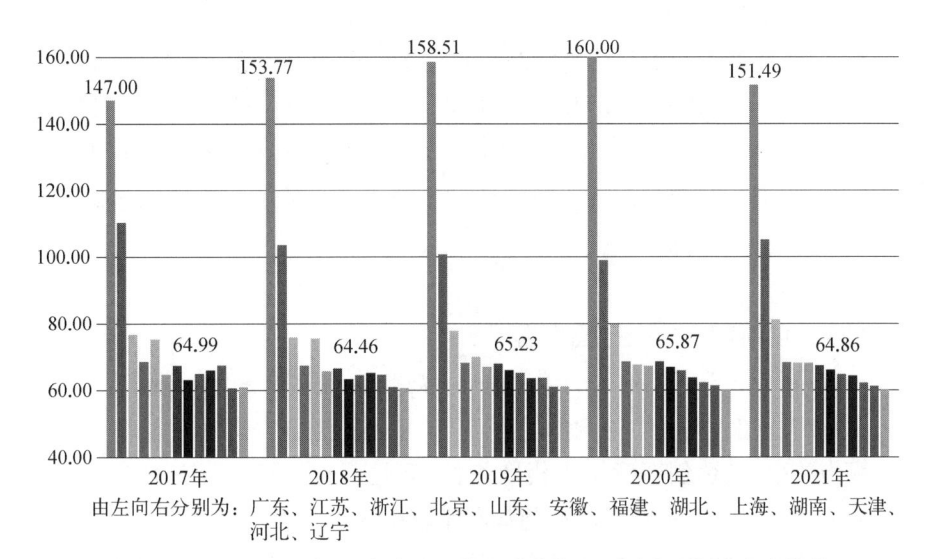

由左向右分别为:广东、江苏、浙江、北京、山东、安徽、福建、湖北、上海、湖南、天津、河北、辽宁

图30 2017—2021年13个省市智能制造装备产业国内市场占有率指数

(三)企业竞争力保持较强竞争优势

2017年至2021年,上海智能制造装备产业企业竞争力在13个省市中居第三位,江苏位居第一,广东位居第二。13个省市排名没有变化。

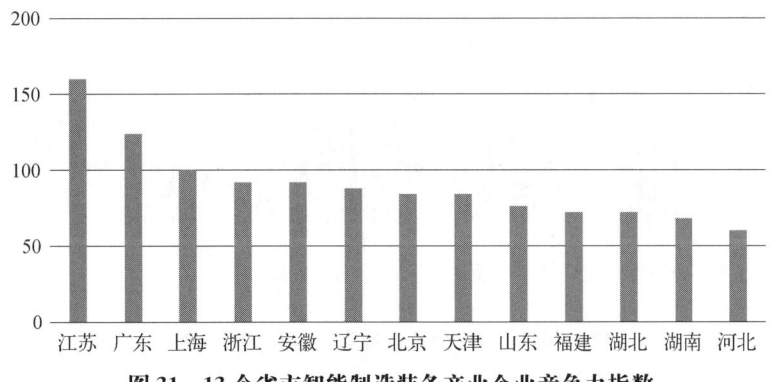

图31 13个省市智能制造装备产业企业竞争力指数

1. 重点培育企业多

智能制造装备产业企业竞争力主要由产业链强度来度量,具体体现在专

精特新、瞪羚企业、小巨人和隐形冠军企业数量。2022年,工信部发布的四批国家级专精特新"小巨人"企业公示培育名单中,全国有9 199家,上海有507家,占总数的5.5%,居全国各城市之首。从行业看,上海专精特新企业主要集中在先进制造业和现代服务业领域,其中新一代信息技术占27%,智能制造、精密制造和装备制造占28%,文创、涉及、科研、教育等专业服务业占15%,新材料占10%,生物医药占6%。

2. 重点企业优势显现

在2021年度发布的全国智能制造示范工厂揭榜单位和优秀场景名单中,上海有5家企业获评国家级智能制造试点示范工厂,20个场景获评国家级智能制造优秀场景。其中,"专精特新"企业上海新时达机器人有限公司上榜示范工厂名单,上海两家专精特新"小巨人"企业上海诺雅克电气有限公司和中科新松有限公司上榜优秀场景名单。

(四) 创新竞争力上行幅度需提高

2017年到2021年,在13个省市中,上海智能制造装备产业创新竞争力指数位居第八、第九,具有中等竞争优势,2021年创新竞争力指数为69.83。在五个三级指数中,虽然创新竞争力指数最低,但是一直处于上行态势。从2017年到2021年,只有广东智能制造装备产业创新竞争力指数均超过100,具有较强竞争优势,始终保持首位,并呈现上升态势,2021年达到157.72,具有极强竞争优势。其他省市仅具有中等竞争优势。

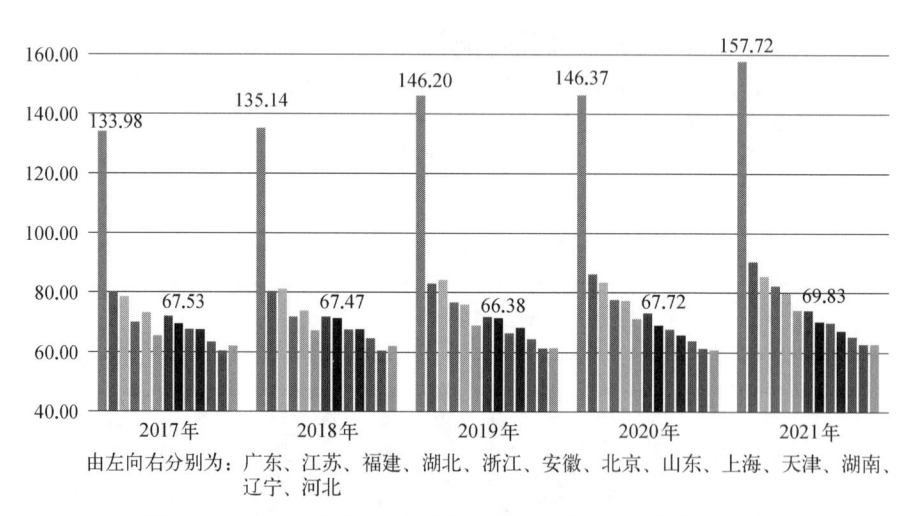

图32 2017—2021年13个省市智能制造装备产业创新竞争力

由左向右分别为:广东、江苏、福建、湖北、浙江、安徽、北京、山东、上海、天津、湖南、辽宁、河北

1. 产业创新资本投入相对规模还有差距

尽管2021年上海智能制造装备产业R&D投入呈增长趋势,达213.53亿元,在13个省市中研发投入金额排名第四位,但是研发投入的相对规模排名

较后,2021年名次上升1位,居第九位。上海市对智能制造装备产业的技术进步与持续创新的支撑力度需进一步加大。

2017年到2021年,在13个省市中,广东R&D投入强度指数一直位居首位,福建保持第二。

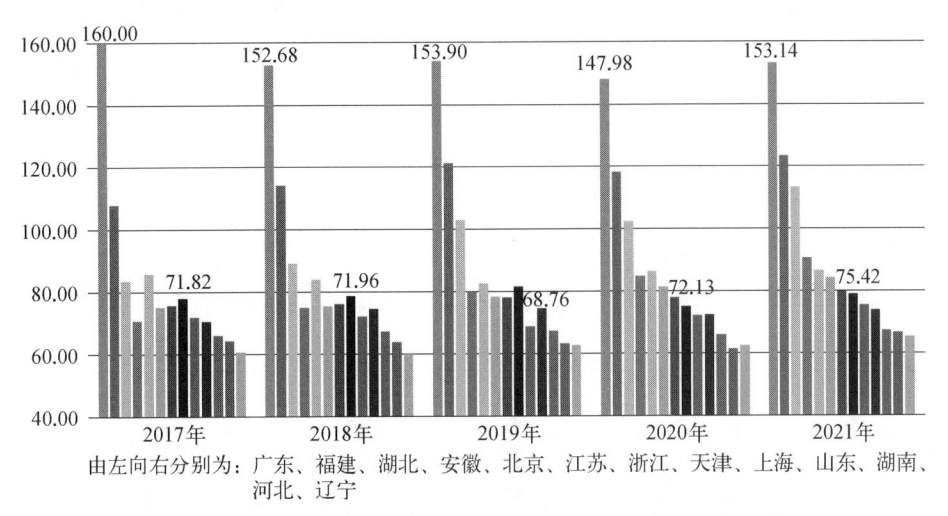

由左向右分别为:广东、福建、湖北、安徽、北京、江苏、浙江、天津、上海、山东、湖南、河北、辽宁

图33　2017—2021年13个省市智能制造装备产业R&D投入强度指数

2. 产业创新人力投入效果不显著

2021年上海智能制造装备产业R&D人员全时当量指数首次出现增长,增幅达22.98%,但R&D人员全时当量指数仍然在66上下波动,具有中等竞争优势。2017年到2021年,在13个省市中,广东R&D人员全时当量指数同样一直居首位,并远超其他各省市,在2021年具有极强竞争优势。2021年上海居第九位。

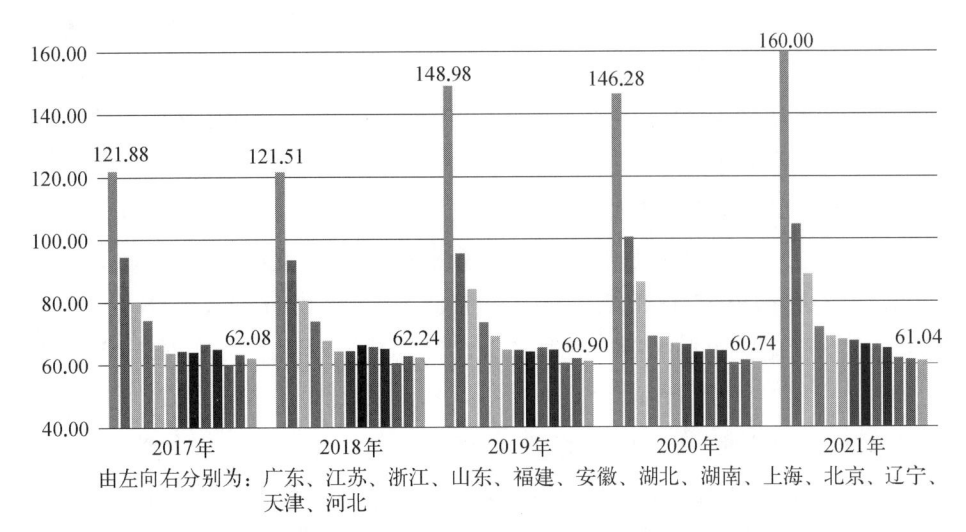

由左向右分别为:广东、江苏、浙江、山东、福建、安徽、湖北、湖南、上海、北京、辽宁、天津、河北

图34　2017—2021年13个省市智能制造装备产业R&D人员全时当量指数

3. 专利申请数大幅增长

2021年上海智能制造装备产业申请专利数23 884件，比2020年增加19.2%，但是专利数在全国专利申请数仅占4.18%，距离占全国专利申请数47.50%的广东省还有很大的距离。

2017—2021年，在13个省市中，广东发明专利数指数一直居首位，并保持快速上升态势。其他各省市均仅具有中等竞争优势，2021年上海居第五位。

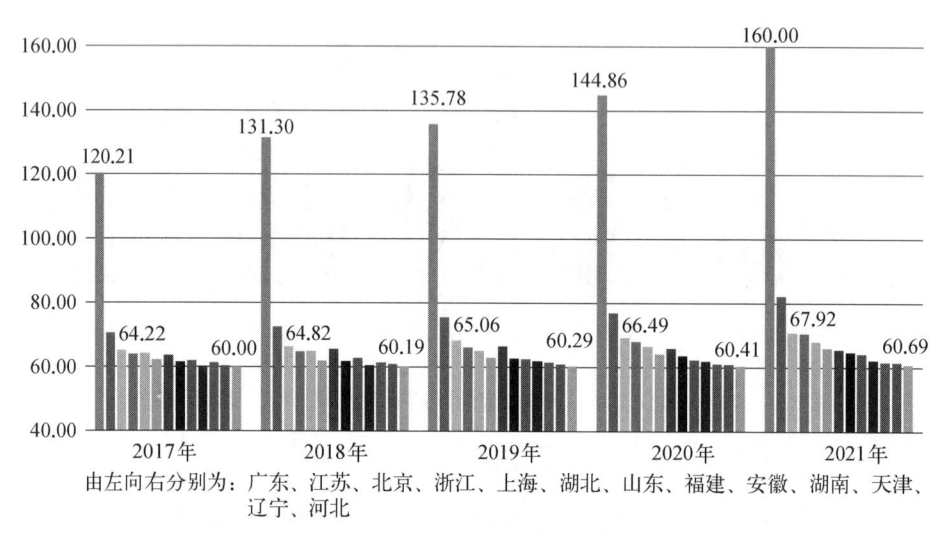

由左向右分别为：广东、江苏、北京、浙江、上海、湖北、山东、福建、安徽、湖南、天津、辽宁、河北

图35　2017—2021年13个省市智能制造装备产业发明专利数指数

（五）区域竞争力优势中等

上海智能制造装备产业中区域竞争力指数2018年比2017年增长3.94%，此后小幅回落，2021年止跌，区域竞争力指数略高于2020年，排名由2019年、2020年的第七位下滑至第八位。

2021年，广东超过辽宁，在13个省市智能制造装备产业中区域竞争力位居首位，远超其他省市，具有较强竞争优势。

1. 生产性服务业产业发展势头强劲

2017年来，上海生产性服务业发展势头强劲，产业规模持续扩大，2017—2021年，分别增长35.13%、7.02%、17.41%、25.74%，2017年至2021年，增长58%，生产性服务业在推动上海制造业向高端化、智能化升级中起到了重要力量。

2017—2021年，在13个省市中，广东省生产性服务业集聚指数同样一直居首位，从2020年起形成极强竞争优势，2021年，广东省生产性服务业产值是江苏的2.3倍，江苏排名第二。五年来，上海市生产性服务业集聚指数下行趋势,下行幅度微弱,2021年,上海市生产性服务业集聚指数位居第七,根据《上海市生产性服务业发展"十四五"规划》,上海市生产性服务业产业发展空间很大。

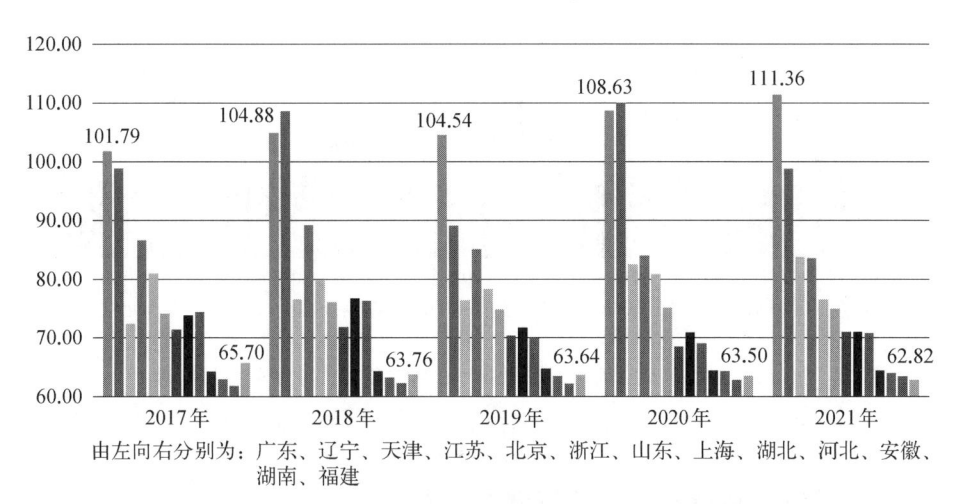

图36 2017—2021年13个省市智能制造装备产业区域竞争力

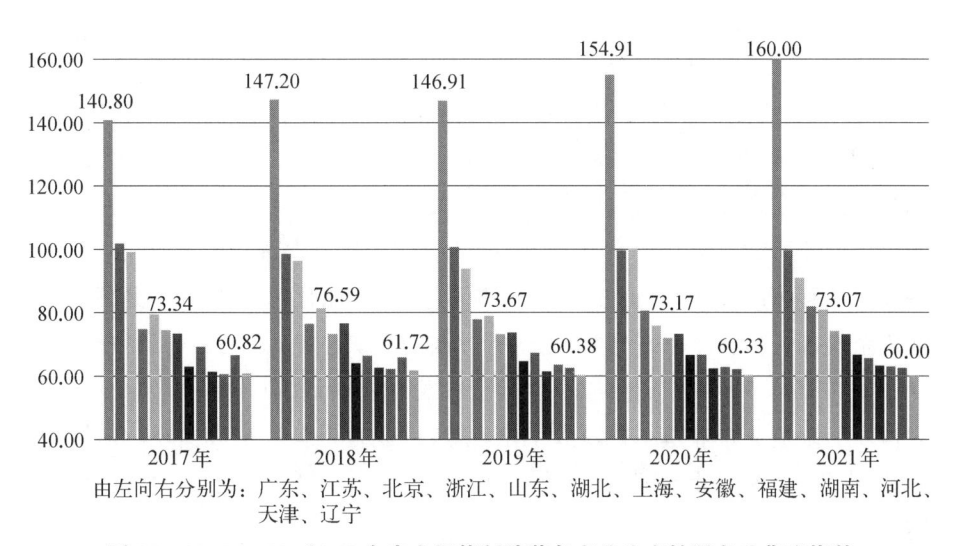

由左向右分别为:广东、辽宁、天津、江苏、北京、浙江、山东、上海、湖北、河北、安徽、湖南、福建

图37 2017—2021年13个省市智能制造装备产业生产性服务业集聚指数

由左向右分别为:广东、江苏、北京、浙江、山东、湖北、上海、安徽、福建、湖南、河北、天津、辽宁

2. 税收政策指数保持排名还需努力

2017—2021年,上海市智能制造装备产业税收政策指数稍有波动,2021年在13个省市中排名第三,辽宁省智能制造装备产业税收政策指数虽然起伏较大,但一直居首位,且远超其他省市。上海市产业税收政策指数与辽宁省的差距还很大,同时被其他省市超越的可能性很大,在税收政策方面还需要更加努力。

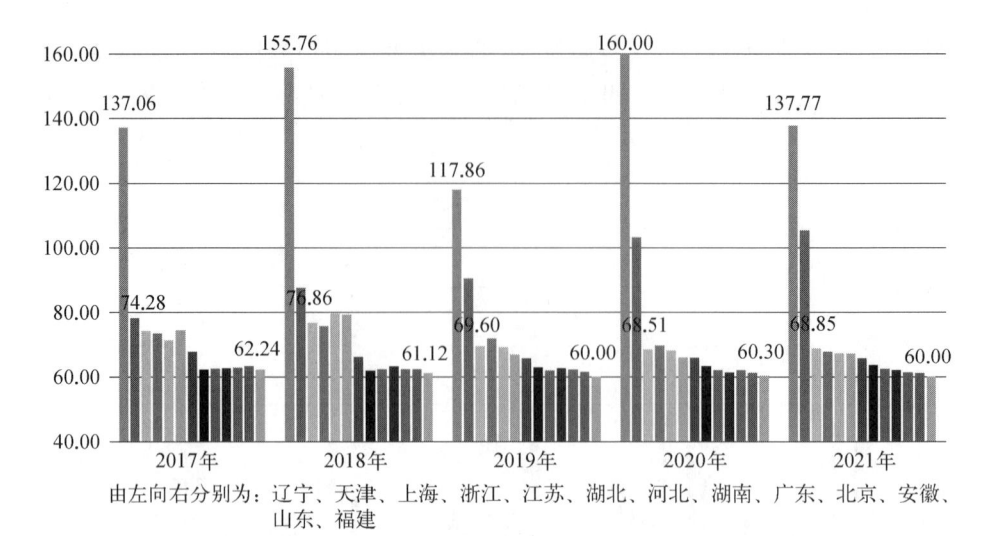

图 38　2017—2021 年 13 个省市智能制造装备产业税收政策指数

三、上海智能制造装备产业优势与不足

（一）政府支持情况分析

1. 中国政策支持力度持续加大

近年来,我国不断出台法律法规和政策支持装备制造行业健康、良性发展,智能制造装备产业作为高端装备制造业的重点领域得到了国家政策的鼓励与支持。在产业政策出台的背景下,相关部门陆续颁布产业政策支持文件,明确制造业智能化为重点发展领域,推广应用数字化技术、系统集成技术、装备和工业互联网技术,对行业内企业的信息化、智能化水平提出了更高要求,促进企业加快在技术水平、经营模式等方面的升级创新,推动行业竞争格局的变革。2021 年 12 月,《"十四五"智能制造发展规划》发布并提出,到 2025 年,规模以上制造业企业基本普及数字化,重点行业骨干企业初步实现智能转型。到 2035 年,规模以上制造业企业全面普及数字化,骨干企业基本实现智能转型。

表 5　2017 年以来中国智能制造装备支持政策汇总

发布时间	发布部门	政策名称	主 要 内 容
2022 年 5 月	工信部等 11 个部门	《关于开展"携手行动"促进大中小企业融通创新（2022—2025 年)的通知》	开展智能制造试点示范行动,遴选一批智能制造示范工厂和典型场景,促进提升产业链整体智能水平;深入实施中小企业数字化赋能专项行动,开展智能制造进园区活动。

续表

发布时间	发布部门	政策名称	主要内容
2022年1月	工信部、科技部、生态环境部	《环保装备制造业高质量发展行动计划（2022—2025年）》	完善环保装备数字化智能化标准体系，建设一批模块化污水处理装备等智能制造示范工厂，稳步提高大气治理、污水治理、固废处理等领域技术的数字化智能化水平。
2021年12月	工信部	《"十四五"智能制造发展规划》	到2025年，转型升级成效显著。规模以上制造业企业智能制造能力成熟度达2级及以上的企业超过50%，重点行业、区域达3级及以上的企业分别超过20%和15%。制造业企业生产效率、产品良率、能源资源利用率等大幅提升。供给能力明显增强。智能制造装备和工业软件技术水平和市场竞争力显著提升，国内市场满足率分别超过70%和50%。主营业务收入超50亿元的系统解决方案供应商达到10家以上。基础支撑更加坚实。建设一批智能制造领域创新载体和公共服务平台，并形成服务网络。制修订200项以上智能制造国家、行业标准。建成120个以上具有行业和区域影响力的工业互联网平台。
2021年3月	国务院	《中华人民共和国国民经济和社会发展第十四个五年规划和2035年远景目标纲要》	深入实施智能制造和绿色制造工程，发展服务型制造新模式，推动制造业高端化智能化绿色化。培育先进制造业集群，推动集成电路、航空航天、船舶与海洋工程装备、机器人、先进轨道交通装备、先进电力装备、工程机械、高端数控机床、医药及医疗设备等产业创新发展。改造提升传统产业，推动石化、钢铁、有色、建材等原材料产业布局优化和结构调整，扩大轻工、纺织等优质产品供给，加快化工、造纸等重点行业企业改造升级，完善绿色制造体系。深入实施增强制造业核心竞争力和技术改造专项，鼓励企业应用先进适用技术、加强设备更新和新产品规模化应用。建设智能制造示范工厂，完善智能制造标准体系。深入实施质量提升行动，推动制造业产品"增品种、提品质、创品牌"。
2020年10月	发改委等6部门	《关于支持民营企业加快改革发展与转型升级的实施意见》	机器人及智能装备推广计划。
2020年10月	工信部、应急管理部	《"工业互联网+安全生产"行动计划（2021—2023年）》	支持工业企业、重点园区在工业互联网建设中，将数字孪生技术应用于安全生产管理。实现关键设备生命周期、生产工艺全流程的数字化、可视化、透明化，提升企业、园区安全生产数据管理能力。

续表

发布时间	发布部门	政策名称	主要内容
2020年9月	发改委	《关于扩大战略性新兴产业投资培育壮大新增长点增长极的指导意见》	工业机器人、高端装备生产制造试点示范。
2019年10月	工信部、发改委等13个部委	《制造业设计能力提升专项行动计划（2019—2022年）》	到2022年，在高档数控机床、工业机器人、汽车、电力装备、石化装备、重型机械等行业，以及节能环保、人工智能等领域实现原创设计突破。
2019年10月	发改委	《产业结构调整指导目录（2019年版）》	在鼓励类产业机械部分增加"机器人用关键零部件：高精密减速器、高性能伺服电机和驱动器、全自主编程等高性能控制器、传感器、末端执行器等""工业机器人RV减速机谐波减速机轴承"等内容。将"高档数控机床及配套数控系统，五轴及以上联动数控机床，数控系统，高精度、高性能的切削工具、量具量仪和磨料磨具"内的产品列为鼓励发展项目。
2019年9月	工信部	《关于促进制造业产品和服务质量提升的实施意见》	实施工业强基工程，着力解决基础零部件、电子元器件、工业软件等领域的薄弱环节，弥补质量短板。加快推进智能制造、绿色制造，提高生产过程的自动化、智能化水平，降低能耗、物耗和水耗。
2018年11月	工信部	《新一代人工智能产业创新重点任务揭榜工作方案》	征集并遴选一批掌握关键核心技术、具备较强创新能力的单位集中攻关，重点突破一批技术先进、性能优秀、应用效果好的人工智能标志性产品、平台和服务，为产业界创新发展树立标杆和方向，培育人工智能产业创新发展的主力军。
2018年11月	国家统计局	《战略性新兴产业分类（2018）》	数控机床功能部件及附件制造是国家鼓励发展的方向之一。
2018年10月	工信部、国标委	《国家智能制造标准体系建设指南（2018年版）》	到2019年，累计制修订300项以上智能制造标准，全面覆盖基础共性标准和关键技术标准，逐步建立起较为完善的智能制造标准体系。建设智能制造标准试验验证平台，提升公共服务能力，提高标准应用水平和国际化水平。数控机床及设备标准包括智能化要求、语言与格式、故障信息字典等通用技术标准；互联互通及互操作、物理映射模型、远程诊断及维护、优化与状态监控、能效管理、接口、安全通信等集成与协同标准；智能功能部件、分类与特性、智能特征评价、智能控制要求等制造单元标准。针对智能制造标准跨行业、跨领域、跨专业的特点，立足国内需求，兼顾国际体系，建立涵盖基础共性、关键技术和行业应用等三类标准的国家智能制造标准体系。

续表

发布时间	发布部门	政策名称	主要内容
2018年6月	工信部	《工业互联网发展行动计划(2018—2020年)》《工业互联网专项工作组2018年工作计划》	提升大型企业工业互联网创新和应用水平,实施底层网络化、智能化改造,支持构建工厂内外的工业互联网平台和工业APP,打造互联工厂和全通明数字车间,形成智能化生产、网络化协同个性化定选和服务化延伸等应用模式。
2018年3月	国务院	《2018年国务院政府工作报告》	提出实施"中国制造2025",推进工业强基、智能制造、绿色制造等重大工程,先进制造业加快发展。
2017年12月	工信部	《促进新一代人工智能产业发展三年行动计划(2018—2020年)》	提升高档数控机床与工业机器人的自检测、自校正、自适应、自组织能力和智能化水平,到2020年,高档数控机床智能水平进一步提升,具备人机协调、自然交互、自主学习功能的新一代工业机器人实现批量生产及应用。
2017年11月	国务院	《关于深化"互联网+先进制造业"发展工业互联网的指导意见》	围绕数控机床、工业机器人、大型动力装备等关键领域,实现智能控制、智能传感、工业级芯片与网络通信模块的集成创新,形成一系列具备联网、计算、优化功能的新型智能装备。提出加快建设和发展工业互联网,推动互联网、大数据、人工智能和实体经济深度融合,发展先进制造业,支持传统产业优化升级。
2017年11月	发改委	《增强制造业核心竞争力三年行动计划(2018—2020年)》	计划八大重点领域中包含智能机器人关键技术产业化,重点开发基础性、关联性、开放性的机器人操作系统等关键共性技术。
2017年4月	科技部	《"十三五"先进制造技术领域科技创新专项规划》	强化制造核心基础件和智能制造关键基础技术,在增材制造、激光制造、智能机器人、智能成套装备、新型电子制造装备等领域掌握一批具有自主知识产权的核心关键技术与装备产品实现制造业由大变强的跨越。
2017年1月	工信部	《信息产业发展指南》	提出工业互联网是发展智能制造的关键基础设施,主要任务包括充分利用已有创新资源,在工业互联网领域布局建设若干创新中心,开展关键共性技术研发。

2. 上海智能制造装备产业政策发展目标更加明确

自《中国制造2025》出台以来,上海紧扣国家智能制造装备产业战略布局,出台了一系列政策,为产业发展指明了方向。

2017年2月,《关于上海创新智能制造应用模式和机制的实施意见》发布并提出,到2020年,实施智能制造应用"十百千"工程:培育10家引领性智能制造系统解决方案供应商,建设100家示范性智能工程,带动1 000家企业实施智能化转型。"支持装备制造商研制具有自感知、自决策、自执行功能的高端数控机床、工业机器人、检测装配、物流仓储等智能制造装备,并实现在重点行业的规模化应用。""在数控机床、服装生产装备、增材制造装备等领域,支持系统解决方案供应商或装备制造商搭建生产能力共享平台,以租赁方式向用户企业提供生产设备,并根据设备的使用时间、设备损耗收取设备使用费,帮助中小用户企业加快智能制造应用步伐,实现设备产能和生产订单的供需对接。"

2017年11月,《关于本市推动新一代人工智能发展的实施意见》发布并提出,到2020年,人工智能对上海创新驱动发展、经济转型升级和社会精细化治理的引领带动效能显著提升,基本建成国家人工智能发展高地,成为全国领先的人工智能创新策源地、应用示范地、产业集聚地和人才高地,局部领域达到全球先进水平。到2030年,人工智能总体发展水平进入国际先进行列,初步建成具有全球影响力的人工智能发展高地,为迈向卓越的全球城市奠定坚实基础。并强调,要积极推动人工智能技术与机器人技术深度融合,重点支持人机共融特性的机器人研发及产业化。抢占智能服务机器人发展制高点,以智能感知、模式识别、智能分析和智能决策为重点,大力推进教育娱乐、医疗康复、养老陪护、安防救援等特定应用场景的智能服务机器人研发及产业化。推进工业机器人智能化升级,以机器视觉、自主决策为突破方向,积极开发焊接、装配、喷涂、搬运、检测等智能工业机器人,实现高柔性、高洁净度、高危险等特定生产场景的快速响应,全面提升工业机器人传感、控制、协作和决策性能。到2020年,智能机器人产业规模达200亿元。

2020年4月8日,《上海市促进在线新经济发展行动方案(2020—2022年)》发布,明确了4个"100+"行动目标,聚焦12大发展重点。其中,在无人工厂领域,建设100家以上无人工厂、无人生产线、无人车间,聚焦发展柔性制造、云制造、共享制造等新制造模式。2020年9月,《上海市建设100+智能工厂专项行动方案(2020—2022年)》发布,提出2020年至2022年,持续开展智能工厂建设行动,全面推进重点行业的数字化、网络化、智能化升级。三年共推动建设100家智能工厂,打造10家标杆性智能工厂,新增机器人应用10 000台;培育10家年营业收入超过10亿元(1—2家超过100亿元)具备行业一流水平的智能制造系统集成商,搭建10个垂直行业工业互联网平台。经过努力,到2022年底,重点行业的智能制造应用水平明显提升,智能工厂生产效率平均提高20%以上,运营成本平均降低20%以上;智能制造系统解决方案供给能力显著增强,上海成为全球智能制造系统解决方案的重要输出地;垂直行业工业互联网平台服务企业超过 10 000 家。

2021 年 1 月《上海市国民经济和社会发展第十四个五年规划和二〇三五年远景目标纲要》发布,"智能"一词出现了 90 次("国家规划"出现 35 次),提出"促进人工智能深度赋能实体经济。以提升基础创新能力和拓展应用场景为双引擎,建设人工智能领域国家级重大创新平台,打造一批高水平开放协同平台,在智能芯片、智能软件、智能驾驶、智能机器人等领域,持续落地一批重大产业项目。围绕制造、医疗、交通、教育、金融、城市管理等领域,形成更广泛的'智能+'深度融合应用和技术迭代。持续办好世界人工智能大会"。"支持智能机器人研发及产业化应用,提升高端数控机床、增材制造装备、轨道交通装备、智能仪器仪表等领域核心技术水平。""促进智能机器人在医疗、现代都市农业等领域推广应用。""瞄准尖端硬核的装备制造业,集中攻克一批智能制造共性技术,建设世界级智能制造中心。"

2021 年 7 月,《中共中央　国务院关于支持浦东新区高水平改革开放　打造社会主义现代化建设引领区的意见》对外公布,提出加快建设张江综合性国家科学中心,聚焦集成电路、生命科学、人工智能等领域,加快推进国家实验室建设,布局和建设一批国家工程研究中心、国家技术创新中心、国家临床医学研究中心等国家科技创新基地。

2021 年 11 月,《上海市高端装备产业发展"十四五"规划》发布并提出,到 2025 年,全市高端装备产业规模持续扩大、综合实力稳步提升、新兴技术深度融合、基础能力显著增强,初步建成具有全球影响力的高端装备创新增长极与核心技术策源地。产业能级进一步提升,推动智能制造装备、航空航天装备、船舶海工装备、高端能源装备等优势产业创新升级,节能环保装备、高端医疗装备、微电子装备等重点产业快速增长。重点细分领域从国际"跟跑""并跑"向"领跑"迈进,全市高端装备产业工业产值突破 7 000 亿元,市级特色产业园区数达到 20 家以上。创新能力进一步增强,围绕高端装备核心部件、整机集成、成套系统,建设国家和市级企业技术创新中心 100 个,实现关键装备与核心部件首台(套)突破 300 项。规上企业研发支出占营业收入平均达到 2% 以上。数字水平进一步提高,5G、人工智能、工业互联网、大数据等新兴技术与高端装备融合程度进一步加深,智能制造新模式应用进一步普及,工厂数字化程度进一步提高,建设高端装备市级智能工厂 40 家以上。

2021 年 12 月,《上海市人工智能产业发展"十四五"规划》颁布,提出到 2025 年,上海人工智能技术创新能力和产业竞争力显著提升,部分领域达到世界领先水平,基本建成更具国际影响力的人工智能"上海高地";人工智能深度赋能经济、生活、治理领域数字化转型,助力提升城市能级、核心竞争力和城市软实力,成为上海城市数字化转型发展的核心驱动力;人工智能创新人才集聚与培育体系进一步完善,人工智能法规体系、标准体系、监管体系初步建立,形成敏捷治理的"上海方案",为全球人工智能治理贡献上海智慧。到2035年,上海人工智能整体发展达到世界领先水平,成为全球资源集聚、应用广泛深入、产业链条完备、治理敏捷可靠的世界人工智能中心节点城市,形成泛在、集智、全能的人工智能与城市发展深度融合格局,为建成面向未来的社会主义现代化国际大都市奠定坚实基础。

2022年7月,《上海市促进智能终端产业高质量发展行动方案(2022—2025年)》发布,提出到2025年,上海智能终端产业规模突破7 000亿元,营收千亿级企业不少于2家、百亿级企业不少于5家、十亿级企业不少于20家。新增智能工厂不少于200家,实现整车企业100%达到智能工厂水平。其中,智能网联汽车产值超过5 000亿元,具备先进智能网联功能的新车产量占比超50%。培育千亿级智能家居、智能穿戴、虚拟现实等电子终端产业、百亿级智能机器人产业。重点打造10款以上爆款智能网联汽车,打造10个以上商用智能网联汽车标杆应用场景。在交通、环卫、物流、养老、医疗、教育、工业、家政、商贸、娱乐等10大应用场景涌现不少于100款智能终端产品。培育50家以上"链主企业""隐形冠军""小巨人""专精特新"等企业。着力提升品牌附加值,塑造10个以上具有标识度的终端品牌。推动核心芯片、基础软件等关键技术创新突破,加快智能驾驶、智能网联、智能座舱等终端系统技术产业化。在浦东、嘉定、松江、奉贤、临港等重点区域打造5个以上智能终端特色园区或精品微园,培育3个以上智能网联汽车应用落地示范区域。

2021年12月,《上海市高端装备产业发展"十四五"规划》发布并提出,上海市高端装备产业将以"高端引领,数字驱动"为发展主线,重点布局"7+X"领域,包括智能制造装备、航空航天装备、船舶海工装备、高端能源装备等,力争到2025年,初步建成具有全球影响力的高端装备创新增长极与核心技术策源地,实现工业产值达到7 000亿元,关键装备首台(套)突破300项以上,国家和市级企业技术中心100个,高端装备市级智能工厂40家以上。

3. 上海智能制造装备产业资金支持力度不断加大

上海围绕智能制造产业设立了不同层次的政府引导基金,支持全市及临港、金桥等重点区域的智能制造及相关产业发展。市级层面,为加快推动上海智能制造高质量发展,创新智能制造产融结合新模式,上海市经信委、上海电气和可可空间于2020年11月共同发起设立了"上海智能制造产业投资基金",基金总额为100亿元,首期30亿元资金已募集完成。区级和制造业重点区域也纷纷设立专项支持自己助推智能制造发展。2017年临港集团与临港管委会共同发起成立了上海市第一支制造专项基金"临港智兆基金",基金规模为30亿元,以此支持临港地区智能制造在内的"2+3+4"重点产业发展。2019年,浦东金桥发起设立"上海浦东智能制造产业投资基金",用于智能制造产业投资,基金规模为20.02亿元。

（二）上海智能制造装备产业优势

1. 规模与结构领先全国

根据标准排名城市发布的《世界智能制造中心发展趋势报告（2019）》，2018年上海智能制造相关企业总数达5 131家，布局在汽车、高端装备、航空航天、船舶海工、电子信息等重点工业领域，企业总数位居全国第三，实现产值23 128.78亿元，排名全国第三；智能制造企业全年纳税达1 571.64亿元，位居全国第二。智能制造企业占制造类企业数量比例高达75.65%，居全国首位。

上海在智能制造装备行业领域吸引和培育了一批具有全球领先地位的龙头企业。数控机床领域，上海集聚了上海电气、上海机电、上海拓璞等国内数控机床骨干企业。2018年，上机数控、亚威机床、华明装备三家企业在全国数控机床市场的占有率排名分别为第六、第七和第九，市场占有率总计约20%。机器人领域，上海吸引了ABB、发那科、安川、库卡、新松、小i等一批国内外领军企业，在工业机器人、服务机器人和核心零部件等细分领域均处于领先水平，成为中国最大的机器人产业集聚区。上海机器人市场约占全国42%的市场份额，占全球市场份额约16%。此外，上海在新能源企业、生物医药及关键材料等领域也培育了一批全球龙头企业。上汽集团、宝物集团、上海医药集团等三家制造企业上榜2020年《财富》世界500强。

2021年全年，上海机器人产业迎来爆发式增长，工业机器人本体产值同比增长30%以上，产量达到7万台，占全国总产量四分之一，继续保持机器人"第一城"地位，国际机器人"四大家族"、本土机器人"四小龙"加大投资布局。服务机器人本体产值同比增长50%以上，涌现了微创（医疗）、钛米（消毒）、高仙（环卫）、点甜（农业）、爱餐（餐饮）、擎朗（公共服务）、弗徕威（家庭服务）、傅里叶（康复）等一批新兴本土代表企业，在各种场景领域实现首台落地应用。

2. 技术积淀日益丰厚

作为中国制造业重镇，上海在汽车、高端装备、航空航天、电子信息、钢铁化工、生物医药等高端制造业领域形成了丰厚的技术积淀。近年来，上海攻克了一批智能制造装备领域关键核心技术，推动了制造核心技术与产品不断向高端化迈进。2015—2020年，上海在机器人等智能制造装备、高端能源装备、高端及重大成套装备等领域，累计形成高端智能装备首台（套）突破示范项目263项。2019年上海智能仪器仪表及传感器产值达103.28亿元。

2021年，上海市持续实施高端智能装备首台突破行动，多项装备再创国际、国内首台纪录。如首款全球最长海上"百米级"风电碳纤维叶片诞生，上海电气风电集团自主研发的S102海上风电叶片通过静载测试，该叶片长度达到102米，打破全球纪录，配套的上海电气11 MW风电机组是目前亚洲最大的直驱海上风电机组，标志着我国海上风电叶片迈入"百米级"产业化时代。首套国产大型卧式五轴数控加工生产线成功应用，上海拓璞数控公司自主研制的HMC4020五轴联动加工中心及生产线正式应用，作为国内自主研发的首条飞机大型结构件卧式加工线，为飞机铝合金结构件立式五轴加工组线难题提供解决方案。

3. 形成一批全球标杆示范项目

智能工程是推动智能制造的切入点和突破口，是能级和核心竞争力的重要体现。上海在汽车、高端装备等重点领域建成了商用航空发动机智能装配试点示范、石化智能工厂试点示范等14个国家级示范工厂，以及上汽大众MEB新能源汽车全自动化工厂、上汽通用凯迪拉克数字化工厂等80个市级示范工厂。上海发那科智能工厂三期项目、三菱电梯智能机器人仓库等一批全球领先的无人工厂项目纷纷开通建设或投入运营，充分体现了上海智能生产的国际高度。上汽通用金桥工厂、上海发电机厂等在疫情防控期间运用"黑灯工厂"、数字化工厂、智慧物流等手段，成功实现防疫、复工两不误，展示了智能制造助力复工复产的重要作用。

2021年9月25日，中国电气装备集团成立大会在上海举行。中国电气装备集团以西电集团、许继集团等行业骨干企业为基础重组组建，旨在更广领域、更高层次统筹战略资源，进一步发挥我国在电气装备、先进储能、清洁能源发电与并网、海上风电等领域战略优势，提升我国能源装备领域产业链现代化水平和高端竞争能力。中国电气装备集团今后将深耕上海、创新发展，加快成为世界一流的智慧电气装备企业。

4. 智能制造产业布局不断优化

智能制造"头部园区出高度、特色园区出亮点"的产业布局不断优化，张江高科技产业开发区、漕河泾新兴技术开发区、紫竹高新技术产业开发区、闵行经济技术开发区等头部工业园区为上海智能制造集聚了一大批全球领先的行业龙头企业，奠定了上海打造国际一流智能制造产业生态的坚实基础。

2020年6月，上海布局了嘉定氢能港、汽车新能港、临港南桥智行生态谷、外高桥智能制造服务产业园、机器人产业园、闵行开发区智能制造产业基地、中以（上海）创新园、金桥5G产业生态园等8个智能制造特色产业园区，有效推动了新能源汽车、数控机床、机器人等制造业的智能化转型。区级层面以此为引领，进一步丰富了智能制造园区的多层次布局体系。2020年11月，嘉定区以3个市级智能制造产业园区为引领，布局了16个区级特色园区，形成了"3+16"的特色园区体系，聚焦智能制造、汽车"新四化"、智能传感器及工业互联网等产业领域，强化推动制造业转型。

5. 功能性平台更加丰富多元

上海通过搭建和吸引重点领域的功能性平台，形成了以上海市智能制造产业协会、上海市机器人行业协会为引领的多主体、多层次、宽领域、跨领域的平台服务体系,极大促进了智能制造的协同创新与产业成长。上海工博会等具有世界影响力的会议为上海智能制造提供了面向世界的技术展示窗口和创新交流平台,国内外重点协会有力地推动了上海智能制造的技术创新与国内外市场开拓。

上海智能制造支撑系统领域形成了一批优质的工业互联网平台,助力制造业提质增效。工业互联网是实现智能制造的关键基础设施,是智能制造得以实现的重要支撑。上海围绕工业互联网创新赋能经济高质量发展,致力于打造成为全国工业互联网资源配置、创新策源、产业引领和开放合作的高地。天眼查数据显示,当前上海市工业互联网相关企业547家,位居全国第三,拥有3个及以上专利企业占比50.28%,高于全国水平。

2019年3月,以功能型平台为载体的"上海交通大学弗劳恩霍夫协会智能制造项目中心"正式签约,成为中国第1个、全球第10个弗劳恩霍夫协会海外项目中心。并且积极推进与"英国国家智能制造未来计量联盟"的合作,由英国工程院院士蒋向前爵士领衔的"中英智能测量与质量工程中心"已启动建设。2019年5月,长三角智能制造协同创新发展联盟,联盟聚焦国家智能制造发展战略,努力打造世界级智能制造集群。

2020年,上海打造了宝信、上海电气"星云智汇"、智能云科、中科云谷等15个具有影响力的工业互联网平台,推动了电子信息、钢铁化工、装备制造与汽车、航天航空等重点领域530多家企业的智能化转型,助力企业评价降本8.4%、提质1.95%、增效7.83%。

2021年11月1日,上海市机电设备国内招标交易分平台正式上线运行,为全市机电设备国内招标项目提供统一的电子化交易平台服务,是本市全面推进公共资源"一网交易"改革的重要一步。市经信委将会同市发展改革委、市交通委,共同推动本市机电设备国内招标项目进入市公共资源交易平台实现全流程电子化交易,进一步优化交易流程、提高交易效率、规范交易操作。

(三) 上海智能制造装备产业短板

1. 产业链系统集成龙头供应商能级与规模有待提升

目前上海缺乏具有系统集成能力的龙头引领企业,导致整合国内外产业链资源的系统集成能力有待进一步提升,其一,从系统集成供应商能级来看,与上海吸引入驻的微软、诺基亚贝尔等国际顶尖的智能制造系统解决方案供应商相比,上海本土的智能制造系统解决方案供应商在企业规模、综合服务能力、行业精细化服务方面都存在较大差距,难以在广阔的行业应用需求中扩大市场份额。其二,从系统集成商的企业规模来看,上海与北京等国内城市还存在一定的差距。2017—2019年上海有19家国家级智能制造系统解决方案供应商,而北京有33家。其三,从系统集成型龙头企业的储备来看,与北京、深圳、杭州等城市拥有较多的平台型企业和独角兽企业相比,上海优势并不突出。《2019福布斯全球数字经济100强榜》中,阿里巴巴、腾讯、京东、百度、小米、网易等在内的9家中国企业上榜,其总部均不在上海。艾媒咨询发布的《2020中国独角兽榜单TOP100》前十位企业中,上海只有陆金所一家上榜,远少于北京的4家、深圳的3家。

制造业领军企业对中小企业的带动作用有待进一步提升。总体来看,上海智能制造还处于多点示范的高投入阶段,大部分行业领域还未形成规模经济,产业发展需要关键技术和雄厚资本优势的龙头企业发挥引领作用。上海电气、上汽集团等一批制造业领军企业已经在智能工程试点、系统解决方案供应商培育、市场拓展等方面进行了深入实践并取得了相应的成效,但对本土中小企业支持较少。贸易摩擦和新冠肺炎疫情之后,国内整车企业开始重视本土供应链的培育,但对本土企业产品采购量依然很少。产学研合作力度有待强化。上海聚集了较多科研院所,具备丰富的科研资源,并依托上海交大等丰富的科创资源优势和产业孵化能力,在数控机床、汽车三电、工业机器人、人工智能等领域培育出一大批高能级、高水平的高新企业。但是科研院所与现有企业的科研合作与技术联动不够深入。由于制造类科研院所在集成电路、新能源、智能制造等关键领域的创新资源较为分散,难以与行业交叉性明显的智能制造企业形成系统化的创新协作链条。当前科研院所与企业合作的模式多为科研人员创业,对于技术的产业化、产品的市场化运作能力有待进一步培育。

2. 产业链横向和纵向集成能力发挥不足

上海在新能源汽车、工业机器人、工业互联网等行业领域形成了一大批拥有关键核心技术的中小企业集群,但缺乏像美国博世、深圳汇川技术、比亚迪、华为等具有高度系统化集成能力的龙头供应商企业。上海虽然有电驱动、道之科技、联合汽车电子等在三电细分领域的隐形冠军,但缺乏将国内技术和企业资源实现模块化系统集成,为新能源汽车及跨行业提供系统解决方案的龙头提供商。从汽车"新四化"发展方向来看,广泛推广智能交通、车联网、智能网联汽车是汽车产业发展的重要趋势。

智能制造产业链的上下游互联互通是推动产业升级的重要推动因素,上海现有产业链上下游环节存在纵向资源整合不足的问题。以工业机器人为例,未来工业机器人的国产化突破重点在整合上游的减速器、伺服系统、控制器等核心零部件和中游的本体技术突破以及规模化量产,这需要一批具有综合系统集成能力的龙头企业,整合国内优秀企业资源共同攻关,但是上海当前的工业机器人布局多处于技术较为简单的下游环节。快仓、新时达等在下游的整体技术与系统集成能力上有所突破,并已形成了较为可观的市场规模,但是与国外的机器人"四大家族",以及沈阳新松、深圳汇川技术、南京埃斯顿、武汉华中数控相比,上海企业在产业链上游和中游的技术突破能力还有所欠缺,跨区域整合产业链纵向资源的引领能力不足。

跨国公司的技术溢出效应有待进一步挖掘。在发那科"超级工厂"、三菱电梯智能机器人仓库等国内外智能制造装备龙头企业布局智能工厂项目的启发下,上海在无人工厂、智能生产方面开展了有益的示范性探索。但外企在上海的定位更多的是"组装车间",核心生产研发基地落户较少,技术溢出与合作方式有待进一步探索。

3. 技术突破亟待多方支持

智能制造装备部分关键核心技术和产品成熟度提升需要更多试验场景支持。上海生产的国产燃料电池、减速器等技术和产品已经能够满足基本功能性要求,但还存在总体功率密度、系统功率、耐久性较低,产品成本比国外产品高等问题。此类技术和产品的成熟度提升有赖于大量的试验场景和应用测试积累,但是当前上海此类试验场景资源开放较少,对于既有技术攻关的试验支持力度不足,不利于智能制造装备关键技术和核心零部件产品的升级与退关。

服务于企业间技术合作与市场联合开拓的平台资源较为缺乏。随着上海智能制造的深入实施,上海在智能制造装备相关技术、产品和服务等方面涌现出一批新生事物,但是这些成果由于知晓度不高或者过于超前,在寻找客户资源、同行技术协作等方面需要搭建推动产业链上下游有效沟通衔接的平台。

国产技术和产品市场培育步伐有待进一步加快。当前上海制造业智能化改造需求旺盛,智能制造装备国产技术和产品迎来了良好的市场拓展机遇的同时,也面临着国外公司的激烈竞争或行业壁垒。一方面,在国内技术和产品不占绝对优势的前提下,企业根据市场化选择会倾向采购成本低、稳定性更有保障的国外供应商的技术和产品;另一方面,即使国内技术和产品成熟度较高,本土企业也面临进口政策带来的冲击。

智能制造装备人才引培力度有待强化。人才短缺问题几乎覆盖了智能制造装备的整个产业链,一方面,上海高层次、高技能人才供给与需求存在较大缺口,部分企业甚至已开启到西安、成都等地组团招聘的模式;另一方面,目前上海人才政策吸引力不足,除了落户标准高之外,还面临着周边省市人才补贴政策的竞争,导致企业面临更高的用工成本。

四、新冠肺炎疫情和中美贸易摩擦的影响

(一) 新冠肺炎疫情影响

1. 短期影响智能制造装备生产

2020年2月,我国制造业PMI猛降至35.7,3月份回升至52.0,之后18个月在枯荣线之上。2022年3—5月,我国制造业降至枯荣线之下,其中4月份

为 47.4，为近年来的第二个低点。2022 年 6 月，制造业 PMI 回升 0.6 个百分点至 50.2%，连续 3 个月收缩后重返扩张区间。由此可见，新冠肺炎疫情传播面较大时，将对制造业造成短期影响。而我国制造业韧性较强，短期影响后能够迅速恢复增长。

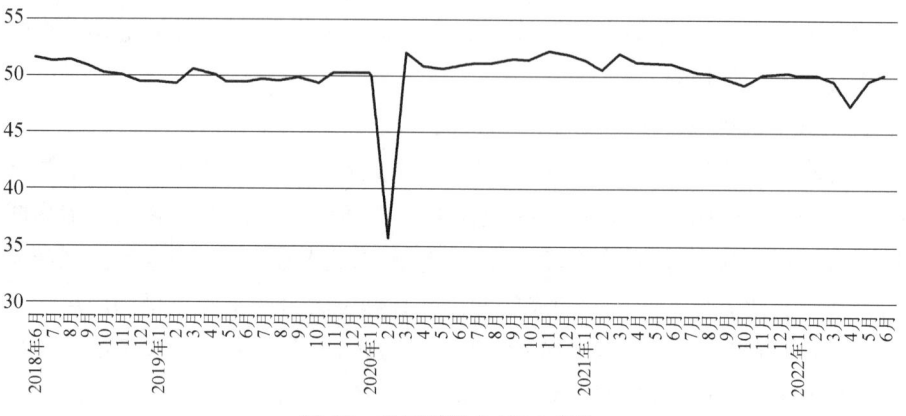

图 39 我国制造业 PMI 变化

从 2022 年 1—5 月数据看，中国机床营业收入同比增长 0.4%，较 1—4 月回落 3.8 个百分点。企业利润总额同比增长 29.5%，较 1—4 月回落 12.8 个百分点。金属加工机床新增订单同比下降 4.1%，较 1—4 月加深 2.3 个百分点，在手订单同比增长 2.5%，较 1—4 月回落 1.0 个百分点。从 5 月份当月数据看，营业收入同比和环比分别下降 12.9% 和 12.6%，较 4 月分别加深 7.5 和 5.6 个百分点。5 月的利润总额同比和环比分别增长 1.6% 和 4.1%，由 4 月的下降转为增长。5 月的新增订单，同比和环比分别下降 17.1% 和 21.1%。根据中国海关数据，2022 年 1—5 月，机床工具进口总额 51.9 亿美元，同比下降 9.0%；出口总额 81.1 亿美元，同比增长 12.7%。出口继续保持明显增长。

2022 年 3 月份以来，受疫情影响，上海装备制造行业产能平均跌幅达 80% 以上，冲击巨大。对 1 092 家加工贸易企业调查，有 194 家企业 4—5 月份依然维持较高产能，实现进出口值逆势同比增长，其中装备制造行业为 49 家，占 25.3%，芯片制造重点企业始终保持产能，表现出较强韧性；330 家加工贸易企业出现订单转移，转移去往东南亚占 54.9%，日韩占 21.3%，美国占 8.9%，国内其他省市 26.4%，其中装备制造业 35 家。在调查中，现代装备业和先进制造业企业普遍认为，尽管疫情对行业发展造成挑战，但在现有产业基础和相关政策作用下，企业有能力有效应对，表现出较强信心。

2. 中长期刺激智能制造装备发展

在人口红利逐渐消退和疫情双重推动，传统工厂危机尽显，智能工厂势在必行。我国制造业人口红利优势逐步消退。2021 年，我国劳动力人口数量占总人口比重为 62.5%，我国劳动年龄人口的数量和比重自 2012 年起连续 9 年出现双降。

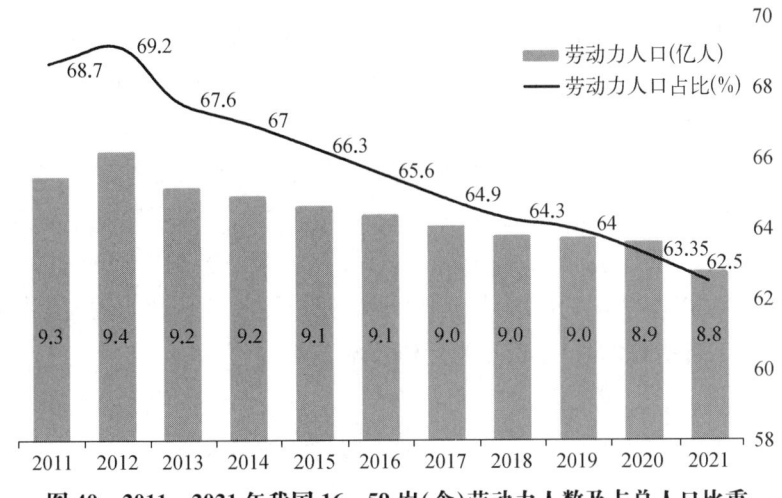

图 40　2011—2021 年我国 16—59 岁（含）劳动力人数及占总人口比重

从 1963 年起，我国人口自然增长率和出生率总体呈现下滑趋势。2015 年我国推行"全面二孩"政策，人口自然增长率和出生率在 2016 年小幅反弹后又转头向下。可以预见，未来我国出生人口的下降将导致劳动力总量的下降。我国适龄劳动力人口占比不断走低，人口成本不断提升，我国人口红利优势正在逐渐消退。

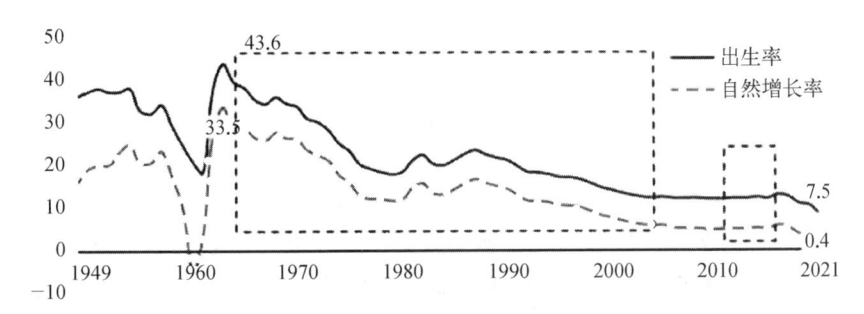

图 41　1949—2021 年我国人口自然增长率和出生率（%）

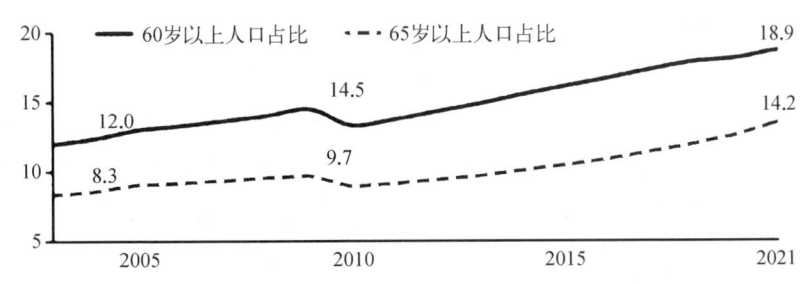

图 42　2000—2021 年我国 60 岁以上和 65 岁以上人口占比（%）

(二) 中美贸易摩擦挑战

1. 直接影响实体企业

自 2018 年 8 月 1 日至 2022 年 2 月 11 日,美国政府共把 608 家中国公司、机构及个人纳入实体清单,2018 年被纳入实体清单 39 家,2019 年 151 家,2020 年 237 家,2021 年 148 家,截至 2022 年 2 月 11 日 34 家。

美国的目标是中国高科技产业及国防科技相关机构,实体清单分为几大类,航空航天、军工电子、核能、人工智能、超级计算、芯片制造、通信企业、船舶重工、高校、反恐机构、个人。归纳起来主要有:第一类是中国的军事技术研发机构;第二类是中国的超级计算能力;第三类是以 5G 为核心的通信技术;第四类是人工智能技术;第五类是半导体技术。

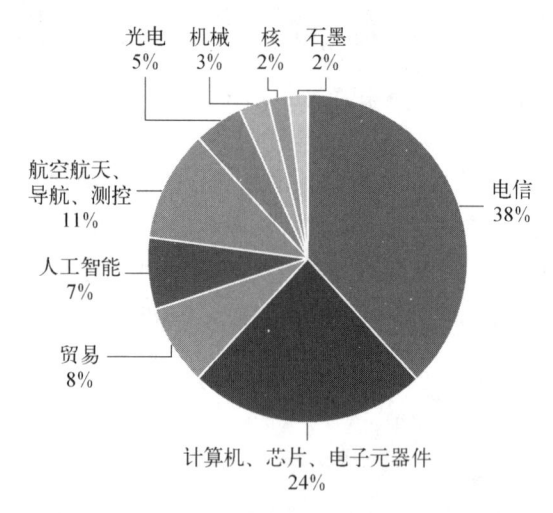

图 43 中国被纳入美国实体名单企业所涉行业

2. 改变供应链形态

纽约联储全球供应链压力指数显示,当前全球供应链压力比政策水平高出约 4.5 个标准差,是 1997 年以来从未出现过的极端水平。大国博弈、地缘政治、乌克兰危机等将进一步造成全球供应链"短链"问题频发,"短链化""近岸化"等在短期内将成为一种增长的形态。波士顿咨询公司调查显示,美国近 80% 的企业实施本地化战略是为了缩短供应链,70% 用于降低运输成本。美国加速推进"对华竞争法案",国家层面出台史上最严法案限制对华半导体、大容量电池、制药等高技术产业投资,贸易层面将我国半导体等行业剔除技术外包清单,与欧洲共建人工智能、半导体芯片供应链,将"离岸外包"改为"友岸外包",以"价值观标准"人为将供应链缩进为以美国为中心的"向心圆"。

全球供应链演变至今,呈现新特征:

一是更趋多元化。各国在供应链上更加强调国家安全和本国利益优先,主动将供应链向更多国家布局。跨国公司及其母国为保证产业链安全和产能自主,防止对单个经济体的过度依赖。对医疗、高科技等关键产业供应链进行调整,开始对国内应急供应链备份,引导关键产业的回流及回归区域化。疫情暴发后,日本提供2 200亿日元用以资助日本制造商将生产线回迁,235亿日元资助日本公司将生产线转移到东盟或其他国家;欧盟委员会推出7 500亿欧元的"下一代欧盟"计划,帮助成员国经济重组,确保主要产业部门"战略自主"和增强地区供应链;《美国-墨西哥-加拿大协定》在原产地规则领域规定,汽车及其零部件区域价值含量不能低于75%,迫使墨西哥汽车制造商从区域采购汽车零部件。

二是更趋数字化。随着信息技术深度应用,全球化的跨境流动载体从跨境商品流动演进到跨境信息流动,全球产业链被知识和信息赋能,全球分工的比较优势格局被重新定义。知识和无形资产对全球化的重要性不断提升,使得智能制造装备产业的技术和资本密集度不断提高,全球化被提升到更高水平。中美贸易冲突向科技冲突和非传统安全领域扩展,美国在技术管制、投资审查、人才政策等方面对中国采取更严格的措施。

三是更趋区域化。在全球经济贸易不确定性持续及供应链危机背景下,自由贸易协定谈判持续加速,为全球供应链发展提供了一种制度安排。与纯粹地缘亲近区域化不同,当下自贸协定演化为基于市场选择的供应链优选区域化,如RCEP,这一协定允许零部件的免税贸易往来,将促进亚太地区各供应链更具有竞争力和紧密性。后疫情时代,中间品贸易区域化发展趋势愈加凸显,如美、墨、加2021年区域内中间品贸易增速较往年骤然提升,国家间中间品贸易增长31.3%;越南与周边国家地区中间品贸易增速同样明显高于距离较远地区,对柬埔寨、印度、中国香港、菲律宾分别增长61.3%、37.7%、34.6%、33.9%,而对韩国、日本分别增长16.6%、8.3%。

(三)智能制造装备发展大趋势不会改变

1. 上游发展趋势不变

后疫情时代,更多行业将加速走向"少人化、无人化、智能化",企业会越来越多地采用自动化、机器人、人工智能等现代化的管理方法。本次新冠肺炎疫情中,制造业龙头企业自动化水平较高,在复工中展示出较大优势,疫情短期影响过去之后,势必促进机器人自动化的进一步应用渗透,会在较长时期内促进制造业自动化率提升。整体而言,机器换人长期趋势不会改变。尽管遭受了疫情冲击,2020年全球新增工业机器人约38.4万台,同比增长0.5%。这主要归功于我国市场的强劲增长,2020年我国工业机器人新增数量位列全球第一,新增16.8万台,远超第二名的日本(3.9万台)。

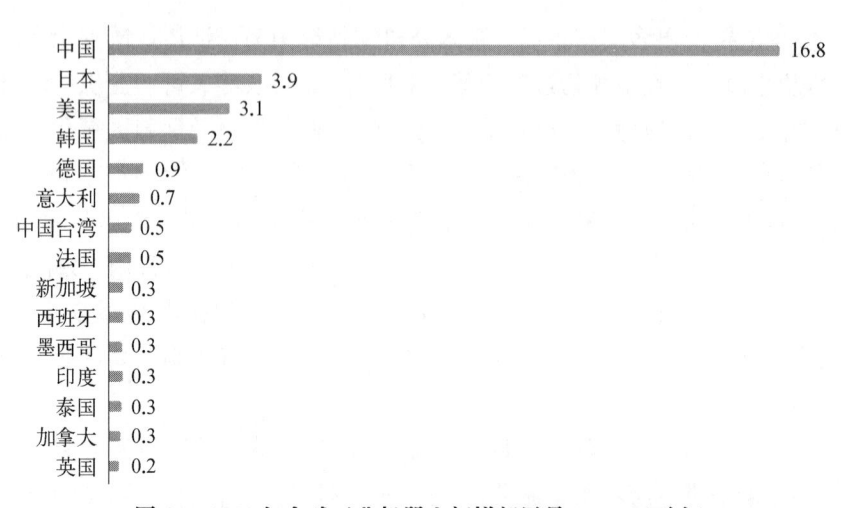

图中数据:
中国 16.8
日本 3.9
美国 3.1
韩国 2.2
德国 0.9
意大利 0.7
中国台湾 0.5
法国 0.5
新加坡 0.3
西班牙 0.3
墨西哥 0.3
印度 0.3
泰国 0.3
加拿大 0.3
英国 0.2

图 44　2020 年全球工业机器人新增部署量 TOP15(万台)

2020 年,世界工业机器人人均保有密度为 126 台/万名工人,较 2015 年的 66 台/万名工人实现了翻倍。我国工业机器人密度为 246 台/万名工人,位列全球第九,约为世界平均水平的两倍。另一方面,我国工业机器人和新加坡、日本、德国等国家相比,仍有差距,未来有较大发展空间。

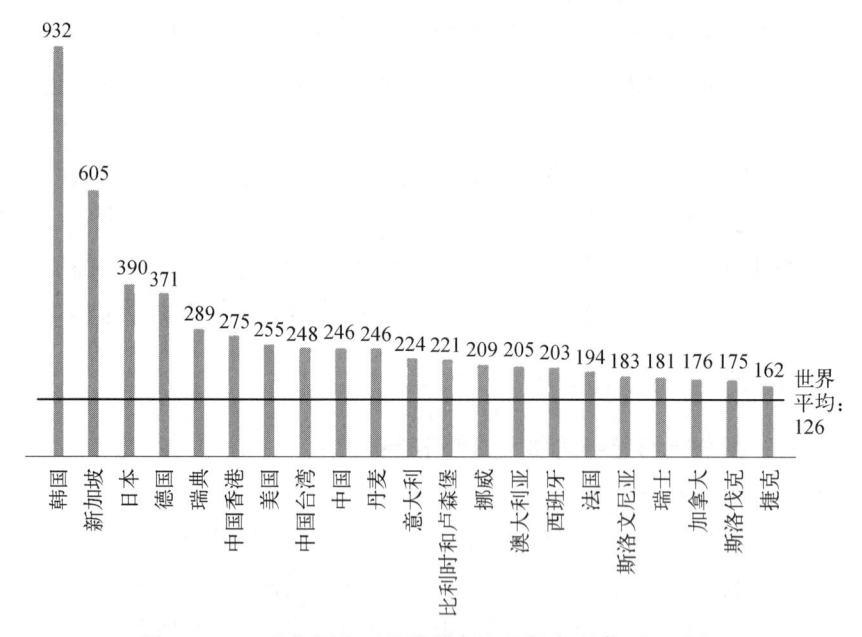

图中数据:
韩国 932
新加坡 605
日本 390
德国 371
瑞典 289
中国香港 275
美国 255
中国台湾 248
中国 246
丹麦 246
意大利 224
比利时和卢森堡 221
挪威 209
澳大利亚 205
西班牙 203
法国 194
斯洛文尼亚 183
瑞士 181
加拿大 176
斯洛伐克 175
捷克 162
世界平均:126

图 45　2020 年各国家工业机器人人均保有密度(台/万人)

2. 下游应用领域结构升级仍有空间

从下游需求来看,全球范围内制造业投资保持复苏态势。从工业机器人应用占比最大的汽车制造业和 3C 行业固定资产投资增速来看,汽车制造业固定资产投资方面,受益于各地出台相继出台的汽车消费促进政策,汽车制造业固定资产投资累计增速降幅持续收窄,2021年3月为−3.3%;3C制造业2021年4月以来固定资产投资稳步复苏,到3月累计同比提升40.4%。整体来看,下游制造业应用端景气度保持持续回升态势。

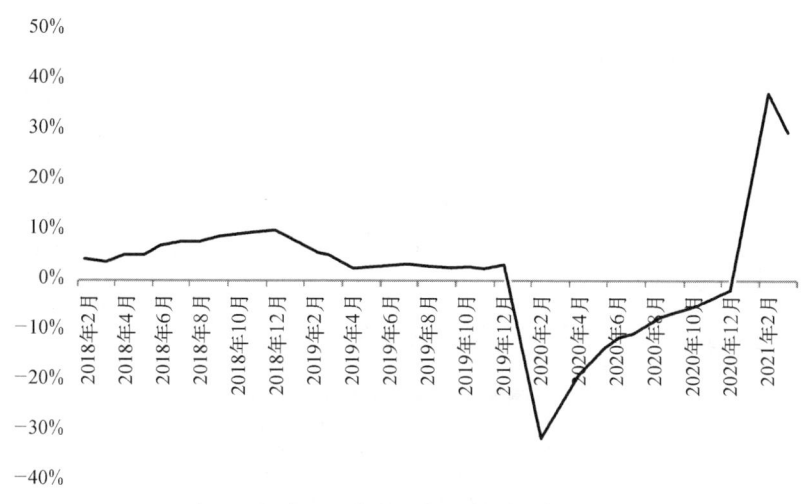

图46　制造业固定资产投资额持续复苏态势

数控机床是装备制造业的基础设备,数控机床的下游行业主要为汽车产业、电力工业、航天航空、电子信息等行业,由于制造工艺有所差别,下游行业对于数控机床的需求类型也有所差别。随着中国制造业加速转型,精密模具、新能源、航空航天、轨道交通、3D打印、生物医药等新兴产业迅速崛起,其生产制造过程高度依赖数控机床等智能制造装备,这将成为数控机床行业新的增长点。预计到2026年,中国数控机床市场规模将达到5 148亿元。

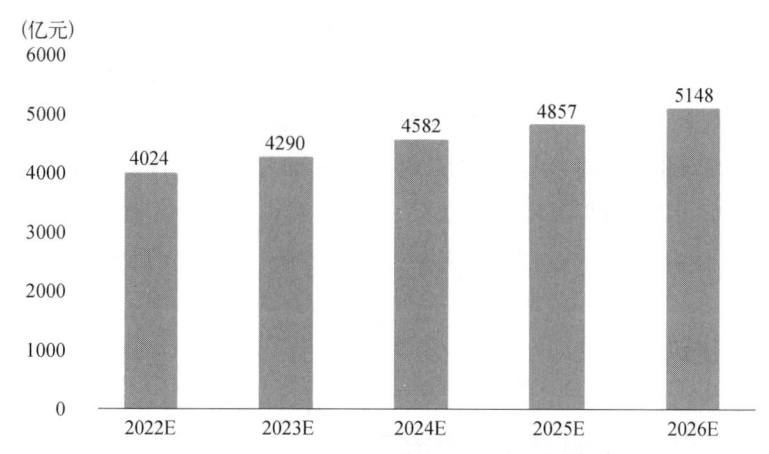

图47　2022—2026年数控机床市场规模预测

3. 技术继续向前发展

我国数控机床将向智能化、网络化、柔性化方向发展。根据我国政策规划和数控机床行业的发展情况,未来我国数控机床的发展将呈现以下趋势和特点:高档数控机床需求旺盛、成套设备越加普遍、国产品牌持续崛起等。综合来看,我国数控机床市场空间较大,未来发展潜力可观。

高档数控机床需求旺盛
中国机床市场将向自动化成套、客户定制化和普遍的换挡升级方向发展,产品由普通机床向数控机床、由低档数控机床向中高档数控机床升级。

多轴联动数控机床是未来发展趋势
以五轴联动加工中心为代表的高档数控机床在加工方面有着适用范围广、加工质量精、工作效率高等特点,符合未来机床的发展趋势。

向智能化、网络化、柔性化方向深入
工业4.0要求通过智慧工厂、智能自动化生产线、物联网等工具,实现生产和流通领域的智能化,进而为消费者提供高度个性化的产品。

国产品牌持续崛起
国内数控机床企业借助我国制造业转型、中高档数控机床需求上升、进口替代空间巨大等有利市场条件,市场份额将持续提升。

"数控机床+工业机器人"等成套设备越加普遍
无人化车间将以"数控机床-工业机器人"成套设备出现,解决劳动力生产成本急剧上升的痛点。"数控机床+工业机器人"等成套设备的普及将成为未来行业发展的重要特点。

图 48　我国数控机床行业发展趋势

在当前的机器人应用中,手工示教仍然主宰着整个机器人焊接领域,示教器是进行机器人手动操纵、程序编写、参数配置及监控用的手持装置,也是最常见的机器人控制装置。但传统手工示教缺乏外部信息传感,灵活性较差,需要操作人员花费大量时间,而且编程过程中需要机器人停止工作,因此编程效率较差。与示教编程相比,离线编程可以减少机器人工作时间,结合CAD技术达到简化编程的效果。传统的工业机器人在作业时需与人类保持安全距离,以免人类受到伤害。目前人机协作的安全控制方案基本可分为基于外部监控的外部控制系统方案和给予机器人本体设计的内部控制系统方案两种,包括安装激光距离传感器和机器人本体轻量化等具体方法,未来随着机器人稳定性和智能水平的不断提高,人机协作可以将人类的认知判断与机器人的高效结合在一起,是工业机器人的重要发展方向。

五、政策建议

(一)保持智能制造装备发展定力

1. 主动融入科技大潮

当前,全球正处于新一轮科技革命和产业变革的战略机遇期,我国正处于由制造大国向制造强国转型的重要阶段。在新一轮的产业升级中,高端制造业会逐步取代简单制造业,制造业将从劳动密集型产业逐渐转变为技术密集型产业。根据"十四五"规划,我国将继续推动制造业优化升级,培育先进制造业集群,推动高端数控机床等产业创新发展;发展壮大战略性新兴产业,培育先导性和支柱性产业,推动战略性新兴产业融合化、集群化、生态化发展,战略性新兴产业增加值占GDP的目标比重超过17%。上海应该把握机遇,主动融入科技大潮。

2. 明确发展定位

当前上海在智能产品与技术突破、智能生产升级、智能服务体系构建等方面取得了显著的成效,呈现出"规模大、企业优、标杆多、转型快"的发展优势。但与国内外顶尖的智能制造装备重点集聚区和引领性城市相比,上海还缺少像深圳汇川技术、比亚迪、华为等具有引领性、系统性、集成性的龙头企业,产业辐射力和竞争力相对不足。

上海智能制造装备发展应坚持全国一盘棋,明确自我发展定位,对照打造全国智能制造装备应用高地、核心技术策源地和系统解决方案输出地的要求,以优势领域为突破口,围绕产业基础高级化、产业链现代化,积极培育智能制造装备龙头企业,促进多主体跨区域协同创新,进一步完善智能制造装备生态体系,进一步强化在智能制造装备重点产业高端环节的掌控力和竞争力,更好地引领长三角区域打造新发展格局下的世界级智能制造装备集群地,加快推进中国制造业向中高端迈进步伐。

(二)促进多主体、跨区域协同创新

1. 促进大中小企业协同

依托上海大国企资源,设立支持大企业搭建中小企业技术创新服务平台的专项引导基金,研究制定与中小企业开展联合技术攻关的考核办法,引导大企业与中小企业在关键技术领域的技术合作,引导和鼓励本土中小企业产品进入大企业供应链体系,提升本土上下游产业链的协同创新能力与效率。加大专业化科技服务体系培育,构建更为完善的自主创新服务体系。

2. 促进产业主体间协同

上海应该发挥协会服务平台作用,促进产业主体间的协同技术创新与产品应用推广。进一步强化行业主管部门和行业协会的引导作用,依托上海智能制造产业协会及汽车、机器人、工业机床等领域行业协会载体,协调多方主体的利益分享机制与具体职责分工,共建智能制造关键技术协同创新体系。例如,在车路协同共同体建设、工业软件标准研发与验证、智能工厂建设标准等方面,充分吸纳管理部门、市场主体、行业组织的意见,形成前瞻性与实用性强的技术标准体系。支持新能源企业、工业机器人等重点行业细分领域的隐

形冠军打造技术合作联盟，提升关键行业的横向合作和纵向集成能力，提升智能制造装备系统集成供应能力，推动关键技术攻关突破与产业链向高端环节攀升。

3. 深化产学研用合作

按照"以示范带应用、以应用带集成、以集成带装备、以装备带强基"的思路推进智能制造装备发展，推动高校及科研院所与园区、企业等主体产学研用深化合作，加强核心装备突破与系统集成应用。依托上海交通大学、复旦大学、同济大学等高校及大院大所在医疗机器人、人工智能、海洋装备和新材料方面形成的产业基础优势，建立国际领先的科研机构信息平台、科研成果储备库、产学研用对接平台等科研信息发布与成果交易平台，实时跟踪智能制造装备领域的前沿科研信息、高层次领军人才专家、企业创新创业需求，形成多主体创新合力，助推智能制造装备关键核心技术攻关与市场应用推广。依托零号湾创新创业基础，以及"大零号湾"全球创新创业集聚区及"大海洋科研创新平台及产业化基地"的建设推进，围绕"卡脖子"技术攻关，在医疗机器人、人工智能、海洋装备和新材料等领域打造技术高地。

4. 强化区域合作

依托长三角智能制造协同创新发展联盟等平台力量，在标准制定、应用示范、产业链对接、人员互访等全面深化合作，共建长三角世界级智能制造装备产业集群，共建长三角智能制造装备产业链生态体系，推动长三角智能制造装备协同发展。

（三）提升总体科技水平

1. 加强孵化器培育和产业园区建设

加大高能级孵化器和知识产权服务机构培育力度，实现知识产权等服务的专业覆盖，形成快速审查、快速确权、快速维权、协同保护的服务体系；加强各类政策咨询服务能力，服务企业创新全周期链条，持续培育一批高技术水平、高成长空间的高科技企业。鼓励产业园区加快腾笼换鸟推动"智"造升级。一方面，以智能制造为导向，加大项目调整力度，鼓励园区传统产业自拆自建提高容积率等方式，强化新厂房的个性化设计，提升智能制造效率。另一方面，推进智慧园区5G建设，搭建科创型企业赋能平台和应用场景应用载体等方式，鼓励传统企业建设智能生产线、车间及工厂，加快推动传统产业智能制造升级。

2. 增强高层次人才吸引力

抓住上海作为海归最期望就业的城市之一的先天优势，制定直接面向关键人才的优惠政策，进一步强化对高层次人才的吸引力度。同时，针对不同人才类型出台更具吸引力、更具针对性的人才政策，助力提升产业核心竞争力。

针对科技型独角兽企业的高技能人才提供人才公寓、住房补贴、交通补贴、餐饮补贴等较为直接的补贴政策;针对科研领军型人才提供国家级实验室及相关科研设施配套,以及子女入学、医疗服务等宜业宜居的生活性配套服务;针对企业科研骨干及关键岗位人才制定更为简捷的落户、居住证办理等细化政策,并强化政策落地效率。

3. 大力破解瓶颈问题

针对当前智能制造装备产业专项支持政策不够清晰的问题,聚焦机器人、数控机床、增材制造、解决方案等重点领域,加大智能制造装备细分行业专项基金投资力度,充分发挥资本投资纽带作用,最大化撬动智能制造装备产业发展。针对智能制造装备系统集成型企业轻资产、融资难等问题,加大系统解决方案供应商专项资金支持力度,加快培育优秀的智能制造装备系统解决方案供应商。针对国内自主研发的、成熟度有待检验的关键技术,进一步发挥上海在公共资源和应用场景方面的优势,为全国技术成效检验提供技术试验与应用空间,提升上海支持全国智能制造装备关键技术自主创新的影响力和辐射力。在新能源汽车、氢能等产业领域,激励农机企业或其他特种车辆制造商采用国产零部件,为国产技术和产品提供更多的试验场景。对于较为成熟的国产技术与产品,拓展政府采购清单,加大政府采购力度,并强化国产技术与产品的"赛马"机制,提升国产关键技术水平与产品质量。对于无人驾驶、5G等前沿性技术,争取更多国家级重点创新项目试点政策,提升上海在智能制造装备前沿领域的技术策源能力。

(四)引进和培育海内外优质企业

1. 推动国际创新合作

进一步强化对国内外智能制造装备全球巨头的吸引力度,引导和鼓励外资研发中心与本地研发机构和企业共同建立研发部门,强化与ABB、发那科、西门子、通用等全球制造业巨头的技术升级合作。提高对机器人上游和中游、高端数控机床、新能源汽车核心技术等重点突破领域的海内外对外投资力度,充分吸引国内外领先技术,引领上海智能制造装备产业链向高端化攀升,更好地承接技术溢出效应。依托中以(上海)创新园等载体模式创新,进一步探索更为有效的优势互补、风险共担、成果共享机制,推动国际创新合作与技术转移。

2. 加大本土龙头企业培育力度

大力支持上汽集团、上海电气、上海仪电等具有一定行业引领地位的龙头企业强化技术创新和产业链集成,促进从原材料采购、智能生产、智能产品到市场服务的端到端的价值链集成,打造全球领先的集成供应商,提升全产业链资源整合能力。针对有技术、成长性较好的本土民营企业制定跟踪培养计划,设立民营企业巨头培养基金,鼓励相关企业在全国拓展业务布局,提升上海在智能制造装备重点产业领域的辐射力和竞争力。

执笔：
  耿梅娟 同济大学经济与管理学院教授
  赵文斌 上海社会科学院新经济与产业国际竞争力研究中心特邀研究员

2021—2022年上海高端船舶和海洋工程装备产业国际竞争力报告

高端装备制造业是现代产业体系的脊梁，是一个国家制造水平的集中体现。《中华人民共和国国民经济和社会发展第十四个五年规划和2035年远景目标纲要》提出，聚焦包括高端装备在内的战略性新兴产业，加快关键核心技术创新应用，增强要素保障能力，培育壮大产业发展新动能。深入实施智能制造和绿色制造工程，发展服务型制造新模式，推动制造业高端化智能化绿色化，培育先进制造业集群，推动航空航天、船舶与海洋工程装备、机器人、先进轨道交通装备、先进电力装备、工程机械、高端数控机床、医药及医疗设备等产业创新发展。

同时，以高端船舶和海洋工程装备为代表的高端装备制造业是典型的长产业链、高复杂性、高集成性产业，在全球产业竞争格局中呈现"马太效应"。一是高端装备制造产业链同时涉及材料、研发、生产、销售、行业应用与服务等诸多环节，在生产制造过程要求具有高精密度、高安全性和高稳定度，往往核心技术和核心产品具有高垄断性；二是高端装备制造业国际分工呈现龙头企业主导产业发展、无形生产控制有形生产、知识技术创新能力强的国家主宰和控制知识技术创新能力弱的国家等特点，从而形成由欧美日发达国家、新兴经济体、欠发达及落后国家共同构成的中心-边缘环状国际分工格局；三是高端装备产业涉及上下游行业众多，船舶工业通过与上下游产业的广泛联系，对国民经济产生巨大的带动作用，这种带动作用对国民经济的贡献甚至要超过直接提供产品所产生的贡献。

一、高端船舶与海洋工程装备产业国际竞争力变化分析

（一）海洋运输需求增速放缓、利润率下降

随着国际贸易愈发繁荣，经济全球化进程进一步加快，海上运输成为各个

国家/地区之间进行贸易往来的主流方式。因此,全球海上货物运输规模逐渐成长。2015—2020 年,全球海上货物运输规模逐年上升。2020 年初,全球海上货物运输规模达 110.76 亿载重吨,相比 2019 年初增长了 0.52%,增速相比往年有所放缓。2021 年,全球海上货物运输规模达 120 亿载重吨。

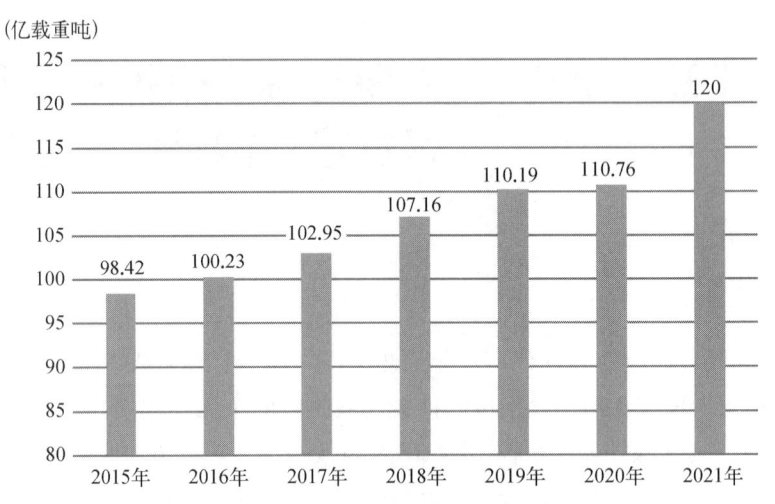

图 1　2015—2021 年全球海上货物运输规模

2017—2021 年,全球商船船队运力逐年增长,但增速逐渐放缓。2021 年,全球船队运力达到 22 亿载重吨左右。2021 年全球船舶交付量总计 8 600 万载重吨,小幅下滑 3%,导致全球船舶运力增速进一步减缓。

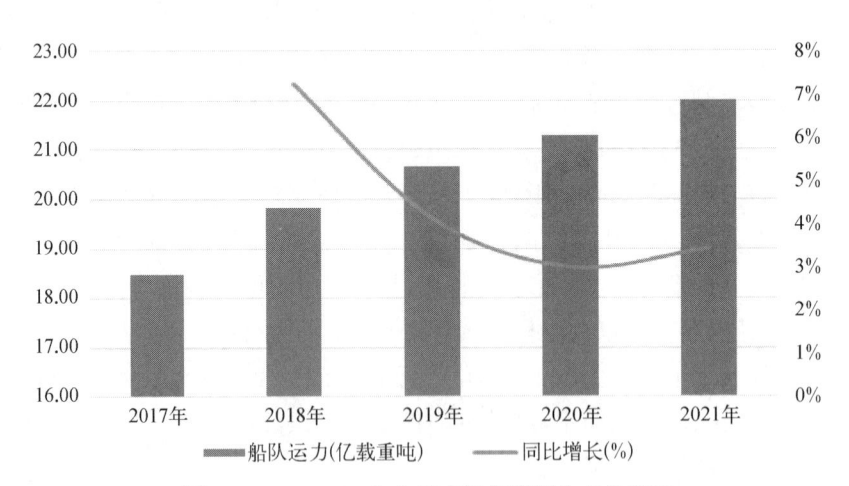

图 2　2017—2021 年全球商船船队运力变化情况

(二) 全球造船景气高涨,新船需求大幅反弹

2019 年,全球海工装备总计成交 57 艘/座,金额合计 78.8 亿美元。2020 年全球海工市场成交金额约 69 亿美元。2021 年,全球海工装备成交

总金额突破100亿美元,海工市场较2020年回暖。2021年,全球的造船景气度高涨,新船需求大幅反弹,以至于新船价格自2022年初以来就持续上扬。根据中国船舶工业协会公布数据,截至2021年12月底,克拉克森新船价格指数收于154点,环比与11月持平,同比上涨28点。此前,克拉克森新船价格指数连续上涨了12个月,与2017年3月最低点的121.4点相比,上涨约27%。

表1 2021年世界造船三大指标

指标	完工量	新接订单量	手持订单量
万载重吨	8 602	11 985	20 360
万修正总吨	3 356	4 696	7 770

数据来源:英国克拉克森研究公司。

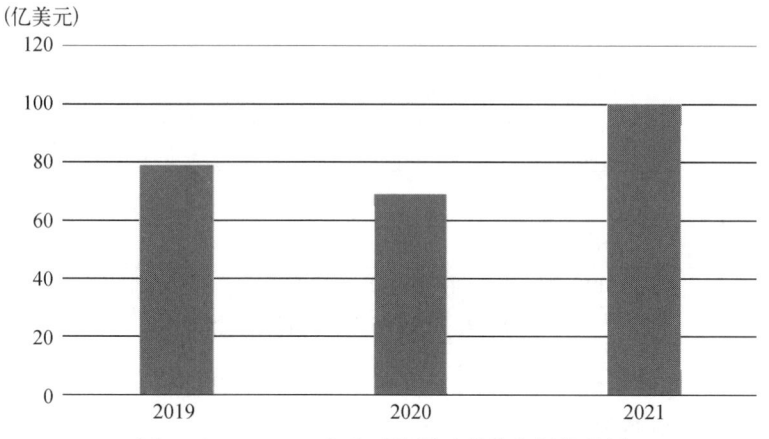

图3 2019—2021年全球海洋工程装备订单总额

从2021年海工装备的订单量来看,2021年全球海工总订单量为107个,较过去10年的平均值有较大的下降幅度。但是近年来移动式生产装置和海上风电装置的需求上涨,其中2021年移动式生产装置订单量为16个,而海上风电板块的订单量占据了总订单的一半左右。海上浮式生产储油轮(FPSO)作为一种功能强大的海上石油生产储存装置,是海工制造领域的重点产品,根据雷斯塔德能源机构的数据,2021年全球FPSO新增订单量为10艘,较2020年增加了7艘,开始走向复苏。

克拉克森海工指数反映的是,全球海工船队的日费率,基准为100,指数越高意味着行业景气度越高。2014年起全球海工行业陷入低迷,2020年海工指数下降到53,低于2019年的均值54.9。2021年海工指数出现复苏,达到57.6。

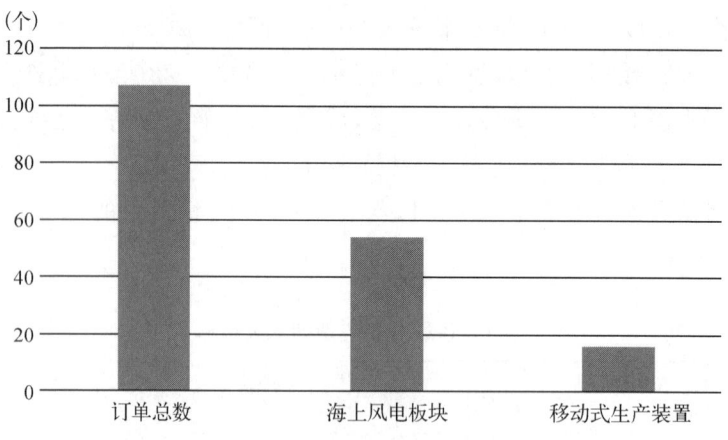

图 4　2021 年全球海洋工程装备新签订单量

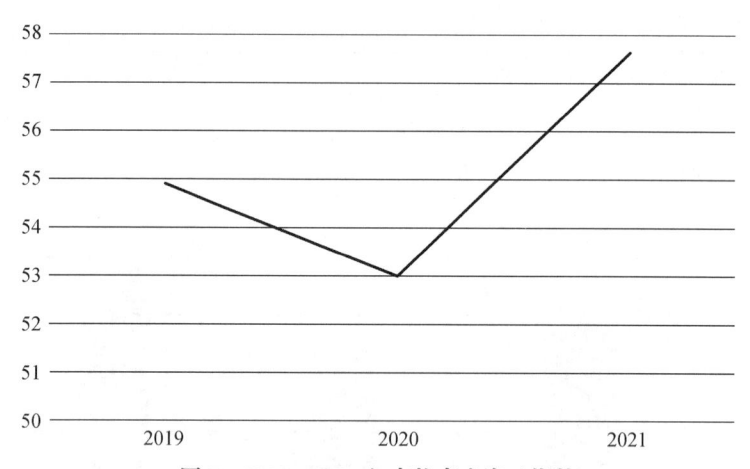

图 5　2019—2021 年克拉克森海工指数

（三）全球大变局下孕育产业大变革

海洋工程装备属于高投入、高风险产品,从事海洋工程装备建造的厂商须具有完善的研发机构、完备的建造设施、丰富的建造经验以及雄厚的资金实力。从当前全球海工装备建造的格局来看,欧美是第一梯队,掌握设计的核心技术,以高端海工产品为主产业链核心企业主要分布在欧美发达国家;韩国、新加坡是第二梯队,具备工程的总承包能力,在海洋工程装备平台制造方面具有优势,正在向深水高技术装备领域发展。

虽然疫情影响、国际地缘政治紧张等不确定性因素仍在持续,但海洋经济持续恢复和向好发展的态势没有改变,支撑海洋经济高质量发展的生产要素条件没有改变。纵观国际船舶市场发展历程,间隔 30 年左右出现一次大的周期波动,其间每 3—5 年将出现中短期的波动。自 2008 年,国际船市进入新一轮大调整以来,其间虽有起伏,但目前总体上还处在产业调整周期的低位。当前全球运力接近 22 亿载重吨,运力总量和结构性过剩矛盾较严重,消化过剩运力将需要一段时间。就未来调整方向来看，需求结构出现明显变化，散货船等常规船型需求乏力，海洋工程装备和高端船舶需求相对旺盛。同时，节能环保的新型散货船、集装箱船、油船将成为市场需求主体，液化天然气（LNG）船、液化石油气（LPG）船需求将保持旺盛，汽车运输船、豪华游轮、远洋渔船需求增长将较为明显，更多的市场增量将来自技术复杂船型。

在新冠肺炎疫情和中美贸易摩擦等因素影响下，全球造船业竞争格局将加速深度调整，主要造船国在高端船舶和海洋工程装备领域竞争将日趋激烈。未来一段时期世界造船业仍将保持中韩日竞争格局，并且更主要地体现在高端船舶和海洋工程装备领域。具体来看，欧洲造船业将进一步退出船舶总装建造市场，但在设计、配套、海事规则制定等方面仍具优势，特别是欧美基本垄断了海洋工程装备领域的核心设计和关键配套；印度、巴西、越南等新兴造船国家受金融危机影响发展迟缓；日本在造船技术、生产效率和产品质量上仍具较强竞争力；韩国造船业将在相对较长时期内保持全面竞争优势，韩国提出未来5—10年将海洋工程装备制造业打造为第二个造船业；新加坡提出全力保持海工装备竞争优势。目前中国在常规海工产品制造领域已经加快赶超新加坡，并在向高端产品转型，未来在深水海工装备产品领域，中国、韩国及新加坡之间的竞争将更为激烈。

（四）各国战略性政策构筑未来竞争力

在新的产业竞争环境下，决定竞争成败的关键不再是设施规模、劳动力成本等因素，而是技术、管理等软实力以及造船、配套等全产业链的协同，科技创新能力对竞争力的贡献更为突出。很多国家将发展高端装备产业核心技术提升为国家发展战略的核心层面，先后出台各类相关辅助政策措施，激励本国制造产业的升级换代，以谋求在新一轮产业革命角逐中占据有利地位。

一是发达国家积极推动新兴技术与装备制造业的融合发展，推动工业制造技术的高端化与智能化，通过重构制造业产业链条，让更多的高附加值生产制造环节回归本土，提高本国工业经济与竞争实力。当前，美国、德国、日本等制造业传统强国，已经从自身的优势领域切入新一轮的工业革命中，引导生产方法与模式的创新，以确保在未来全球产业体系与全球价值链分工体系中继续保持领导地位。例如，美国积极推动国家制造业创新网络建设，以技术创新的先发优势继续保持其全球领先地位；德国积极制定高科技战略，确定了五大领域的关键技术和十大未来项目。

二是新兴国家通过国家政策大力推动先进制造业发展，积极抢占未来高端装备制造业的巨大市场，逐步进入价值链的核心层，冲击全球制造业传统格局。如巴西公布了工业强国计划，印度颁布了国家制造业政策。此外，泰国、印尼和越南等国家依靠资源、劳动力等比较优势，开始在中低端制造业上发力,以更低廉的成本参与劳动密集型制造产业。发达国家的再工业化和发展中国家低成本制造竞争使全球高端制造产业结构的重组速度加快。

三是国际海事安全与环保技术规则日趋严格,船舶排放、船体生物污染、安全风险防范等船舶节能环保安全技术要求不断提升,船舶及配套产品技术升级步伐将进一步加快。

(五) 全球经贸规则演变和企业的挑战

一是应对"制造业数字化网络化智能化"趋势新规则。制造模式加快向数字化、网络化、智能化转变,柔性制造、智能制造等日益成为世界先进制造业发展的重要方向,世界造船强国已经提出打造智能船厂的目标,船舶制造朝着设计智能化、产品智能化、管理精细化和信息集成化等方向发展。随着工业互联网技术的发展,高端装备制造业的未来经济增长点将是综合保障增值服务模式,形成服务型制造,通过先进的物联网技术采集智能装备产品的海量运行数据,应用工业大数据技术,提升产品性能,并对产品全生命周期的健康状态进行管控,围绕着数字和数据的规则将成为全球跨境数据流动规则的一部分,中国积极推动与国际接轨,数据创新等新技术应用发展的新兴规则正逐步形成。

二是地缘政治因素加剧运行难度。不断加剧的地缘战略紧张局势和日益动荡的安全环境政治,使得"二战"后的全球贸易体系变得更加脆弱和复杂。经济效率不再是贸易和投资的主要驱动力,而对共同价值观和地缘战略兼容性的需求越来越多地影响贸易和投资流动。如,近期美国推进构建以"共同价值观"为基础的全球高科技产业链,这种加入意识形态的"友岸"贸易策略,将会影响到高端船舶和海洋工程装备行业的未来发展。

三是新一轮船用绿色低碳标准和规则正在重塑产业链。尽管船舶每单位运输的气体排放量在汽车、飞机及铁路等主要运输方式中最少,但由于船舶占全球货物的90%以上,海上运输已被公认为空气污染的主要因素。从2023年起,国际航运碳强度的技术和营运措施开始全面生效,这是由国际海事组织(IMO)海洋环境保护委员会(MEPC)第76届会议(MEPC 76)通过的措施,包括现有船舶能效指数(EEXI)、增强的船舶能效率管理计划(SEEMP)和碳强度指标(CII)评级计划三大内容,同时欧盟提议征收"碳边境税",并首度将航运纳入"碳排放交易体系(ETS)",IMO、欧盟及相关组织的进一步措施将推动航运造船产业加速向绿色低碳转型。

受此影响,船舶制造主要技术方向重点转向绿色动力(双燃料、低碳/无碳燃料动力)、尾气处理(脱硫、碳捕捉)、无压载水系统、减阻(型线优化、气泡减阻)、辅助动力(风动力风帆、太阳能风帆、风筝帆)、推进效率(优化桨型、舵形)等。此外,还寻求利用大数据、智能互联等技术推动船舶能源、航线、航速等智能管控与规划,以实现各系统间的有效配合,达到最大节能效果。

二、中国高端船舶和海洋工程装备产业发展环境分析

(一) 中国海洋经济呈现持续向好态势

《2021 年中国海洋经济统计公报》显示,2021 年,我国海洋经济总量再上新台阶,首次突破 9 万亿元,达 90 385 亿元,比上年增长 8.3%,对国民经济增长的贡献率为 8.0%,占沿海地区生产总值的比重为 15.0%。

港航市场持续向好。世界航运市场逐步回暖,海运价格暴涨,但波动性增大。2021 年全球经济回暖,国际货物贸易需求增长,2021 年我国沿海港口完成货物吞吐量和集装箱吞吐量分别为 99.7 亿吨、2.5 亿标准箱,居世界第一;海运进出口总额同比增长 22.4%,其中船舶出口金额 247.1 亿美元,同比增长 13.7%;海上风电整机也实现了首次出口。海洋交通运输业新登记企业数同比增长 47.5%。我国海洋交通运输业实现较快增长,全年实现增加值 7 466 亿元,比上年增长 10.3%。

全球新船需求显著回升。2021 年我国新承接海船订单、海船完工量和手持海船订单分别为 2 402 万、1 204 万和 3 610 万修正总吨,分别比上年增长 147.9%、11.3% 和 44.3%,三大指标在国际市场的份额继续位居世界第一,分别占世界总量的 45.2%、50.8% 和 47.8%,按修正总吨计分别占 42.0%、47.7% 和 41.5%。自 2008 年中国新接订单成为世界第一以来,除 2011 年和 2018 年略低于韩国,其余年份中国新船订单始终保持世界第一。2021 年中国的新接订单量较 2020 年同比增长 131.84%,达到 6 707 万载重吨,实现"三连冠"。全球的新接订单总量为 16 461 万载重吨,同比增长 177.45%。

表 2　2021 年世界造船三大指标市场份额

	指标/国家	世界	韩国	日本	中国
造船完工量	万载重吨/占比	8 409	2 466	1 690	3 870
		100.0%	29.3%	20.1%	46.02%
	万修正总吨/占比	3 183	1 053	530	1 204
		100.0%	33.1%	16.6%	37.8%
新接订单量	万载重吨/占比	12 461	4 061	1 283	6 707
		100.0%	32.6%	10.3%	53.8%
	万修正总吨/占比	4 804	1 744	416	2 404
		100.0%	36.3%	8.7%	50.0%

续表

	指标/国家	世界	韩国	日本	中国
手持订单量	万载重吨/占比	20 146	6 706	3 086	9 584
		100.0%	33.3%	15.3%	47.6%
	万修正总吨/占比	7 650	2 940	932	3 610
		100.0%	38.4	12.2%	47.2%

2021年，我国船舶出口金额247.1亿美元，比上年增长313.7%。出口船舶产品中，散货船、油船和集装箱船仍占主导地位，出口额合计138.2亿美元，占出口总额的55.9%。船舶产品出口到190个国家和地区，向亚洲、欧洲、非洲出口船舶的金额分别为129.9亿美元、50.9亿美元和31.5亿美元。2022年上半年，我国对亚洲船舶出口额52亿美元，同比下降9.6%，占比45.2%；对欧洲市场的船舶出口额为23.1亿美元，同比增长3.8%，占比20%；对非洲市场的船舶出口额19.2亿美元，同比增长50.1%，占比16.7%。

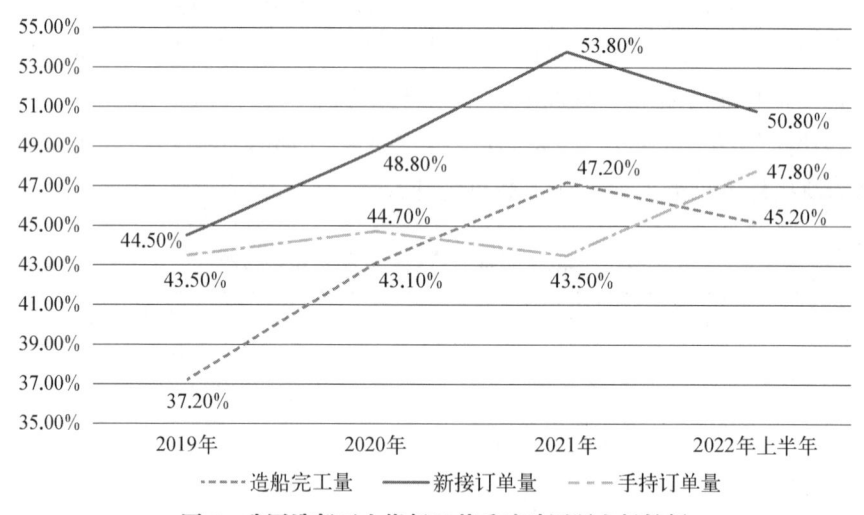

图6 我国造船三大指标以载重吨计国际市场份额

（二）中国高端船舶和海洋工程装备技术厚积薄发

中国已成为全球海洋工程装备制造第一大技术来源国，专利申请量占全球海洋工程装备制造专利总申请的76.29%；其次是美国，美国海洋工程装备制造专利申请量占全球海洋工程装备制造专利总申请量的9.12%。韩国和俄罗斯排名第三和第四，欧洲紧随其后。

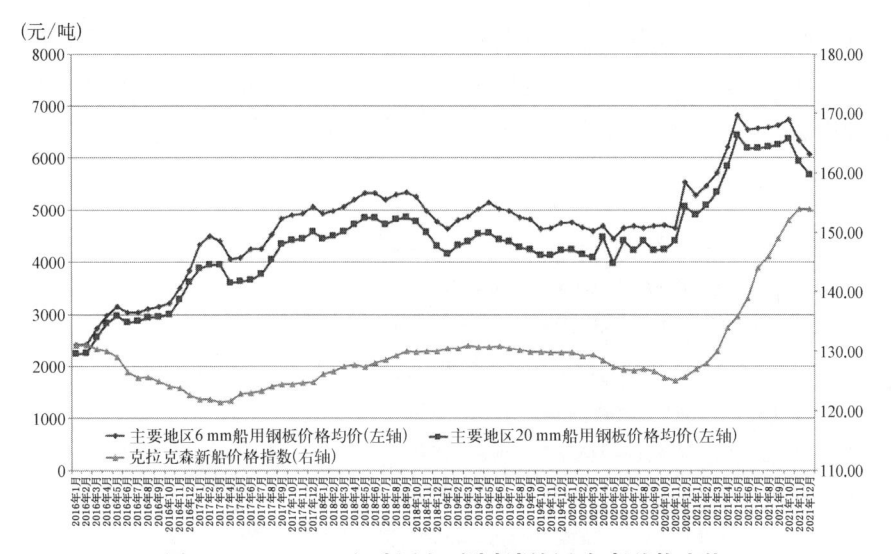

图7 2016—2021年我国主要造船钢板和新船价格走势

从趋势上看,2012年开始,中国海洋工程装备专利申请数量就开始与其他国家拉开差距,2021年中国专利数量达到4 800多项,远远超过美国、俄罗斯等国。

全球海洋工程装备制造行业专利申请数量TOP10申请人分别是中国海洋石油集团有限公司、北京三一智造科技有限公司、中国石油天然气集团有限公司、大宇造船海洋株式会社、武汉船用机械有限责任公司、中海油研究总院有限责任公司、海洋石油工程股份有限公司、大连理工大学、中

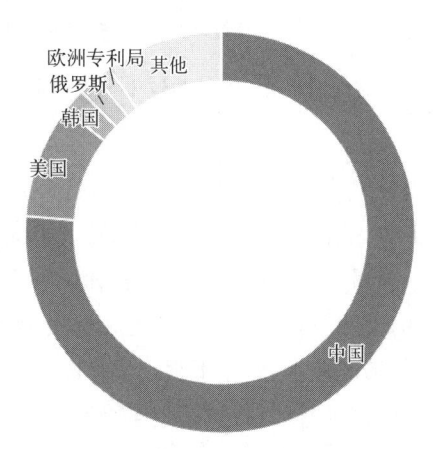

图8 截至2022年6月全球海洋工程装备技术来源国分布(单位:%)

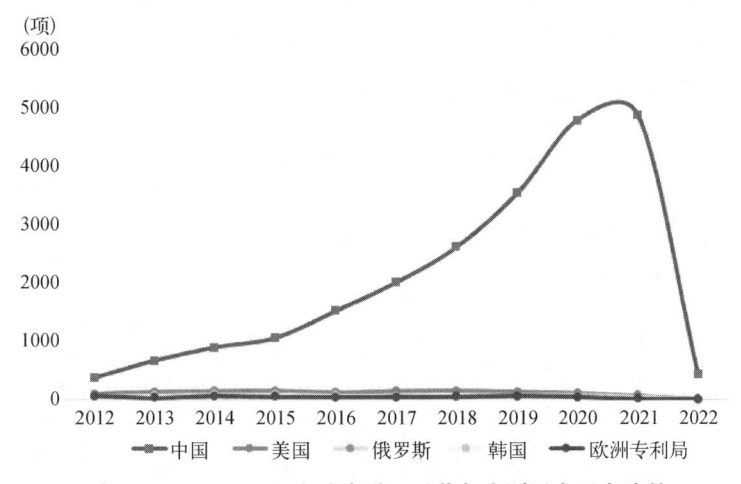

图9 2012—2022年全球海洋工程装备来源国专利申请数

海油能源发展股份有限公司以及上海交通大学。其中,中国海洋石油集团有限公司海洋工程装备制造专利申请数量最多,为453项。北京三一智造科技有限公司排名第二,其海洋工程装备制造专利申请数量也达到261项。

```
                              0   50  100 150 200 250 300 350 400 450 500 (项)
中国海洋石油集团有限公司      ████████████████████████████████████████████
北京三一智造科技有限公司      █████████████████████████
中国石油天然气集团有限公司    ████████████████████████
大宇造船海洋株式会社          ████████████████████
武汉船用机械有限责任公司      ███████████████████
中海油研究总院有限责任公司    ███████████████████
海洋石油工程股份有限公司      ███████████████████
大连理工大学                  ██████████████████
中海油能源发展股份有限公司    █████████████████
上海交通大学                  █████████████████
```

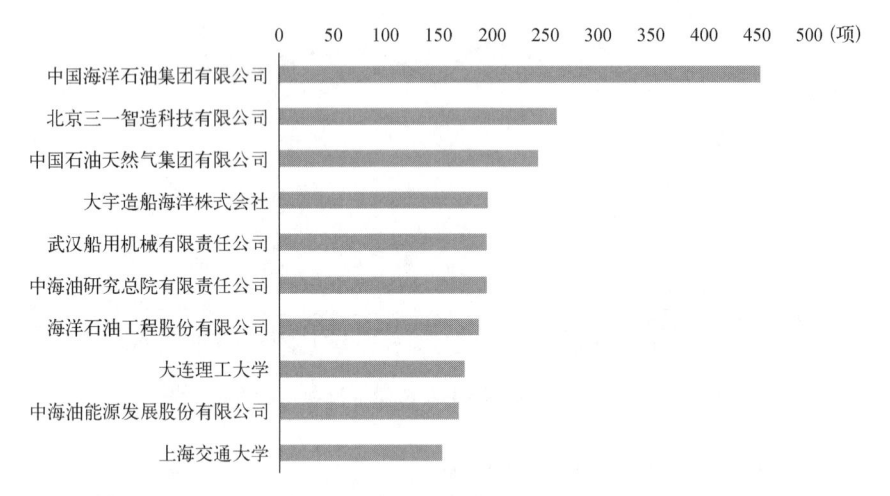

图10 截至2022年6月全球海工装备制造行业专利申请量TOP10申请人

(三)加大政策投入以构建自主可控的产业体系

我国是一个负陆面海、陆海兼备的大国,提高海洋开发、控制和综合管理能力,事关经济社会长远发展和国家安全的大局。海洋与陆地的一个根本区别是海上的一切活动必须依托相应的装备,人类对海洋的探索与开发都是伴随着包括造船技术、海洋工程技术在内的装备技术的进步而不断深化的。经略海洋,必须装备先行。特别是近年来我国海洋强国建设进程向前推进,综合实力不断上升,已经对传统海洋强国形成挑战,西方强国在一些核心技术和装备上对我国进行了封锁。要建设海洋强国,我国必须建立自主可控的装备体系,必须掌握高端船舶与海洋工程装备等高端装备的自主研制能力。目前,我国正在大力推进南海开发以及21世纪海上丝绸之路建设,对海上基础设施建设、资源开发、空间开发等相关装备的需求将更为急迫,也对我国高端海洋装备的发展提出了更高的要求。

表3 我国海洋工程装备制造行业政策

发布时间	发布部门	政策名称	重点内容解读	政策性质
2022年2月	工信部等	《关于促进钢铁工业高质量发展的指导意见》	大幅提升钢铁供应质量。建立健全产品质量评价体系,加快推动钢材产量提质升级,在航空航天、船舶与海洋工程装备、能源装备、先进轨道交通及汽车、高性能机械、建筑等领域推进质量分级分类评价,持续提高产品实物质量稳定性和一致性,促进钢材产品实物质量提升。	支持性

续表

发布时间	发布部门	政策名称	重点内容解读	政策性质
2021年12月	工信部等	《"十四五"智能制造发展规划》	面向汽车、工程机械、轨道交通装备、航空航天装备、船舶与海洋工程装备、电力装备、医疗装备、家用电器、集成电路等行业,支持智能制造应用水平高、核心竞争优势突出、资源配置能力强的龙头企业建设供应链协同平台,打造数据互联互通、信息可信交互、生产深度协同、资源柔性配置的供应链。	支持性
2021年11月	国家能源局等	《"十四五"能源领域科技创新规划》	研发远海深水区域漂浮式风电机组基础一体化设计、建造与施工技术,开发符合中国海洋特点的一体化固定式风机安装技术及新型漂浮式桩基础。建设海洋地震勘探系统地震拖缆、控制与定位、综合导航、气枪震源控制等核心装备并装配三维地震物探船,支持海洋地震勘探技术装备在海洋深水油气勘探开发的推广应用等。	支持性
2021年3月	全国人大	《中华人民共和国国民经济和社会发展第十四个五年规划和2035年远景目标纲要》	围绕海洋工程、海洋资源、海洋环境等领域突破一批关键核心技术。培育壮大海洋工程装备、海洋生物医药产业,推进海水淡化和海洋能规模化利用,提高海洋文化旅游开放水平。	支持性
2019年10月	工信部等	《制造业设计能力提升专项行动计划(2019—2022年)》	在船舶海工领域,重点突破智能船、邮轮等高技术船舶,深远海油气资源开发装备等海洋工程装备,以及核心配套系统及设备的关键设计。	支持性

《中国制造2025》把海洋工程装备和高技术船舶作为十大重点发展领域之一加快推进,明确了到2025年的发展重点和目标,为我国海洋工程装备和高技术船舶发展指明了方向。

表4 《中国制造2025》关于高端船舶和海洋工程装备制造行业任务

要点	具体内容
发展思路	海洋工程装备和高技术船舶领域将大力发展深海探测、资源开发利用、海上作业保障装备及其关键系统和专用设备。推动深海空间站、大型浮式结构物的开发和工程化。形成海洋工程装备综合试验、检测与鉴定能力,提高海洋开发利用水平。突破豪华邮轮设计建造技术、全面提升液化天然气船舶等高技术船舶国际竞争力,掌握重点配套设备集成化、智能化、模块化设计建造技术。

续表

要　　点	具　体　内　容
重点发展方向	海洋资源开发装备；海洋空间资源开发装备；综合试验检测平台；高技术船舶；核心配套设备等。
海洋油气资源开发装备重点领域	重点提升自升式钻井平台、半潜式钻井平台、半潜式生产平台、半潜式支持平台、钻井船、浮式生产储卸装置等主流装备技术能力，加快技术提升步伐；发力发展液化天然气浮式生产储卸装置、深吃水立柱式平台、张力腿平台、浮式钻井生产储卸装置等新型装备研发水平，形成产业化能力。

《"十四五"海洋经济发展规划》明确走依海富国、以海强国、人海和谐、合作共赢的发展道路，推进海洋经济高质量发展，建设中国特色海洋强国。2021年3月《中华人民共和国国民经济和社会发展第十四个五年规划和2035年远景目标纲要》发布，其中关于海洋工程装备制造业，规划提出培育先进制造业集群，推动船舶与海洋工程装备等产业创新发展。

表5 《"十四五"规划纲要》关于高端船舶和海洋工程装备内容

要　　点	具　体　内　容
推动优化升级	深入实施智能制造和绿色制造工程，发展服务型制造新模式，推动制造业高端化智能化绿色化。培育先进制造业集群，推动船舶与海洋工程装备等产业创新发展。
积极拓展海洋经济发展空间	协同推进海洋生态保护、海洋经济发展和海洋权益维护，加快建设海洋强国。
构建现代海洋产业体系	围绕海洋工程、海洋资源、海洋环境等领域突破一批关键核心技术。培育壮大海洋工程装备、海洋生物医药产业，推进海水淡化和海洋能规模化利用，提高海洋文化旅游开发水平。
构建现代能源体系	加快发展非化石能源，坚持集中式和分布式并举，大力提升风电、光伏发电规模，有序发展海上风电，加快西南水电基地建设，安全稳妥推动沿海核电建设，建设一批多能互补的清洁能源基地，非化石能源占能源消费总量比重提高到20%左右。

（四）产业发展中不平衡、不协调、不可持续问题仍然突出

中国高端船舶和海洋工程设备产业发展中不平衡、不协调、不可持续问题仍然突出，集中表现为全球新船需求显著回升，但中国造船行业近年来利润率下降的趋势并未得到改观。根据中国船舶工业行业协会最新数据显示，2021年上半年中国75家重点监测船舶企业工业总产值同比增长15.1%，主营业务收入1599亿元，同比增长13.9%，但利润却同比下降7.5%。其中当然包括外

部因素的影响。如受到铁矿石、铜、铝等大宗商品价格快速上涨的影响,上游船用材料市场价格创出近十年新高;全球经济不平衡复苏和美联储政策变化等因素影响下,人民币兑美元汇率双向波动幅度增大,汇率短期的快速波动影响船舶企业新船订单承接和配套物资采购。但是,产业结构亟待调整升级是最主要的原因。

一是自主创新能力亟待提升,高端产品市场竞争力不强。创新引领和创新驱动明显不足,创新模式仍属追随型。海洋工程装备和高端船舶占比明显低于韩国,特别是深水装备方面差距更为明显。

二是船舶配套产业亟待升级。先进造船国家船用设备基本满足造船需要,我国仍有较大差距,特别是在高端船舶和海洋工程装备配套领域,本土化配套率不足30%。

三是生产效率亟待提高。目前我国造船效率仍远低于先进造船国家,随着劳动力成本的不断攀升,效率对保持成本竞争优势的作用将更加突出。

四是产业结构亟须升级。目前,我国船舶工业面临着资源环境约束日益趋紧、劳动力成本和各类生产要素成本上升等问题,造船产能结构性过剩问题突出,产品结构主要以散货船为主,低端产能过剩,高端产能不足。竞争要素的变化直接导致我国船舶工业原有比较优势在削弱,特别是劳动力、土地等各类要素成本集中上升,人民币汇率呈双向波动趋势,低成本制造的传统优势正在消失。

(五)"卡脖子"环节依然存在,供应链断链风险加大

高端装备制造产业的上游主要分为原材料和新材料。在高技术船舶领域,所需原材料为碳素钢、合金钢、铸铁、橡胶。新材料广泛应用于高端装备,新材料的应用成为产业发展的重要推动力,高技术船舶领域所需新材料有高性能复合材料、纳米材料、新型高分子材料等。新材料的生产和研发主要由欧、美、日企业掌控,欧美日世界级企业集团凭借其技术研发、资金和人才等优势不断向新材料领域拓展,在高附加值新材料产品中占据主导地位。我国新材料研发和应用与欧美日差距正在加大。

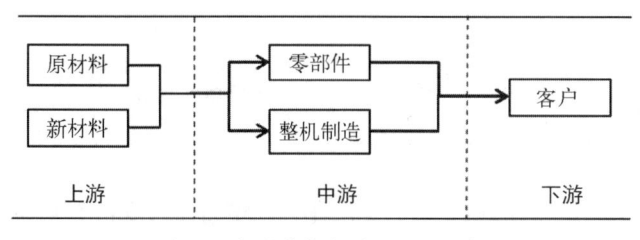

图 11　高端装备制造产业供应链

表 6　全球核心材料市场十大领先企业(2022 年)

企　业	地　点	领　域
东丽株式会社(Toray Industries Inc.)	日本	生物技术、制药、纳米技术、医疗产品、电子、IT、住房与工程以及技术先进的复合材料等领域
赢创工业集团(Evonik Industries AG)	德国埃森	专门生产用于夹层结构和热塑性树脂基体的各种纤维增强复合材料和芯材。领先产品包括基质系统、热固性塑料、热塑性塑料、结构泡沫、涂料和凝胶涂层以及添加剂
巴斯夫股份公司(BASF SE)	德国路德维希港	全球最大的化学品生产商,其广泛的技术和产品组合包括增材制造、二次结构材料、座椅部件、机舱内饰、性能添加剂和颜料、燃料和润滑剂解决方案、涂料和密封剂以及阻燃剂和防火产品
赫氏公司(Hexcel Corporation)	美国康涅狄格州斯坦福德	行业领先产品范围从碳纤维和增强织物等高性能复合材料到蜂窝芯材、模具材料以及预浸料和树脂
阿乐斯国际有限公司(Armacell International S.A.)	卢森堡	聚对苯二甲酸乙二醇酯(PET)技术的先驱,自成立以来一直在复合材料行业开发高性能 PET 基泡沫芯材
固瑞特控股(Gurit)	瑞士瓦特维尔	从事先进复合材料结构材料、工装设备、核心材料配套件的生产
3A 复合材料(3A Composits)	美国	为船舶、汽车、建筑和家具行业生产可持续的轻质复合材料
吉尔公司(The Gill Corporation)	美国马里兰州	提供蜂窝、夹芯板、特种层压板、货舱内衬、装配组件和 CNC 加工零件
欧洲复合材料集团(Euro-Composites S.A.)	卢森堡(Euro-Composites SA)、美国(Euro-Composites SA-Corporation)和德国(EC Technik GmbH)三个生产基地	提供高品质的 Kevlar 蜂窝、玻璃纤维蜂窝、维可成型 Nomex 蜂窝和具有出色防腐蚀保护的铝蜂窝
普拉斯科公司(Plascore Incorporated)	美国密歇根州	提供高质量和创新的芯材,包括蜂窝芯材和复合板

传感器技术是海洋仪器设备的基础,在海洋监测、观测领域的应用十分广泛,各方面性能是衡量仪器设备好坏的关键,同时也是调查数据质量的保证。

当前,海洋仪器设备的一个最大特点是,生产批量小、应用范围窄、使用寿命短,而稳定性、可靠性和一致性,以及测量分辨率和精度等要求又特别高,需要在不断应用中改进制造工艺和提高技术性能。从全球分布看,当前全球主要的传感器生产企业中,美日德占据主导的局面近期较难改变。

表7 全球十大传感器公司(2022年)

企　业	领　先　领　域
日本欧姆龙(OMRON)	掌握着世界领先的传感与控制核心技术
德国西克(SICK)	专注于为物流自动化、工厂自动化和过程自动化提供日益智能化的传感器件和整体解决方案
瑞士苏黎世 ABB	电力和自动化技术领域的全球领先公司
德国巴鲁夫(BALLUFF)	世界领先的传感器制造商,生产电感式传感器、接近传感器、光电传感器、位移传感器
德国倍加福(pepperl+fuchs)	世界上最大的本安接口生产商,拥有60年左右生产研发经验的倍加福传感器
德国图尔克(TURCK)	为工厂自动化及过程自动化提供了高效率和系统化的全方位解决方案
德国易福门(IFM)	根据要求量身制作的位置传感器、流量传感器、通信和控制系统以及安全技术领域等产品范围的方案
德国西门子(SIEMENS)	西门子传感器拥有微型化、数字化、智能化等特点
日本基恩士(KEYENCE)	基恩士光电传感器、激光传感器、接近传感器、流量传感器
美国霍尼韦尔(Honeywell)	全球的业务包含航空产品和服务、楼宇、家庭和工业控制技术、汽车产品、涡轮增压器以及特殊材料

三、上海高端船舶和海洋工程装备产业国际竞争力分析

(一)基础实力扎实,产业体系完善

上海是中国船舶工业的发源地和现代造船业的重要基地,创造过许多辉煌,具有进一步发展的基础。上海的硬件基础雄厚,经过几十年发展,已拥有万吨级以上船坞、船台近40座。沪东中华LNG船分段建造数字化车间、大船重工船舶分段制造数字化车间、振华重工海上钻井平台装备制造智能化焊接车间等项目稳步推进。同时,上海具有基本完整的船舶配套产业,为高端船舶和海洋工程装备产业发展提供了支撑。

（二）产业集中度高，区域集群显著

上海的船舶工业主要聚集在浦东、临港和长兴岛三地。长兴船舶与海洋工程装备基地从功能上划分为船舶及海洋工程配套区、生产性服务业功能区、高新产业聚集区与综合配套区四大区域，相关配套企业和科研院所先后入驻，集群效应逐步体现。临港海洋工程高科技园区亦渐成规模，创新性海洋科技公司陆续注册。江南造船、沪东中华、外高桥造船通过供给侧改革，不断转型升级，上海船舶工业产业已基本完成"长江口"布局。

（三）强化自主设计，建造能力提升

新产品研发和建造能力不断增强，上海船舶和海洋工程装备企业具有较强的科技创新能力，持续优化产品结构，一批高技术、高附加值首制船研制成功并交付船东，获得市场青睐。

2020年，在集装箱船领域，交付了2.3万箱系列为代表的超大集装箱船、全球最大最先进的4.5万吨G4型集装箱滚装船。在LNG船领域，沪东中华造船（集团）有限公司近年自主研发设计建造了LNG船市场主流的17万立方低速机加再液化推进船型和电力推进LNG船型、22万立方LNG船型，实现了LNG船设计建造的自主化和批量化。

在大型游轮领域，中船邮轮科技发展有限公司、上海外高桥造船有限公司等龙头企业，加强对邮轮设计制造核心技术的攻关，2020年，国产首制大型邮轮在上海外高桥造船有限公司坞内连续搭载总装成功，标志着中国首制大型邮轮实现了从详细设计、生产设计到实船总装搭载的里程碑跨越。

在船舶自主配套领域，上海船舶配套产业推出了一系列具有国际先进水平的柴油机，包括国内首台10S90ME-C9.2低速机、全球首台6G70ME-C9.2低速机；自主研发了新一代小缸径低速柴油机6EX340EF和大功率中速柴油机12MV390。

中国船舶及海洋工程设计研究院已具备不同海域、不同油气田、尤其应用于恶劣海况海上浮式生产储卸油船开发设计能力。上海船舶设备研究所自主设计地球物探船、起重铺管船、半潜驳船、深水三用工作船、综合工程检测船、导管下驳船、全天候大功率救助船等海洋工程装备，具备了多船型设计能力。上海外高桥造船有限公司已具备建造3 000米深水第六代半潜式钻井平台能力，标志着我国船舶工业在深水海洋工程装备的重大突破。

（四）研发实力领先，创新路径清晰

新技术、新工艺、新材料研究与应用能力比较强。上海外高桥造船有限公司运用有限元分析技术和数值仿真方法，结合桩腿焊接施工工艺和施工便利，确定了SJ350型自升式钻井平台的桩腿节距，提出了"一种自升式钻井平台的桩腿节距"和"一种自升式钻井平台用桩腿"两项专利,并获得授权;在 JU2000E 型、CJ46 型、CJ50 型自升式钻井平台双层底管线布置研究的基础上,提出了 SJ350 型自升式钻井平台双层底舱规划、管线走向和设备布置方案,提出了"一种自升式钻井平台双层底的布置方法"发明专利,有效解决了压载水总管、舱底水总管走向复杂的问题,优化了压载水系统和舱底水系统设计。

(五) 政策支持精准,目标导向明确

"十四五"期间,我国主要省份提出了海洋工程装备制造行业的发展目标,包括产业集群建设、关键技术发展、产值发展目标等。

2021 年 12 月,《上海市高端装备产业发展"十四五"规划》发布,就"民用船舶及海洋工程装备",提出:全面提升高端船舶和深水海洋工程装备自主研发设计、部件配套及总装制造能力,支撑海洋强国国家战略,打造国际知名的船舶和海洋工程装备产业高地。

其中,民用船舶装备以主攻高端、完善配套为重点,一是发展大型高技术船舶,加强大型液化天然气船、大型邮轮、超大型集装箱船、超大型液化石油气船、双燃料船、先进滚装船、大型散货船及公务船等高技术含量船舶设计、研制与总装,打造国际领跑品牌。二是强化高端船舶产业链配套,积极攻关高端船用发动机、低碳零碳燃料应用技术与绿色船舶节能减排技术,增强动力系统、辅助系统及后处理系统的研发、总装、验证和服务能力;积极发展液化天然气船舶与豪华游轮配套产业链,增强液化天然气储存、运输、低温围护系统与游轮关键设备、先进材料的国产化配套能力。三是加强数字化技术应用,构建船舶设计、建造一体化信息平台,全力攻关船舶自主设计软件,优化离散型智能制造生产线,推动定制化船型自主开发,布局新一代智能船舶技术。

海洋工程装备以自主研发、系统配套为重点,一是做强海洋油气资源开发装备,重点突破深水半潜式平台和钻井船、浮式生产储卸装置等,推进钻井系统、测井/录井/固井系统、水下采油系统、生产平台及水面支持装备、铺管装备、动力定位系统等油气工程关键系统和辅助设备的研发创新。二是做大深远海洋资源利用装备,推进深水远海大型养殖装备和配套设备研制,开发深水养殖工船、远海网箱养殖装备等海工衍生产品;围绕极地科考、特种运输、特种作业、海洋保护、应急救援等方向,攻关深海与极地装备关键技术,开发重型破冰、深海运维保障、深远海多功能救援等船舶工程系列装备;加快建立深海矿产开发装备技术体系,重点突破深海采矿船、深海采矿机与输送系统等装备。

表 8 上海高端船舶和海洋工程装备制造政策

发布时间	政策名称	重 点 内 容
2021年12月	《上海市高端装备产业发展"十四五"规划》	以自主研发、系统配套为重点,做强海洋油气资源开发装备,重点突破深水半潜式平台和钻井船、浮式生产储卸装备等;做大深远海洋资源利用装备,推进深水远海大型养殖装备和配套设备研制;开发深水养殖工船、远海网箱养殖装备等海工衍生产品等。
2021年6月	《上海市战略性新兴产业和先导产业发展"十四五"规划》	推动主力船型和海工装备结构升级,加快推进浮式生产储卸装备、起重铺管船、物探船、钻井平台等主力海洋工程装备,开发破冰船、大型浮式结构物、深海养殖等新型海洋装备,推动配套系统及设备的发展。

四、上海高端船舶与海洋工程装备产业国际竞争力指数分析

(一) 进出口分析

2017—2021年,我国高端船舶与海洋工程装备出口额稳步上升的态势,2021年出口额达50.19亿美元,五年增长60.7%。2017年起每年进口额维持在20亿美元左右,呈现波动的态势,2021年为20.64亿美元,比2017年下降4.6%。从近五年出口额的增幅来看,在中国船舶与海洋工程装备制造业在全球市场上所占的比重正在明显上升,中国已经成为全球重要的造船中心之一。我国已成为船舶制造大国,但船舶制造业依然面临着很多问题,其中最核心的问题在于结构性缺失,即低端产能过剩、高端产能不足,体现为高附加值的高端船型、船舶配套产业相对落后,这导致我国的国际竞争力不足,盈利能力较弱。

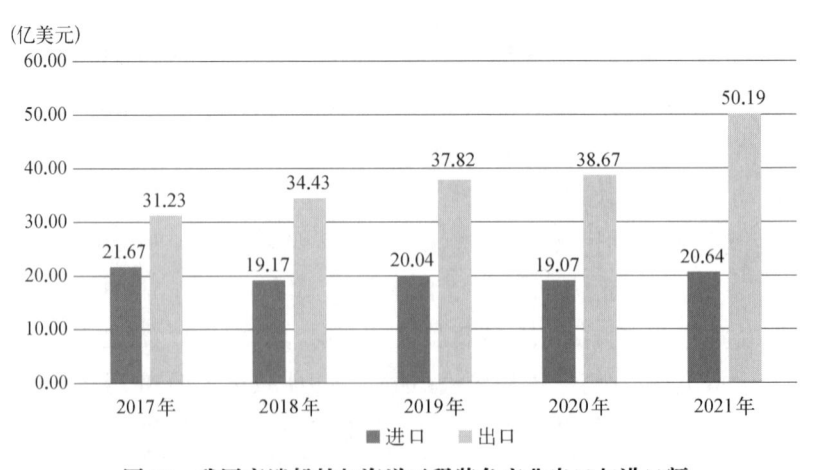

年份	进口(亿美元)	出口(亿美元)
2017年	21.67	31.23
2018年	19.17	34.43
2019年	20.04	37.82
2020年	19.07	38.67
2021年	20.64	50.19

图 12 我国高端船舶与海洋工程装备产业出口与进口额

2017—2019年,上海高端船舶与海洋工程装备出口呈现稳步上升态势,2020年出口稍有下降,2021年出口额达6.97亿美元,五年增长47.4%。而进口态势与全国态势基本一致,2019年起进口出现下滑,2020年上升后,2021年稍有回落,为3.61亿美元,比2017年增长22%,核心进口替代力度有所加大。上海船舶与海洋工程装备的贸易顺差加大趋势明显,上海船舶与海洋工程装备国际竞争力不断增强。

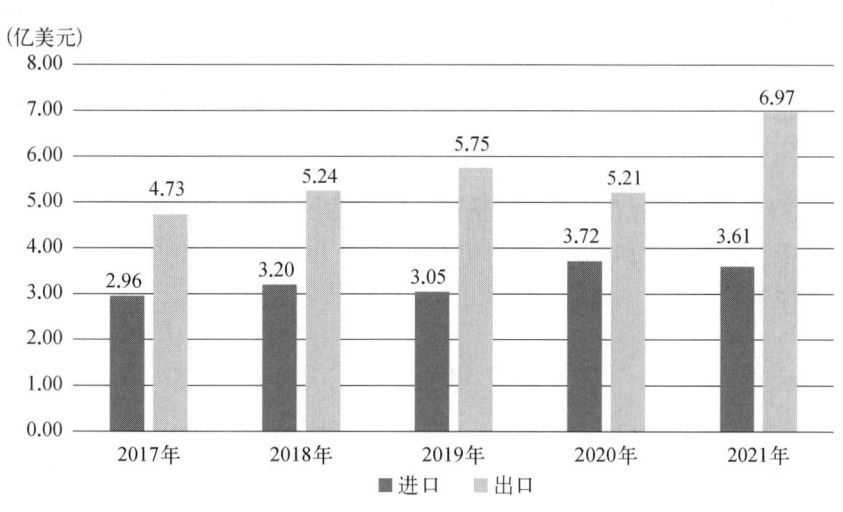

图13 上海高端船舶与海洋工程装备出口与进口额

上海高端船舶与海洋工程装备出口主要销往俄罗斯、法国和德国,其中出口俄罗斯占55.8%。进口方面,2020年进口船舶主要来自荷兰,以娱乐或运动快艇等为主,占比31.6%;2021年主要来自比利时,占比85%。

表9 2020年上海船舶与海洋工程装备进出口主要国家(地区)

排序	2020年进口(美元) 国家	金额	2021年进口(美元) 国家	金额	2020年出口(美元) 国家	金额	2021年出口(美元) 国家	金额
1	荷 兰	402 225	比利时	19 693 461	俄罗斯	42 803 909	俄罗斯	26 368 537
2	英 国	272 875	意大利	1 328 900	法 国	6 366 656	法 国	11 916 133
3	俄罗斯	199 191	波 兰	781 515	德 国	5 437 189	德 国	8 987 247
4	德 国	154 155	英 国	474 836	荷 兰	2 731 696	瑞 典	6 637 170
5	法 国	88 440	德 国	261 454	英 国	2 480 403	捷 克	6 177 576
6	捷 克	36 000	芬 兰	219 055	捷 克	2 458 998	荷 兰	5 586 617
7	意大利	33 946	法 国	126 447	丹 麦	2 031 317	英 国	5 223 900

续表

排序	2020年进口(美元) 国家	金额	2021年进口(美元) 国家	金额	2020年出口(美元) 国家	金额	2021年出口(美元) 国家	金额
8	波兰	29 124	荷兰	63 907	斯洛文尼亚	1 467 322	斯洛文尼亚	3 626 929
9	斯洛文尼亚	28 956	俄罗斯	60 877	瑞典	1 466 169	丹麦	2 905 727
10	葡萄牙	21 340	斯洛文尼亚	49 577	瑞士	1 361 873	挪威	2 192 494

上海高端船舶与海洋工程装备进出口贸易在全国进出口贸易的占比呈现一升一降，进口额震荡上升，2021年占比为17.49%；出口额震荡下行，2021年占比为13.89%。

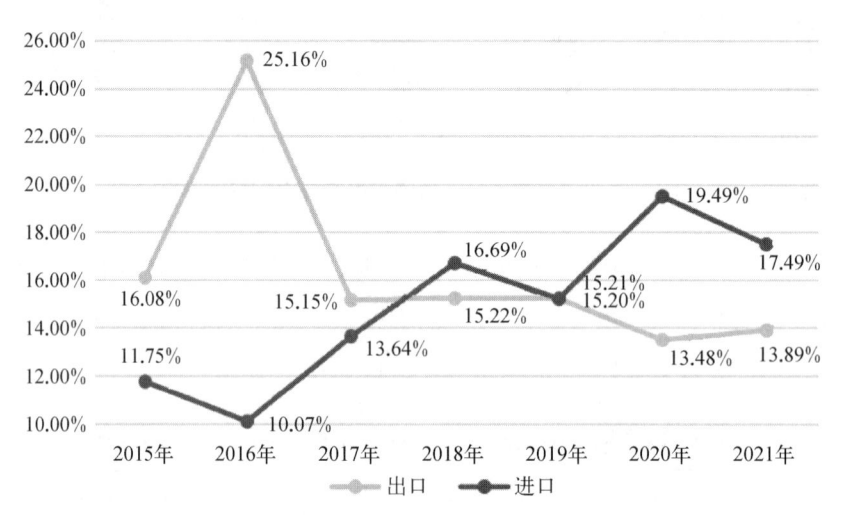

图14 上海高端船舶与海洋工程装备出口与进口额在全国占比

随着中国船舶集团总部迁入上海，旗下三大在沪船企（江南造船、沪东中华、外高桥造船）造船量再创新高，上海航运产业集群和优势进一步凸显。2022年上半年，上海市出口各类船舶共337艘，比去年同期增长33.2%。主要船型出口量减价增，上海市船舶制造业正加速向产业价值链高端攀升。

近两年海运价格大幅上升，全球航运业回暖，船舶制造业持续升温。2022年以来，国际铁矿石、炼铁用原料煤等原材料价格大幅震荡。随着新造船价持续上涨，各大船厂产能趋紧，更趋向高价值船型订单。上半年，上海市液货船、集装箱船、散货船三大主要船型合计出口115.2亿元，占全市船舶出口总值的88.5%。其中液货船、集装箱船、散货船分别出口11艘、7艘、7艘，出口量同比减少 31.2%、22.2%、12.5%,但单船均价分别上涨 51.9%、26.4%、10.1%,显示上海市船舶制造业正加速转型升级。

(二) 国际竞争力呈现上行压力

指数测算结果表明,2017—2021 年上海高端船舶与海洋工程装备产业国际竞争力呈现出以下特点:

一是年度综合优势震荡回落。2017 年上海高端船舶与海洋工程装备产业国际竞争力指数为 101.97,2018 年稍有回落至 100.20,同比下降 1.7%,2019 年为 104.88,同比增长 4.7%,2020 年为 112.56,同比增长 8.8%,2021 年 105.36,同比下降 6.4%。

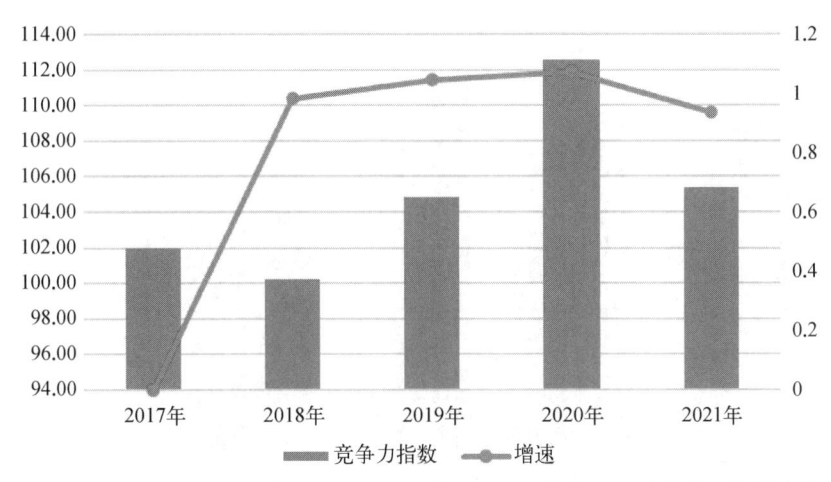

图 15　2017—2021 年上海市高端船舶和海洋工程装备产业国际竞争力指数变化

二是保持较强竞争优势。高端船舶与海洋工程装备产业国际竞争力大于 150,表示具有极强竞争优势;介于 100—150 之间,表示具有较强竞争优势;介于 50—100 之间,表示具有中等竞争优势;小于 50,表示具有弱竞争优势。2017—2021 年,上海高端船舶与海洋工程装备产业国际竞争力指数超过 100,保持较强竞争优势。

表 10　六大省市高端船舶和海洋工程装备产业国际竞争力

排名	2017 年 地区	得分	2018 年 地区	得分	2019 年 地区	得分	2020 年 地区	得分	2021 年 地区	得分
1	广东	114.36	广东	114.33	广东	116.66	广东	116.55	广东	117.40
2	上海	101.97	上海	100.20	上海	104.88	上海	112.56	上海	105.36
3	江苏	97.01	江苏	94.78	江苏	91.33	江苏	95.38	江苏	94.39

续表

排名	2017 年		2018 年		2019 年		2020 年		2021 年	
	地区	得分	地区	得分	地区	得分	地区	得分	地区	得分
4	山东	85.81	天津	91.44	天津	89.72	山东	87.17	天津	81.70
5	天津	83.09	山东	83.98	山东	85.60	天津	84.77	山东	76.41
6	福建	73.50	福建	73.96	福建	74.26	福建	74.03	福建	71.32

三是排名稳居第二。2017—2021 年上海高端船舶与海洋工程装备国际竞争力指数在六大省市中位居第二位,广东五年连续保持第一,江苏位居第三。

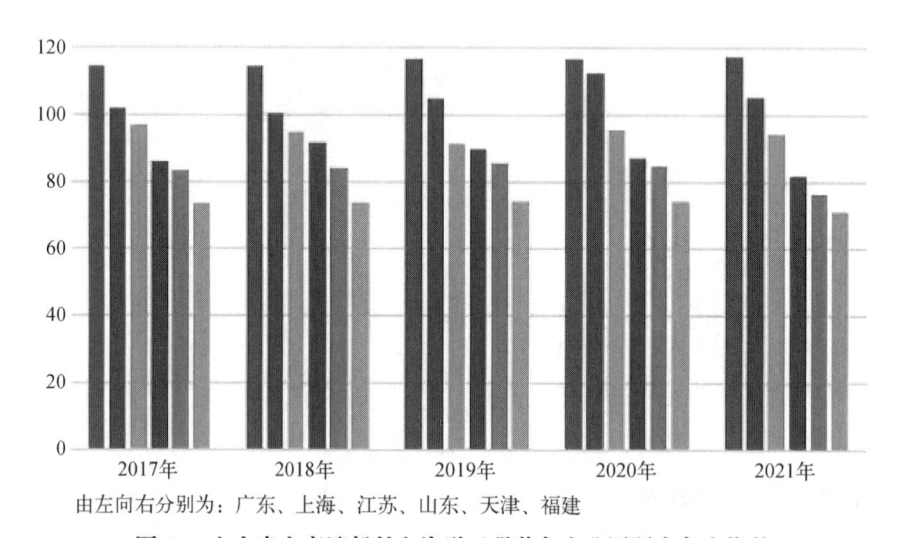

由左向右分别为:广东、上海、江苏、山东、天津、福建

图 16 六大省市高端船舶和海洋工程装备产业国际竞争力指数

四是区域竞争力拖累指数。从上海五个二级指数的贡献看(表 11),支撑总体产业国际竞争力增长的主要在创新竞争力和企业竞争力,它们在五年间分别增长了 43.34% 和 29.26%,贸易竞争力前四年是增长的态势,2021 年稍有下滑。它们有力地支撑起了上海高端船舶与海洋工程装备产业国际竞争力指数的较强竞争优势。五年来,上海的区域竞争力逐年下滑,2021 年大幅下降,使得综合竞争力指数下降明显。

表 11 上海高端船舶和海洋工程装备产业分指数测算结果

	贸易竞争力	产业竞争力	企业竞争力	创新竞争力	区域竞争力
2017 年	102.95	91.12	83.12	93.55	129.55
2018 年	100.63	97.28	82.77	90.01	123.68

续表

	贸易竞争力	产业竞争力	企业竞争力	创新竞争力	区域竞争力
2019 年	116.33	91.46	87.66	101.80	120.74
2020 年	117.10	93.22	102.95	124.91	116.47
2021 年	103.44	95.02	107.44	134.09	83.44

（三）贸易竞争力有待发力

在 2017—2021 年间，上海高端船舶与海洋工程装备产业贸易竞争力指数先升后降，波动较大，2018 年、2021 年出现负增长。上海高端船舶与海洋工程装备产业贸易竞争力指数变化如图 17 所示。

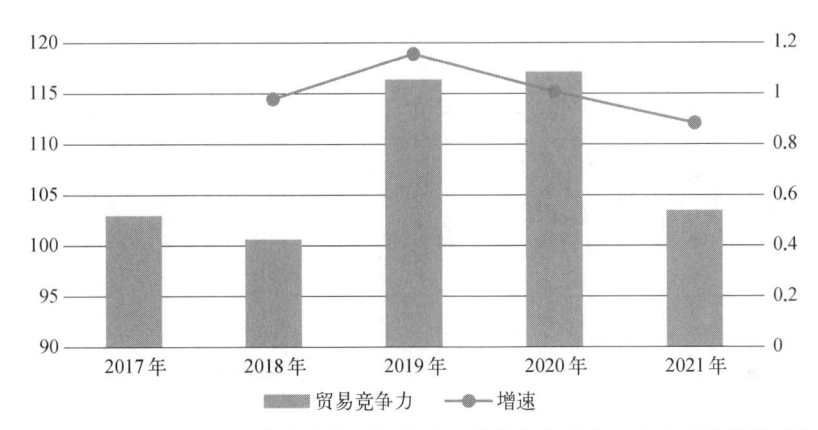

图 17　2017—2021 年上海高端船舶与海洋工程装备产业贸易竞争力分指数变化

在具体测算竞争力指数的指标上，贸易竞争力包含显示性比较优势指数（RCA）、贸易竞争力指数（TC）、显示性优势指数（CA）和对外贸易依存度，代表着产业竞争力在贸易上的直接表现。在影响贸易竞争力的指标中，显示性比较优势是影响贸易竞争力指数的主要因素。显示性比较优势是指上海出口所占份额与全国出口所占份额之比。2017—2021 年间，尽管上海高端船舶与海洋工程装备产业出口额逐年增长，但 2021 年上海高端船舶与海洋工程装备出口所占份额与全国出口所占份额的比值有所回落，导致上海贸易竞争力指数下滑。说明上海出口贸易总额相对占比不高，需要加大外贸促进力度，另一方面，也说明当发生贸易摩擦时，上海高端船舶与海洋工程装备产业可能受影响不大。

2017—2021 年，六大省市高端船舶与海洋工程装备贸易竞争力指数排名，上海的位次有起有伏，2020 年升至六大省市第一，2021 年稍稍落后广东，位居第二。

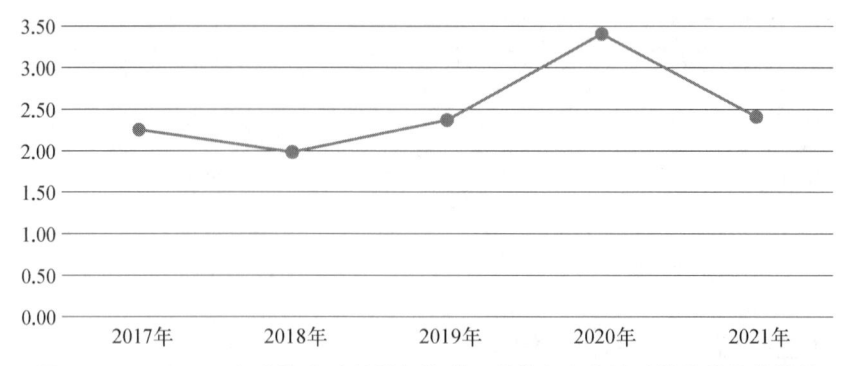

图 18　2017—2021 年上海高端船舶与海洋工程装备产业显示性比较优势指数

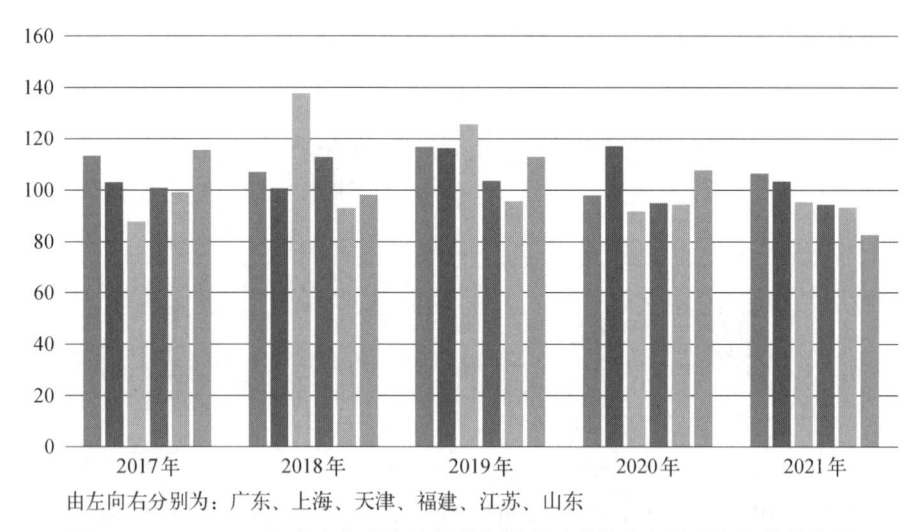

由左向右分别为：广东、上海、天津、福建、江苏、山东

图 19　2017—2021 年六大省市高端船舶与海洋工程装备贸易竞争力指数变化

2018 年,虽然全球经济贸易不及预期,但国际航运市场逆势回升,受全球航运市场船队运力增速略低于海运量增速的影响,造船市场出现复苏态势,新船成交量小幅回升。2019 年,我国船舶工业以供给侧结构性改革为主线,船舶行集团积极稳妥推进战略性重组,原中国船舶工业集团与原中国船舶重工集团实施联合重组,成立"中国重工船舶集团有限公司",壮大主业实业。上海船舶工业主要在浦东、临港和长兴岛三地,园区渐成规模、集聚效应逐步体现。沪东中华造船(集团)有限公司交付首艘 1.35 万标准箱智能集装箱"中远海运荷花"号,外高桥造船有限公司首艘国产大型邮轮全面实质性建造阶段。江南造船(集团)有限公司建造的 2.3 万标准箱双燃料动力集装箱船"CHAMPS ELYSEES"下水。2021 年 12 月 24 日,中国船舶集团总部正式迁驻上海,上海成为全球唯一的船舶、钢铁、港机、码头、航运大企业总部集聚城市,产业链、供应链集聚效应更加突出,国际竞争力更加增强。

（四）产业竞争力有后劲

高端船舶与海洋工程装备产业竞争力指数衡量了产业的发展状态以及产业所表现出的产业水平，代表高端船舶与海洋工程装备产业发展的产业基础的评价。2017—2021年，上海高端船舶与海洋工程装备产业竞争力指数除2018年跳跃式增长外，其他年份呈稳步增长趋势，五年来，增长4.28%。2018年行业利润率在前期负值的基础上扭亏为盈，大幅增长。上海高端船舶与海洋工程装备产业竞争力指数变化如图20所示。

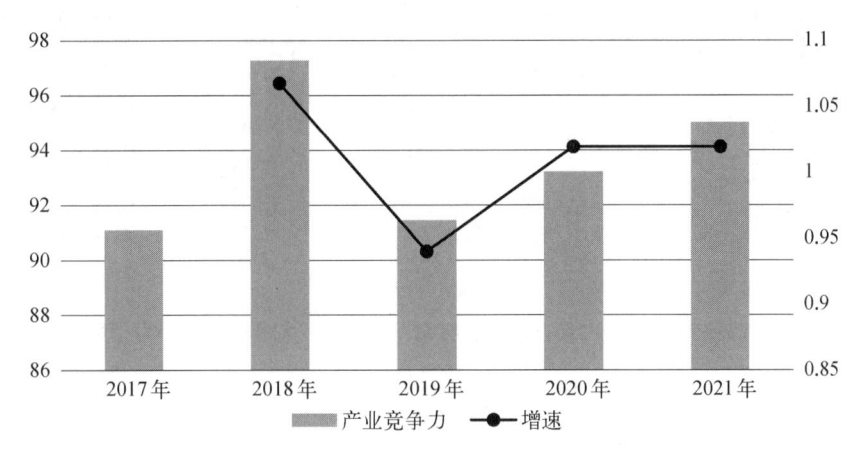

图20　2017—2021年上海高端船舶与海洋工程装备产业竞争力指数变化

产业竞争力包含劳动生产率、行业利润率和国内市场占有率指标，其中，国内市场占有率指数是城市产业销售收入占全国该产业销售收入比重，五年来，上海高端船舶与海洋工程装备行业国内市场占有率在21%至25%之间，展现了较强稳固地位；上海高端船舶与海洋工程装备行业利润率较低，2018年至2021年处于1%至2.5%之间，有待进一步降低成本、提高利润。

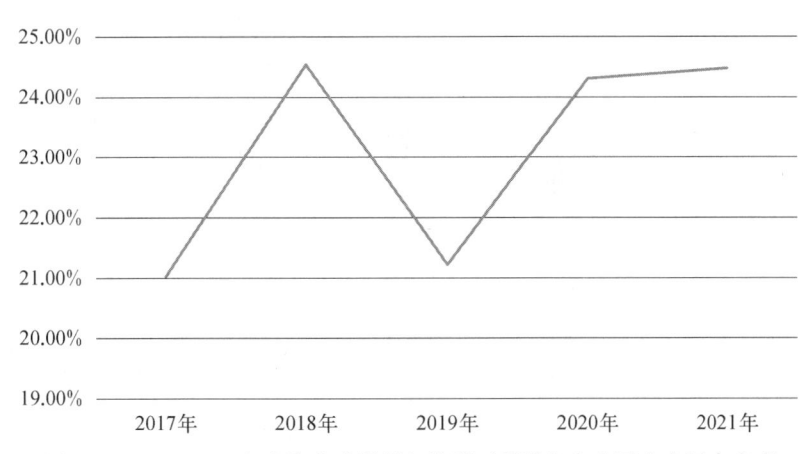

图21　2017—2021年上海高端船舶与海洋工程装备产业国内市场占有率

2021年,广东省在六大省市高端船舶和海洋工程装备产业中产业竞争力居首位,江苏紧随其后。五年来,上海名列第三。

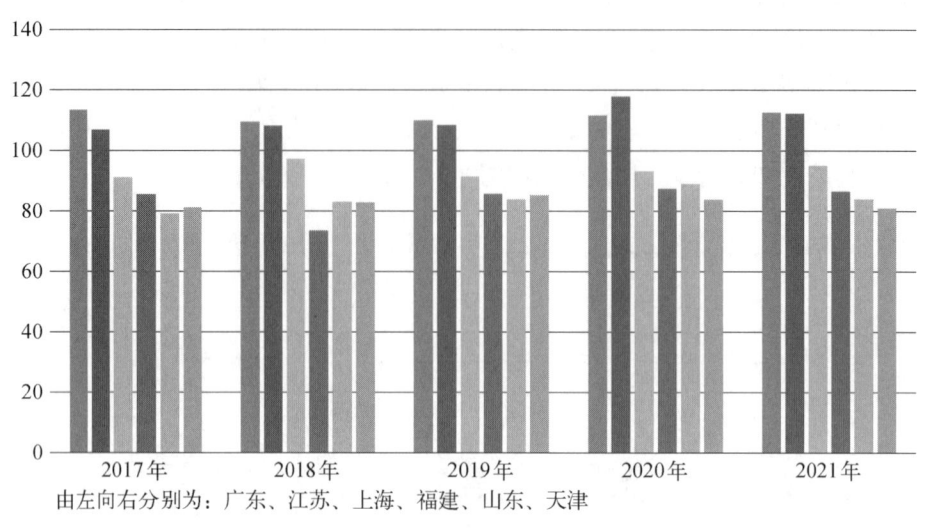

由左向右分别为:广东、江苏、上海、福建、山东、天津

图22 2017—2021年六大省市高端船舶与海洋工程装备产业竞争力指数变化

（五）企业竞争力不断提升

上海高端船舶与海洋工程装备产业企业竞争力指数除2018年和2017年基本持平外,2019年之后不断提升,其中2020年增长较快,具体变化如图23所示。反映企业竞争力的一个重要指标是城市企业总部数量,对比2017年,2021年上海高端船舶与海洋工程装备产业城市企业总部数量翻了一番,有力地支撑了上海企业竞争力的发展。

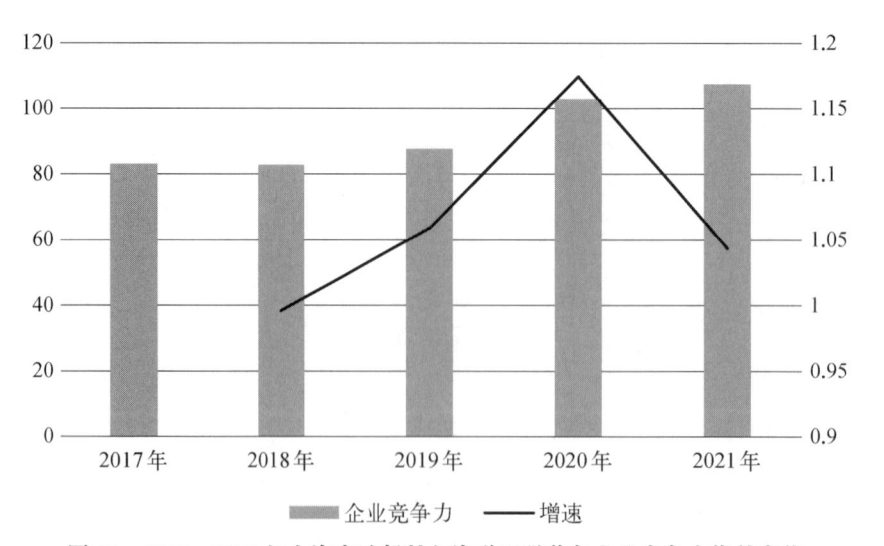

图23 2017—2021年上海高端船舶与海洋工程装备企业竞争力指数变化

2017—2021年,广东省在六大省市高端船舶和海洋工程装备产业企业竞争力一直居首位,上海始终保持第二。

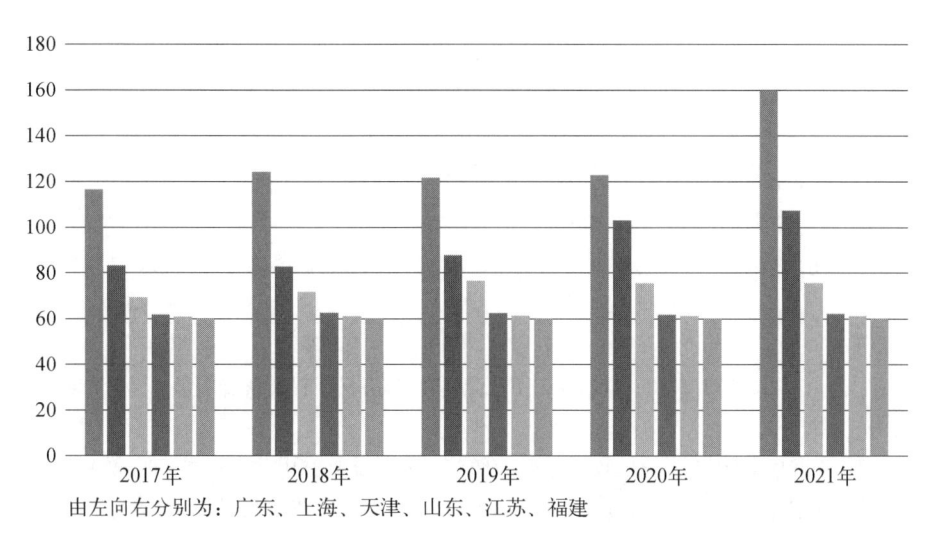

由左向右分别为:广东、上海、天津、山东、江苏、福建

图 24　2017—2021 年六大省市高端船舶和海洋工程装备产业企业竞争力

(六) 创新竞争力持续增强

上海高端船舶与海洋工程装备产业创新竞争力指数增长态势明显,除 2018 年略有下降外,其他年份都呈现增强态势,具体变化如图 25 所示。

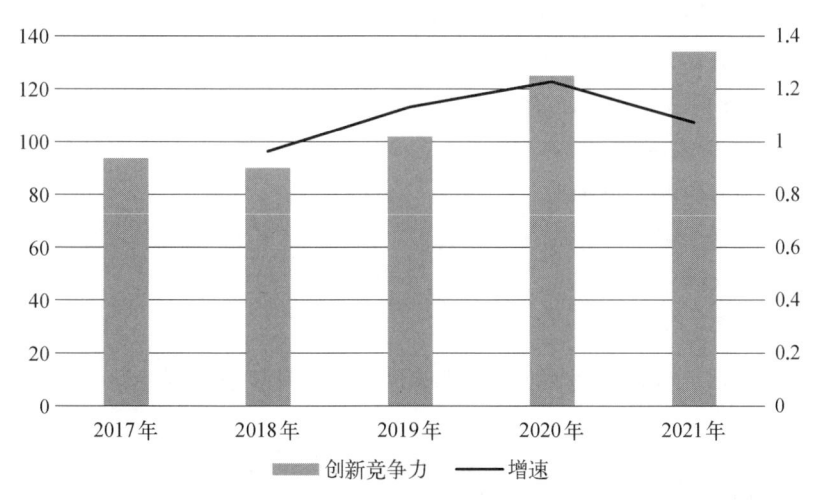

图 25　2017—2021 年上海高端船舶与海洋工程装备创新竞争力指数变化

创新竞争力包含 R&D 投入强度、R&D 人员全时当量、发明专利数等,R&D 投入强度是 R&D 经费支出占产值的比重,上海总体偏弱,在六大省市中处于中下水平,从 2018 年起开始加大力度,但尚未形成优势。发明专利数维持较高水平,并保持快速增长。

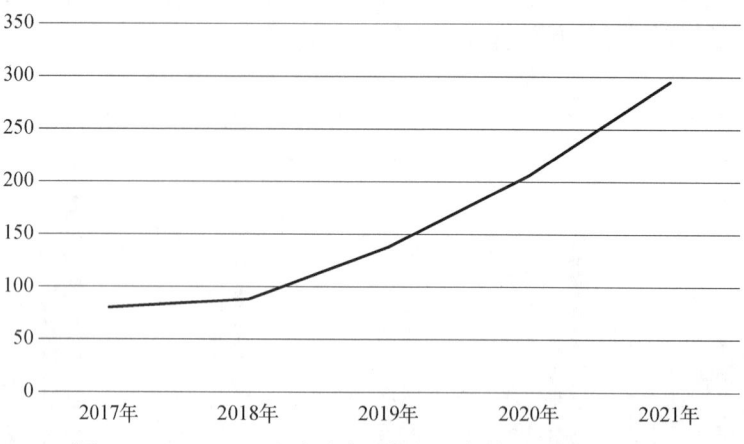

图 26 2017—2021 年上海高端船舶与海洋工程装备专利数

江苏为中国申请海洋工程装备制造专利数量最多的省份，当前，累计海洋工程装备制造专利申请数量高达 3 375 项。北京、广东当前申请海洋工程装备制造专利数量均超过 2 000 项。中国当前申请省（自治区、直辖市）海洋工程装备制造专利数量排名前十的还有山东、浙江、上海、天津、湖北、四川和辽宁。

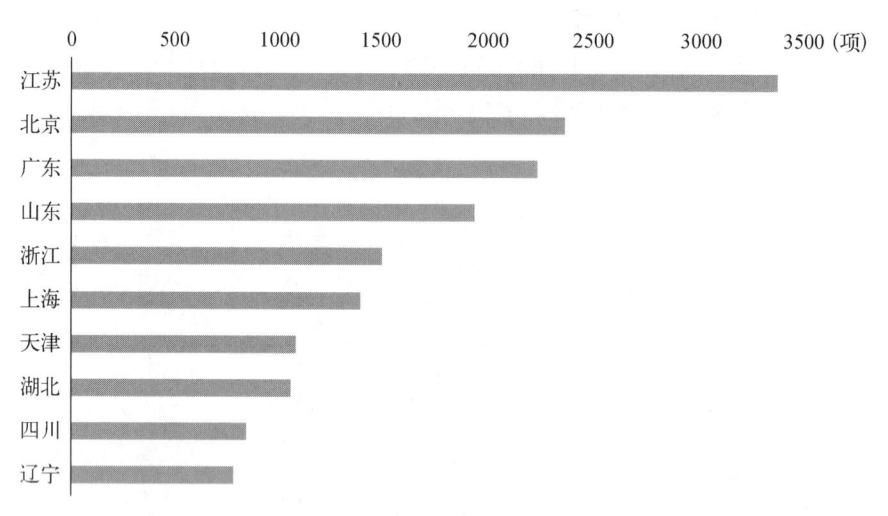

图 27 截至 2022 年 6 月各地海洋工程装备制造专利数量 TOP10

2017—2021 年，广东省在六大省市高端船舶和海洋工程装备产业创新竞争力一直居首位，上海始终保持第二。

（七）区域竞争力不足

上海高端船舶与海洋工程装备产业区域竞争力指数逐步下降，而且 2021 年下降态势更加明显，具体变化如图 29 所示。区域竞争力指数主要包括生产性服务业集聚、税收政策等，上海税收政策优势偏弱。

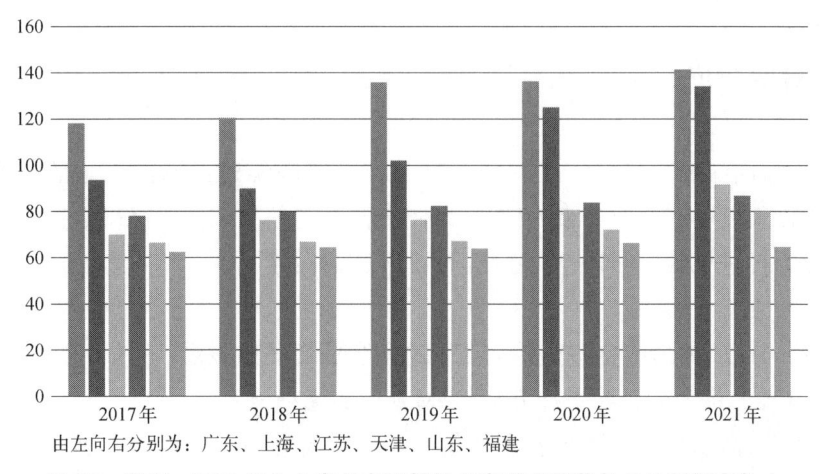

由左向右分别为：广东、上海、江苏、天津、山东、福建

图28　2017—2021年六大省市高端船舶和海洋工程装备产业创新竞争力

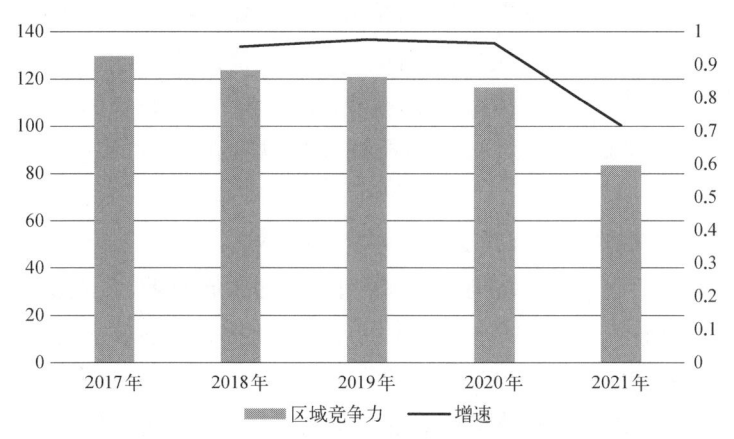

图29　2017—2021年上海高端船舶与海洋工程装备区域竞争力指数变化

2021年，江苏省在六大省市高端船舶和海洋工程装备产业区域竞争力一直居首位，上海位居第二。

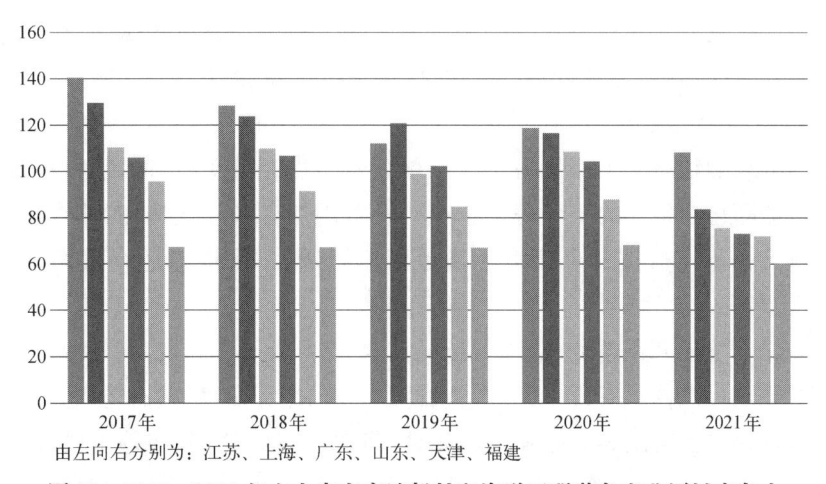

由左向右分别为：江苏、上海、广东、山东、天津、福建

图30　2017—2021年六大省市高端船舶和海洋工程装备产业区域竞争力

五、对策建议

上海高端船舶和海洋工程装备行业应紧紧围绕建设海洋强国的战略目标，以创新发展和产业升级为核心，以制造技术与信息技术深度融合为重要抓手，大力推进供给侧结构性改革，全面提升产业国际竞争力和持续发展能力。

（一）加大财政金融支持力度，助力企业高质量发展

1. 进一步加大税收支持力度，帮助企业共渡难关

当前，高端船舶和海洋工程装备产业虽受新冠肺炎疫情和中美贸易摩擦影响不是十分明显，但部分企业依然面临着一定的困难。

建议进一步完善税收支持政策，采取组合式减税降费政策，帮助企业渡过难关。对受疫情影响较大、生产经营困难的船舶海工企业可允许申请缓缴养老保险费、工伤和失业保险费，受疫情影响停工停产时间较长的船舶海工企业政府给予留工培训补助，对吸纳高校毕业生就业的企业，发放一次性扩岗补助。

2. 分企施策，加大对优质企业的融资支持力度

上海船舶工业正处于结构调整、转型升级的关键时期，金融支持，特别是融资能力是船舶工业能否实现高质量发展的关键因素。建议上海安排专项资金，进一步加大对高端船舶和海洋工程装备研发、设计和关键配套设备研制、国家重点实验室以及企业技术中心建设的支持力度，加大对制造业创新中心建设、科研和产业化项目、智改数转项目的支持力度，推动加快形成创新能力。

建议上海金融机构在做好防范金融风险的同时，根据实际情况对船舶和海洋工程装备产业实行差别化的授信政策，不断创新融资模式，加大对优质船企的融资支持力度。落实《关于金融支持船舶工业加快结构调整促进转型升级的指导意见》，切实加大对骨干企业的金融支持。加强风险保障，做好金融风险防控，针对高端船舶和海工装备产业的高风险性，加大出口信用保险支持，推动上海装备走出去。

高端船舶和海洋工程装备产业高新技术引进相关免税、退税、抵税政策，进一步提高符合条件的船舶海工企业研发费用加计扣除比例，对符合条件的船舶海工企业实行按月全额退还增量留抵税额、一次性退还存量留抵税额政策。

3. 采取多元化融资方式，降低融资成本

引导银行机构对有订单、生产经营状况和信用记录良好、有还款意愿但受疫情影响存在临时困难的船舶海工企业，统筹考虑续贷、展期等手段，灵活调整还款安排，支持企业渡过难关。鼓励银行保险机构适度降低利率和保险费

率,为船舶海工企业技改升级、船舶海工制造相关新技术提供更多金融创新产品。引领银行业金融机构根据船舶行业特点,适当提高配套流动资金贷款比例,加大中长期贷款支持力度。鼓励金融机构创新产品与服务,降低高端船舶和海洋工程装备制造企业融资成本,有效拓宽高端船舶和海洋工程装备制造企业融资渠道。落实建造中船舶海工抵押融资制度,开辟抵押登记办理"绿色通道",压减办理时限,对信用记录良好的船舶海工企业提供容缺受理、并联办理等便利服务。

鼓励上海企业通过在境内外上市融资、发行各类债务融资工具,优化融资结构,尝试在对外贸易及相关投融资活动中使用人民币计价结算,降低汇率风险,减少汇兑成本。鼓励研发单位与风险投资机构合作,创建风险投资基金。支持符合条件的高端船舶和海洋工程装备企业上市、增发股票和发行债券,拓宽融资渠道。大力发展融资租赁业务,加快船舶融资租赁服务体系建设。鼓励优质骨干企业开展市场化债转股,降低资产负债率。

(二)加快五大核心领域布局,提升产业核心竞争力

当前,世界船舶科技发展迅速,国际造船新规范、新标准频繁出台,船东对技术、质量要求更加严格,日韩等主要竞争对手加大科技创新力度,我国船舶工业面临更大的挑战。上海必须适应市场结构的变化,加大研发投入,提高创新能力,努力开发适应市场需求的绿色环保船舶、打造品牌船型,以技术引领市场,提升自主研发和信息化水平,打造核心产品和自主品牌。

1. 加强创新型、复合型技能人才的培养

设立高端船舶和海洋工程装备智能制造海外培训基金,加大领军人物培育力度,积极推进创新团队建设,形成高层次科技人才和管理人才的梯队集聚。引导支持重点企业培养高端船舶和海洋工程装备智能制造专家,扩大高端人才队伍。支持重点企业、海工企业协会、科研院所及相关高等院校打造建立高端船舶和海洋工程装备人才培训基地,邀请国内外著名海工企业的专家和高级人才定期开展(智能化)设计、建造、管理等关键岗位培训。

鼓励多层次、多渠道、多方式的国际科技交流与合作,积极引进海外智能制造人才,为上海本地人才库输血。整合上海本地教育资源,加强船舶与海洋工程学科建设并谋划设立智能制造专业,培养海工智能制造专才。探索建立创新激励机制,加强知识产权的奖励维护力度,激发科研人员的积极性。

2. 聚焦产业高端化发展

把向高技术、高附加值的装备模块设计和制造推进和转移,作为上海高端船舶和海洋工程装备制造业发展的重点。加快探索智能制造的应用及技术的掌握,为上海高端船舶和海洋工程产业向产业链高端攀升提供强大的推动力。在短期内鼓励上海大集团公司收购国外高端船舶和海洋工程设计商,以迅速

获得国际领先的设计能力。在自主研发阶段形成的自主技术真空期内，仍然要重视从引进—消化—吸收逐步向独立自主创新转化。长期发展要推动产业协同创新，引导上海本地智能制造相关企业加大针对高端船舶和海洋工程装备制造企业的各类配套产品研发和设计，组织上海本地高校、科研院所与重点企业研发部门一起开展高端船舶和海洋工程装备智能制造技术攻关，联合制定高端船舶和海洋工程装备智能制造发展的技术路线图，在申报国家重大科技专项支持的同时，将其列为本地重大技术攻关项目、重点项目和重大工程，并设立专项资金予以支持。

聚焦高技术船舶、高端海工装备、绿色（纯电动或使用氢燃料电池、氢内燃机等）智能船舶、特种船舶、深海锚泊及动力定位控制系统等重点领域，支持骨干船舶海工企业开展关键核心技术攻关，提升自主创新能力。支持船舶海工龙头企业联合优势高校院所和上下游企业，组建创新联合体，承担国家和省重大科技攻关任务。围绕深海勘探成套装备、多功能 LNG 船、油气关键装备、绿色智能船舶、远海风电场配套、海工平台关键配套等技术方向，加快重大科技成果转化和产业化应用，提升关键配套能力和自主可控水平。

加快推动绿色智能船舶、深远海装备、极地装备等新技术新产品应用，发布高技术船舶海工重大战略产品清单，加大对列入清单的首台套产品支持力度。

3. 集中传感器技术攻关

中国 90% 传感器依赖进口，上海可以通过国产化来降低成本，基于创新的光电集成芯片和光学传感原理，基于光电集成芯片技术，依靠发展成熟的集成电路的制造设备与工艺水平和国产化的集成电路芯片制造水平，搭建起的芯片产业链，进一步提升稳定性、可靠性。

通过国内外密切合作，开发具有自主知识产权的芯片级海洋物理、化学和微生物传感器，并且实现微型化与国产化，应用到高端智能装备的制造领域。增强科技攻关能力，强化自主创新成果的源头供给，加强技术团队的学科交叉与协同攻关，强化新原理、新方法创新与已有技术完善，多项并举，掌握海洋科技发展主动权，合力解决海洋传感器领域的"卡脖子"问题。

4. 全面加快信息化进程

大力推进制造信息网、研发网、物流网"三网"建设。将信息技术应用到高端船舶和海洋工程装备制造业的运营过程，并在产品生产研发、项目管理、业务拓展执行、市场开发等方面广泛运用相关信息技术。建立和完善基于产业链的高端船舶和海洋工程装备制造信息网，促进原材料和配套系统供应商、海洋工程装备的设计与承建商与海上钻采服务商及海洋石油化工企业之间的信息交换，增强海洋工程装备制造业产业链上下游的合作，提高全产业链在新产品、新技术、新工艺开发过程中的参与度，进而提高整个链条的竞争力。

打造高端船舶和海洋工程装备研发网络平台,促进"产、学、研、用"间的合作,在专业化分工的基础上,利用研发网络平台提高联合研究的效率,培育重点海工装备制造企业的总装和集成能力。充分利用云计算、物联网、北斗导航及地理信息等现代信息技术,建立统一采购、仓储、配送的信息化、智能化的成套物流服务系统,按生产节奏为高端船舶和海洋工程装备制造企业提供精准、高效的物流服务。

5. 实施新一轮品牌战略

加强科技创新,进一步突破技术垄断,向高科技含量、高附加值船型发展。建议上海以提高生产效率、降低制造成本为核心推进各项工作。通过加强财务管理,狠抓降本增效,推进两化融合,发展智能制造,实行精益造船,控制采购成本,降低能源消耗等措施,全面提升企业管理水平。实施质量品牌精品工程,着力打造品质高端、信誉过硬、市场公认、全球领先的上海船舶海工精品。建立企业申报和专业机构评级机制,组织船舶检验机构、行业协会等相关单位对企业自主开发的船舶海工产品给予冠名认可和授牌。开展船舶海工配套设备企业评级,促进上海自主船舶海工品牌和关键配套设备的推广应用。

一方面,加快自主品牌船用柴油机研发和产业化,推动船用动力系统、电站系统、舱室设备等优势配套产品进入高端产品市场,扩大市场占有率。建设船用柴油机二轮配套产业基地,完善本土化二轮配套体系。另一方面,重点发展自主知识产权的智能型柴油机、LNG船用双燃料发动机,智能化电控系统、高效增压器等柴油机关键部件和系统,提高海工配套装备的自主率。

(三)加大风险防控力度,确保产业韧性和安全发展

1. 坚定不移地去产能、调结构

国际造船市场供过于求的矛盾将在未来较长时间内存在,上海企业要高度重视去产能工作的重要性、艰巨性和复杂性,坚决遏制以建造高技术船舶扩张产能的冲动,坚持走市场化、法制化去产能道路。积极开拓船舶和海工装备制造产业与旅游、渔业、可再生能源、深海空间和矿物资源开发等领域的结合,拓展细分市场主动创造需求,培育新的经济增长点,加快产业结构优化调整。

2. 保持产业链稳定

依托船舶海工总装等产业链链主企业,搭建专业技术交流供需对接平台,鼓励建立长期采购、物流供应机制,推动企业加强区域配套、加快国产化替代,吸引产业链制造、技术服务等企业落户,形成稳定配套联合体。建议加强原材料价格宏观调控,维持生产要素市场稳定,促进高端船舶和海洋工程装备产业良性发展。提高国产化替代率,推动钢铁、船舶产业链合作,促进上下游产业

链融通创新发展。

3. 加强订单风险管控

当前，国际船舶和海洋工程装备产业外部市场环境严峻，在手船舶和海工项目订单延期交付，甚至撤单情况频发。上海企业应充分认识项目风险的重要性和紧迫性，加强和完善项目全流程管理和风险防范，减少企业自身违约风险因素。对在建项目，结合客户具体需求，帮助客户解决融资和运营租赁等方面的困难，为装备交付创造条件；对已出险项目，紧密跟踪仲裁、赔付等工作进展情况，采取有效措施积极应对，避免出现系统性风险。

（四）应对绿色低碳需求，全面实现产业体系绿色发展

1. 大力引导绿色化转型

随着全球日益严苛的绿色环保要求，高端船舶和海工装备行业绿色发展成必然趋势。建议上海市研究制定绿色船舶发展规划，集中力量开展绿色船舶和海工装备技术研究。上海相关企业应瞄准最高排放控制标准，大力发展数字化造船、推行绿色造船，从船型、气耗、安全监控等方面进行了系列化、标准化研究设计。跟随和领先国家产业结构调整的趋势和节奏，提升新造船舶能效水平，优化用能结构、业务结构，逐步将传统化石能源、高耗能产业的业务规模调整至合理区间，减少碳排放。要通过多种途径跟踪、掌握新能源技术发展趋势，在充分论证的前提下，大胆地实验、尝试，积极发展双燃料动力超大型集装箱船，争取在新能源与清洁能源的应用上取得先发优势，在新的竞争格局中取得话语权。研究《波塞冬金融机构原则》以争取国际融资机构的支持，推动上海发展环境友好型远洋船舶。

2. 大力构建绿色供应链

上海相关企业要把绿色供应链管理融入全生命，通过绿色供应商管理、绿色采购等方式，优化上下游企业间的供应关系，逐步形成全新的生态链运转模式，带动上海高端船舶和海洋工程装备行业供应链持续提升绿色绩效。大力研制绿色低碳船舶配套产品，研发高端船舶和海洋工程装备动力替代燃料及相关技术，发展氢燃料发动机和燃料供应系统、加大燃料箱的尺寸、强化热保护系统、防止氢泄漏等技术，增强电池能量密度、提升电池推进系统效率。在造船环节，研发基于大数据的智慧能源管控信息系统，开展"源头治理"和强化"溯源式管理"，形成从生产源头到环保末端处置全过程的融合性解决方案，大力开展固废治理，创建"无废工厂"。

3. 大力发展绿色材料

近年来，国产品牌的船舶与海洋工程装备涂料有了一定的发展，但在顶级类别涂料与国外品牌还有一定差距，高端船舶与海工装备涂料以及防腐保护解决方案长期依赖国外品牌的局面仍未得到整体改善，国产化发展仍任重道

远。上海企业应积极开展相关技术研究,发展绿色涂料,力争达到国际先进水平。此外,上海应鼓励企业积极采用低碳绿色钢铁材料,引导船企和宝武钢铁集团合作,支持参与钢铁行业 EPD 平台工作,共同促进高端船舶与海洋工程装备产业链绿色发展。

执笔:
  赵文斌 上海社会科学院新经济与产业国际竞争力研究中心特邀研究员
  耿梅娟 同济大学经济与管理学院教授

2021—2022年上海新能源汽车产业国际竞争力报告

习近平总书记指出:"发展新能源汽车是我国从汽车大国迈向汽车强国的必由之路。"随着新一轮科技革命和产业变革加快推进,近年来全球新能源汽车产业发展驶入快车道,新产品新技术不断迭代升级,产业链供应链持续调整布局。作为引领全球汽车产业转型升级的重要力量,中国新能源汽车进入从跟跑到并跑的关键时期,上海作为中国新能源汽车代表,在参与全球竞争中的表现尤其值得关注和期待。

一、2022年上海新能源汽车产业发展外部环境新特征

一是新消费带来新结构。2021年以来,受到持续疫情和地缘政治等多重影响,全球经济复苏艰难,消费低迷,全球汽车销量5%的增长率虽低于疫情前水平,但新能源汽车销售却表现出爆发式增长态势。2021年,全球新能源汽车销量达到650万辆,同比增长达108%,创下全球新能源汽车产业化以来的增速新高,中国地区销售占比超过60%,远高于第二位欧洲(35%)和第三位美国(8%)。

二是新生产创造新模式。传统汽车产业供应链普遍奉行"零库存"体系来提升生产效率,这一趋势在现代信息技术和高效物流体系的推动下走向了极致,造就了现代汽车产业"高效而脆弱"的JIT(JUST IN TIME)供应链。近年来的疫情导致供应链中断和部分产品紧缺(如汽车芯片)改变了企业的预期,促使企业重新构建"更安全而有韧性"的供应链。整车企业积极介入上游核心零部件产业,同时利用下游消费者数据来优化生产中的供应链管理。从数字生产端到数字消费端的全数字化场景,使得智能网联和新能源技术进入"交融共生"的新阶段。电池、汽车电子和车规级芯片、软件(包括自动驾驶系统)和集成制造四大领域构筑起全球产业链新布局。

三是新贸易引发新规则。2021至2022年间,全球迎来一系列重大贸易

协议规则变化,使得上海新能源汽车参与国际竞争的环境进一步复杂。第一,2022 年,《区域全面经济伙伴关系协定》(Regional Comprehensive Economic Partnership,RCEP)的正式实施为中国汽车产业迎来出口机遇。协定生效后区域内 90%以上的货物贸易最终实现零关税。在整车领域中,中国汽车产品对东盟国家的出口将更具有竞争力,同时 RCEP 缔约国中,中、日、韩为主要汽车生产国,在日本和韩国零部件产业的支撑下,中国汽车产业对非 RCEP 国家的出口将呈现更低的成本和更强的竞争力。第二,《数字经济伙伴关系协定》(Digital Economy Partnership Agreement,DEPA)的实行使得汽车智能网联、大数据的国际合作和开发迎来新机遇。2021 年 11 月,中国正式提出加入 DEPA。DEPA 的设立给予了数据在地区间流动、使用和保护的一般标准,作为未来智能网联汽车发展。第三,欧盟"碳关税"新政或将形成新壁垒。2022 年 6 月,欧洲议会表决通过了碳边境调节机制(Carbon Border Adjustment Mechanism,CBAM)法案的修正案,这是继 2021 年 7 月以来,欧盟委员会与欧盟理事会先后通过碳边境调节税的征收机制法案后,欧盟碳边境调节机制立法的重要一步。一旦欧盟将汽车产业纳入碳关税名单,中国新能源汽车出口将会受到较大影响。第四,2022 年 8 月,美国政府出台《通胀削减法案》(Inflation Reduction Act),政府将向电动汽车行业实行直接补贴改为对购买电动汽车的消费者提供大幅的折扣或免税,其要求必须是在美国本土组装的汽车才能够获得补贴,还特别针对中国产品规定,从 2023 年起拥有中国零部件的电动汽车在美国市场将不再有资格获得任何补贴。其中包含了任何中国产部件,包括电池。总结来看,美国政府现阶段的产业政策核心表现为对新能源汽车产业的"本土化"和"去中国化"。

四是新场景期待新治理。在未来智能网联汽车的发展中,自动驾驶技术是其核心,在发达国家的实践中,已经超前开始了对自动驾驶领域的立法和规制工作。2022 年美国交通部国家公路交通安全管理局(NHTSA)发布首个《无人驾驶汽车乘客保护规定》,明确了全自动驾驶汽车不再需要配备传统的方向盘、制动或油门踏板等手动控制装置来满足碰撞中的乘员安全保护标准,进一步放宽自动驾驶车辆产品的硬件设置,降低厂商成本。在欧洲,2021 年 5 月,德国联邦委员会全体会议通过自动驾驶法,允许 L4 级别(高度自动化驾驶)自动驾驶汽车于 2022 年起在德国公共道路上行驶,并不需要人类驾驶员或安全员监管。在亚洲,2021 年 9 月,日本政府正式推出全新的自动驾驶项目 Road to the L4,旨在普及包括 L4 级自动驾驶之内的先进的交通服务。预计到 2025 年,日本将在全国 40 多个地区扩大自动驾驶车辆的使用。而之前日本的现行法律规定,自动驾驶汽车上路的最高等级为 L3 级。

二、2022年上海新能源汽车产业国际竞争力分析

(一)上汽集团、特斯拉双轮驱动,国际竞争优势凸显

在上汽集团和特斯拉发展的双轮驱动下,2021年上海汽车产业出口创历史最好水平。根据上海海关数据,2021年上海市出口汽车48.4万辆,出口额570.1亿元,均创历史新高,同比分别增长136%和206%。2021年,上海汽车制造业完成出口交货值816.01亿元,规模创历史新高,占全国同行业出口交货值16.5%,比重较上年提高5.5个百分点。其中,上汽集团和特斯拉贡献突出。上汽集团积极"走出去"打造"全球车",2019年起出口交货值占汽车制造业比重逐年提升,2021年占比超过三分之一;为弥补海外产能不足,特斯拉将上海工厂调整为全球出口基地,7月份起累计出口率始终维持在25%以上,出口交货值占汽车制造业近四成。

2022年上半年,上汽集团和特斯拉在产品出口上依然保持了高速增长,上汽集团海外销量达38.1万辆,同比增长47.7%,保持国内行业第一;特斯拉上海超级工厂实现出口97 182辆汽车,同比增长超过100%,占中国新能源汽车出口总数的48%。

在总量提升的同时,出口产品和出口目的地实现质的转变。一是产品出口率先实现新能源化。2019年起,上海的汽车产业出口就已经开始了向新能源汽车产品的转变,2021年更是出口产品的全面新能源化,新增的出口额以及原有的出口额中都有大部分转变为新能源汽车产品;二是目标市场率先攻克全球最高端市场。新能源汽车的价格更高,发展中国家的市场并不能容纳,而

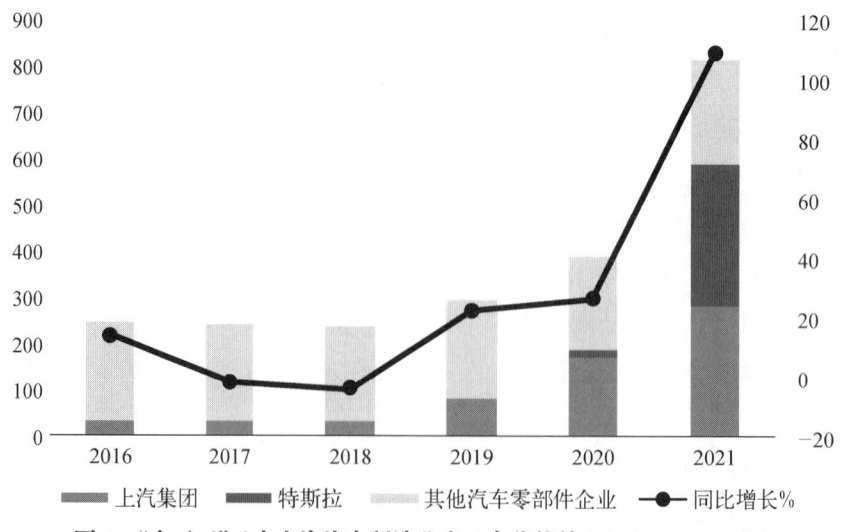

图1 "十三五"以来上海汽车制造业出口交货值情况(2016—2021年)

发达国家面对碳达峰、碳中和的发展压力,大力推广新能源汽车。2021年,凭借着在这一领域中较为领先的地位和产业优势,上海新能源汽车产业对欧洲国家的出口实现了大踏步提升,欧盟更是一跃成为上海新能源汽车产业最大的出口地。

(二)产能规模持续增长,产业链供应链成本增加

2021年上海汽车产量达到283.32万辆,同比增长7%,一举扭转自2018年以来的下滑趋势,重拾增长态势;新能源汽车产量达到63.2万辆,同比增长165%,占全国比重17.8%。在具体车型的产量变化上,运动型多用途乘用车(SUV)产量增长15.0%,增速高于全国8.8个百分点;轿车下降13.2%,全国为增长5.7%;多功能乘用车(MPV)下降2.2%。

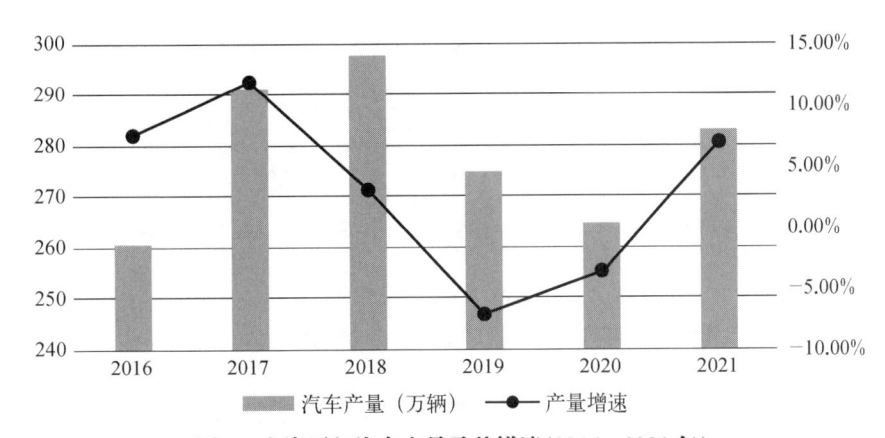

图2 上海历年汽车产量及其增速(2016—2021年)

2021年上海汽车制造业产值达7 585.55亿元,同比增长21.1%,占全市规上工业总产值的19%,其中,新能源汽车制造业产值为1 772.6亿元,同比增长190%,突破千亿元大关。自2020年末以来,全球范围内芯片短缺持续困扰汽车生产。2021年,受同期疫情停产导致低基数影响,上海汽车制造业生产高位开局,一季度产值比去年同期增长76.8%,为全年最高点,之后受缺芯影响快速回落;上半年增速较一季度大幅回落39.9个百分点;下半年,芯片供应情况逐步好转,增速回落趋势边际放缓;2021年全年完成工业总产值7 585.55亿元,比2020年增长21.1%,增速较2021年上半年和前三季度分别回落15.8个和3.5个百分点。在特斯拉、大众MEB工厂等项目提产带动下,上海汽车制造业工业总产值两年平均增长15.0%,高于"十三五"前四年平均增速8.4个百分点。但同时,随着芯片等原材料价格上涨,上海汽车制造业利润明显承压。2021年全年实现利润总额598.73亿元,比2020年下降0.6%。

（三）基础设施日益完备，应用场景逐渐丰富

2021年2月，上海市发布《上海市鼓励购买和使用新能源汽车实施办法》（沪府办规〔2021〕3号），对购买新能源汽车继续给予免费专用牌照政策支持。在政策的有力支撑下，从2019年开始，上海市新能源汽车推广量持续高速增长，2021年新增推广25.4万辆，同比增长105%，累计推广数量达到67.7万辆，上汽、特斯拉、比亚迪、威马、蔚来等100余家车企的1000余款车型在上海实现销售，推广总规模位居全国城市第一。

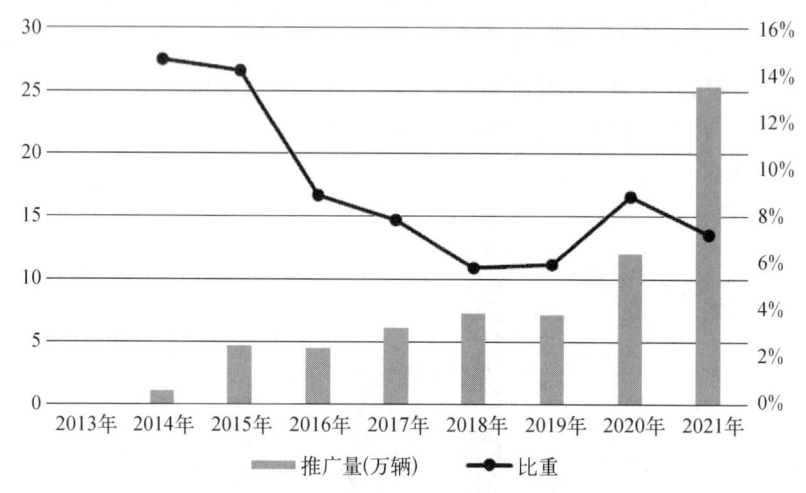

图3　上海新能源汽车历年推广量及其占全国比重（2013—2021年）

经过多年建设，上海新能源汽车产业基础设施相对完善，公共服务平台基础较好。2021年新建换电站超过50座，服务于乘用车、港口集中箱转运车、大型物流车等多类车型。累计建成各类充电桩52.1万个，车桩比约1.2∶1，在全国处于领先地位。

上海累计建成充电桩52.1万个（车桩比1.3∶1，居全国领先地位）、换电站80座、加氢站11座；建成15个国家级、百余个市级公共服务平台和技术中心，新能源汽车大数据平台、动力电池溯源平台、充电设施管理平台等服务能力持续提升；上汽牵头会同国投创新、国际汽车城等设立上海市智能汽车创新发展平台公司，开展共性技术开发和标准体系研究。

为推动燃料电池车尤其是氢燃料电池车发展，建设加氢站成为重中之重。据香橙会研究院统计，截至2021年6月底，上海市已建成、在建/拟建加氢站达44座，位列全国第二。

（四）政策环境效果显著，产业生态加快构建

作为上海重点发展的六大产业之一，汽车产业是经济关联度最高，影响最大的产业，在转型发展的新阶段，上海自2013年起就相继出台了关于新

能源汽车产业发展的产业政策。2021年2月，上海市发布《上海市加快新能源汽车产业发展实施计划（2021—2025年）》，加快打造具有全球影响力的汽车产业发展高地，对上海新能源汽车产业的产业规模、核心技术、绿色交通体系、网联化智能化、基础设施配套和政策体系六方面进行了规划。明确了到2025年，新能源汽车产量超120万辆，产值突破3500亿元，新增销售车辆中纯电动占比超50%，燃料电池汽车总量突破1万辆，建成并投入加氢站超过70座等。

在重点领域氢燃料电池的发展上，上海城市群燃料电池汽车示范应用获批并率先启动实施。上海牵头联合苏州、南通、嘉兴、淄博、鄂尔多斯、宁东能源化工基地6个城市（区域），形成"1+6"燃料电池汽车示范应用城市群，于2021年8月获批国家首批3个城市群之一，计划在4年示范期内推广5000辆燃料电池汽车，建设73座加氢站，全面突破燃料电池电堆、膜电极、双极板、催化剂、空压机、质子交换膜、碳纸、氢循环系统8项关键零部件。2021年11月，市经济信息化委组织召开了上海城市群燃料电池汽车示范应用工作第一次联席会议，率先启动实施燃料电池汽车示范工作。2021年12月，市经济信息化委牵头率先发布了首批示范应用任务，共计1000辆燃料电池汽车。

为加快推动技术创新和产业转型升级，2021年10月，上海市经济信息化委、市公安局、市交通委联合发布《上海市智能网联汽车测试与示范实施办法》，围绕"高速""商业化运营""完全自动驾驶（无安全员）"和"网络数据安全"等方面作了创新突破，明确申请主体可以开展高速、快速路测试，开展特定路线的智能网联汽车载人、载物或特种作业的准商业化运营活动，支持浦东新区制定完全自动驾驶智能网联汽车测试与应用的管理措施。

为进一步顺应产业发展大趋势，发挥长三角一体化集群效应，上海积极参与并成立长三角新能源汽车产业链联盟，建立上海产业外经工作网络和联络机制。

三、2021—2022年上海新能源汽车产业国际竞争力指数分析

（一）上海指数呈现高位稳定增长特征

2021—2022年，上海新能源汽车产业国际竞争力指数为116.08，比2020年增长2.88，指数增幅为1.95%。2017至2021年间，上海新能源汽车产业国际竞争力指数由2017年的100.04上升至2021年的116.08，连续五年保持了高位稳定增长态势。其增长既包括了实际竞争力的增长，还包含着高于国内其他地区的相对竞争力增长。

在中美贸易摩擦加剧、疫情反复冲击、芯片断供危机的复杂背景下，新能源汽车产业的快速发展不仅有力支撑起了上海汽车产业的转型升级，更是成

为上海经济稳增长的重要抓手。2020年和2021年间,特斯拉上海工厂的投产带动了大量产业链企业落户上海,随着特斯拉在海内外的热销,上海新能源汽车海外布局加快推进。同时上汽集团抓紧转型升级,相继创立了R、智己等新能源品牌,开启了产品结构和品牌结构的全面升级。

图4 上海新能源汽车产业国际竞争力指数及其增速(2017—2021年)

(二)"上海创造+上海制造"提升国际竞争力

二级指数中,贸易竞争力、企业竞争力和创新竞争力五年间分别增长了24.84％、39％和30.01％,是支撑上海新能源汽车产业国际竞争力指数增长的主要力量。

表1 上海新能源汽车产业分指数测算结果

分 指 数	2017	2018	2019	2020	2021
贸易竞争力	79.44	85.82	84.82	89.72	99.17
企业竞争力	70.83	78.34	88.84	105.33	98.46
产业竞争力	116.14	114.03	130.50	134.32	122.88
区域竞争力	126.53	126.62	126.13	124.43	125.73
创新竞争力	96.02	110.35	105.23	111.44	124.92

1. 上海新能源汽车贸易竞争力增长最快

贸易竞争力的上升代表着上海良好的产业基础和近年来在贸易表现上的稳步提升。在具体测算竞争力指数的指标上,贸易竞争力包含显示性比较优势指数(RCA)、贸易竞争力指数(TC)、行业复杂度(ICI)和对外贸易依存度,代表着产业竞争力在贸易上的直接表现。上海新能源汽车产业贸易竞争力指数变化如图5所示。

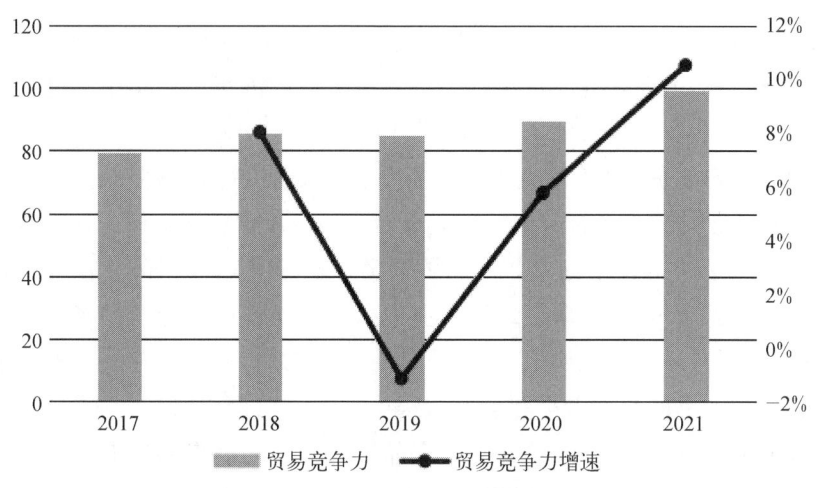

图5　上海新能源汽车产业贸易竞争力分指数变化（2017—2021年）

在2017—2021年间，上海新能源汽车产业贸易竞争力指数总体保持较为稳定的增长态势，其中2018年开始受到中美贸易摩擦的影响，上海贸易竞争力指数在2019年出现了负增长，但是受益于2020年碳达峰、碳中和的目标在全球范围内达成共识，全球新能源汽车产业开始实现快速增长。凭借着在新能源汽车领域中的先发优势和特斯拉的落户，上海新能源汽车产业贸易竞争力指数在2020年起恢复了增长，并且在2021年其增速得以进一步加快。

在影响贸易竞争力的指标中，RCA、TC和行业复杂度是主导指数的变化的因素。如图6所示，2017年至2021年间，上海整体汽车产业的RCA指数和TC指数持续上升，其中RCA指数由2017年1.07上升至2021年的1.79，上

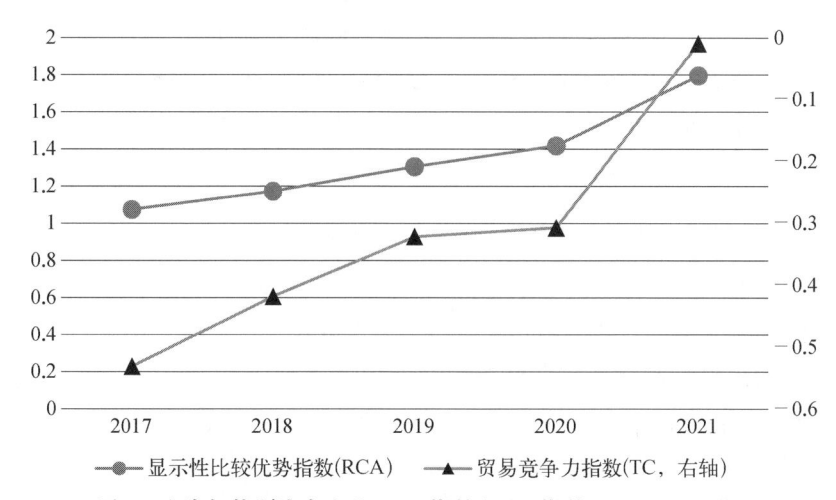

图6　上海新能源汽车产业RCA指数和TC指数（2017—2021年）

升极其显著,特别是2021年全年,受益于特斯拉和上汽集团海外市场的热销,上海新能源汽车出口迎来了爆发式增长的一年,相对应的RCA指数也表现出高于以往多年的增长速度。同样,TC指数也受益于出口的持续增长,在2021年增长至-0.009,接近0的水平,表明上海在汽车和新能源汽车领域中的贸易逆差基本消失,上海新能源汽车的出口支撑上海的汽车产业实现了进出口的均衡,整体产业竞争力得到了较大的提升。

另一个影响贸易竞争力指数的指标是行业复杂度。行业复杂度是基于产品空间理论创造的一个指标,通过单个产品的RCA指数标定该产品的技术复杂度。对一个产品而言,能生产出口的国家越多,该产品的技术水平和附加价值等通常越低。最后,将单个地区产业中所含的所有产品即产品复杂度根据出口比重进行加权后,得到该产业的行业复杂度数值,代表了这一产业能够在全球提供的产品的技术水平和竞争力程度。通过对全球汽车产业(包括新能源汽车)的相关产品进行测算并对其产品进行加权之后得到的上海新能源汽车产业行业复杂度指数,其结果如图7所示。

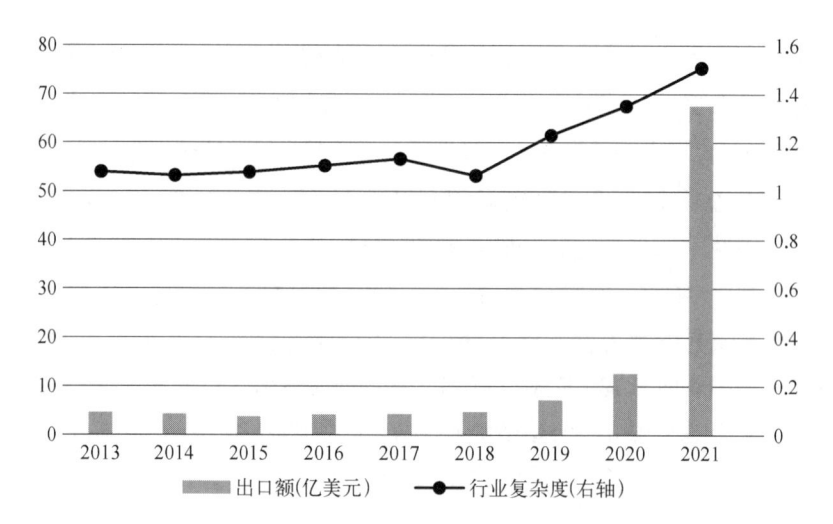

图7 上海新能源汽车产业出口额和行业复杂度(2013—2021年)

注:出口额包含电动电池、新能源汽车整车等相关产品,故而与后文中上海汽车产业出口交货值数据有所不同。

由图7可以看出,上海汽车(包括新能源汽车)产业出口额和行业复杂度在2013年至2018年间表现基本平稳,并没有出现显著的上升趋势,在2018年甚至出现了下降的势头。但从2019年开始,上海汽车(包括新能源汽车)产业出口额和行业复杂度指数开始快速上行,也正是2019年开始,上海新能源汽车产业的出口开始加速,至2021年的全面爆发,上海汽车产业出口在新能源汽车的支撑下实现了出口的"量""质"齐升。一方面,新能源汽车产业带动了整体汽车产业的出口,扭转了长久以来上海在汽车领域中的贸易逆差的局面;另一方面新能源汽车的出口更是提升了上海汽车产业出口的技术水平,增强了上海汽车产业的国际竞争力。这表明,上海新能源汽车产业出口规模的扩大依靠的是产品的升级和技术的提升,与传统凭借价格优势进行出口的模式发生了极大的改变,总体产业发展质量表现出显著的提升。

2. 上海新能源汽车企业竞争力厚积薄发

企业竞争力提升的背后,是上海新能源汽车企业在产品多样性、产量、企业数量等方面都表现出持续的增长,夯实了上海新能源汽车内部产业链的完整稳定。企业竞争力包含地区新增新能源车型占比、地区新能源汽车产量占比、产业链强度和产业韧性度指标,代表着地区产业中企业在产业发展中的直接表现。上海新能源汽车产业企业竞争力指数在2017—2020年间,年增长速度超过10%,呈现高速增长态势,2021年出现小幅下降为投产周期所致。

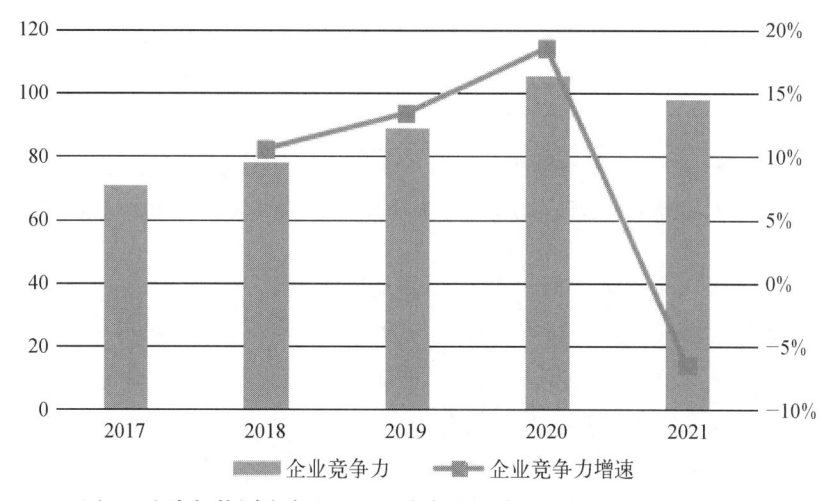

图8 上海新能源汽车产业企业竞争力分指数变化(2017—2021年)

整车方面,上海新能源汽车新增车型比重和产量比重都有持续、稳定的增长。通过不断丰富产品线,增加新能源汽车产量,上海新能源汽车产业把握住了产业发展的大趋势,逐步实现了新时期的产业转型,提升了整体产业的国际竞争力。

如图9所示,自2016年开始,上海新能源汽车踏上了迅猛发展的道路,特别是2019年以后,上海引入特斯拉之后更是给产业发展注入了一针强心剂。在2020年特斯拉投产带动下,当年新能源汽车新车型有较大幅度上升,导致高基数下2021年该指标表现有所下降。

零配件方面,随着上汽集团和特斯拉在新能源汽车领域中的快速增长,大量新能源汽车零部件企业开始布局上海,但是2021年这些企业还处于导入阶段,有很大部分都没有投产。如2021年6月,宁德时代在上海建造完工 80 GWh 电池工厂。2021 年底宁德时代位于上海临港的新电池工厂开始为特斯拉供货。同年,宁德时代(上海)智能科技一体化电动底盘研制项目及瑞庭时代上海智能动力系统项目(二期)已于中国(上海)自由贸易试验区临港新片区正式开工建设。宁德时代的落沪补足了上海新能源汽车产业链中的短板,但是其产业效应还未显现,故而在 2021 年的企业竞争力的增长上有所缺失。随着大量在建项目的建成投产,上海企业竞争力将继续迎来高速增长。

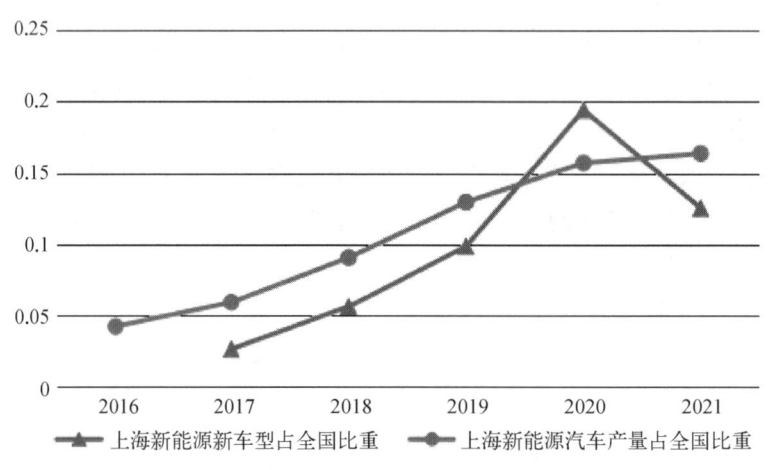

图 9 上海新能源汽车新车型和产量占全国的比重(2016—2021 年)

3. 上海新能源汽车产业竞争力面临压力

上海新能源汽车产业竞争力指数包含劳动生产率、行业利润率、新产品产值占比和国内市场占有率指标,代表新能源汽车产业发展的产业基础的评价,衡量了上海传统汽车产业的发展状态以及上海新能源汽车产业所表现出的产业水平。上海新能源汽车产业的产业竞争力指数变化如图 10 所示。

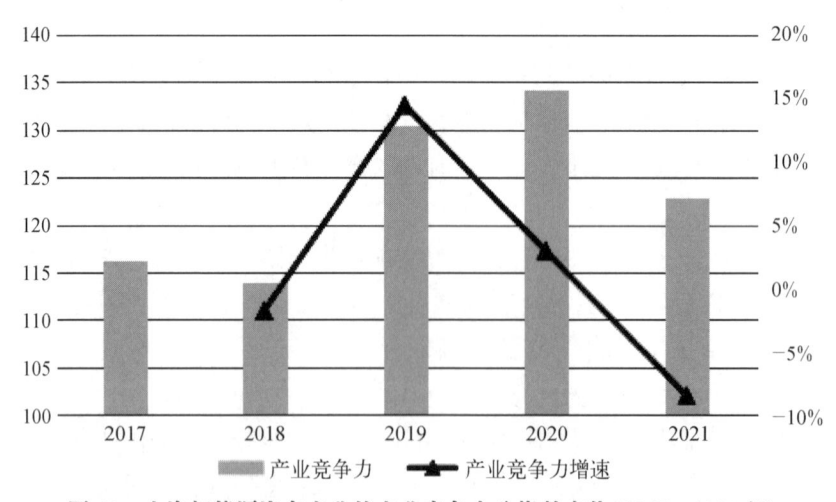

图 10 上海新能源汽车产业的产业竞争力分指数变化(2017—2021 年)

上海新能源汽车产业的产业竞争力指数波动较大,但长期处于较强竞争力水平。在影响产业竞争力指数的指标中,行业利润率和行业劳均产值处于核心地位。自2017年开始,中国汽车产销达到2 900万辆的峰值水平后就出现了持续的下降,上海汽车产业的发展同样也受这一大环境变化的影响。上海汽车产业行业利润率自2018年开始出现了显著的下降,由2018年的16.33%下降至2021年的7.77%,下降超过50%。显然,在传统汽车产业盈利能力不断下降的情况下,新能源汽车的扩张虽然带来了营收的提升,但是并没有带来利润的增长。产业盈利问题是当前新能源汽车产业发展所需面对的最大问题。而劳均产值(全员劳动生产率)也在2019年开始出现逐步的下降,产品终端价格的下降最终传导至产业数据的表现,上海汽车产品在近年来价格的降低是劳均产值下降的最主要原因,表明在传统汽车领域中竞争力的降低。显然传统产业优势逐渐下降,而新能源汽车产业尚且较小,无法完全撑起当前上海汽车产业的整体发展。[①]

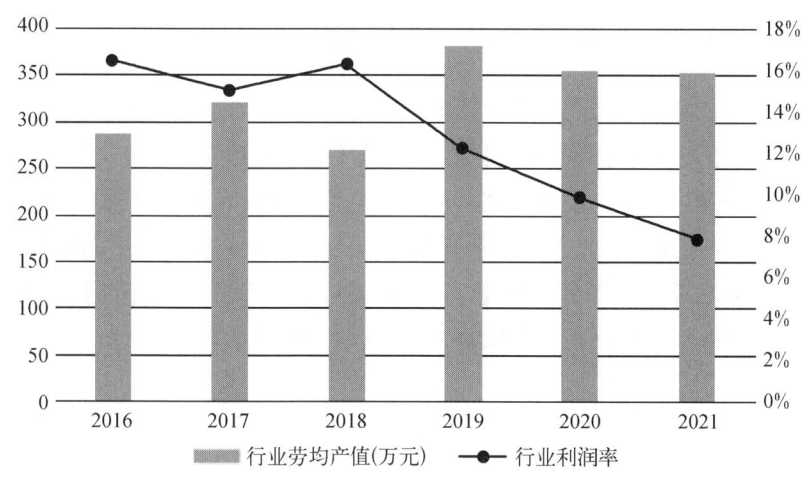

图11 上海汽车产业劳均产值和行业利润率(2016—2021年)

4. 上海新能源汽车区域竞争力保持稳定

区域竞争力包含产业集中度、税收政策和产业政策指标,是对区域产业总体发展的一个衡量。据测算,2017至2021年上海新能源汽车产业区域竞争力指数变化如图12所示。

上海新能源汽车产业区域竞争力指数在2017—2021年间变化不大,基本保持稳定。当前,新能源汽车产业已经成为各地发展的核心产业之一,无论是在财税政策还是相关的使用便利化政策上,地方政府相继竞争出台力度更大的产业政策。正是在这一政策锦标赛的竞争中,国内各省市之间的政策力度

---

① 详见《上海重点产业国际竞争力发展蓝皮书(2020—2021)》(上海社会科学院出版社2022年版)相关论述。

不断接近,也就决定了上海在区域竞争力上的高位稳定。上海区域竞争力的高位稳定背后是中国各地不断提升的政策支撑力度和产业发展力度,从指数的绝对值来看,上海依然处于较强的领先地位。

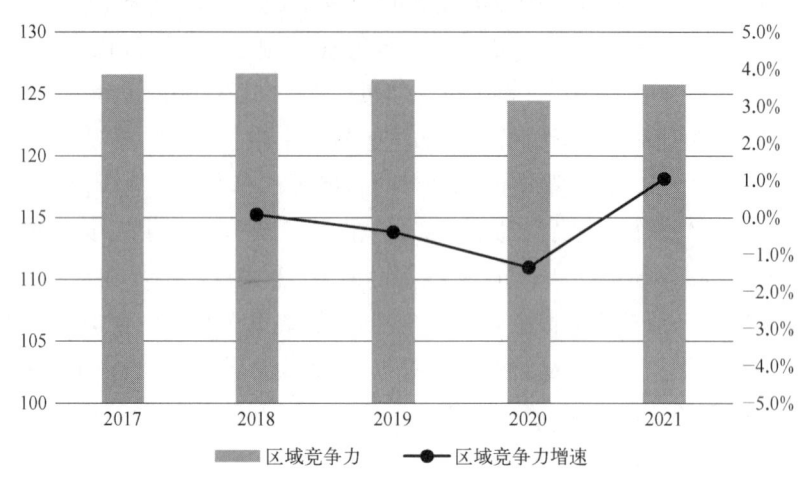

图 12　上海新能源汽车产业区域竞争力指数变化(2017—2021 年)

5. 上海新能源汽车创新竞争力表现优异

创新竞争力指标包含 R&D 投入强度、R&D 人员全时当量、发明专利数指标;故创新竞争力的本质是衡量地区产业在创新上的投入程度,是影响产业未来发展潜力的核心指标。近年来上海在新能源汽车产业上的投入不断增加,重大项目不断落地,相关成果持续涌现,有力地支撑了上海新能源汽车产业的发展。

上海新能源汽车产业综合竞争力指数如图 13 所示。

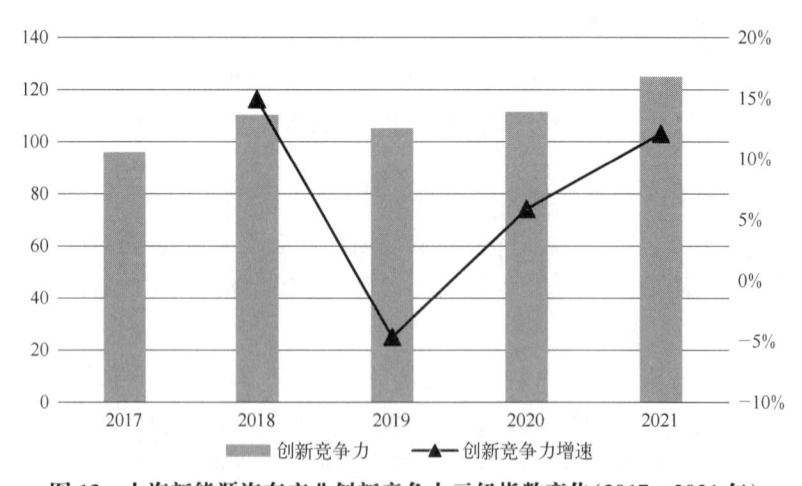

图 13　上海新能源汽车产业创新竞争力三级指数变化(2017—2021 年)

在总体上,2017—2021 年间上海创新竞争力指数保持增长,但在 2019 年出现了部分下滑,主要原因是受中美贸易摩擦的影响,上海汽车产业的研发投入在 2019 年经历了较大下滑,而在 2020 年更是遭受了新冠肺炎疫情、产业链中断等事件的影响,企业对研发投入更为谨慎。上海新能源汽车产业创新竞争力的主要指标包含行业研发投入和新能源汽车专利数(如图 14 所示)。

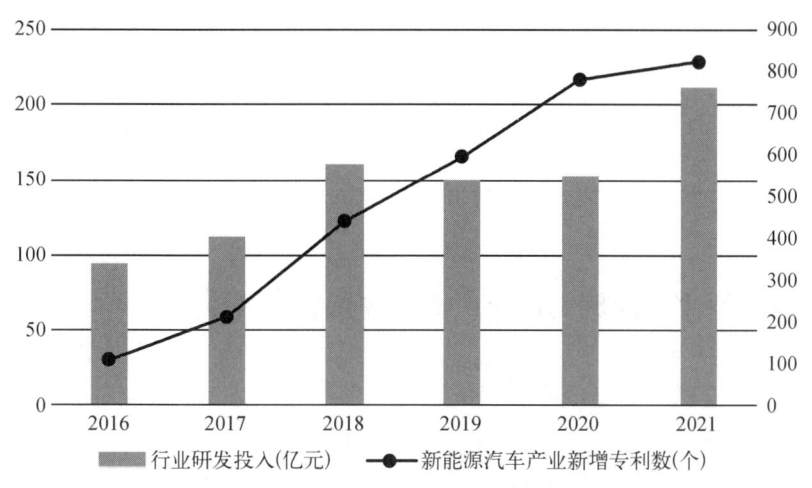

图 14 上海汽车产业研发投入和新增专利数(2016—2021 年)

在传统汽车产品的升级和新能源汽车产品的支撑下,上海汽车产业的新产品出口在过去六年间都保持了稳定上升的态势,整体产业国际表现良好。

2021 年之后,上海汽车产业在新能源汽车产销两旺的带动下迎来较强复苏,研发投入随之增长。上海在新能源汽车产品中的优异表现首先得益于企业长期、持续的研发投入,内部研发和引进海外技术是两种最主要的方式。上海汽车产业在 2016 至 2018 年间 R&D 内部经费支出由 141.33 亿元上升至 196.86 亿元,而 2019 年和 2020 年则表现为持续的下降。在研发支出下降的几年中,上海研发的模式也在发生转变,企业技术改造经费支出在过去三年间不断增长,而技术引进资金则在 2020 年经历了较大的下滑,技术引进资金的下滑表明上海汽车产业的发展逐渐在转向内循环的方向,更为依靠国内供应链的产业发展道路。

与汽车产业总体研发投入变化不同的是,上海新能源汽车产业相关专利数始终稳步上升,即便在 2019 年和 2020 年总体研发投入下滑和裹足不前的两年中都有较大数量增长。显然,在研发投入放缓的两年中,大量研发资金和项目转向新能源汽车专利领域,使得上海在这一领域中的技术优势得以不断提升。

表 2 上海汽车产业研发支出(2016—2020 年) (单位:亿元)

研发相关项目	2016	2017	2018	2019	2020
R&D 内部支出	141.33	165.69	196.86	182.68	164.72
技术改造经费支出	66.97	76.13	53.74	86.78	104.38

续表

研发相关项目	2016	2017	2018	2019	2020
技术引进经费支出	109.22	79.62	75.70	119.41	74.15
购买国内技术支出	1.79	1.95	120.07	4.16	2.56
新产品销售收入	4 044.63	4 925.59	4 589.38	4 446.53	4 115.76
新产品出口	48.39	61.92	92.73	105.90	133.05

四、2023年上海新能源汽车产业国际竞争力展望

(一) 全球产业链重构加速推进

1. 短期看,纯电动、混动、燃料电池多赛道发展

在2021年中国新能源市场的产品结构中,纯电动汽车与插电式混合动力汽车约为8∶2,纯电动汽车依然为市场的主体。但是随着排放法规的趋严,混合动力汽车在燃油车使用上的相近性且更容易到达排放法规的要求,故而插电式混合动力汽车将成为替代传统燃油车的重要抓手。

2019年4月,欧盟发布《2019/631文件》,规定2025、2030年新登记乘用车二氧化碳排放在2021年(95 g/km)基础上分别减少15%(81 g/km)、37.5%(59 g/km)。与之前十几年间实行的政策相比,新规规定了更大的二氧化碳排放量的降幅,给予厂商的过渡时期更短,并且更换了排放测试方法,使得排放测试更为严苛。中国的排放政策和双积分政策也逐年收紧,这使得传统燃油车越来越难以达到新的排放法规的要求,而混合动力汽车则能够规避掉这一限制。

就当前市场来看,2021年插电混动在欧洲市场新能源车占有率高达50%,但中国插电混车仅占新能源车的18%。混动汽车对传统燃油车的存量替代空间巨大。正是看到这一机遇,国内新能源汽车厂商开始大量推出混动产品。2021年自主混动份额快速提升,率先推出的比亚迪DM-i系列大获成功,并迅速成为国内插混市场的领头羊车企,市场份额遥遥领先。随着比亚迪DM-i的成功,其他自主车企也纷纷推出各自新一代的混动系统:长城汽车推出柠檬混动DHT,长安汽车推出了蓝鲸iDD,吉利汽车发布雷神智擎Hi·X,奇瑞汽车发布鲲鹏DHT超级混动。

另一方面,纯电动和燃料电气汽车技术的不断进步,其应用场景也在不断丰富,现有的优势将会进一步提升,进而最终在短期内产业发展将会呈现纯电动、混动和燃料电池多赛道发展的态势。

2. 中期看，自动驾驶领域蕴含系统集成新优势

汽车产业"新四化"（即电动化、网联化、智能化、共享化）已经成为社会的共识，而自动驾驶技术既是"新四化"转型基础，也是转型的具体技术方向。其中，网联化和智能化是未来自动驾驶的技术基础，更是承载着两化转型的具体技术。共享化更是需要自动驾驶作为技术手段作为支撑才能全面实现。所以，自动驾驶技术和产品的发展已经成为未来汽车制造和使用领域中的关键环节，对于产业的监管和规制也成为制约和促进产业发展的重要因素。

自动驾驶领域的法规制定和监管建设上欧美国家已经走在了全球前列，并且逐步倾向更为放开的政策导向。中国相关领域中的规则制定也在稳步推进。2021年，中国相继修订和出台了《道路交通安全法（修订建议稿）》《智能网联汽车生产企业及产品准入管理指南（试行）》等相关文件，初步在国家层面构建起了自动驾驶车辆的法律框架基础，正是在这一基础上，2021年底北京开始了对自动驾驶车辆商业化运作的试点。2022年6月深圳通过了《深圳经济特区智能网联汽车管理条例》，对智能网联汽车自动驾驶的市场准入规则、路权、权责认定等进行了明确规定，并于8月1日起实施。这是国内首部关于智能网联汽车的管理法规，也是深圳在新兴领域的又一突破性立法。相对于深圳而言，上海在相关法规上的制定已经落后，需形成系统集成新优势。

3. 未来看，"碳关税"时代全产业链低碳化布局未来

2022年6月，欧洲议会表决通过了碳边境调节机制（CBAM）法案的修正案。在现行的法案中并没有将新能源汽车产业作为"碳关税"的征收对象，但是随着新能源汽车产业出口规模的不断扩大，出于保护本国新能源汽车产业和降低碳排放的目的，欧盟很有可能将新能源汽车产业纳入"碳关税"体系中。中国电动汽车作为高碳产业，CBAM将不可避免地提高我国出口至欧盟产品电动汽车的总体成本，削弱中国产品在欧盟市场的竞争力。

2021年，全球新能源汽车85%的总销售额来自中国和欧洲。在全球范围内，50%的电动汽车集中在中国，35%在欧洲；紧随其后的是美国，为8%，其他国家为7%。

2021年上海市出口汽车48.4万辆，出口额570.1亿元，均创历史新高，同比分别增长136%和206%，占全国汽车整车出口约四分之一。上海本地汽车企业上汽集团和特斯拉上海工厂生产的新能源汽车的主要出口地就是欧洲市场。2022年上半年，特斯拉上海工厂出口汽车97 182辆，占同期中国新能源汽车出口总量的48%。

从欧洲碳关税的标准来看，在测算出口产品的碳排放时，新能源汽车碳排放的主要来源是生产中电力、煤炭、焦炭（钢铁生产时使用）等消耗，中国电力生产主要以火电为主，而欧洲国家则相对清洁能源为主，必然会导致我国单位电力碳排放高于欧洲国家，进而使得新能源汽车产品在出口欧洲时候被征收碳关税。汽车原材料中另一领域钢铁的生产上,中国钢铁企业的碳强度远高于欧洲,进一步增加中国新能源汽车生产的含碳量。欧洲国家也乐于看到中国新能源汽车相关产品被税,以此构建起一定的贸易壁垒,保护尚处于发展中的本土新能源汽车产业,进而实现本土产业规模优势的实现和国内产品竞争力的提升。

对于最终实现碳中和的目标而言,我国需要构建的是全产业链的可再生能源经济循环,简而言之,就是上游有以光电、风电为主的充足的可再生能源,下游实现消纳可再生能源的电力新能源汽车使用的能源生产和使用模式。由此,新能源汽车成为我国碳达峰碳中和关键的一环。另一方面,发展新能源汽车还有一定的战略意义:一是解决我国石油对外依存度过高问题;二是解决我国燃煤发电占比过大,大气污染严重问题;三是解决我国汽车产业技术长期落后于人的问题,实现弯道超车。

(二) 上海新能源汽车发展面临挑战

1. 新能源汽车产业进入了高增长、低利润、抢"芯"战、近布局阶段

在过去几年的发展中,上海新能源汽车产业发展已经进入了高增长的快车道,但是新能源汽车产业快速增长的背后是产业的低利润,对芯片和产业集聚程度的高需求。

上海汽车产业在向新能源汽车领域转型的同时,传统燃油车领域的优势在逐渐降低,产业盈利能力面临不断下滑的困境。上海汽车产业行业利润率自2018年开始出现了显著的下降,由2018年的16.33%下降至2021年的7.77%,下降超过50%。上海最大的汽车企业上汽集团净利润由2018年的360亿元下降至2020年的204亿元,2021年有所反弹达到245亿元,但2022年上半年仅为69.10亿元,同比下滑48.1%。上海汽车产业利润的降低源于上海汽车产业在原有合资燃油汽车产品上的竞争优势逐渐下滑,大众、通用等合资品牌产品销量和价格的同步下滑严重影响了上海汽车产业的盈利能力。而在迅速增长的新能源汽车领域,电池、电机等关键零部件企业成本高企,初期研发成果较高,当前还未形成稳定的盈利模式。这一情况不仅在传统车企中存在,在新兴车企中更为显著,除特斯拉外,几乎还未有盈利的新势力车企。所以,上海新能源汽车产业在未来一段时间内同样面临着低盈利甚至不盈利的状态。

另一方面,新能源汽车产业新一阶段的爆发式增长带动了整个产业链上游的需求,特别是在汽车电子领域中,新能源汽车电动化和智能化的转型升级需要大量的汽车芯片作为硬件支撑,而在短时间内各大汽车电子厂商的产能相对固定,由此各大新能源汽车厂商开始了对汽车芯片的争夺。在2021年初汽车行业出现的大量的"缺芯停产"现象不仅说明了汽车电子零部件在产业链

中占据的核心位置，更是暴露出了中国本土零部件体系中的重大短板。上海车企虽然积极引入汽车电子巨头落户上海并与其合资生产，但整体的技术标准和生产标准都控制在外方股东手中，合资公司仅仅是为了获得市场和更低生产成本的代工厂，国内厂家依然处于价值链的低端环节。如何提升价值链水平，突破汽车电子零部件发展困境，构建技术优、产品全的汽车电子核心企业是上海未来必须思考的问题。

最后，在疫情反复的影响下，上海新能源汽车产业几次面对供应链"断链"风险，整车企业正逐渐改变以往以效率为先的供应链体系，转而寻求更为稳定的供应链。为此，在新能源汽车产业的发展中正逐渐形成以整车场为核心，大量零部件企业就近布局的情况，如宁德时代为供应特斯拉就选择了在上海开办新工厂。

2. 混合动力新能源汽车牌照政策2023年到期，短期市场冲击显著

2021年2月，上海公布《上海市鼓励购买和使用新能源汽车实施办法》，将免费申领新能源专用牌照额度政策延长至2023年底，即在2023年底之前购买新能源汽车的依然享受"送"上海"大牌"的待遇。但是，该政策同样规定，自2023年1月1日起，上海市不再对插电式混合动力（含增程式）汽车发放专用牌照额度。

从过往的数据来看，上海2018年之前插电式混合动力汽车占据市场主要份额。2019年开始，纯电汽车比例开始大幅增加，2020年、2021年纯电比例突破60%。但即便在2021年，上海全年推广的插电式混合动力汽车站新能源汽车总推广量也超过30%，达到32%。相对于燃油车而言，插电式混合动力汽车的单价较高，较多消费者正是由于专用牌照政策选择了插混产品，相关政策的取消必然会极大打击这一消费市场，对市场增长展现出较大的冲击。并且，作为本地主要车企的上汽集团当前主要的新能源汽车产品即为插混产品，故该政策的取消也必然影响到上海新能源汽车产业生产端的发展。

3. 长三角电动企业产业链供应链韧性及协同发展仍显不足

上海前期具备了领先的整车制造能力和品牌实力，特别是引入了特斯拉上海工厂之后，凭借上汽和特斯拉在新能源汽车市场上的双轮驱动，上海新能源汽车产业在终端领域能保证"量"的达标。面对新一轮全球竞争，如何更好发挥上海对长三角新能源汽车的引领辐射作用，将长三角新能源汽车从过去垂直纵向分工体系转变为水平、协同分工体系，共同参与全球产业链分工，从而参与全球价值链的竞争和分配，是亟待解决的问题。上海需要从全球趋势和城市定位再出发，形成高端产业引领、强化全球资源配置、科技创新策源和开放枢纽门户的组合拳。

上海新能源汽车的发展不仅是上海单个地区的发展，更是区域产业的合作发展。在新能源汽车产业国际竞争力上，浙江和江苏的产业国际竞争力均

强于上海,一方面是由于这两个地区是中国经济最活跃的地区,也是新能源汽车产业的先发地区。另一方面,江苏与浙江在资本、土地和研发资源的体量上都位列全国一流,这些都支撑着江浙地区新能源汽车产业的发展。

自 2019 年开始,长三角一体化正式成为国家战略,这是上海产业发展的大契机。特别是在长三角一体化发展的重点领域中,新能源汽车成为重点发展产业之一,上海要找准自身的战略地位。上海受制于环境和资源约束,必然在未来的发展上存在较大的局限性,所以在产业发展上要立足于产业链,向价值链的两端延伸,布局长三角,利用长三角的资源发展自身。

4. 挖掘车联网大数据体量优势,制度体系还需进一步优化细化

自动驾驶是交通运输的"圣杯",正如苹果的高品质来自对用户的极大黏性,未来新能源汽车价值链最核心环节是常年积累下来的数据资源,并"反向"促进设计、功能芯片和电池的升级。开发企业会愈发把自动驾驶技术变为独占性的技术,通过自身对驾驶数据的收集和开发实现自身技术的迭代和升级。

车辆网大数据为未来汽车企业更好的服务能力提供了数字基础,但是对车联网数据的归属权和安全性目前还没有较为明确的规范和保护。并且,车联网数据不仅涉及客户信息,更有可能涉及国家安全。以特斯拉为例,特斯拉的辅助驾驶功能需将行驶数据与数据中心进行交互,这部分数据提升了特斯拉的服务水平,但是也涉及我国国内的路面情况和交通数据情况等,这部分信息若是直接由美国本土的服务器收集和掌握,势必造成我国国土信息的大范围暴露。在未来,还将会有大量的外国车企在中国销售网联汽车和提供相关数据服务,规范好这部分中国本土车联网数据的使用是对企业研发和服务提升的挑战,也是保证个人和国家数据安全的要求。

此外,当前车联网大数据相关法律法规尚未对汽车大数据的归属权和使用权进行明确的界定。就以汽车大数据为基础的自动驾驶技术而言,自动驾驶技术是下一代出行模式的技术核心,开发企业会愈发把其变为独占性的技术,通过自身对驾驶数据的收集和开发,实现自身技术的迭代和升级。汽车大数据归属权和使用权的不明确,对于数据收集者而言,将面临数据开发的风险问题,而对于数据生产者,则存在产出数据的经济价值收益权得不到保障。对于数据的生产者,没有数据的收益权就会尽可能不提供数据,而没有数据则会进一步制约汽车相关厂商对产品和服务的开发,阻碍产业发展。

(三)提升上海新能源汽车产业国际竞争力的政策建议

1. 拓展新能源汽车产业链,挖掘汽车产业利润增长点

面对汽车产业盈利能力的困境,传统燃油车领域的利润率逐渐回归平均水平,而新能源汽车领域内的盈利还需进一步拓展产业链,将高附加值阶段的零部件掌握在手中,如高性能电机、汽车电子、动力电池等关键零部件。另一

方面,面对智能化浪潮,应发挥车联网大数据新功能、新业态的特征,围绕自动驾驶技术,开发产业新盈利点。将车联网、5G、云计算等前沿技术手段融合进自动驾驶等车辆服务中,转变产业发展逻辑,推进汽车产业服务化转型,构建以提供出行服务为核心的产业发展方向和发展模式,提升整体的产业盈利能力。

2. 优化新能源汽车使用基础设施,便捷使用环境

要促进上海新能源汽车市场的发展,首先就是要解决新能源汽车的充电问题。上海市区内部停车位不足、充电桩普及率欠缺,严重阻碍了消费者对新能源汽车的热情。所以,完善的充电设施条件是推广新能源汽车的基础。上海需要进一步推进新能源汽车基础设施建设。

在充电桩的建设上,除了推进大功率公共充电站的建设之外,还应将交流充电桩(慢充)建设作为室内大型商场、写字楼等大型停车场的标准配置,按照车位数量配置充电桩,在有条件的情况下对带充电桩的车位进行停车的动态调节,使得相应的充电车位达到效率的最大化。

在公共充电桩的运营过程中,充电设施的运营主体是企业,所以对于充电电费的计价以商业用电模式进行收取,并不存在谷电和平电的差异化价格,这就使得消费者充电电费在不同时间段都相同,充电设施并不会对电网产生"削峰填谷"作用。由于全天价格相等,消费者会选择车辆闲置的时间段去公共充电桩充电,既解决了停车问题,也解决了充电问题,但这一行为进一步加重了上海的电网负担,不利于能源的优化供给。

3. 开展新能源汽车生产周期碳排放量测度,研究应对欧盟"碳关税"的对策

在全球碳达峰、碳中和的大背景下,欧盟相关"碳关税"政策已经正式出台,在可见的未来,这一"碳关税"的包含范畴势必进一步扩大。并且随着欧盟相关政策的实施,美国、日本、韩国等发达国家都会对这一政策进行跟进,届时,"碳关税"将演变成为全球贸易的成本,只有在生产上达到世界前沿的排放水平才能尽可能地降低这一成本,增强本国产品的国际竞争力。另一方面,发达国家也凭借着这一生产低碳优势构建起了新的本国产品贸易壁垒,提升本国产品在国内外市场的竞争力。

上海对新能源汽车产业链各个环节上的能源投入、原材料投入等方面进行溯源研究,做好相关的应对预案和策略研究。

4. 利用上海集成电路二期投资基金的投资机遇,加大对车规级芯片和各类电子元器件的专项研发支持,加快国产替代

汽车电子领域是汽车产业发展未来的增长点,而汽车电子的核心在于车规级芯片和各类电子元器件,车规级芯片在集成电路制程工艺的要求上远低于消费电子芯片,国内的代工厂家的技术完全可以进行代工生产,但其严苛的

使用条件、认证条件、认证周期等门槛将大部分企业拒之门外。上海在汽车电子领域拥有一定的基础和产品,但没有形成体量集群和自主研发能力。下一步应加快与长三角的联动,依托上海集成电路投资基金二期的布局,对当前上海以及长三角汽车电子零部件产业链进行全面梳理,针对其中的难点、堵点进行重点布局。在关键环节和领域中,挑选一至二家具有一定技术和研发能力的企业进行重点和持续的投资与扶持,用资金和时间,有针对性地重点投资,以此打造全球车规级芯片和各类电子元器件制造中心。

5. 持续优化上海智能网联领域规则立法,推动智能网联基础设施建设

加快上海自动驾驶领域的立法,积极推动自动驾驶车辆在上海本地的生产和运营。法律法规建设是产业发展的基础和先导,为建设自动驾驶产业高地,需以上海市自动驾驶法规建设引领地区产业发展,推动地区企业研发,形成地区市场需求。以德国和深圳经验为借鉴,制定上海自动驾驶车辆上路规范和条件,推动L3级别自动驾驶,即有条件地推动自动驾驶技术和产品在上海地区的量产化落地,率先探索智能驾驶汽车管理框架,使得规则先行,先放开,后细化。

进一步拓展智能驾驶示范区,建设自动驾驶道路硬件基础,丰富复杂路况测试和行驶状态。在现有智能网联示范区的基础上,不断拓展自动驾驶公共道路范围与边界,丰富自动驾驶测试场景。在拓展试验区的同时,借助"新基建"的历史大机遇,开展对路面进行自动驾驶环境路面硬件设施改造,为未来自动驾驶量产车上路提供路面的硬件支撑。根据产业发展态势,着手开展研究上海自动驾驶示范城市的可行性研究和中远期目标建设,着力推动上海全市范围内的自动驾驶车辆上路行驶,建设上海成为自动驾驶之都。

6. 建设上海统一的汽车数据监测监控平台,进一步发挥本土数据优势

确保自动驾驶数据安全与规范,建设一体化自动驾驶信息监督监测平台。以原有智能网联汽车信息监管平台为基础,进一步升级打造自动驾驶信息监督监控一体化平台,将在上海进行智能网联、自动驾驶等技术测试的车辆企业接入平台实时监测。并且将这一平台作为上海自动驾驶量产车辆的监控平台,所有自动驾驶车辆必须接入这一数据平台进行监测。此外,将自动驾驶测试申请并入平台进行监管,进一步简化自动驾驶测试申请手续,推动测试申请备案制。

通过建设上海市无人驾驶车辆实时监督监测一体化平台,构建上海自动驾驶数据体系,为上海未来进一步细化自动驾驶法律法规体系和监管体系的建设提供数据支撑和现实依据。

凭借本土的大数据、无人驾驶等人才优势,留住上汽以及特斯拉的大数据中心以及相关开发板块,这是未来上海新能源汽车产业链中的重要抓手,通过打造汽车数据港,进一步提升上海新能源汽车产业的产业能级。

7. 以白名单为基础，建立长三角汽车"同城"供应链机制

无论是 2022 年初上海汽车产业全面停产所导致的外省市汽车产业的生产停滞，还是 8 月四川拉闸限电对上海汽车产业供应链的影响，都展现了当前产业链发展中区域性分散所导致的供应链的不稳定性。为了维护上海汽车产业供应链的稳定性，需进一步推动长三角地区的汽车供应链的"同城"建设，即在长三角地区按照同一城市的标准来管理汽车零部件的供需体系，实现新能源车产业在长三角地区物资流的自由与通畅。为构建这一体系，可以基于疫情防控期间整车厂和主要零部件企业所列出的核心供应商名单所形成的"白名单"，构建长三角稳定的供应链，确保地区产业运行的稳定，进而提升上海以及整个长三角地区的产业国际竞争力水平。

执笔：

蒋程虹　上海社会科学院应用经济研究所博士

2021—2022年上海化工与新材料产业国际竞争力报告

一、化工和新材料产业的发展趋势研判

（一）发达国家化工行业出现复苏

自2021年初以来，由于来自建筑、健康和安全等主要终端市场的需求不断增长，以美国为代表的发达国家化工行业出现较为强劲的复苏。早在疫情初期，全球化工产业普遍经历了供应链中断，导致大量化学品产能闲置。随着全球疫情在2021年下半年的缓解，以及全球供应链的改善，闲置的产能也逐步恢复正常，并支持区域库存增加，出现了美国墨西哥湾沿岸的石化业务扩张和亚洲化工生产能力的增强。以美国为例，其化工行业在2021年全面复苏，特别是在大宗商品和特种化学品方面，保持了强劲的价格上涨势头。伴随疫情复苏导致的全球建设产能增加，作为上游的化工行业同时扩大了有机化学品和无机化学品的生产，以服务终端市场。然而，由于原材料成本通胀，化工行业在快速复苏的同时面临了利润压力。

（二）化工行业资产组合需求大大增加

国际上化工企业在克服了2020年和2021年充满挑战的市场状况后，叠加全球能源转型加速，普遍加大了企业资产组合的弹性能力培育。化工企业更加专注于重新定位资产的作用，并考虑规模、产品范围和增长机会，在不同战略选择之间进行权衡。其普遍做法：一是剥离非核心资产，投资于更高附加值的产业机会。例如，一些公司正在将投资从天然气项目转向液体项目，并从炼油项目转向开发高性能化学品的差异化应用程序。二是深入研究关键的终端市场和产品，预测的消费者的偏好使其技术和市场专业知识可以与规模经济相结合，从而提高利润率，更好地应对任何潜在的挑战。三是削减对传统产品和服务的投资，为更多面向未来的项目腾出资金，通过平衡规模、范围和

增长之间的关系,加大并购来加强其投资组合。

(三)"碳中和"背景下的化工行业价值全面重估

在全球"碳中和"战略背景下,全球化工行业的中上游环节都将迎来历史性变革。新能源行业的高速发展将显著拉动偏中上游的化工资源和原料需求。出于资源保护和能耗管控的要求,部分化工材料供给将出现约束,相关化工细分行业将迎来历史性的黄金发展期,而深耕化工领域的企业,则可能在新能源领域快速发展,化工龙头企业将迎来全面的价值重估。从国内看,国家发改委等四部委于2022年2月11日发布《高耗能行业重点领域节能降碳改造升级实施指南(2022年版)》,对炼油、煤化工等高耗能行业提出了具体的节能降碳方案,指南确定行业基准排放水平与标杆水平,并对行业基准及标杆水平以上的产能比例制定了具体的目标。后续重点领域能效水平的提升与碳排放强度的降低,将成为其实现绿色低碳转型发展的重要考核指标。除磷铵行业在2025年允许30%产能低于基准外,其余所有种类均要求2025年实现低于基准部分清零。而对于优于标杆的部分,多数种类均须达到30%以上。其中,电石、焦化所需的提升幅度最大,分别达到27%和28%(图1)。随着高能耗产业的不断淘汰,绿色高效的新产能迎来了加速发展的历史机遇,氢能、光伏、储能等领域均获得了长足的发展,在新能源强劲的需求驱动下,与此相关的化工上游原材料行业也迎来了发展的历史契机。新能源的材料需求大致有两条主线:一是光伏产业链:多晶硅上游三氯氢硅、光伏胶膜上游EVA。二是锂电产业链:锂电池上游锂电溶剂DMC、正极材料上游磷酸铁锂。

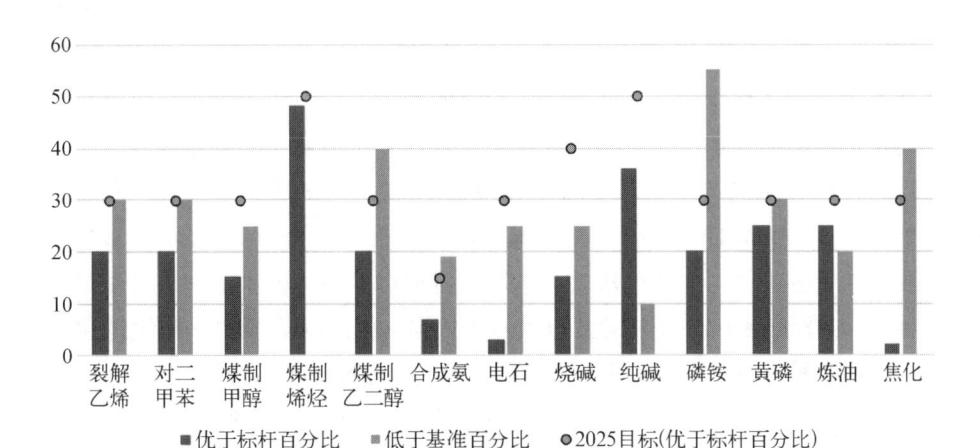

图1 实施指南(2022年版)现状与2025年要求

(四) 数字技术加速化工行业业务转型

先进的数据分析和数字技术对改变化学工业具有巨大但相对未被探索的

潜力。2021年,全球化工行业在数字工具和技术方面提出了经济上可行的解决方案,即从现有的工艺中提升生产效率,并设计新的产品和工艺。由于传感器、认知计算和分析等加速改进的融合,化工将有望在数据可用性、数据处理、工程和材料研究三个领域取得重大进展。过去,化工企业通常会在"竖井"中实施先进的数据分析和数字举措,从而导致流程变慢、成本上升和利益不确定。未来,化工企业将通过数字化转型实施更多和更好的技术,并涉及调整文化、人员、结构和任务领域。具体做法有:通过人机配对,即机器人帮助人类高效完成手动任务;利用物联网和远程监控等先进数字技术加强资产可靠性;利用数字化转型来推动研发活动的发展,进行材料系统创新。

(五) 地缘政治影响下的能源化工行业供应链变化

当前,美国逐渐对其盟友欧洲、日韩、加拿大、澳大利亚等施加压力,极力构建一个对华拦截圈,从方方面面制约中国发展,迫使作为国民经济上游产业的化工行业时刻关注地缘政治、国家关系、安全、稳定等因素。世界各国纷纷构建符合本国利益的安全、可控、自主的能源化工朋友圈,能自己解决的,尽量自己解决,自己解决不了的,尽量找关系好的资源国解决,即便资源产地距离远点、费用高点、基础设施差点,稳定的供给比廉价的、不确定的、断断续续的供给更重要。

一方面,一些国家或跨国公司原来构建的供应链体系正在迅速脱钩,摆脱全球产业链后,区域供应链体系的重要性在逐渐提升。尤其是一些关乎国家安全的重要行业,比如能源化工,将重要行业的供应链缩短、多点布局已经成为各国共识。2020年11月,包括中国在内的15个亚太国家正式签署《区域全面经济伙伴关系协定》(RCEP),推动区域经贸合作迈上新台阶;美国为了阻碍RCEP的正常实施,也拉拢了一批同盟国家,构建"印太经济框架"(IPEF),它实质上是一种在地缘经济上展开错位竞争的工具之一。以上这些区域经贸合作协定都极大地强调了化工领域区域经贸合作和供应链重构的重要性。另一方面,各类黑天鹅事件也使一些小国和资源国意识到区域合作及安全稳定合作的必要性。面对日益复杂多变的国际地缘政治和安全形势,经济体量较小的国家在上游原材料上无论从供给端还是需求端都不可能抵御来自外部的巨大冲击;石化资源丰富的国家由于独特的产业结构,也亟须建立稳定的供应链,保证自身资源能够源源不断的输出,维护本国的利益,降低外部因素的影响,这就在客观上进一步推动了化工产品区域供应链体系的发展。

(六) 应对ESG风险的化工行业战略转型

化工是ESG(Environment,Social and Governance,即环境、社会和治理)风险指数较高的行业之一。随着各国政府监管收紧、投资者要求提高和消费者行为变化对化工行业形成巨大压力,各国化工行业在整个价值链中不断改善环境、社会和治理实践,以充分实现第四次工业革命时代企业的社会责任,即"社会5.0"。

在环境层面,一是为积极实现循环经济的"闭环",全球领先企业都积极开展了循环经济项目并投资回收技术。例如,陶氏巴斯夫、壳牌、英国石油公司等跨国企业都启动了专注于闭合塑料废物循环的项目。二是国际化工巨头争相布局了可再生化学品以降低原料碳足迹:汉高承诺未来四年在欧洲的洗衣、家庭和美容护理业务大部分产品将采用可再生原料。三是积极开发和使用绿色可再生电力:杜邦承诺全球运营相关可再生电力占比到2030年和2050年分别达到60%和100%。四是通过布局碳捕捉和封存技术(CCS)在脱碳难度大的工厂实现减排:埃克森美孚在十多个国家投资和布局了CCS项目。

在社会层面,化工行业关注安全管理、社区关系和消费者行为转变。全球领先企业系统识别和评估安全和健康风险,在管理层和内部形成重视安全的文化,全面建立和实施EHS管理体系,重视员工培训,贯彻实施保障和控制措施,将安全和健康等风险管理在合理可行的可控水平。其次,全球领先的企业全面识别和评估社区关系、冲突等风险,制定和实施方案维护与当地社区和政府的关系,并与当地社区合理分配利益,以争取社区和利益相关方对业务的支持。此外,跨国化工企业重新评估产品组合并加大投资可持续解决方案。为回应消费者偏好的变化,宝洁(P&G)制定目标,到2030年产品包装实现100%可回收或可重复使用,并到2040年在运营和供应链中实现净零排放。

在治理层面,化工行业普遍加强了ESG问责和信息披露。许多企业采用气候相关财务信息披露工作组(TCFD)和碳信息披露项目(CDP)的标准披露气候关键指标;同时,不断加强内部治理,一些领先企业逐步将高管薪酬与ESG绩效挂钩。发达国家在社会层面和治理层面的超越更是对发展中国家化工行业的发展形成了巨大的挑战。

(七) 原材料价格、进出口政策、疫情的反复极大影响材料行业的盈利能力

原材料价格、进出口政策、疫情等因素都在很大程度上影响了新材料行业的边际盈利能力。随着疫情逐渐好转,复工复产和原材料价格回落使得新材料企业毛利率得到改善。例如,碳纤维的原料丙烯腈、可降解材料PBAT的原料价格都有很大幅度的下调,相应的子行业毛利率也有一定提高。自2018年开始,美国对华共计有5 500亿美元、超过10 000项的进口商品实施加征关税,短期豁免虽经常发生,但税率波动频繁,有七成商品税率为25%,平均税率接近20%,大幅度、长效化、多品类的关税豁免没有形成。当前,在原油价格和大宗商品价格涨跌变换的背景下,新材料企业面临着不稳定的上游原料供应情况;加之美国对中国关税豁免清单的多次变动,不同的材料领域面临着不同的竞争格局。以锂

电化工新材料为例,在 RCEP 协议生效后,进口锂矿的税率将进一步降低,贸易便利化程度进一步升高,有利于锂电汽车产业降低生产成本、加快技术革新;但对高分子改性保护材料而言,在国外收紧出口政策、叠加生产成本上涨给企业经营带来压力,保证利润空间和市场竞争力则变得更困难。

二、国内化工和新材料产业竞争力解析

(一) 国内化工产业竞争力解析

1. 规模方面

2021 年,在经历新冠疫情扰动后,随着国内快速复工复产,化工行业的主营业务收入和利润均大幅上升,分别占比 9%—11% 和 8%—10%,均位于所有工业行业第一位(图2、图3)。由于近年来中国社会消费品零售总额增长持

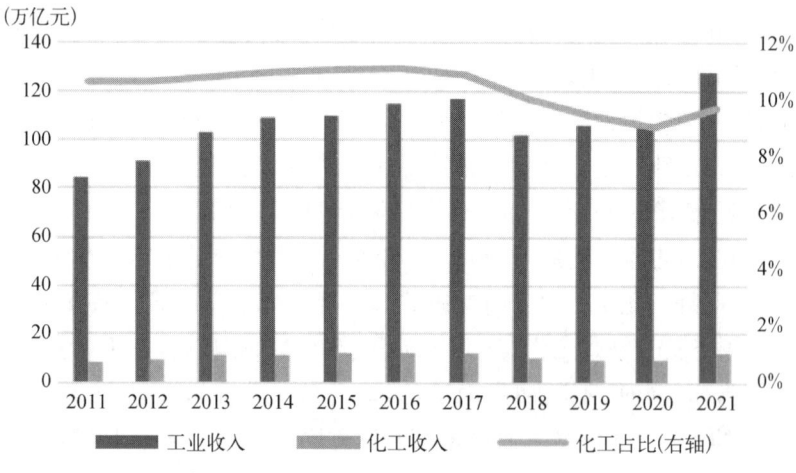

图 2 2011—2021 年中国化工主营业务收入

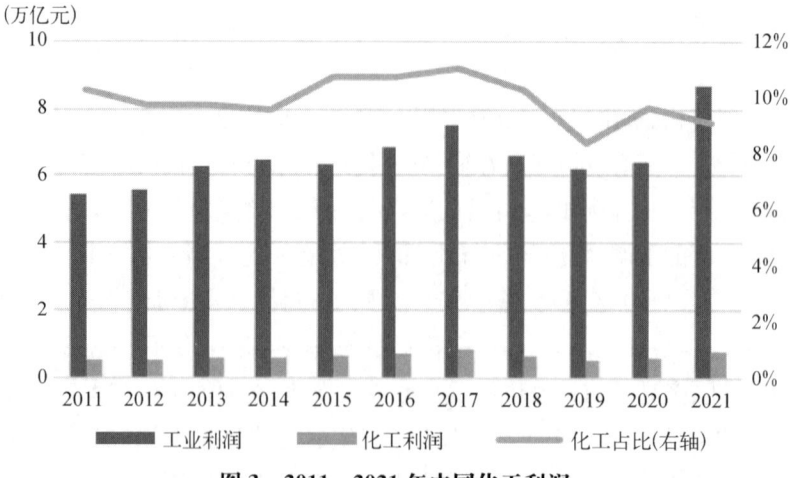

图 3 2011—2021 年中国化工利润

续保持在20%增速左右,下游消费端的广阔市场给化工行业发展带来了巨大的上游需求。随着国内战略性新兴产业的发展,高端设备制造业、新一代信息技术产业以及新能源产业都蕴含了对化工材料的巨大需求,目前中国企业在稀土功能材料、玻纤材料等相对化工应用领域已占有较大国际市场份额。

2021年,基础化学品领域的上游化工品也保持了增长的态势(图4)。再细分一点看,产能位居全球第一的大宗化工品有:MDI、丙烯、丙烯酸、顺酐、丁酮、PTA、PX、醋酸乙烯、玻璃纤维;部分化工品的产能快速增长:如PDH、PBAT、PLA、聚乙烯、聚丙烯等。2021年,石化行业进出口总额创历史新高,全行业进出口总额8 600.8亿美元,占全国进出口总额的14.2%,同比增长38.7%。其中,出口总额2 955.5亿美元,增长41.8%;进口总额5 645.4亿美元,增长37.1%。存在贸易逆差,为2 689.9亿美元,增长32.3%。

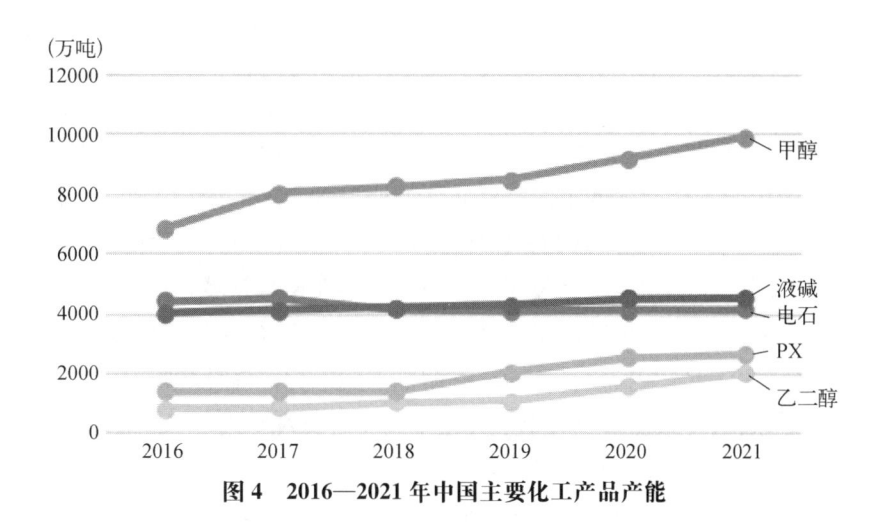

图4 2016—2021年中国主要化工产品产能

2. 结构方面

从国内情况看,上游环节的炼油化工、煤化工和聚氨酯在化工产业中仍有着举足轻重的地位,三者占比过半;中间产品和下游精细品的比重偏低(图5)。在炼油产品中,较为重要的产业链为以精对苯二甲酸(PTA)和乙二醇(MEG)为核心的产业链,即原油-芳烃、烯烃- PTA、MEG -民用丝、聚酯薄膜、工程塑料,其产品被普遍应用在战略性新兴产业的各类塑料、橡胶、涂料、化纤等领域。PTA进口依赖性较低,2016—2021年,产量年均增长9.5%;MEG在一定程度上依赖进口,2021年的产量为1 191万吨、进口量为843万吨,其进口依赖程度仍有较大的可替代空间。

2021年,中国化工行业的外贸结构得到优化,有机化学品和合成材料进口下降,出口大增,净进口量下降明显。有机化学品进口量同比下降13.7%,出口量同比增长30.1%,净进口量4 200.8万吨,同比下降26.4%;合成材料进口量同比下降18%,出口量同比增长68.1%,净进口量2 820.9万吨,同比下降39.1%。

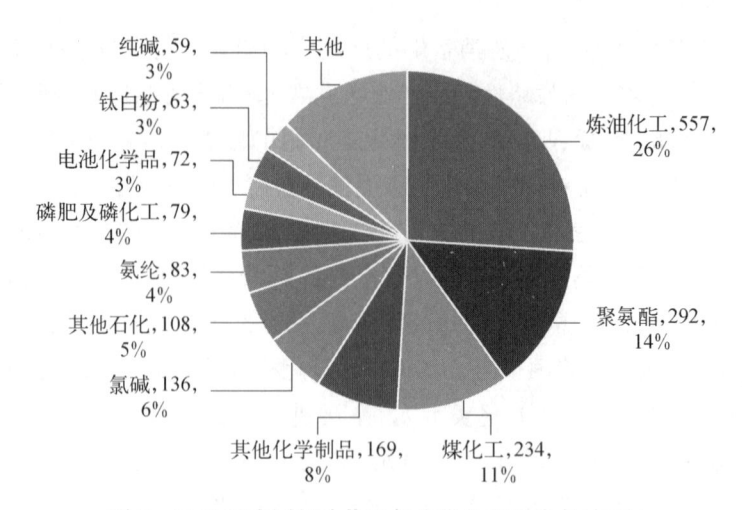

图 5　2021 年中国细分化工行业营业利润分布（亿元）

3. 技术水平方面

在硬技术方面，由于化工行业的技术主体是前两次工业革命的产物，全球技术格局已经在第二次工业革命时期定型，世界化工巨头们大都可以把控上下游，而像中国这样的发展中国家就面临长期追赶不上的困境。当前，中国化工行业的技术水平情况大致为：总体强大，工艺能力领先、工程能力尚可、化工周边技术落后、研发体制有欠缺。特别是在精细化工领域，其生命周期还处于成长阶段，一些新兴领域的半导体制造、液晶显示、高端化学催化剂等精细化学品尚无法满足国内需求。例如，在大化工的炼化一体化领域，特别是在大乙烯、芳烃联合、常减压及催化裂化等工艺中，仍普遍使用美日德的技术或催化剂（如霍尼韦尔的技术），大部分专利技术需要从国际巨头购买；化工工艺包多不成熟，也缺乏国内的试用机会，拿不到真实的生产数据，也很难实现工业数据并网。当前，大多数大规模的国企具有开发并使用自研工艺包的机会，或者提供国产工艺包的试验性建设条件，但更多是为了保证国家安全，试验装置都不大，也很难覆盖到大多数领域。同时，我们应该看到，目前国内化工企业正处于由"引进、吸收"到"发明、创造"逐渐转变的重要时间节点，通过自主研发突破技术壁垒，不断改进工艺技术，已经开始发挥制造和成本优势，在关键产品领域占领了一定的国际市场份额。随着国际贸易保护主义抬头，国产高端产品占比将逐步提升。

在软技术方面，2021 年是中国新世纪教育改革的"元年"，从此开启了化工人才 U 形曲线的培养。一是化工职业技能人才的培养被提高到与机械工程、电子通信、人工智能同等重要的地位，以解决化工总控工、化工单元操作工、化学检验员等职位的用工荒；二是大学"应用化学"的招生数也开始呈现增长趋势，3 年后将开始向基础化工领域输送大量人才，改变石油和化工类专业毕业生就业率不低，但专业人才输出比例不高的现状。

4. 区域竞合关系方面

基于产业供应链特点和安全生产需要,中国化工行业在空间上高度集聚,并大量向园区集中。从重点省市化工产品的品种数量和产能份额综合来看,主要集中在山东、江苏、浙江、广东和四川;从化工园区数量和产值规模来看,全国重点化工园区或以石油和化工为主导产业的 616 家工业园区中,国家级有 48 家,产值 500 亿元—1 000 亿元的大型园区有 35 家,超大型和大型园区产值占比超过化工园区总产值的 50%;在 2021 年 6 月 3 日中国石油和化学工业联合会化工园区工作委员会发布的 2021 年化工园区 30 强中,长三角城市化工园区共占据 15 席,具有区域绝对优势;其中,前五名中占 4 席、前 10 名中占 6 席、前 20 名中占 11 席。2021 年化工园区 30 强的数据显示,中国化工产业的区域集中度还不高,30 强园区 2020 年实现石化销售收入总量 2.72 万亿,占全国石化产业销售收入的 24.6%,仅有 1/4 强;实现石化利润总额 1 866.2 亿元,占全国石化利润总额的 36.2%,仅有 1/3 强。

相比之下,中国大类化工品的企业生产格局呈现出集中度较高的特点。2021 年,MDI 产品万华、巴斯夫、科思创占总产能的 64%,TDI 产品巴斯夫、科思创、万华和烟台巨力的产能占总产能的 73%,PTA 产品恒力石化、荣盛石化、恒逸石化、FJPEC、新凤鸣占总产能的 71.85%,己二酸产品华峰化工、神马股份、江苏海利、山东海利、华鲁恒升占总产能的 77.6%,DMC 产品合盛硅业、BLUESTAR、瓦克化学股份有限公司、新安化工、东岳占总产能的 60.01%。

从拟建和拟投产的项目计划分布看,化工产业的区域集中度将进一步提高。至 2030 年之前,中国拟在建的项目主要分布在华东地区[①],其拟在建项目梳理占比超过 44%,达到 268 个大宗石油化工项目;其余依次为华南、华北、西北、东北、华中、西南地区,拟在建项目占比分别为 14%、13%、13%、8%、5%、3%。究其原因,一是华东地区作为沿海地区,拥有较长的海岸线与优质的港口资源,便于辅助组织化工品原料及产品的物流;二是长期产业集聚,华东地区已形成明显的聚集和规模化效应。如,山东是中国最大的地方炼油企业聚集地区、江苏是中国最大的精细化工聚集地区、上海是中国外资化工企业聚集地、浙江是中国医药及精细化学品的聚集生产地区;三是华东地区巨大的人口规模与现代消费市场结构决定了其具有低中高端化工品消费的底层基础。这些都在客观上催生了该地区化工产业链的延伸和补链机制,吸引了更多化工项目的投产。

(二)新材料产业国际竞争力解析

1. 精细化工材料的产业竞争力分析

精细化工材料是精细化工后端产品的一部分,具有产品种类多、应用领域

---

① 这里的华东地区主要包括山东、江苏、上海、浙江四个省市。

广、技术门槛高和产品附加值高等特征,在我国经济发展中具有显著的战略地位。根据1986年原化学工业部的分类,精细化工材料的大类领域如图6所示。诸如功能高分子材料、电子化学品、涂料、胶黏剂、节能环保、精细陶瓷等,都属于精细化工新材料。

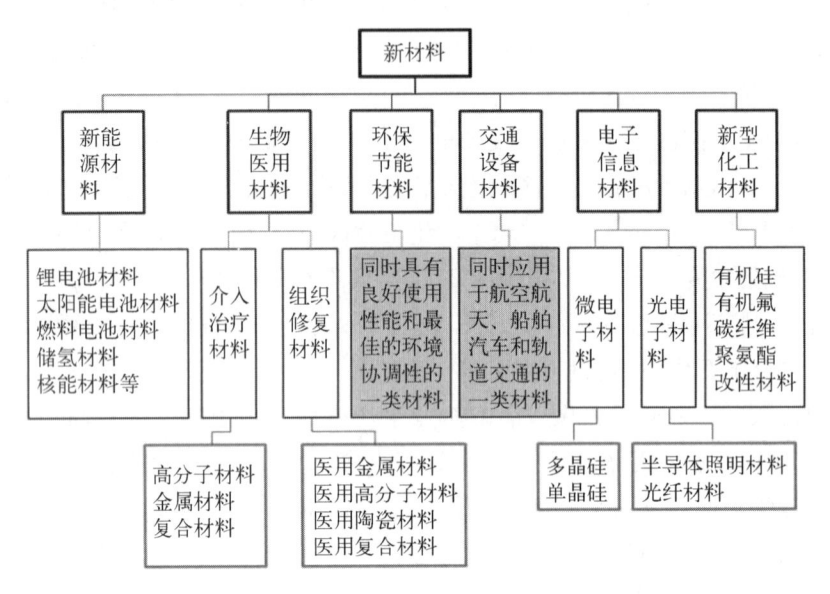

图6 精细化工产品分类

资料来源:前瞻产业研究院。

经过30多年发展,中国精细化工材料行业取得了快速发展。根据中研普华的统计数据,中国精细化工材料的市场规模近年保持持续增长,2019—2021年,产值从8.98万亿元上升为9.13万亿元,年均增长率为0.9%;进出口规模也逐年上升,但受到新冠疫情的影响,其增幅有所放缓。同时,中国精细化工材料在精细化工率、企业规模、生产技术水平及生产产品等方面也与欧美日发达国家相差甚远,在国际市场上缺乏竞争力。

在精细化程度上,中国精细化工材料的精细化率不到50%,而欧美日这一比例通常在60%—70%之间,以瑞士为代表的尖端国家已超过90%。在产品品种上,目前全球精细化工材料大约有10万种,中国大概有2万种,仅为全球品种的20%左右。在产品质量上,品质不稳定,专业化、功能化、高性能产品欠缺,难以满足各个市场领域的需要,也制约了下游行业(特别是战略性新兴产业)的发展。在研究开发上,缺乏超前的研发优势和研发成果的实用化开发力度,目前主要以仿制为主;尽管已具备很多材料的生产能力,但始终绕不开相关专利限制的瓶颈。

从发展结构看,中国精细化工材料形成了三个梯队的发展格局。第一梯队主要由外资企业构成,生产经验丰富、产业基础完整、装置先进、技术水平高、产品市场广阔、产业链完善稳固、战略清晰、运作规范。第二梯队以大型国有企业为主，国内市场份额大，具有较好生产经验、产业基础完整、装置较为完备、有较强的技术积累、人才储备多、产业链较为完整、运作和管理规范、机制不甚灵活。第三梯队以民营中小型化工企业为主，在一些细分领域取得了一定的技术突破和竞争力提升，但总体而言，其产品在国际市场上的竞争力还不强，更是难以走进发达国家的市场。

2. 服务于先进制造的新材料竞争力构成分析

新材料产业是打造全球制造强国过程中重要的基础性、产业性、先导性产业。从 2011 年到 2021 年，中国新材料产业总产值快速增加，从 0.8 万亿元增长到 7 万亿元，预计 2025 年新材料产业总产值增加至 10 万亿元，年复合增长率约为 13.5%（图 7）。从产业结构类型来看，中国新材料主要以特种功能材料、现代高分子材料和高端金属结构材料为主，产值分别占比 32%、24% 和 19%。

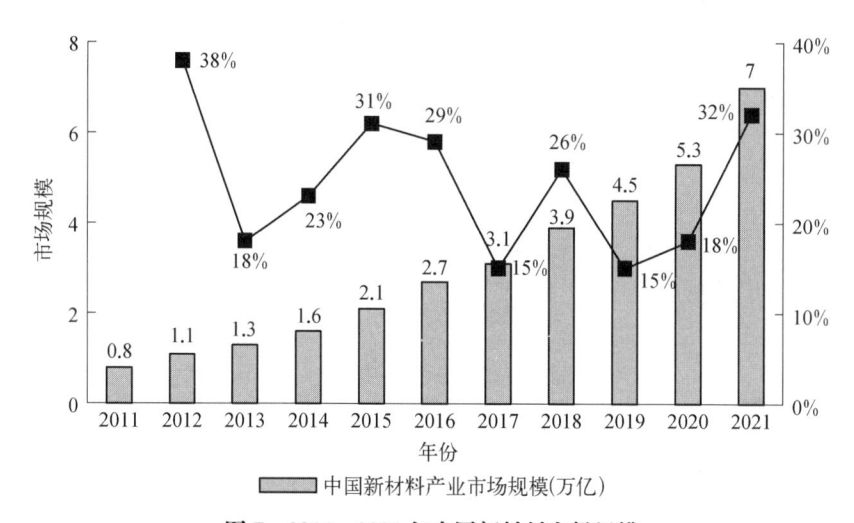

图 7　2011—2021 年中国新材料市场规模

资料来源：中华人民共和国工业和信息化部。

在中国新材料产业发展进程中，服务于先进制造的新材料至关重要，主要可分为信息功能材料、先进复合材料、生物医用材料、新能源材料、高端装备制造用专用材料五大类，其包含的主要细类如表 1 所示。从竞争力来看，在信息功能材料方面，2021 年，国内电子信息材料产品仅占 30% 国内市场份额，且多在中低端市场领域，高端市场由欧美、日本、韩国及中国台湾地区的厂商所垄断，部分产品进口依存度高达 90% 以上。在生物医用材料方面，国内呈现快速增长趋势，从 2011 年的 650 亿元增长到 2021 年的 3 100 亿元，增长了近 5 倍。在新能源新材料方面，国内新能源材料行业的市场规模从 2018 年的 3 005 亿元上升至 2021 年的 4 000 亿元，并逐步实现从仿制到自制、从被动到主动的发展目标。就高端装备制造用专用材料领域而言，高性能纤维复合材料及产品最具有代表性，国产材料已被大量用在航空航天、轨道交通、舰船车辆、新能源、健康教育等重要领域里。

表 1 服务于先进制造的新材料领域分布

主要类型	具 体 材 料
信息功能材料	集成电路关键材料
	关键存储材料及器件
	XOI 微电子关键材料
	光电功能器件关键配套材料
	先进光电子材料及器件
先进复合材料	高性能纤维复合材料及产品
	多功能、轻量化热塑性先进高分子复合材料
	轻质高强多功能的铝、镁、钛基复合材料
	先进氟复合材料
生物医用材料	高活性骨修复材料
	多功能医用植入材料
新能源材料	储能与动力电池关键材料
	柔性能源材料与器件
	高效太阳能利用薄膜材料
高端装备制造用专用材料	航空发动机涡轮高温叶片和燃气轮机关键材料
	700℃等级先进超临界机组用高温合金
	三代核电机组典型部件用关键材料技术
	关键基础零部件高性能化智能制造

3. 基于贸易角度的新材料产业竞争力分析

自 2021 年开始,RCEP 的生效以及美欧制裁、孤立中国相关科技、产业法案的施行,对中国新材料产业国际竞争力产生了深远影响。

以 RCEP 的效应为例,一方面,RCEP 生效给中国新材料产业同时带来机遇和挑战。目前,中国大部分新材料企业仍然处于产业链的加工制造环节,位于产业链附加值曲线的最低端,利润相对较薄。RCEP 生效使得货物贸易零关税产品数量整体上超过 90%,意味着全球约三分之一的经济体量形成一体化大市场,为中国新材料产业带来了原材料进口成本降低和产成品出口门槛降低的机遇,能够有效提升新材料产品的区域竞争力。另一方面,RCEP生效也进一步恶化了中国部分高技术产业低端产品的国际贸易形式。以锂电化工新材料为例,在原材料获取方面,由于中国盐湖锂资源尚未得到大规模开发,大量资源依赖从澳大利亚进口。RCEP生效后,中国自澳大利亚进口的锂矿资源税率会进一步降低,尽管在一定程度上有助于我国碳酸锂生产企业进行成本控制,但同时也对以盐湖提锂为主要生产工艺的企业形成一定冲击。在高技术产品生产方面,日本在锂电材料中的六氟磷酸锂领域具有绝对技术优势,关税降低后,将加速淘汰中国企业生产的低端产品。

三、上海化工和新材料产业国际竞争力分析

(一)化工产业国际竞争力分析

1. 化工产业竞争力的重点环节识别

(1)精细化工品已成为上海化工品进出口的主要产品

将上海市化工产品按照所处产业链环节分为上游产品、中游中间产物和下游精细化工产品三大环节,并统计各品类进出口额及增速,结果见表2。总体而言,下游精细化工品在良好的增长通道上,其进出口额比重均过半,且增幅较大。从出口情况来看,精细化工产品出口额达到203.07亿美元,占化工产品出口额的66.39%,较2020年增长36.67%。从进口情况来看,精细化工产品进口额达到580.29亿美元,占化工产品进口额的55.48%,较2020年增长20.06%。

表2 2021年上海化工产品分产业环节进出口情况

产业链	产品种类	出口额(亿美元)	出口额增长率(%)	进口额(亿美元)	进口额增长率(%)
上游	盐	0.10	34.87	0.97	14.08
	硫黄、泥土及石料	0.25	58.37	5.12	121.38
	石膏料、石灰及水泥	0.51	−20.81	5.64	3.70
	矿砂、矿渣及矿灰	0.23	134.13	267.66	82.13
	矿物燃料、矿物油及其蒸馏产品	1.30	65.25	23.85	92.53
	沥青物质	4.86	−33.88	46.36	5.62
	矿物蜡	0.08	62.13	0.62	12.04
	上游产品合计	**7.33**	**−19.97**	**350.22**	**64.89**

续表

产业链	产品种类	出口额(亿美元)	出口额增长率(%)	进口额(亿美元)	进口额增长率(%)
中间	无机化学品	5.55	86.74	11.45	36.16
	贵金属、稀有金属、放射性元素及其同位素的有机或无机化合物	5.80	56.73	12.34	58.51
	有机化学品	84.14	54.42	91.67	24.13
	中游产品合计	**95.49**	**56.13**	**115.47**	**28.22**
下游	药品和医药化工	18.93	31.24	143.86	14.30
	农业化工	2.99	246.70	0.01	−64.80
	鞣料浸膏及染料浸膏；鞣酸及其衍生物；染料、颜料及其他着色料；油漆及清漆；油灰及其他胶黏剂；墨水、油墨	9.58	28.42	19.48	22.47
	精油及香膏；芳香料制品及化妆盥洗品	9.05	16.75	88.02	16.69
	肥皂、有机表面活性剂、洗涤剂、润滑剂、人造蜡、调制蜡、光洁剂、蜡烛及类似品、塑型用膏、"牙科用蜡"及牙科用熟石膏制剂	6.94	8.41	28.59	56.27
	蛋白类物质；改性淀粉；胶；酶	4.73	36.81	12.45	19.25
	炸药；烟火制品；火柴；引火合金；易燃材料制品	0.01	24.62	0.01	−99.88
	照相及电影用品	0.81	−15.10	4.47	27.35
	杂项化学产品	26.91	35.68	67.33	35.06
	塑料及其制品	87.34	40.58	179.90	25.74
	橡胶及其制品	11.87	52.65	27.80	11.86
	化学纤维长丝	15.26	42.64	4.18	5.50
	化学纤维短纤	8.64	26.72	4.18	−5.86
	下游产品合计	**203.07**	**36.67**	**580.29**	**20.06**
	合计	298.56	36.39	695.76	−11.46

资料来源：根据上海海关统计数据计算得出。

具体到产业链环节,上游产品进出口波动性较大,主要是沥青出口减少和矿物产品进口增加幅度较大造成的。中游产品出口额增幅显著大于进口,其中,有机化学品出口体量最大,出口量增幅达54.42%,与进口量几近持平。下游产品中,塑料、橡胶、长短化纤、蛋白质类物质、药品和医药化工、农业化工的出口额相比进口额有更大幅度的增长,并在这些子类的细分领域实现了部分进口替代。

(2) 大宗化学品本地产能有所萎缩,替代性进口增加

2021年,上海大宗化学品的产能出现萎缩,上游化工品的进出口量均显著增加。一方面,能耗双控要求淘汰高污染、高能耗的"双高"落后产能,上海市大宗化学品产能规模不断缩小。另一方面,伴随消费市场调整升级,精细化工品生产规模得到相应提升。需求扩大推动了化工上游及中游产品进口额增加。伴随精细化工产品产能不断扩大,上海市对大宗化学品的需求不断扩张,前端环节材料进口持续增加。从进口额来看,上游化工产品增速最快。2021年进口额较2020年增长64.89%,其中硫黄、泥土及石料类、矿砂、矿渣及矿灰类和矿物燃料、矿物油及其蒸馏产品进口额增长率均超过50%。中间产品进口额也增长较快,2021年较2020年增长28.22%。

产业结构深化调整同时导致上海大炼化产品出口额缩减。2021年,上海上游化工产品出口额约为7.33亿元,较2020年减少了19.97%。从上游化工产品具体品种来看,沥青物质出口额在上游化工产品出口中占比最大,出口额缩减最为明显,降幅达到33.88%。2021年11月2日,生态环境部印发的《环境保护综合名录(2021年版)》在2017年版基础上,进一步完善"高污染、高风险"产品名录,新增石油焦等47项"双高"产品,将导致上海上游化工产品产能进一步萎缩。

(3) 欧美发达国家和亚洲邻国或地区是上海化工产品出口的主要目的地

从出口区域来看(表3),欧美发达国家市场和亚洲邻国是上海市化工产品出口的主要目的地。2021年,上海化工产品出口额排名前十的国家和地区占比为56.42%,美国依然是上海化工产品出口最大的目的地,出口了上海市14.34%的化工产品,其次为日本、印度、韩国、越南、中国台湾等亚洲国家和地区。

表3 2021年上海化工产品出口目的地排名前十的国家和地区

出口目的地	出口额(亿美元)	占比(%)
美 国	43.87	14.34
日 本	27.29	8.92

续表

出口目的地	出口额（亿美元）	占比（%）
印　度	21.72	7.10
韩　国	19.05	6.23
越　南	14.79	4.84
中国台湾	11.99	3.92
泰　国	10.37	3.39
印度尼西亚	9.07	2.97
德　国	8.69	2.84
英　国	5.73	1.87
合　计	172.57	56.42

资料来源：根据上海海关统计数据计算得出。

从出口产品类型进一步考察（表4），上海出口的主要化工产品高度集中在塑料及其制品、有机化学品和药品和医药化工等领域。就出口不同国家化工产品的类型的分析，上海市对印度的化工产品出口类型最为集中，排名前三的化工产品出口额（有机化学品、塑料及其制品、农业化工）就占据了83.21%的份额，其次为美国、韩国和中国台湾地区，均超过74%。

表4　2021年上海化工产品主要出口目的地的主要产品种类

出口目的地	主要接收产品1 产品种类	占比(%)	主要接收产品2 产品种类	占比(%)	主要接收产品3 产品种类	占比(%)
美　国	塑料及其制品	29.05	有机化学品	28.63	药品和医药化工	18.16
日　本	塑料及其制品	33.86	有机化学品	27.87	贵金属、稀有金属、放射性元素及其同位素的有机或无机化合物	7.50
印　度	有机化学品	60.83	塑料及其制品	17.42	农业化工	4.96
韩　国	有机化学品	36.74	塑料及其制品	28.40	杂项化学产品	9.85
越　南	塑料及其制品	29.01	化学纤维长丝	20.46	有机化学品	10.28
中国台湾	塑料及其制品	39.19	有机化学品	19.38	杂项化学产品	15.56

续表

出口目的地	主要接收产品1		主要接收产品2		主要接收产品3	
	产品种类	占比(%)	产品种类	占比(%)	产品种类	占比(%)
泰　　国	塑料及其制品	36.97	有机化学品	19.13	杂项化学产品	11.13
印度尼西亚	塑料及其制品	27.65	有机化学品	20.70	杂项化学产品	15.90
德　　国	有机化学品	32.77	塑料及其制品	27.79	药品和医药化工	8.04
英　　国	塑料及其制品	29.38	橡胶及其制品	23.79	有机化学品	21.05

资料来源：根据上海海关统计数据计算得出。

从进口情况来看，发达国家和地区是上海化工产品主要来源地，且进口产品以矿物燃料、矿物油及其蒸馏产品、农业化工、橡胶制品为主（表5）。2021年，在上海化工产品进口额排名前十的国家或地区中，除马来西亚和巴西外，均为发达国家或地区，其中澳大利亚、日本和美国的进口额位列前三；就进口产品类型而言，上海高度依赖特定国家的某些特定化工产品，如上海化工高度依赖澳大利亚的矿物燃料、矿物油及其蒸馏产品，占该国总进口额的93.94%；橡胶高度依赖日本与韩国；农业化工高度依赖美国和德国。

表5　2021年上海化工进口商品主要来源地

国家或地区	进口额（亿美元）	主要进口产品	
		产品品种	进口额（亿美元）
澳大利亚	165.06	矿物燃料、矿物油及其蒸馏产品	155.05
日　　本	113.52	橡胶及其制品	30.74
美　　国	105.17	农业化工	30.11
德　　国	84.52	农业化工	42.18
韩　　国	65.15	橡胶及其制品	23.60
法　　国	47.97	肥皂、有机表面活性剂、洗涤剂、润滑剂、人造蜡、调制蜡、光洁剂、蜡烛及类似品、塑型用膏、"牙科用蜡"及牙科用熟石膏制剂	24.78
马来西亚	35.58	矿物蜡	20.42
巴　　西	36.89	矿物燃料、矿物油及其蒸馏产品	35.64

续表

国家或地区	进口额（亿美元）	主要进口产品 产品品种	进口额（亿美元）
中国台湾	22.86	橡胶及其制品	10.56
新加坡	22.32	橡胶及其制品	10.31

资料来源：根据上海海关统计数据计算得出。

(4) 精细化工产品仍有待实现进口国产替代

2021年，上海精细化工产品进口规模远大于出口规模，药品和医药化工、塑料及其制品占据进出口的重要地位。首先，从进出口产品规模来看，2021年上海精细化工产品进口额达到580.29亿美元，而出口额仅为203.07亿美元，其中塑料及其制品和杂项化学产品是出口最多的产品类型，而进口规模最大的是塑料及其制品、药品和医药化工。其次，从进出口产品增长率来看，农业化工是出口增长最快的产业之一，增长率达246.70%；而杂项化学产品是上海进口最多的精细化工产品，增长率为56.27%，但对农业化工和炸药、烟火制品等产品的进口规模呈现锐减趋势，这说明上海市在这些领域一定程度上实现了国产替代。

2. 化工产业竞争力的重点企业识别

(1) 化工原料领域

近年来，上海化工原料企业的内外部经营环境得到持续改善，竞争优势的可持续性大大增强。上海石化是中国主要的炼油化工一体化企业之一，位居中国化工原料发展前列。2021年，顺应国内外发展形势，上海石化进行了一系列重大经营策略调整：一是调整原油来源结构（表6），成功化解原油价格上涨带来的生产成本提高的风险；二是将提升综合竞争能力作为重点战略目标，实现炼化一体化生产组织能力的精益高效、产品供应服务能力的优质敏捷、经营投资决策能力的精准卓越；三是具备了与企业战略相匹配的具有可持续竞争优势的综合实力；四是紧抓国际化工产品价格不断攀升的机遇，积极调整市场，成功扩大了企业营业收入。在此调整下，2021年上海石化毛利扭亏为盈，毛利润达到15.91亿元（表7）。

表6 上海石化原油来源结构调整

年份	中东	欧洲	南美洲	非洲	北美洲	中国
2020	82.39%	5.14%	11.18%	0.32%	—	0.97%
2021	77.25%	9.34%	6.66%	2.90%	2.80%	1.05%

资料来源：上海石化2021年度业绩推介。

表 7 上海石化盈利能力

指　　　标	2020 年	2021 年	增速(%)
营业额(百万元)	74 623.6	89 198.5	19.53
毛利(百万元)	−340.2	1 590.8	—
税前利润(百万元)	590.8	2 721.1	360.58
归属于母公司的净利润(百万元)	645.1	2 073.4	221.41

资料来源：上海石化 2021 年度财务报告。

(2) 高分子聚合物领域

上海在高分子聚合物领域具有较强的国际竞争力，其在上海化工产品细分领域中拥有最多的上市企业数量，优势产品涉及塑料制品、改性塑料、可降解材料、轮胎橡胶等。根据 2021 年企业的经营情况和研发情况，识别出 11 家上海高分子聚合物供应企业(表 8)。具体分析来看，各企业在不同方面的优势差异明显。如华谊集团发展规模最大，2021 年主营业务收入达 396.92 亿元；而凯赛生物的成本费用利润率为 54.56%，远高于其他企业。

表 8 2021 年上海高分子聚合物主要供应企业经营情况

公司简称	主营业务收入(亿元)	客户集中度(%)	成本费用利润率(%)	人均创利(万元/人)	研发强度(%)	研发费用增长率(%)	研发人员占比(%)	本科及以上学历员工人数占比(%)
华谊集团	396.92	10.41	1.76	24.38	1.97	56.09	5.76	—
普利特	48.71	12.38	11.97	1.82	5.13	16.90	18.97	90.79
永利股份	32.13	30.11	12.21	5.14	3.61	−4.85	8.94	19.26
彤程新材	23.08	—	16.37	33.67	6.72	86.75	24.00	40.93
上纬新材	20.62	43.92	0.50	3.42	1.63	13.33	15.76	53.81
飞凯材料	26.27	25.57	23.62	19.67	7.34	41.91	26.40	27.12
凯赛生物	21.98	43.08	54.56	29.87	6.08	59.52	18.38	51.01
汇得科技	31.91	13.63	4.16	16.11	3.54	63.77	14.77	26.40
宏和科技	8.08	—	22.10	10.26	3.49	33.33	13.71	9.49

续表

公司简称	经营情况				研发情况			
	主营业务收入（亿元）	客户集中度（%）	成本费用利润率（%）	人均创利（万元/人）	研发强度（%）	研发费用增长率（%）	研发人员占比（%）	本科及以上学历员工人数占比（%）
唯赛勃	3.79	35.83	22.24	10.39	6.72	14.28	16.87	13.37
艾艾精工	2.53	—	18.20	13.00	5.17	30.00	21.00	18.32

利润率、人均产出、研发强度及增长率、人力资源是企业国际竞争力的重要体现。根据表8可知，相比于其他企业，彤程新材料集团股份有限公司（以下简称"彤程新材"）在成本费用利润率、人均创利、研发强度、研发费用增长率、研发人员占比和本科及以上学历员工人数占比等方面均具有显著的竞争优势。

具体来看，彤程新材是上海市最大的可降解材料生产企业，也是中国橡胶助剂龙头企业。2021年，其特种橡胶助剂生产量10.8万吨，占国内特种橡胶助剂产量的比例在20%以上，且呈不断上升趋势（表9）；当年销售量为144 424吨，实现营业收入216 668.21万元。在可降解材料领域，彤程化学聚焦于最优品质的PBAT材料（全可降解塑料），并与北京化工大学联合开发可降解生物基共聚酯橡胶，在全球范围内都属于全新的橡胶品种，在一定程度上实现了进口替代。

彤程新材的公司经营理念也较为先进。一方面，常年实施大客户战略，围绕重点客户和重点产品持续进行开发及推广，不断深化大客户的战略合作，优化客户结构；另一方面，在碳中和和碳达峰的可持续发展战略指导下，积极布局汽车橡胶领域生物基材料的研究与应用开发，探索满足新能源汽车轮胎新材料。

表9 2018—2021年彤程新材特种橡胶助剂市场占有率

项目	2018年	2019年	2020年	2021年
公司特种橡胶助剂产量（万吨）	7.94	9.49	10.06	10.8
国内特种橡胶助剂产量（万吨）	32.98	36.90	38.50	40.40
市场占有率（%）	24.08	25.7	26.13	26.73

资料来源：彤程新材2021年财务报告。

(3) 化学试剂及助剂领域

上海在化学试剂及助剂领域引领全国，但与发达国家还存在明显差距。通过对不同企业经营情况、主要市场、化学试剂类产品经营情况和研发等指标的比较分析，识别出泰坦科技和阿拉丁两家上海重点企业（表10）。泰坦科技和阿拉丁的成功做法都在于与众多高校及科研院所的紧密连接，长期提供科研试剂、特种化学品、科研仪器及耗材和实验室建设及科研信息化服务。泰坦科技为上海市公共科学研究、科技创新及产业升级提供重要支撑和保障；阿拉丁则是国内科研试剂品种最齐全的供应商之一，科研试剂产品广泛应用于全国高等院校、科研院所以及相关生物医药、新材料、新能源、节能环保、航空航天等高新技术产业和战略性新兴产业开发。

表10 上海市化学试剂及助剂上市企业

指标		泰坦科技 数额	泰坦科技 同比增长（%）	阿拉丁 数额	阿拉丁 同比增长（%）
总体经营情况对比	主营业务收入（亿元）	21.64	56.25	2.88	23.08
	客户集中度（%）	7.29	−27.82	19.72	3.68
	成本费用利润率（%）	8.85	−7.81	60.93	3.14
	人均创利（万元）	14.72	−0.27	19.38	−17.99
主要市场对比	主要市场所在地	华东地区	—	华东地区	—
	主要市场营业收入（万元）	160 988.51	51.24	14 615.20	20.66
	主要市场营业收入占比（%）	74.40	−3.23	50.69	−4.52
化学试剂类产品经营情况对比	营业收入（万元）	141 733.73	60.11	27 400.85	26.23
	营业成本（万元）	111 369.18	66.52	10 846.07	32.72
	毛利率（%）	21.42	−20.87	63.04	0.69
	营业收入增长率（%）	60.25	171.64	23.08	127.84
	营业成本增长率（%）	60.01	116.33	18.48	−61.34
研发情况对比	研发强度（%）	4.02	13.56	7.88	17.61
	研发费用增长率（%）	77.55	114.76	43.75	19 121.74
	研发人员占比（%）	30.67	12.34	25.81	11.39
	本科及以上学历员工人数占比（%）	44.58	−9.79	42.95	4.88

注：客户集中度＝前五大客户销售收入总额/销售收入*100%；研发强度＝研发费用/营业收入*100%；资料来源为各公司2021年财务报告。

(4) 半导体材料

上海是中国半导体材料产业发展的高地,上海硅产业集团是中国大陆规模最大的半导体硅片制造企业之一(图8),在半导体产业链中占据重要地位。2021年,在核心技术突破方面,上海硅产业集团解决了国内300 mm大硅片供应的"卡脖子"问题,在下游应用上实现了逻辑、存储、图像传感器(CIS)芯片的全覆盖。在产业链延伸方面,以保障国产化供应链安全和自主可控为目标,在半导体材料产业进行横向和纵向的战略布局,建设面向40 nm至28 nm及以上制程的先进光掩模生产线,并参与了国内半导体拉晶炉设备供应商南京晶升的增资扩股。

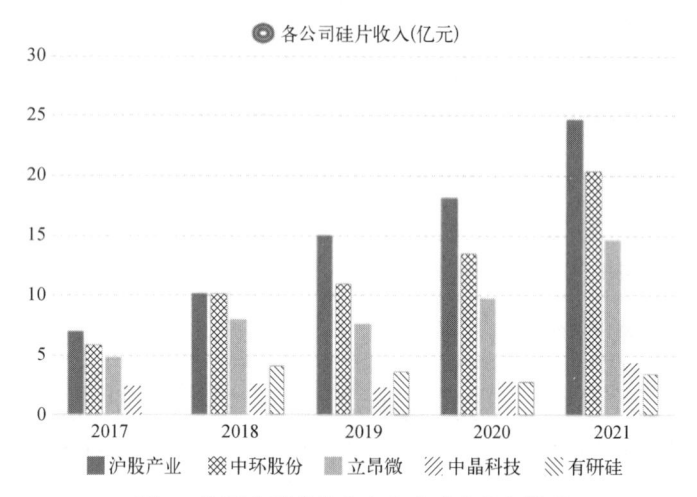

图8 我国主要硅片生产企业硅片收入情况

资料来源:平安证券研究所。

光刻工艺是决定芯片最小特征尺寸的关键工艺,也是在整个芯片制造过程中所占时间和成本最高的工艺之一。上海已经初步布局光刻胶领域,彤程新材、上海新阳和飞凯材料是上海市光刻胶产品的重要生产企业。2021年,上海新阳光刻胶ArF、ArF-i研发进展顺利,形成了两个系列试验产品,样品已进入客户端进行测试;其还与Heraeus (Deutschland GmbH & Co. KG)签署了合作备忘录,以解决国内半导体供应链面临的新挑战。然而,在原材料配套方面,上海的光刻胶原材料市场在很大程度上仍然被境外厂商垄断(图9),如不能尽快实现原材料国产化,未来即使光刻胶成品实现技术与量产突破,因原材料受制于人也随时可能被切断产业供给。

3. 重点环节与重点企业的国际竞争力评价

(1) 模型构建与计算

本报告基于直接竞争力和综合竞争力2个一级评价指标,并进一步从贸易、产业、企业、创新、区域等5个二级指标入手,构建包含25个三级指标的化工产业国际竞争力评价指标体系,具体如表11所示。

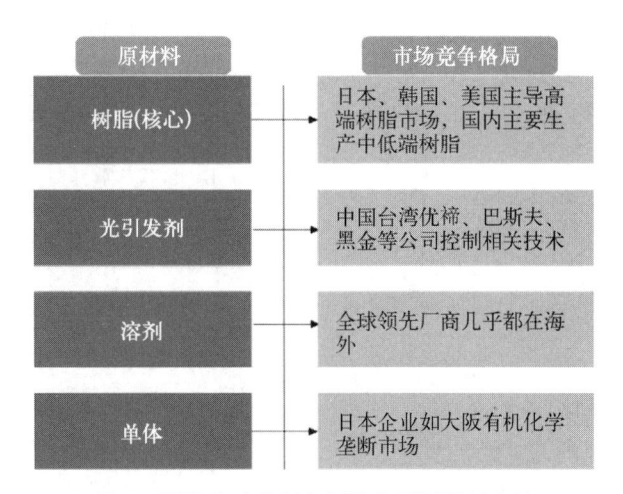

```
原材料                      市场竞争格局

树脂(核心)      →    日本、韩国、美国主导高
                      端树脂市场，国内主要生
                      产中低端树脂

光引发剂        →    中国台湾优襀、巴斯夫、
                      黑金等公司控制相关技术

溶剂            →    全球领先厂商几乎都在海外

单体            →    日本企业如大阪有机化学
                      垄断市场
```

图 9　国外公司垄断光刻胶主要原材料市场

资料来源：德邦研究所。

表 11　指 标 体 系

一级评价指标	二级评价指标	三级评价指标
直接竞争力	贸易竞争力	显示性比较优势指数（RCA）
		贸易竞争力指数（TC）
		国际市场占有率（MS）
		显示性竞争优势指数（CA）
		出口产品质量指数
		对外贸易依存度
	产业竞争力	劳动生产率
		利润率
		新产品产值占比
		国内市场占有率
		本地市场规模
	企业竞争力	外商直接投资
		企业总部数量
		产业链强度
		产业韧性度
		企业数字化水平

续表

一级评价指标	二级评价指标	三级评价指标
综合竞争力	创新竞争力	R&D 投入强度
		R&D 人员全时当量
		发明专利数
		科技机构
		科技转化
	区域竞争力	生产性服务业集聚
		产业集中度
		税收政策
		产业政策

在对具体指标的数据处理上,使用标准差标准化法(又称 Z-score 方法)对数据做规范化处理,采用变异系数法和主观赋权法相结合的方法确定权重并逐级加权平均得到化工产业国际竞争力综合指数。

(2) 模型结果分析

① 上海化工产业国际竞争力总体趋于平稳

图 10 显示,2017—2021 年,上海化工产业国际竞争力总体趋于平稳,近两年略微下降。从重点省市排名来看,2021 年上海化工产业国际竞争力排名也不在前列。

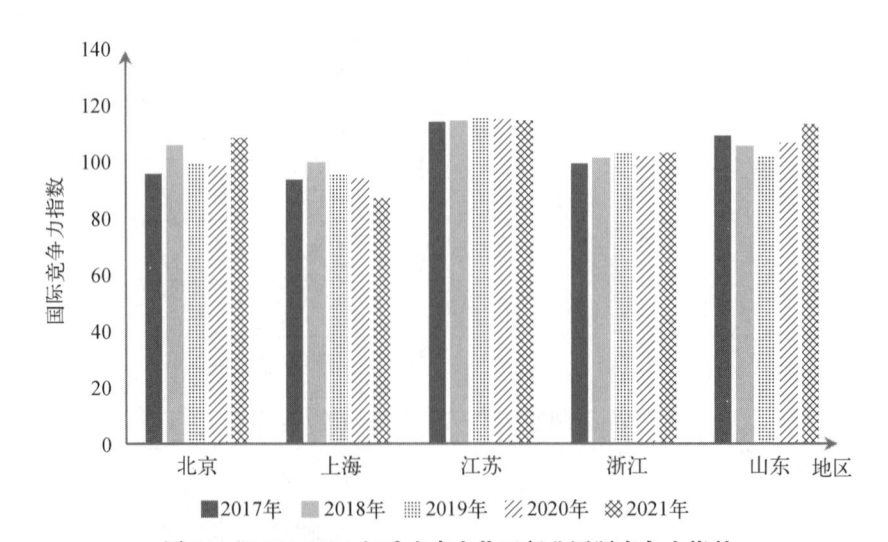

图 10 2017—2021 年重点省市化工行业国际竞争力指数

从指数构成分析可知,直接竞争力得分偏低是总体得分微降的主要原因。2017—2021年,上海化工产业直接竞争力波动较为明显。2021年较2020年得分有所下降,得86.96分,下降13.40分,降幅达13.35%。综合竞争力表现较为稳定。从得分情况来看,上海2017—2021年化工产业综合竞争力得分在87—89分区间内波动;但与重点省市相比,排名并不靠前(图11、图12)。

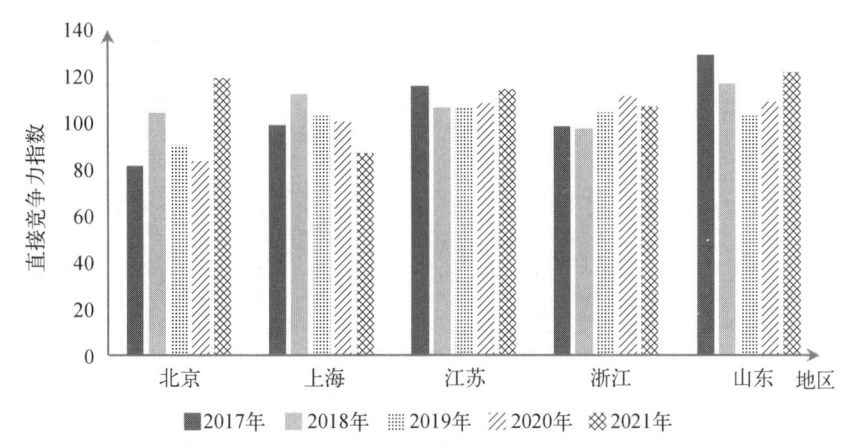

图11 2017—2021年重点省市化工产业直接竞争力指数

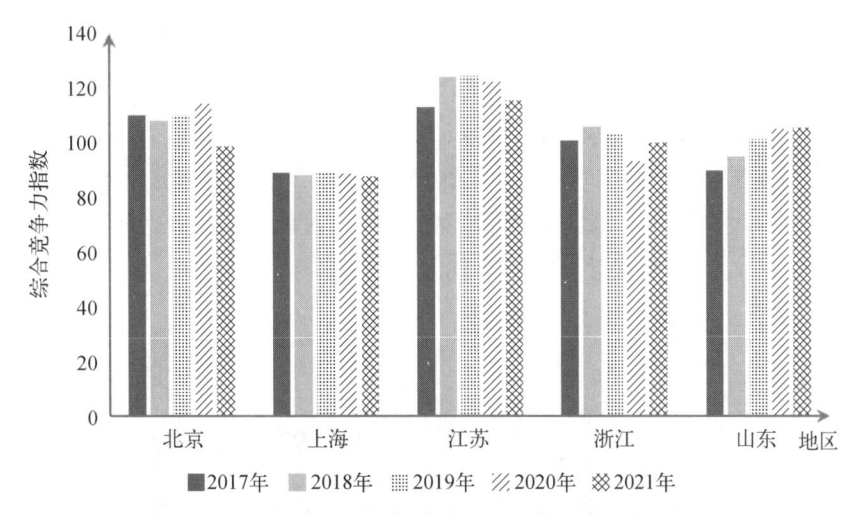

图12 2017—2021年重点省市化工产业综合竞争力指数

② 上海化工产业贸易竞争力(TC)显著提升

2021年,上海化工产业贸易竞争力指数达到98.09,较2020年得分增加6.88分,增幅为7.54%(图13)。从国内重点省市相关排名情况来看,上海的竞争力排名有所上升,由2020年的第4名上升到2021年的第3名。其主要原因有:一是在全球抗疫的大背景下,上海化工行业率先实现复产复工,为化工行业出口抢到先机。二是随着《上海市先进制造业发展"十四五"规划》施行,

2021年下半年,上海加大了战略性、基础性、高技术竞争性精细化工材料的生产和出口。三是贸易型化工企业总部数量得到快速增长,2021年新增数为18家。

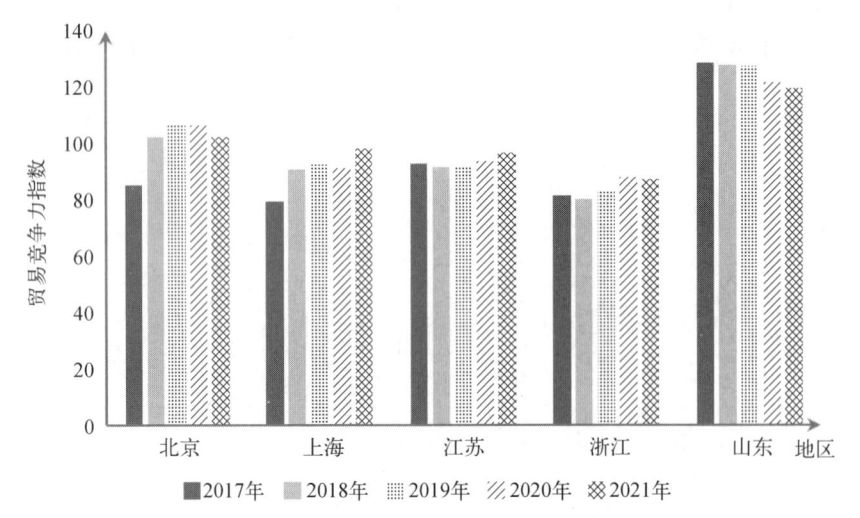

图 13 2017—2021年重点省市化工产业贸易竞争力指数

③ 上海化工产业的产业竞争优势突出

从指数得分情况来看,2019—2021年,上海化工产业的产业竞争力指数维持在103分左右,处于较高水平区间(图14)。2021年上海化工竞争力较强的原因有:一是区域整体盈利能力较强。根据中国石油和化学工业联合会化工园区工作委员会发布的"2021化工园区30强榜单"显示,上海化学工业经济技术开发区夺得全国化工园区石化利润总额单项冠军。二是生产效率高、产出

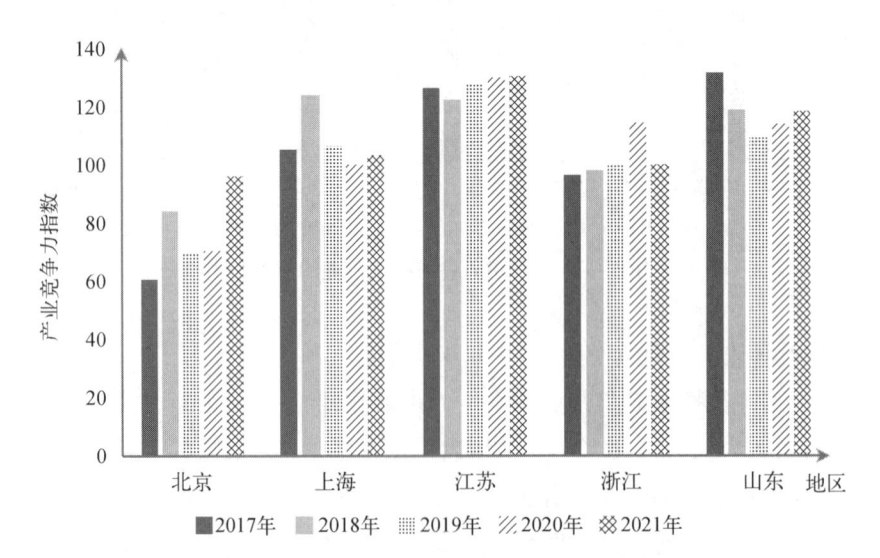

图 14 2017—2021年重点省市化工行业产业竞争力指数

强度大。2021年初,上海园区类化工亩均产值、亩均税收、人均劳动生产率分别达到了800万元、100万元、1 000万元以上,名列国家众多化工产业集群前茅。三是上海在化工产业高端化布局方面走在了全国前列。在绿色低碳化发展、服务国家先导产业战略发展任务、发展化工科创、总部、贸易、检测、金融服务中心方面,开始了较多的有益探索,并已经取得一些成效。

④ 上海化工产业企业竞争力有待增强

根据企业竞争力得分,上海化工产业的企业竞争力指数由2020年的110分下降至2021年的60分,降幅明显(图15),这也是造成直接竞争力波动的原因之一。从重点省市排名情况来看,上海化工产业的企业竞争力也偏弱。主要原因有:一是近年行业投资减少幅度较大。2021年,在企业实施总部经济战略和政府部门安环规范不断趋严的背景下,上海化工产业固定资产投资较2020年减少19.01%。二是受限于发达地区的企业规模效应。与山东、江苏、浙江等化工大省和化工强省相比,上海化工企业尽管在经营水平、产品市场竞争力、技术创新水平方面较为优秀,但受限于城市经济功能与资源规模,难以形成上述省份化工企业的巨大体量,这对于讲求规模效应的化工产业来说,也是弱势之一。

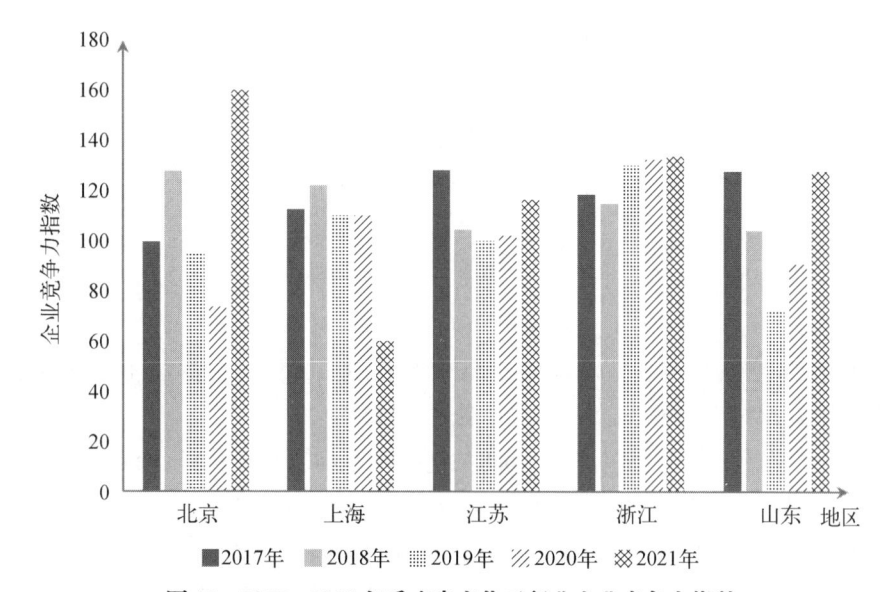

图15 2017—2021年重点省市化工行业企业竞争力指数

⑤ 上海化工产业创新竞争力还有待提升

创新竞争力的结构性短板是上海市化工行业综合竞争力偏弱的主要原因(图16)。从排名情况来看,2017—2021年,上海市化工行业创新竞争力在重点省市中一直处于中后。从具体指标来看:一是上海化工产业的R&D投入强度不及其他竞争性省市。这主要是由于化工产业具有重资本特征,限于规模效应,客观上限制了上海化工企业的 R&D 投入比重;同样,也造成了上海化工产业专利申请数量与其他省市的较大差距。二是上海化工产业结构转型升级走在全国前列,在推动产业由炼油向化工转、化工向材料转、材料向高端转、园区向生态转的过程中,科技成果转化相关方的结合度还有待提高,一些新的模式仍在不断探索中。

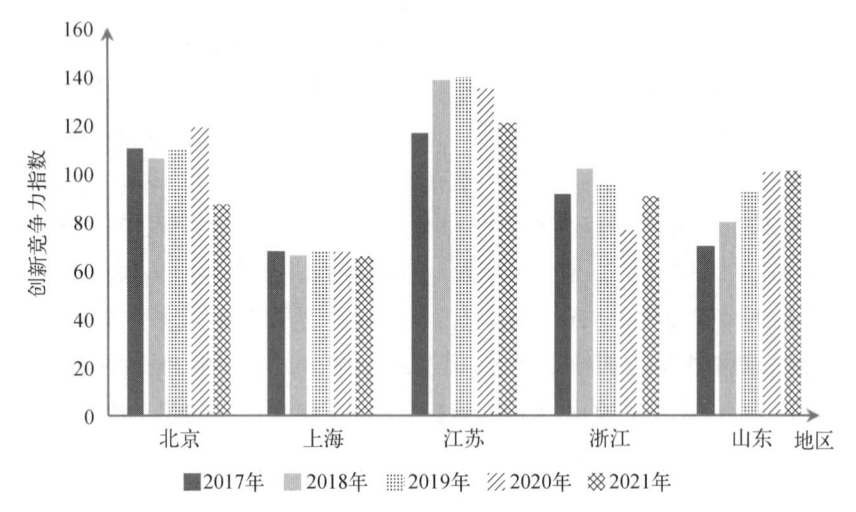

图 16 2017—2021 年重点省市化工行业创新竞争力指数

(二) 新材料产业国际竞争力分析

1. 新材料产业竞争力重点环节识别

(1) 优势环节

① 先进基础材料

上海市拥有雄厚的工业基础和齐全的冶金、材料、制造加工产业,已具备航空发动机和燃机总装生产及核心部件研制、加工、制造的能力,但在核心的涡轮高温部件制造技术方面,则常年受制于国外。

以高温叶片制造为例,其涉及的关键技术有高温合金材料、陶瓷材料和型芯制造、精密铸造定向凝固、表面喷涂等,高温合金材料在相当长的时间内仍将是涡轮叶片的主要材料,而其耐温等能力的提高是实现燃气轮机涡前温度提高的前提。上海已在涡轮叶片高温合金材料研发方面取得重要突破:航空发动机叶片用第 3 代单晶高温合金材料,使用温度达到 1 600 ℃;地面燃气轮机叶片用第 1 代单晶,使用温度达到 1 400 ℃。同时,上海市充分发挥相关高校、科研单位和企业的优势,在市政府和各方支持下,在上海大学已有的工作基础上,开展成果产业化,建设高技术企业和上海市叶片工程技术研究中心,形成生产制造能力和研发能力。同时联合中国科学院上海硅酸盐研究所、上海电气、中国航发商发和上海交通大学等相关单位,形成产学研联盟,构建起基础研究—技术开发—产业化和工业生产的完整体系。

② 关键战略材料

上海市在高性能纤维材料领域具有突出优势,拥有雄厚的产业基础(图17)。在产业链构建方面,高性能纤维复合材料及其制品在上海有较完整的产业链,上游有石化、华谊等化工原料大公司;下游有商飞、上汽、振华港机、上海电气等有应用需求的大型企业。在生产规模方面,上海化工研究院旗下拥有7 000吨/年树脂的产业化生产装置,正积极准备扩产到20 000吨/年专用树脂的生产规模,成为国内最大的UHMWPE树脂生产基地。在研发方面,东华大学是中国最早开展高强高模聚乙烯成形工艺及理论研究的单位,已在全国推广高强度纤维制备技术,目前关注纺丝工艺的改进与纤维产品的改性研究。

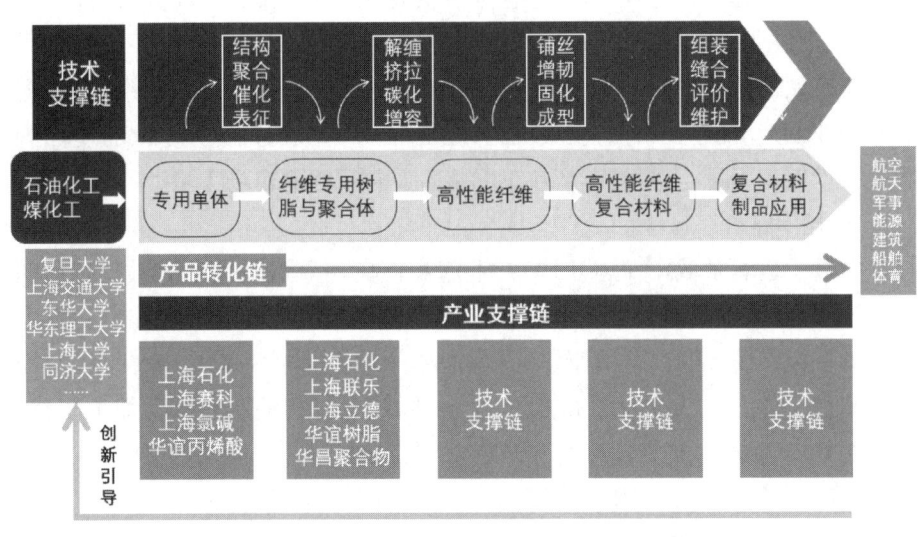

图17 上海市高性能纤维复合材料发展基础

③ 前沿新材料

上海在高活性骨组织修复材料、心血管材料、微创治疗、涂层材料、内固定器械等方面的研发拥有自身的特色,生物材料的产业链逐步形成。在生物材料领域具备人才、资源、技术三方面优势。在人才方面,生物材料领域已形成了以华东理工大学、复旦大学、上海交通大学、中国科学院上海硅酸盐研究所、同济大学、东华大学、上海大学及上海理工大学等为核心的多学科交叉的、以长江学者、国家杰出青年基金获得者为学术带头人的研究队伍。以人才资源优势为依托,上海在高活性骨组织修复材料、生物医用涂层材料、微创治疗材料、新型心血管材料、可吸收内固定器件等领域的技术研发和市场转化方面形成了自身的特色,产、学、研特色鲜明,处于国内领先、国际先进水平。

(2) 突出短板

部分关键技术能力的缺失制约着上海先导产业和支柱产业的产业链构

建，制约燃料电池、新能源汽车、集成电路、航空航天等产业构建完整产业链。

① 质子交换膜燃料电池组

近年，国内燃料电池市场迅速扩张、潜能巨大，已在全球市场占据近四分之一。上海燃料电池产业受到质子交换膜、催化剂、气体扩散层及双极板等技术制约。在氢燃料电池中，质子交换膜燃料电池作为第五代燃料电池，是非常有潜力的汽车动力源，近年来已成为电化学和能源科学领域中的研究热点。但由于国产零部件性能和产能不足等原因，上海质子交换膜燃料电池组件存在着一定的"卡脖子"问题。

② 汽车尾气催化剂

在汽车产业材料领域，上海汽车尾气催化剂材料在各环节都存在着一定的"卡脖子"问题。汽车尾气催化剂体系主要包括载体、活性成分、助催化材料，催化剂产业关键材料的不足正在成为上海汽车技术发展的绊脚石，迫切需要切实有效的解决方案。从政策和宏观调控的角度来说，"国六标准"为上海汽车企业创造了前所未有的发展机遇，但是，由于过渡时间太短加之自主品牌车企技术储备不足，上海汽车产业正面临着非常严峻的市场考验。

③ 显示材料

在显示玻璃领域，上海OLED产业起步较晚，主要掌握低世代玻璃基板的量产技术，但不具备制造性能可靠的高世代玻璃基板核心技术的能力。高世代玻璃基板市场长期被美国康宁、日本旭硝子、日本电气硝子三家割据，市场份额超过90%。在发光材料和ITO材料领域，上海相关产业既无加工原料，也无业务加工设备，进口依赖情况严重，存在着一定的"卡脖子"问题。在偏光片原材料领域，上海自主生产的偏光片原材料占比较小。特别是在PVA与TAC这两种膜的原材料领域，其技术门槛高、供给集中，占偏光片成本的75%左右，导致上海偏光片产业进口依赖情况严重。

④ 聚酰亚胺薄膜材料

聚酰亚胺(PI)广泛应用于轨道交通、航空航天、电子信息、汽车工业、医疗等前端领域，同时发展出薄膜、复合材料、特种工程塑料、光刻胶等多种应用形式，被誉为"二十一世纪最有希望的工程塑料之一"，有着"解决问题的能手"之称。与国际先进水平相比，上海聚酰亚胺薄膜产业及研发存在着性能不佳、产品精度不足、工艺技术差等问题，发展之路任重道远。国外从事PI薄膜生产的主要厂家有美国杜邦公司、日本宇部兴产、日本钟渊化学、日本东丽集团、韩国科隆和韩国SKC公司等，长期占据高端聚酰亚胺市场，上海的PI薄膜则高度依赖进口。

⑤ 高纯石英砂

高纯石英砂被广泛运用于光伏、光纤、电子信息和高端电光源等行业以及航空航天、国防军工等领域，在新材料、新能源战略性新兴产业中具有重要地位和作用。美国尤尼明在全球高端石英砂市场一家独大,占据了绝大部分的市场份额。上海中低端石英砂供给相对过剩,高纯石英砂自给量不足,仍需严重依赖进口,在发展过程中存在着"先天"与"后天"两大劣势,高端石英砂产量远不能满足国内市场需求,应用市场长期处于被垄断状态。

2. 新材料产业竞争力重点公司识别

(1) 服务于上海三大先导产业的重点新材料公司

科学服务业的发展可以促进其更有效地服务于科技创新,发挥"催化剂"作用,重点解决我国科技资源配置分散、封闭、重复建设等问题,激发创新动力,促进科技与经济深度融合,助力中国经济转型升级,推动经济向中高端水平迈进。

上海阿拉丁生化科技股份有限公司专注于研发、生产及销售科研试剂,业务涵盖高端化学、生命科学、分析色谱及材料科学四大领域,同时配套少量实验耗材(图18),为上海市先导产业科研活动的开展提供重要保障。目前,阿拉丁的试剂产品广泛应用于高等院校、科研院所及创新型企业,涉及领域涵盖生物医药、新材料、新能源、节能环保等高新技术产业和战略性新兴产业,是国内科研试剂领域的龙头企业。

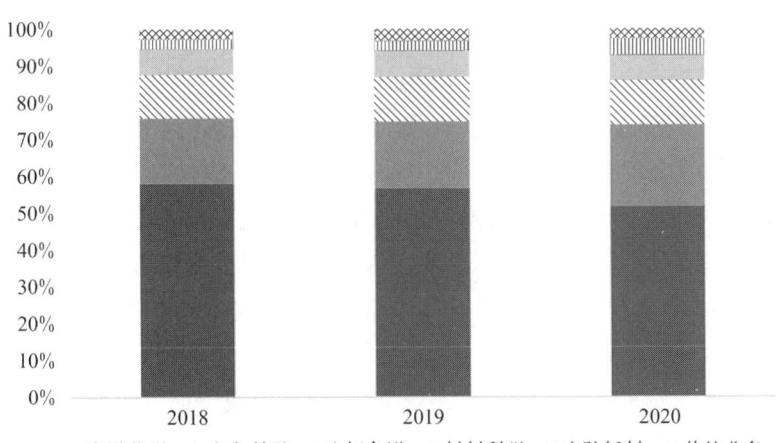

图 18　阿拉丁公司营业收入拆分

资料来源:华创证券。

(2) 服务于上海优势产业的重点新材料公司

凯赛生物技术股份有限公司在上海市生物技术领域具有重要地位,该公司利用生物制造技术,从事新型生物基材料的研发、生产,是全球具有代表性的以合成生物学为基础的平台型生物制造公司。

凯赛生物的主要业务聚焦于聚酰胺产业链。目前,凯赛生物聚酰胺产能已经逐步满足国内工程塑料、工业丝、民用丝等行业的需求。考虑到生物基聚酰胺产品具备原料可再生、产品可回收和轻量化的特点,凯赛生物所处产业链地位将得到进一步加强。例如,聚酰胺与碳纤维或玻纤增强复合材料在汽车、风能发电、交通运输等领域具有更大的应用潜力。

3. 典型案例

(1) 紫江新材料——全方位提升创新实力

上海紫江新材料科技股份有限公司专业从事软包锂电池用铝塑膜研发、生产及销售。该公司在2012年自主研发铝塑膜热法工艺,并实现部分规格产品的国产化替代,使得国产铝塑膜占有了一定市场份额,逐步打破国外品牌在我国铝塑膜市场的垄断地位,目前已经成为宁德新能源、比亚迪、天津力神、鹏辉能源、多氟多等知名锂电池厂商的重要供应商。

紫江新材料之所以能够迅速取得技术突破,是因为其在技术、设备、人才三方面全方位支持技术创新。在技术研发方面,紫江新材料与上海交通大学、中国航天科技集团所属的上海空间电源研究所开展了产学研方面的深度合作。在设备改进方面,紫江新材逐年加大生产自动化相关的技术与设备投入,实现了制造过程中的生产自动化、关键节点中的监控数字化与管理中的决策智能化。在人才培养方面,紫江新材坚持以人为本,制订了人才进修计划及多项激励制度。

(2) 亚士创能——房地产风险传导使公司盈利水平下降

亚士创能科技(上海)股份有限公司主要产品为功能型建筑涂料、保温装饰一体化材料、保温材料、防水材料,是行业内同时拥有四大产品体系及其系统服务能力的少数企业之一。

功能型建筑涂料和建筑节能材料是亚士创能龙头业务。2021年,在公司四大产品体系当中,功能型建筑涂料收入29.91亿元,占总营收的63.44%;建筑节能材料(保温装饰一体化材料、保温材料)收入13.92亿元,占总营收的29.52%。

受到房地产客户信用风险扩大、计提单项信用减值损失影响,亚士创能盈利水平大幅下降。房地产作为我国经济支柱型产业,也是涂料行业的重要下游行业之一,且多年来房地产行业对于涂料的需求和拉动都是巨大的。2021年,受到房地产市场紧缩影响,亚士创能盈利能力大幅下降,归属于上市公司股东的净利润为−5.44亿元。

四、提升上海化工和新材料产业国际竞争力的路径

(一) 提高化工行业的精细化率

产业精细化率是衡量所有制造行业竞争力水平的重要指标,对于精细化工而言,更是如此。尽管以上海为龙头的长三角化工产业在全国居于先进行

列，但其行业结构仍然以大宗基础化工产品为主，总体精细化率不足50％左右（化工产业发达国家一般为70％以上），且高端精细化学品产业规模小、发展水平低。因此，上海乃至中国至今都没有培育出如巴斯夫、陶氏、杜邦、三菱等具有强大精细化工品竞争力的国际旗舰型企业。

对于发展中国家的化工产业而言，提高精细化率主要有两种途径。一是提高产业集聚度。化工行业是典型的规模性行业，要始终保持主要化工产业基地及其腹地的产业规模与密度，持续做大，再做精做强。二是加强从基础化学品到高端化工材料的全链条加工及研发能力。其中还包括非化工关键产品的供应链能力培育和精细化水平提高（如高纯度化工材料存储和运输所需高端容器的生产与研发），在系统化和集成化方面取得突破，以减少上下游高端辅助品的进口，从而降低生产成本。

（二）形成一定规模的新技术、新品种储备

精细化工技术研发主要集中在产品新品种选择、拓展新的应用领域、化学反应工艺路径选择、原材料选取以及温度、压强、时间等工艺过程控制方面，不同的研发路径和工艺选择对产品成本、纯度、质量和后续扩展等的差异很大。由于产品种类多、中间产品多，客观上要求形成技术与品种的蓄水池，才能发挥规模效应。这要求行业和企业及时根据下游农药、医药、染料等行业发展变动需求来调整和更新产品品种目录，在高端电子化学品、高端功能材料、高端炼制品、高端化工催化剂等领域形成一定体量的新技术、新品种储备；区别于大化工，要加大具备高端专业背景、具有多年研发和生产实践经验的人才供给与储备，以保证精细化工行业的技术密集度和高附加值率。

（三）转换资产组合，以帮助抵御波动性

为了应对2023年充满挑战的市场状况，上海化工企业应更加专注于重新定位资产组合，在不同战略选择之间进行权衡，并考虑规模、产品范围和增长机会。为了实现更强劲的增长和改善财务业绩，应进一步扩大产品和服务组合，重点关注以下几个领域：一是专注于更高的增值机会，探索剥离非核心资产，投资更高附加值的产品。这需要企业深入研究关键的终端市场和产品，使其技术和市场专业知识可以与规模经济相结合，从而提高利润率。二是同时关注技术进步和消费者偏好，作为长期改变投资组合的依据，将现有的投资组合定位与更高增长的终端市场保持一致。企业应该确定如何在优化现有的、更传统的资产组合的同时，推动零浪费技术等新技术的商业化。三是适当削减对传统产品和服务的投资，转向开发高性能化学品的差异化应用程序，扩展到新的领域。

（四）形成关键材料战略资源的核心控制力

精细化工材料连接下游繁多的生产环节，对关键材料，应始终保持高度关注。一是时刻从保障国家战略资源安全的需要出发，加强与国内矿产基地合作，进行资源开发与综合利用关键技术的合作研究。例如，结合上海汽车产业发展需要，在电池级碳酸锂、氢氧化锂、磷酸铁锂等关键材料制备技术研究等关键课题上努力取得跨区域合作的突破，合力解决战略资源的开发利用瓶颈。二是积极参与国际竞争，鼓励产业链上游的一体化大型企业积极走出去，收购国外优质矿产、油气，增强资源保障。三是尽快实现关键和战略性材料采购和产品销售的国际化，包括行业标准国际化和人才竞争国际化，补短板、锻长板，早日进入战略性资源的国际先进梯队。四是专注于核心竞争力建设，加强技术、人才、市场和管理建设，坚持摒弃跟风、追热点和商业概念炒作的习气。

五、提升上海化工、新材料产业国际竞争力的对策建议

（一）加快制定更新、更具系统性的精细化工分类标准

应对复杂的国际竞争环境，国内精细化工行业迫切需要加快新技术开发和建立新技术体系。当前，中国精细化工产品的分类标准仍采用1986年的标准，上述分类主要依据原化学工业部所作之规定，并未包含精细化工（特别是化工材料）的全部内容（如医药制剂、酶、化妆品、精细陶瓷等），门类比国外要少很多。这对于国内化工精细化转型走在前列的上海而言，在融入全球化工材料技术话语体系、科学指导产业发展、快速应对产业及贸易等竞争性危机方面，形成了客观条件上的短板。当下，上海亟须联合国家相关部门、行业协会和中国化工信息中心，及时反馈地方产业发展诉求，补充相关目录中上海新品种、新剂型、新配方品类，加快联合制定适应当前精细化工产品更新迭代速度的全新产业分类标准，这也是提高国产化工产品精细化率的前提之一。

（二）加大化工产业"双碳"转型升级的"绿色新政"供给

化工产业是高耗能产业，为应对上海制造业"碳中和"转型需要，应及时加大服务于"双碳"目标的上海化工产业转型升级"绿色新政"供给。包括：财政方面，提供化工产业低碳转型升级所需的额外资金，满足较大规模的电气化、燃/原材料替代、设备更新、技术开发要求，补贴过程性消耗。贸易方面，防止企业因回避碳泄漏而从环境和可持续性标准较宽松的国家选择成本较低的产品，出现新一轮的产品进口潮。能源供给方面，确保化工企业在转型升级过程中始终能够获得合理成本的能源供应。技术开发与保护方面，建立绿色、低碳的化工/材料技术体系，防止产业转型升级造成的对绿色投资价值的侵蚀。

（三）深化化工产业数字改造与生产生态协作

进一步推动信息化与化工产业的融合，加快化工产业整体数字化转型升级。一是结合全球化工产业数字化改造重点，为获得经济上的可行性、生产上的安全性、技术上的先进性，在数据可用性、数据处理、工程和材料研究三个领域给予重点支持。二是加大化工数字化人才培养，调整人员结构和任务，制订"人机配对"（手动操作任务都由机器完成）改造计划。三是促进化工产业的生态系统协作，形成多实体（企业、大学、协会、功能型平台）合作机制，解决当前和未来产业链和供应链危机中，上海所面临的新市场选择、新客户关系维护、本土品牌价值建立与维护、新产品商业化、高质量要素吸募等复杂系统性问题。

（四）加快重点化工园区的"腾笼换鸟"进度

相比其他化工大省与化工强省，上海发展化工产业的土地资源和环境空间十分有限。应对化工产业精细化率提高的发展要求，同时考虑上海高端制造业对先进材料的应用需要，须进一步加快重点化工园区的资源与空间整合，加大产业结构调整力度，腾笼换鸟。保留服务于上海"3＋6"新型产业体系化工产品需求的先进企业，保留轮轴式龙头企业，保留精细化、高端化发展企业；大力引进和延伸发展设计检测、大宗贸易、数字支持等服务领域企业；重点突破先进高分子与专用化学品领域，鼓励龙头企业跨园区搭建面向产业链上下游的资源共享平台。

执笔：

林　兰　上海社会科学院城市与人口发展研究所研究员

2021—2022 年上海电子信息产业国际竞争力报告

一、全球电子信息产业国际竞争力新趋势

（一）全球电子信息产业发展现状

2021年全球经济逐渐摆脱新冠疫情的影响，开始复苏，全球经济贸易形势大幅度好转；根据联合国及国际货币基金组织的统计，2021年全球经济同比增长6.1%，贸易总额达到约28万亿美元，相比2020年增长超过20%，创下历史新高。

在全球经济复苏的前提下，全球电子信息产业维持着高速发展的趋势，根据日本电子信息技术产业协会（JEITA）代表理事兼会长纲川智的估计，2021年电子信息产业的全球产值达到了3.36万亿美元，同比增长可达11%，这主要是由于在数字经济转型和居家防疫需求的推动下，电视、智能手机和服务器等实现高速增长，电视的大屏幕化和数据中心扩增等为电子器件增长起到了极大的促进作用，新能源汽车对芯片的需求也持续增加。同时，全球各国都在推进数字经济基础设施建设，对电子信息产业的需求持续扩大，这些都促进了2021年电子信息产业的发展。

1. 全球电子信息产业主要领域发展情况

随着人工智能、大数据、云计算、物联网、汽车电子及消费电子等应用领域的快速发展，全球半导体行业逐渐恢复增长。据统计，2021年全球半导体行业销售额达5559亿美元，同比上升26.23%。分产品看，全球半导体的销售以集成电路为主，2021年的销售占比超过80%。光电器件、半导体元件和传感器的销售额占比分别为7.8%、5.4%、3.4%。

2021年，新冠疫情依然没有消失，全球范围均以居家防疫需求为中心，电视、打印机、医用电子设备等产业表现强劲，电子部件、半导体和无线通信装置也受到了数字化发展的影响，全产业链继续维持着高增长。根据美国半导体

行业协会 SIA 的统计,2021 年逻辑器件销售额达到 1 548 亿美元,增速达到了惊人的 30.8%;存储芯片业务销售额 1 538 亿美元,同比增长接近 31%;模拟芯片销售额达到 741 亿美元,同比增长 33.1%;微处理器销售额为 578 亿美元,同比增长 11.5%。在企业层面,2021 年英飞凌和苹果被联发科技和超威半导体取代,从全球营收排名前十的半导体公司名单中被踢出,头部公司的营收增速普遍高于行业增速,仅英特尔出现了负增长,总体来说,行业集中度进一步提高。

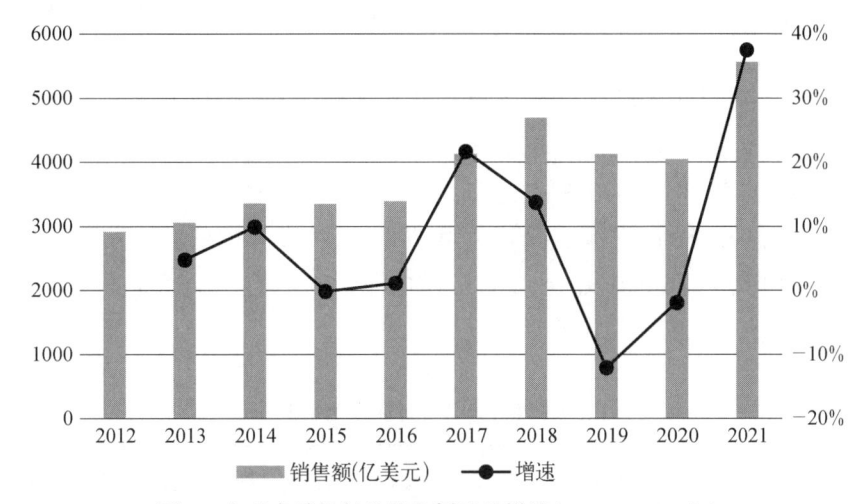

图 1　全球半导体行业销售额及其增速(2012—2021 年)

第五代通信技术(5G)在持续性地大规模建设基础设施,据 GSA 数据,截至 2021 年 12 月底,全球有 145 个国家/地区的 487 家运营商已经投资 5G 网络,包括进行 5G 网络试验、获得牌照、规划、部署和开通网络,相比 2020 年底的 412 家增加了 75 家。在 5G 终端设备方面,全球 180 家厂商宣布推出或即将推出 5G 终端服务。截至 2021 年 12 月底,全球已发布 1 257 款 5G 终端,而一年前为 559 款,增长了 125%。目前,全球有 600+款终端支持 5G SA 网络。其中 5G 手机 614 款,比 2020 年底的 278 款增长超 120%。

对 5G 的应用,目前大部分处于早期阶段,包括医疗、农业和制造业的探索,仍处于起步阶段。主要原因在于,美欧等国家及地区对 5G 建设的速度滞后于计划。由于中频段部署滞后、政府部门缺乏协调、监管不确定性以及对中国企业的打压等,美国 5G 网络发展低于预期。根据 2022 年初 OpenSignal 数据,美国 5G 网络速率全球最慢,只有 50.9 Mbps。欧洲整体 5G 进度严重滞后,5G 覆盖人口目前仍然不足 10%。相比中国的 60% 以上、韩国的 90% 和美国的 45%,欧洲处在较低的水平,欧盟在 5G 频谱分配、监管等方面均存在严重的分歧,导致 5G 建设进展缓慢。根据欧盟的战略目标,至 2025 年必须确保欧盟地区城市和交通走廊实现 5G 信号不间断覆盖的目标。ECA 报告指出,欧盟大多成员国都将难以完成2025年5G发展目标。

而在新型显示领域中,2021年全球面板景气度上升,出货量和出货面积持续增长,根据群智咨询的估计,2021年全球显示面板出货达1.66亿片,同比增长2.5%。以企业角度来看,2021年京东方以25.8%的市场份额位居全球大尺寸LCD面板出货面积的第一位,TCL华星、LG、群创光电、友达光电、惠科分别以15.9%、12.2%、11.1%、9.8%、9.1%的市场份额位居二至六位。目前国内面板国产占比较高,2021年全球市场占比首次超过韩国,逐步打破了日、韩的长期技术垄断,随着国产替代持续推进,我国面板厂商在国际话语权持续扩大。

作为电子信息制造业消费终端产品的智能手机、平板电脑和个人电脑(PC),其销量在2021年均出现不同程度的上涨,根据IDC的数据,在PC领域,2021年全球PC电脑出货量达到3.49亿台,同比增长14.8%,全球PC市场由联想、惠普、戴尔、苹果、宏碁占据主导地位,2021年的出货量分别为8 193万台、7 410万台、5 930万台、2 777万台、2 390万台,同比增长分别达到14.1%、9.3%、17.9%、22.1%、14%。

表1 2021年PC行业出货情况

厂商	2021年出货量(万台)	2021年市场份额(%)	出货量相较上年增长(%)
联想	8 193	23.5	14.1
惠普	7 410	21.2	9.3
戴尔	5 930	17	17.9
苹果	2 777	8	22.1
宏碁	2 390	6.9	14
其他	8 177	23.4	16.5
总计	34 877	100	4.8

在疫情的影响下,全球市场对平板电脑的需求保持持续增长,2021年平板电脑市场维持正增长,根据IDC数据显示,2020年全球平板市场出货量为1.69亿台,同比增长3.2%,由于美国制裁的后续影响,华为销量跌出前三,苹果、三星、联想分别以34.2%、18.3%、10.5%的市场份额占据平板市场的前三位置。

在智能手机方面,市场初步回暖,根据IDC的数据,2021年全球出货量13.53亿台,同比增长5.7%,随着全球5G网络的建设和5G手机价格的下降,预计智能手机市场还有持续增长的空间。在智能手机市场的主要厂商中,三星出货量依然稳居榜首,2021年出货2.72亿台,同比增长6%,苹果出货量位居第二,2021年出货量达2.35亿台,同比增长15.9%,紧随其后的是小米,其市场份额14.1%,同比增长29.3%。OPPO、vivo则分别占据第四和第五,全球市场份额为9.8%和9.5%,同比增长为20.1%和14.8%。

表2　2021年全球智能手机出货量

厂商	2021年出货量(亿台)	2021年市场份额(%)	同比增长(%)
三星	2.72	20.1	6
苹果	2.35	17.4	15.9
小米	1.91	14.1	29.3
OPPO	1.33	9.8	20.1
vivo	1.28	9.5	14.8
其他	3.94	29.1	−12.5
总计	13.53	100	−7

受到对芯片需求增长的影响,全球半导体制造设备行业继续保持高速增长。根据SEMI的统计,全球晶圆加工设备的销售额在2021上升了44%,而其他前端设备同比增长达到22%,封装设备销售额整体增长87%,测试设备销售额增长了30%。中国第二次成为半导体设备的最大市场,销售额同比增长58%,达到296亿美元,韩国是全球半导体设备第二大市场,销售额同比增长55%,达到250亿美元。中国台湾地区同比增长45%,达到249亿美元,位居第三。欧洲和北美分别增长了23%和17%,世界其他地区的销售额在2021上升了79%。

2. 电子信息制造业全球产业格局及其发展趋势

在全球电子信息制造业中,占据主导地位的企业主要位于美国、韩国、日本、中国台湾地区;在集成电路领域,全球的主导企业有英特尔、英伟达、AMD、美光科技、高通、德州仪器、联发科技、台积电、三星电子等,大部分为美国企业,并掌握着行业话语权。而在显示面板领域的主要厂商为三星显示、LG显示、京东方、友达光电、群创、华星光电、JDI等企业,主要分布在韩国、中国大陆、日本和中国台湾地区。在通信设备领域,由华为、中兴、诺基亚、爱立信、思科等企业主导,得益于中国5G通信的巨大市场,华为和中兴目前占据5G基站的大量市场份额。在PC、平板电脑和智能手机等3C产品市场,来自中国大陆、美国、中国台湾、韩国的企业瓜分了绝大部分市场。

表3 电子信息制造业不同领域的头部企业及其分布

电子信息制造业细分领域	主要头部企业	企业主要所在国家/地区
集成电路	英特尔、英伟达、AMD、美光科技、高通、德州仪器、联发科技、台积电、三星等	美国、韩国、中国台湾
新型显示	三星显示、LG显示、京东方、友达光电、群创光电、华星光电、JDI等	韩国、中国大陆、中国台湾、日本
通信设备	华为、中兴、诺基亚、爱立信、思科等	中国、挪威、芬兰、美国
3C产品	联想、华为、苹果、小米、戴尔、惠普、华硕等	中国大陆、中国台湾、美国
半导体设备	应用材料、阿斯麦、东京电子、泛林、科磊、泰瑞达等	美国、荷兰、日本

在工业软件EDA中，全球依然保持了寡头垄断的产业格局。EDA是电子设计自动化（Electronic Design Automation）软件的简称，是指利用计算机辅助设计（CAD等）软件，来完成超大规模集成电路（VLSI）芯片的功能设计、综合、验证、物理设计（包括布局、布线、版图、设计规则检查等）等流程的设计方式。

目前，全球EDA软件供应者主要是国际三巨头Synopsys、Cadence和Mentor Graphics，其中Mentor Graphics于2016年被德国西门子收购，并且在2020年更名为Siemens EDA。当前，三大EDA企业占全球市场的份额超过60%。

表4 全球主要EDA企业情况

企业	总部所处地区	进入中国时间	业务类型
Synopsys	美国加利福尼亚	1995年	提供EDA解决方案、芯片借口IP、信息安全服务等
Cadence	美国加利福尼亚	1992年	基于智能系统设计策略，提供软件、硬件和IP等产品和服务
Siemens EDA	美国俄勒冈	1989年	提供全面的EDA软件、硬件、服务和产品

三大EDA企业产品线十分丰富，已经覆盖芯片设计所有环节，但是各个

企业的拳头产品各有特色。Synopsys 主攻数字芯片设计、静态时序验证确认以及 SIP 提供，同时布局配套的全流程工具。Cadence 主攻模拟、数模混合平台、数字后端、DDR4 IP 等。Siemens EDA 主攻后端验证、可测试性设计、光学临近修正等。

2020 年，Synopsys EDA 业务全球市场占有率第一，为 32.14%；Cadence 和 Siemens EDA 分别排名第二和第三，市场占有率分别为 23.4% 和 14%。

（二）中国电子信息产业发展分析

1. 疫情常态化阶段中，中国电子信息制造业稳步发展

中国是全球最大的制造业中心，生产着全球超过三分之一的电子产品，其中就包括智能手机、计算机、平板电脑、云服务器和电信基础设施等，并且由于巨大的人口和消费潜力，中国目前已成为仅次于美国的世界第二大电子信息产品消费市场。

在硬件领域中，全国规模以上电子信息制造业 2021 年增加值比上年增长 15.7%，在 41 个大类行业中，排名第六，增速创下近十年新高，较上年加快 8.0 个百分点；增速比同期规模以上工业增加值增速高 6.1 个百分点，差距较 2020 年有所扩大，但较高技术制造业增加值增速低 2.5 个百分点；两年平均增长 11.6%，比工业增加值两年平均增速高 5.5 个百分点，对工业生产拉动作用明显。

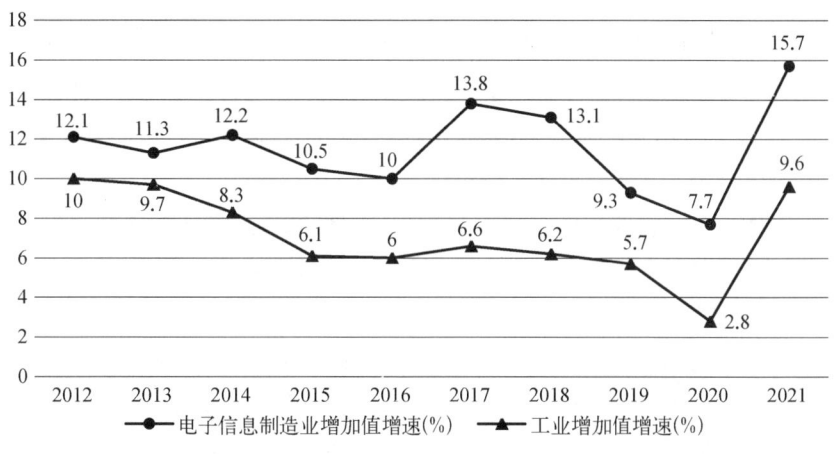

图 2 中国电子信息制造业和工业增加值增速（2012—2021 年）

2021 年，规模以上电子信息制造业实现营业收入 141 285 亿元，比上年增长 14.7%，增速较上年提高 6.4 个百分点，两年平均增长 11.5%。营业成本 121 544 亿元，同比增长 13.7%，增速较上年提高 5.6 个百分点。实现利润总额 8 283 亿元，比上年增长 38.9%，两年平均增长 27.6%，增速较规模以上工业企业利润高 4.6 个百分点，但较高技术制造业利润低 9.5 个百分点。营业收入利

润率为5.9%,比上年提高1个百分点,但较规模以上工业企业营业收入利润率低0.9个百分点。

2021年,主要产品中,手机产量17.6亿台,同比增长7%,其中智能手机产量12.7亿台,同比增长9%;微型计算机设备产量4.7亿台,同比增长22.3%;集成电路产量3594亿块,同比增长33.3%。

2021年,规模以上电子信息制造业企业出口交货值比上年增长12.7%,增速较上年加快6.3个百分点,但比同期规模以上工业企业出口交货值增速低5个百分点。

2021年,我国出口笔记本电脑2.2亿台,同比增长22.4%;出口手机9.5亿台,同比下降1.2%;出口集成电路3107亿个,同比增长19.6%;进口集成电路6354.8亿个,同比增长16.9%。

2021年,规模以上电子信息制造业实现营业收入141 285亿元,比上年增长14.7%,增速较上年提高6.4个百分点,两年平均增长11.5%。营业成本121 544亿元,同比增长13.7%,增速较上年提高5.6个百分点。实现利润总额8 283亿元,比上年增长38.9%,两年平均增长27.6%,增速较规模以上工业企业利润高4.6个百分点,但较高技术制造业利润低9.5个百分点。营业收入利润率为5.9%,比上年提高1个百分点,但较规模以上工业企业营业收入利润率低0.9个百分点。

2. 电子信息服务业对产业发展的支撑作用进一步增强

2021年,中国软件和信息技术服务业持续恢复,基本摆脱新冠肺炎疫情负面影响,呈现平稳发展态势,支撑了由于疫情影响下的服务业发展。在收入、利润和从业人数上都表现出较快的增长速度。信息技术服务加快云化发展,软件应用服务化、平台化趋势明显。西部地区软件业增速较快,东部地区保持集聚和领先发展态势。

2021年,我国软件和信息技术服务业(下称"软件业")运行态势良好,软件业务收入保持较快增长,盈利能力稳步提升,软件业务出口保持增长,从业人员规模不断扩大,"十四五"实现良好开局。

软件业务收入保持较快增长。2021年,全国软件和信息技术服务业规模以上[①]企业超4万家,累计完成软件业务收入94 994亿元,同比增长17.7%,两年复合增长率为15.5%。盈利能力稳步提升。2021年,软件业利润总额11 875亿元,同比增长7.6%,两年复合增长率为7.7%;主营业务利润率提高0.1个百分点达9.2%。从业人员规模不断扩大,工资总额加快增长。2021年,我国软件业从业人员平均人数809万人,同比增长7.4%。从业人员工资总额同比增长15.0%,两年复合增长率为10.8%。

---

① 指主营业务年收入500万元以上的软件和信息技术服务企业。

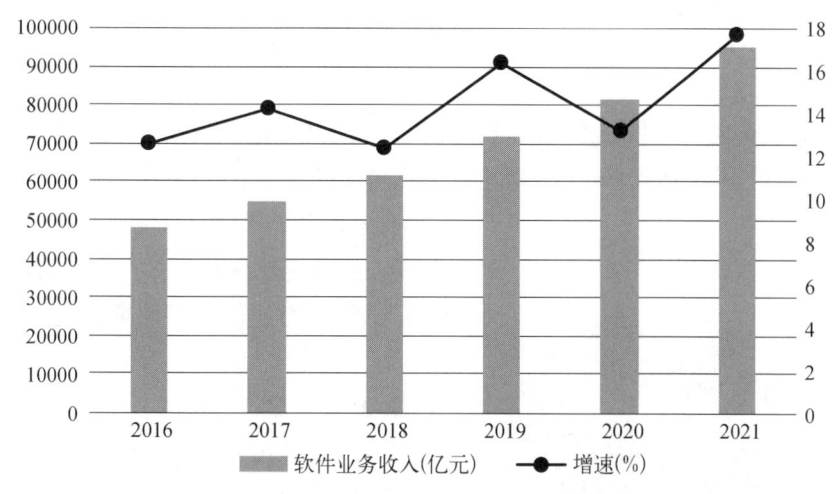

图 3　2016—2021 年软件业务收入增长情况

软件业务出口保持增长。2021 年,软件业务出口 521 亿美元,同比增长 8.8%,两年复合增长率为 3.0%。其中,软件外包服务出口 149 亿美元,同比增长 8.6%;嵌入式系统软件出口 194 亿美元,同比增长 4.9%。

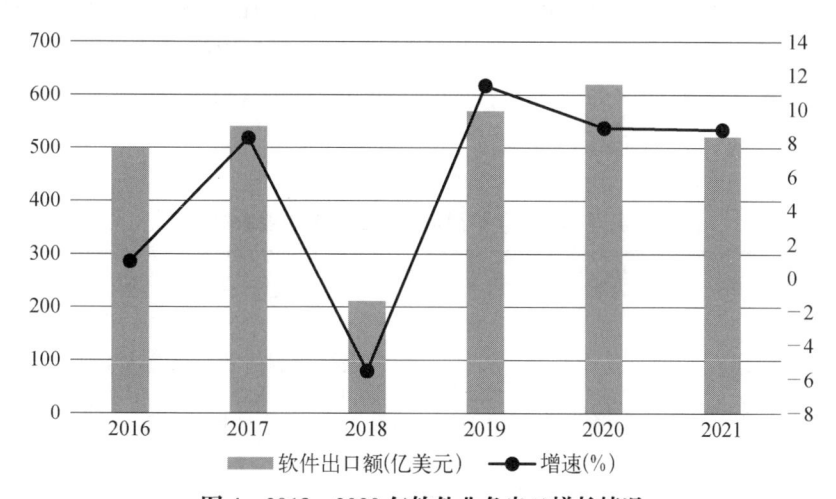

图 4　2013—2020 年软件业务出口增长情况

软件产品收入平稳较快增长。2021 年,软件产品收入 24 433 亿元,同比增长 12.3%,增速较上年同期提高 2.2 个百分点,占全行业收入比重为 25.7%。其中,工业软件产品实现收入 2 414 亿元,同比增长 24.8%,高出全行业水平 7.1 个百分点。

信息技术服务收入增速领先。2021 年,信息技术服务收入 60 312 亿元,同比增长 20.0%,高出全行业水平 2.3 个百分点,占全行业收入比重为 63.5%。其中,云服务、大数据服务共实现收入 7 768 亿元,同比增长 21.2%,占信息技术服务收入的12.9%,占比较上年同期提高4.6个百分点;集成电路设计收入2 174亿元,同比增长21.3%;电子商务平台技术服务收入10 076亿元,同比增长33.0%。

信息安全产品和服务收入增长加快。2021年,信息安全产品和服务收入1 825亿元,同比增长13.0%,增速较上年同期提高3个百分点。

嵌入式系统软件收入涨幅扩大。2021年,嵌入式系统软件收入8 425亿元,同比增长19.0%,增速较上年同期提高7个百分点。

3. 政策支撑产业发展

作为"十四五"规划的首年,2021年中国在应对外部不确定性和未来发展上展现出了前所未有的战略定力。在2021年发布的政策中,主要集中于对未来发展重点产业的电子信息产业发展方向和目标的具体规划,有《"十四五"智能制造发展规划》《中华人民共和国国民经济和社会发展第十四个五年规划和2035年远景目标纲要》和《基础电子元器件产业发展行动计划(2021—2023年)》三大国家级规划出台,具体内容如表5所示。

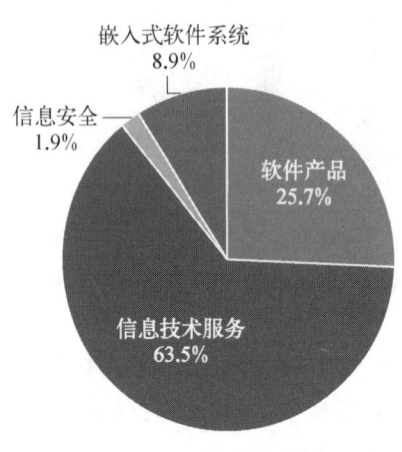

图5 2021年中国软件业收入结构
资料来源:中华人民共和国工业和信息化部。

表5 2021年中国电子信息产业主要政策

名称	颁布机构	时间	主要内容
《"十四五"智能制造发展规划》(征求意见稿)	工信部等	2021年4月	确定智能制造业发展愿景,到2025年,智能制造装备和工业软件技术水平和市场竞争力显著提升,国内市场满足率分别超过70%和50%。
《中华人民共和国国民经济和社会发展第十四个五年规划和2035年远景目标纲要》	国务院	2021年3月	坚持创新在我国现代化建设全局中的核心地位……加快发展现代产业体系,巩固壮大实体经济根基,并将高端智能制造与机器人技术在内多个领域视为制造业核心竞争力提升的关键。
			加快推动数字产业化:培育壮大人工智能、大数据、区块链、云计算、网络安全等新兴数字产业,提升通信设备、核心电子元器件、关键软件等产业水平。

续表

名　　称	颁布机构	时间	主　要　内　容
《基础电子元器件产业发展行动计划（2021—2023年）》	工信部	2021年1月	到2023年，电子元器件销售总额达到21 000亿元，充分满足信息技术市场规模需求。鼓励龙头企业面向行业开放共享业务系统，带动产业链上下游企业开展协同设计和协同供应链管理。加强公共平台建设，围绕电子元器件各领域开展产品检测分析、评级、可靠性、应用验证等服务，为电子系统整机设计、物料选型提供依据。

（三）电子信息产业成为国家竞争与对抗的主战场

1. 国际竞争形势多变，国家力量成为产业竞争的直接推手

2021年10月，美国联邦通信委员会（FCC）发布命令，撤销并终止中国电信美洲公司（CTA）在美国境内提供州际和国际电信服务的运营；要求CTA在该命令发布后的60天内，停止其根据第214条款授权所经营的任何美国境内和国际的电信服务。早在2020年4月，美国司法部发布正式公告称，自2007年以来国家安全环境不断演变，中国针对美国的恶意网络活动已经得到美国政府更多的认识，美国担心中国电信受中国政府的利用、影响和控制，认为中国电信对该公司美国业务数据的存储地点以及对其网络安全行为的公开说明都存在疑点。因此，美国政府"电信安全审查小组"（Team Telecom）认定，中国电信的运营涉及了"重大且不可接受的国家安全和执法风险"，并建议FCC"撤销和终止中国电信美洲公司据214条款被授予的业务牌照"。

此外，在集成电路领域中，2021年6月8日，美国白宫网站发布《构建弹性供应链、振兴美国制造及促进广泛增长》报告，公布对包含半导体在内的四种关键产品供应链的评估结果和拟采取的措施，该报告将对我国相关产业和贸易产生潜在影响。2022年1月25日，美国商务部发布对半导体供应链信息调查的结果，提出为国内半导体生产提供资金，以解决美国面临的长期供应挑战。

美国积极部署国内芯片技术研发和生产，以支持国内半导体制造，确保其供应链安全及产业全球领先地位。除《2020年美国晶圆代工法案》（AFA）及《为芯片生产创造有益的激励措施法案》（CHIPS）之外，2022年8月，美国总统拜登正式签署《2022年芯片和科学法案》，该法案授权未来五年支出近2 500亿美元用于税收优惠、补贴等政策，这也是美国历史上最大的五年研发预算。

美国半导体制造业可以获得约527亿美元的补贴资金，而且还为芯片制造工厂企业提供240亿美元的投资税收抵免，未来十年预计资助10到15家新的半导体工厂。该法案要求获得相关补贴支持的半导体企业，未来十年内不能在中国大陆新建或扩建先进制程的半导体工厂,这也意味着台积电、三星、英特尔等公司在中国大陆的投资将受阻。

美国政府不仅欲在国内振兴半导体制造业的发展,还试图联合其盟友,控制全球芯片供应链。2022年3月,美国向3个主要芯片制造商所在的韩国、日本、中国台湾地区方面提议组成"芯片四方联盟"(Chip4),目的在于将集成电路大部分产业链环节控制在美国及其盟友手中。

2. 高筑贸易壁垒,限制中国产业发展

长久以来美国长期以行政性指令对中国特定产业进行打压,通过限制电子信息产业核心产品出口来阻碍中国产业发展。

2022年8月,美国芯片设计公司英伟达在向美国证券交易委员会递交的一份监管文件中披露,其被美国政府要求限制向中国和俄罗斯出口两款被用于加速人工智能任务的最新两代旗舰GPU计算芯片A100和H100。另一家美国半导体企业AMD(超威半导体)也收到了类似的要求,其MI250人工智能芯片被限制向中国出口。这两家公司被要求限制出口的人工智能芯片是近两年商用领域最先进的GPU产品,暂时没有可替代的选择,限制措施将直接影响中国在人工智能领域中的应用端生态。

在禁止高端人工智能芯片出口之前,美国早已迫使荷兰禁止EUV光刻机对中国的出口。由于缺乏EUV光刻机,中国集成电路产业几乎不可能生产出14 nm以下的产品。

除了行政性的禁令之外,自2018年以来,美国也试图以加征关税的形式对中国输美商品进行打压,以此提升中国产品在美的价格,增加中国产品的出口成本。在被加征关税的产品中,存在大量包括笔记本电脑、手机、视频游戏机、电脑显示器等电子信息产品。2018年以来,美国本土市场由于受到加征关税的影响,电子信息产品的价格有所上升,而即便是在2022年美国通货膨胀率高企的情况下,美国总统拜登依然推迟取消特朗普时期对中国进口商品加征的关税决定。显然,即便是在国内经济衰退、通胀"爆表"的情况下,美国政府依然将打压中国电子信息产业作为核心的政策考虑因素。

3. DEPA或将成为中国寻求电子信息服务领域的突破口

数字经济伙伴关系协定(DEPA)由新西兰、新加坡、智利于2019年5月发起,2020年6月签署,是全球首份数字经济区域协定。该协定以电子商务便利化、数据转移自由化、个人信息安全化为主要内容,并就加强人工智能、金融科技等领域的合作进行了规定。

2021年10月30日,中国国家主席习近平在出席二十国集团领导人第十六次峰会时宣布,中国已经决定申请加入DEPA。中国加入DEPA符合中国进一步深化国内改革和扩大高水平对外开放的方向,有助于中国在新发展格局下与各成员加强数字经济领域合作、促进创新和可持续发展。

DEPA作为国际数字经济领域的一次全新尝试,尽管它的体量规模较小,但是在现有贸易和投资协定之外,单独提出的关于数字经济的协定,是全球第一个关于数字经济的重要规则安排。据美国布鲁金斯学会测算,全球数据跨境流动对全球GDP增长的推动作用已超过贸易和投资。所以,数字领域国际规则安排的重要性愈发重要。由此产生的数据跨境流动、数字本地化存储、数字安全、隐私、反垄断等一系列问题,需要规则和标准来协调。DEPA作为一个单独的数字贸易协定,有着制定国际数字贸易规则的职能,中国的积极加入不仅能基于这一贸易协定更大的覆盖范围,更能使得中国参与到国际数字贸易规则的制定中去。伴随着协定贸易体量的扩大,DEPA的覆盖领域和国家势必得以扩张,最终将形成全球性的数字贸易规则,届时由中国所主要参与的规则必然更有利于中国电子信息服务业的发展。

二、2021—2022年上海电子信息产业国际竞争力新特征

(一) 上海电子信息产业发展情况

1. 2021年上海电子信息制造业总体发展情况

电子信息产业,是指为了实现制作、加工、处理、传播或接收信息等功能或目的,利用电子技术和信息技术所从事的与电子信息产品相关的设备生产、硬件制造、系统集成、软件开发以及应用服务等作业过程的集合。上海电子信息产业主要包含集成电路、下一代通信设备、新型显示及超高清视频、物联网及智能传感、汽车电子等制造领域,延伸发展软件信息、工业互联网等服务领域。

在产业发展上,上海电子信息产业总体表现出稳步发展的态势,但在结构上表现出"硬"弱"软"强格局。受限于上海电子信息制造业转型升级的影响,上海电子信息制造业利润出现较大下滑,但在产出产品和技术的突破上,上海电子信息制造业表现亮眼,大硅片、5G基带、新型显示面板出货量持续提升,产业发展表现出不断升级态势。另一方面,软件和信息技术服务业则表现为较为良好的发展势头,产业能级不断提升,产业盈利能力持续加强,上海互联网企业发展"百花齐放",整体产业蓬勃发展。

在2021年上海战略性新兴产业的发展中,新能源、高端装备、生物、新一代信息技术、新材料、新能源汽车、节能环保、数字创意等工业战略性新兴产业完成规模以上工业总产值16 055.82亿元,比上年增长14.6%,占全市规模以上工业总产值比重达到40.6%。以新一代信息技术为代表的上海电子信息产业产值增速最低,仅为0.9%。

表6 2021年上海规模以上工业战略性新兴产业总产值及其增长速度

指　　标	绝对值(亿元)	同比增长(%)
工业战略性新兴产业总产值	16 055.82	14.6
新能源	582.19	16.1
高端装备	2 596.69	10.3
生物	1 618.53	12.1
新一代信息技术	5 422.21	0.9
新材料	3 246.64	6.6
新能源汽车	1 772.56	190
节能环保	940.31	8.8
数字创意	144.9	11.5

另一方面,从具体国民经济产业分类来看,电子信息产业主要包含计算机、通信和其他电子设备制造业,与软件和信息技术服务业发展同样表现出显著差异。由于全球疫情反复,全球电子信息产品市场增长疲软,2021年,以计算机、通信和其他电子设备制造业为主的电子信息制造业实现营收5 632.48亿元,同比下降0.3%,营业利润实现82.24亿元,同比大幅下降46.5%。与硬件制造业营收利润下滑不同的是,在电子信息产业中软件和信息技术服务业获得了较大增长,全年实现营收4 945.3亿元,同比增长12.1%,实现营业利润770.42亿元,同比增长20.1%。利润增长率高于营收增长,显示出电子信息产业中软件部分的盈利能力和总体竞争力在逐渐增强,发展质量不断提高。

表7 2021年上海电子信息产业细分领域发展情况

行　　业	营业收入(亿元)	比去年同期增长(%)	营业利润(亿元)	比去年同期增长(%)
计算机、通信和其他电子设备制造业	5 632.48	−0.3	82.24	−46.5
软件和信息技术服务业	4 945.30	12.1	770.42	20.1

2. 产业高端化转型趋势显著

2021年上海全年规模以上工业产品销售率为99.4%。在2021年上海电子信息产业规模以上企业主要产品产量的变化中,集成电路、集成电路圆片、笔记本计算机和服务器都实现了产量的较大增长,智能电视产量微增,而智能手机产量则出现了-24.1%的下滑。

表8　2021年上海电子信息产业规模以上企业主要产品产量及其增速

产品名称	单位	产量	比上年增长(%)
集成电路	亿块	364.95	19.8
集成电路圆片	万片	1 117.3	23.2
笔记本计算机	万台	1 949.96	31.9
智能手机	万台	2 892.24	-24.1
服务器	万台	34.99	27.7
智能电视	万台	153.5	0.1

中芯国际 N+1 工艺月产能突破 1.5 万片,华虹集团 14 纳米工艺进入客户验证阶段,SiC 工艺产能达到 2 500 片。中芯国际月产能将突破 62 万片,华虹集团月产能突破 50 万片,积塔半导体月产能突破 5 万片,产能规模和工艺等级位居国内第一。

在信息服务业的基础设施上,上海千兆接入能力已实现全市覆盖。光纤到户能力覆盖家庭数达 960 万户,比上年末增加 1 万户。家庭宽带用户平均接入带宽达 209.9 Mbps,比 2019 年末增加 28.4 Mbps。4G 用户数达 3 246.2 万户,比 2019 年末减少 353.4 万户;5G 用户数达 612.7 万户,比上年末增加 591.2 万户。互联网省际出口带宽 28 863 GB,比上年末增加 7 003 GB,互联网国际出口带宽 6 941.9 GB,比上年末增加 1 865.5 GB。IPTV 用户数达 564.8 万户,比上年末增加 7.9 万户。年内完成建设 15 837 个 5G 基站(累计建成 32 038 个 5G 基站),37 648 个 5G 室内小站(累计建成 51 560 个 5G 室内小站),实现 5G 网络中心城区和郊区重点区域连续覆盖。以行业示范应用带动 5G 产业链、业务链、创新链融合发展,在智能制造、健康医疗、智慧教育等十大领域累计推进 400 余项 5G 应用项目。2020 年,上海市智慧城市发展水平指数为 109.77,较去年提高 3.91,连续 7 年持续增长。

上海 5G 创新能力也进一步提升。从知识产权看,截至 2022 年 3 月 14 日,上海 5G 企业申请专利 6 591 件,在全国各大省市中排名靠前。其中发明专利 5 590 件,占到了专利申请总数的 84.81%。

上海电子信息制造业已经进入了产业转型期,其典型的特征就是以传统终端产品,如手机、电视、计算机等产品的产量、产值的下降和以集成电路、传感器、集成电路圆片等高技术产品产能、产值的扩张为主。传统产品的生产转移使得上海电子信息制造业在总产值、产业利润等方面处于不利的地位。与此同时,集成电路等新的电子信息制造业的支柱还处于产业导入期,在产值、盈利能力上都还无法支撑起上海电子信息制造业的发展,并且还需要长期持续稳定的研发投入推动上海电子信息制造业产业的高端化,这势必进一步降低上海电子信息制造业的盈利能力和总体产业增速。

3. 集成电路领域引领发展

电子信息产业的重要组成部分集成电路产业规模稳中有升。2021年,在全球芯片产能紧缺的大环境下,上海集成电路制造业主动作为,适时把握"国产替代"重要机遇,生产实现较快增长,市场竞争力显著增强,产业创新高地加速形成。2021年,上海集成电路规模以上制造业完成工业总产值1 138.97亿元,同比增长22.9%,增速高于规上工业12.6个百分点,在国内发展中的规模优势不断扩大。从细分环节来看,晶圆制造环节和封装测试环节的工业总产值占据整体集成电路产业总产值的主体,而IC设计委托加工领域和设备制造领域的增速则最高,实现了全年40%以上的工业总产值的增长,其中集成电路设计业超越深圳排名全国第一。

除了规模的不断增长之外,集成电路产业发展的经济效益也在不断提升。2021年,上海集成电路制造业实现营业收入1 156.41亿元,比上年增长17.5%,利润总额111.01亿元,增长61.5%,利润增速远高于营收增速,发展质量不断提升。在具体产业链环节中,晶圆制造企业实现利润总额31.07亿元,增长2.2倍,拉动行业利润增长31.1%,在全球芯片产能紧缺的大环境下,晶圆制造企业把握国产替代的历史机遇,全力化解"缺芯"带来的供应不足,积极改进产品工艺,增强产品市场竞争力,盈利能力实现倍增;IC设计委托加工企业利润总额20.42亿元,增长57.5%,拉动行业利润增长10.9%,得益于国内经济持续稳定恢复,5G、人工智能领域需求旺盛,相关产品订单激增。

(二)产业发展环境不断优化

1. 政策支撑促进产业发展

无论是在政策支撑还是体制建设上,上海都在探索一条重点突破的体制机制建设。2021年上海持续完善集成电路产业发展顶层设计。完成《上海市打造世界级集成电路产业集群三年行动方案(2021—2023年)》《上海市集成电路产业发展"十四五"规划》编制,会做好产业发展顶层设计,聚焦重点、明确任务,加快解决关键核心技术"卡脖子"问题,打造产业链最全、产业集聚度最高、综合竞争力最强的集成电路产业体系。规划中构建了"一核三基四前五端"产业体系,形成"一带两区三园多点"产业空间布局。

产业发展的基础环境逐步优化,2021年12月,工业和信息化部正式宣布上海等15个省(自治区、直辖市)的29个城市达到了千兆城市评价标准,建成了全国首批"千兆城市"。上海市人民政府分别与中国电信、中国移动、中国联通签署"十四五"战略合作协议,"十四五"战略合作协议的签署,深化了上海与中国电信、中国移动、中国联通的合作对接,共同完善城市数字底座,共同发展新应用新业态,共同加大科技创新突破;上海举办2021"IPv6+"创新城市高峰论坛,会上发布了《上海IPv6创新发展白皮书》,启动了"IPv6+"创新之城,并揭牌"IPv6+"联合创新中心。

平台建设助力产业发展,上海试点打造全国首个人工智能公共算力服务平台。以"提供普惠算力资源、扶持国产算法框架、打造算法孵化平台、创新数据应用模式"为目标,统筹推进本市人工智能计算公共服务平台建设。

2. 资本市场助推产业发展

根据IT桔子的统计,2015—2020年间,上海的5G投资案例数一直稳居全国前列,5G领域的创业、投资市场较为活跃。2021年,上海市5G产业投融资事件数略有下降,达到4起,投融资金额实现9亿元。

在重点前沿企业的投融资中,上海已经构建起企业做大做强的投融资环境。2021年全年实现10家集成电路企业登陆科创板。目前共35家集成电路企业在国内外资本市场上市,其中科创板上市22家,融资金额突破900亿元,位居国内第一。国家大基金一期共投资上海项目26个,投资额465亿元,占大基金一期总投资额34.3%;大基金二期已投7个上海项目,投资金额约232亿元;吸引大基金投资金额远超兄弟省市。上海集成电路产业基金一期已投资72个项目,出资465亿元,带动社会投资超过2 000亿元;上海基金二期已投资项目2个,完成72亿元投资。

(三)上海电子信息制造业贸易能级逐步提升

上海市电子信息产业出口以集成电路、笔记本电脑、平板电脑、手机等制成品为主,受2020年笔记本电脑、平板电脑等终端产品出口高基数的影响,2021年上海平板电脑、手机、电视机、液晶显示板等产品都出现了较大幅度的出口下滑,其中平板电脑出口额下降11.72%;手机出口额下降24.18%;电视机出口额下降10.55。而电子元件领域则依然保持了较大的增长势头,2021年全年实现出口额2 114.4亿元,同比增长13.23%,其中占比最大的集成电路全年实现出口1 691.7亿元,同比增长11.17%;太阳能电池增长最为显著,全年出口额为58.2亿元,同比增长近30%。

表9　2021年上海电子信息产业主要产品出口情况

商　　品	单位	数量（千）	数量同比（%）	人民币（万元）	人民币同比（%）
自动数据处理设备及其零部件	—	139 715.55	7.40	19 317 586.74	2.89
自动数据处理设备	台	22 153.47	39.19	12 081 761.45	8.40
平板电脑	台	1 775.53	−1.73	400 559.42	−11.73
笔记本电脑	台	16 293.76	43.35	9 480 956.61	6.27
中央处理部件	台	5 431.91	15.08	1 196 649.16	−12.80
存储部件	台	33 405.64	−12.04	2 963 218.17	−17.01
自动数据处理设备的零件、附件	千克	25 582.72	−2.40	1 863 925.73	1.08
液晶监视器	台	1 036.48	127.16	128 136.47	78.53
手机	台	21 491.49	−28.64	6 223 845.16	−24.18
电视机	台	794.58	−12.35	281 396.83	−10.55
音视频设备及其零件	—	22 571.63	5.31	846 872.50	14.33
有机发光二极管显示屏	千克	3 024.27	437.59	168 910.02	692.71
电子元件	—	196 372 992.96	12.24	21 144 869.88	13.23
印刷电路	块	3 122 300.14	−9.96	575 657.75	10.76
二极管及类似半导体器件	个	95 512 121.38	13.79	2 938 623.32	29.35
太阳能电池	个	161 497.46	24.60	581 984.14	29.22
集成电路	个	95 778 389.23	12.16	16 917 261.91	11.17
液晶显示板	个	18 729.20	−31.30	587 635.21	−27.46
光电技术	—	113 548.70	3.93	1 220 889.84	−8.71
计算机与通信技术	—	498 726.69	21.67	30 905 693.88	−2.05
电子技术	—	196 840 575.77	13.16	22 047 977.39	12.85
计算机集成制造技术	—	139 233.59	16.62	1 796 000.57	18.06

资料来源：根据上海海关网站相关数据整理。

当前，上海市在电子信息产业链的优势主要在于 3C 产品的生产制造，通过进口各种产业相关的制造设备及相应的技术进行中间产品和最终产品的生产，在中美贸易冲突持续甚至加剧的大背景下，相应设备技术存在不断被"卡脖子"的风险，作为科创中心和电子信息产业发展水平较高的上海，在未来应在相应领域加大研发投入，争取尽快实现关键技术设备的国产替代。

从上海电子信息制造业主要产品的出口情况可看出，平板电脑、中央处理部件、手机、电视机等传统消费电子最终产品的出口不断下滑，而这些产品支撑了上海电子信息产业几十年的产业发展。随着上海人工成本的不断提升，此类传统消费电子最终产品的国际竞争优势也必然进一步降低。

三、2021—2022 年上海电子信息产业国际竞争力指数分析

（一）上海电子信息产业国际竞争力总指数

1. 国内重点省市电子信息产业国际竞争力变化

在 2022 年上海重点产业国际竞争力指数的测算中，进一步修订了测算的指标体系。在收集了样本地区电子信息产业五年的数据后，通过测算后得到全国主要省（市）2017 年至 2021 年的电子信息产业国际竞争力指数，需注意的是在本书，电子信息产业包含电子信息制造业和电子信息服务业，其结果如图 6 所示：

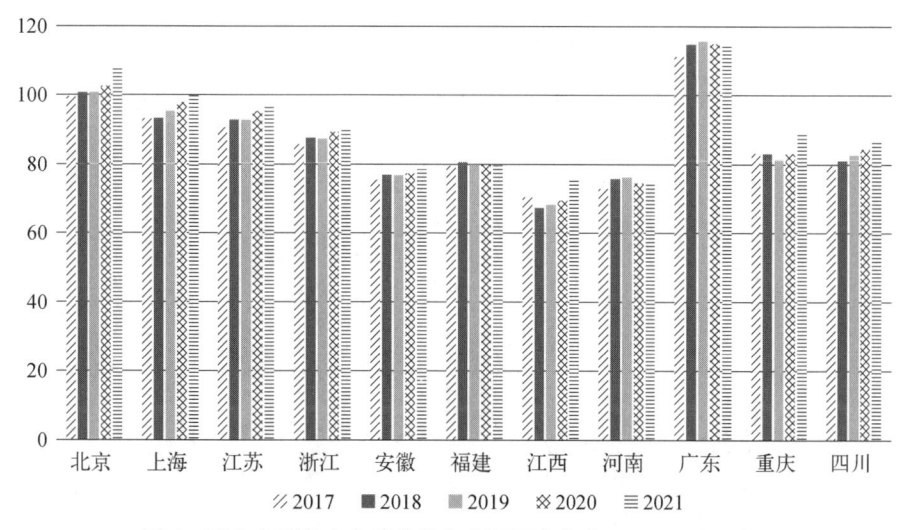

图 6　国内主要省市电子信息产业国际竞争力（2017—2021 年）

经过几十年的发展，中国已经形成了较为固定的区域产业发展格局：广东作为改革开放的排头兵长期处于电子信息产业超强的地位，而北京、

上海、江苏和浙江作为电子信息产业的增长极支撑了全国产业的发展。在具体产业国际竞争力的指数上，2021年上海电子信息产业国际竞争力指数为99.68，仅次于广东和北京，排名全国第三。广东作为传统电子信息产业大省，凭借着深圳的创新优势和佛山、珠海等地的制造优势在电子信息产业的软、硬件领域中长期保持了国内领先地位。而北京凭借着其政治中心的优势，大量电子信息国有企业总部集聚，资源优势显著，获得了较强的政策支撑和资源支撑，同样也表现出较强的国际竞争力，特别是在2021年获得了相较于前几年更大的增长率。上海、江苏、浙江则基本处于同一竞争力水平。所以，综合来看，中国电子信息产业国际竞争力格局呈现出"一超多强"的格局，广东以绝对优势成为中国电子信息产业发展的超强级，而北京、上海、江苏和浙江电子信息产业国际竞争力四强紧随其后，作为电子信息产业的重要增长极支撑了全国产业的发展，构成了国内的第二梯队。

在产业集群的发展上，各个电子信息强省（市）则表现出了差异，广东产业发展表现为省内产业集群发展的道路，即广州、佛山、深圳等区域电子信息产业形成集群，推动了全省产业的发展。北京则更为单一，表现为区域内的产业单级发展，周边省市与其产业发展的协同度不足。以上海为首的江浙沪地区则表现为更好的产业协同性，上海、江苏、浙江电子信息产业国际力指数的变化展现出了一致性和指数的相近性，二省一市的产业发展上实现了较强的协同效应，成为国内区域产业协同发展最佳地区。

2. 上海电子信息产业国际竞争力指数变化

如图7所示，上海新电子信息产业国际竞争力指数在2017年至2021年间保持了稳定增长的态势，由2017年的93.19上升至2021年的99.68，除

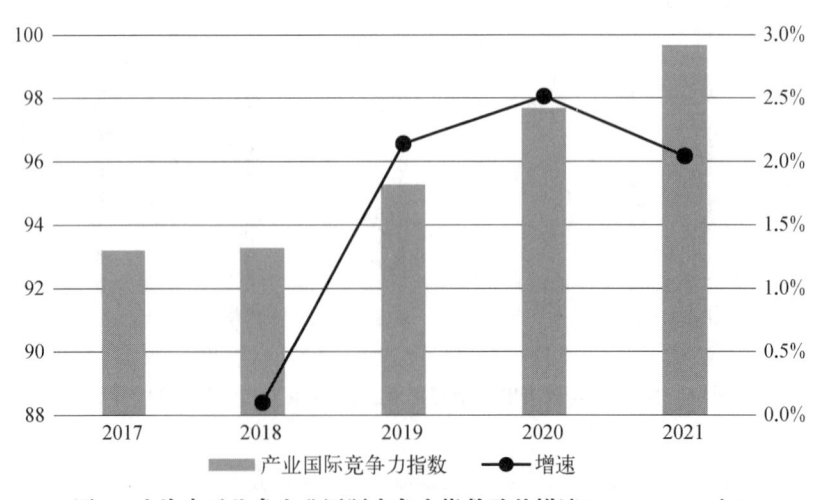

图7　上海电子信息产业国际竞争力指数及其增速（2017—2021年）

2018年表现为微增之外,2019年、2020年和2021年的增长率都在2%以上,产业国际竞争力提升显著。自2018年开始,美国对中国发起的贸易摩擦和科技封锁不仅没能成功打压上海电子信息产业的国际竞争力,反而促使中国和上海不断出台相关政策,加强了对产业的支撑,使得上海电子信息产业自2019年开始出现稳步的增长。

在产业国际竞争力指标体系的测算中,指数的高低有相对竞争力强弱的含义。从上海分指标的指数大小来看,上海电子信息产业直接竞争力的优势在于贸易竞争力,并且支撑直接竞争力增长也是贸易竞争力和企业竞争力,代表着上海电子信息产业产品在国际市场上的扩张和产品技术质量的提升。而在综合竞争力中,上海的区域竞争力存在较大优势,而创新竞争力则提升显著,成为支撑上海电子信息产业综合竞争力增长的主要动力。近年来上海电子信息产业紧抓国产替代机遇,在大量政策支撑下不断实现产品升级和技术突破,创新能力不断提升,成为支撑产业综合竞争力的核心抓手。

表10 上海电子信息国际竞争力分指数变化(2017—2021年)

分 指 数	2017	2018	2019	2020	2021
贸易竞争力	116.38	115.49	121.34	122.84	129.79
企业竞争力	93.38	90.17	94.38	98.00	101.52
产业竞争力	88.51	91.82	88.01	89.88	90.80
区域竞争力	101.59	100.57	100.79	102.93	103.75
创新竞争力	72.34	74.26	77.85	80.63	80.21

(二)上海电子信息产业国际竞争力分指数变化

1. 上海电子信息产业贸易竞争力

将上海电子信息产业贸易竞争力指数构成变化绘制如图8所示,上海电子信息产业贸易竞争力指数高位持续上升。2018年和2020年分别由于中美贸易摩擦和新冠疫情冲击,电子信息产业国际竞争力指数增长放缓,而在2019年和2021年电子信息产业国际竞争力指数都出现了5%以上的增长。

在具体测算竞争力指数的指标上,贸易竞争力包含显示性比较优势指数(RCA)、贸易竞争力指数(TC)、行业复杂度(ICI)和对外贸易依存度,代表着产业竞争力在贸易上的直接表现。

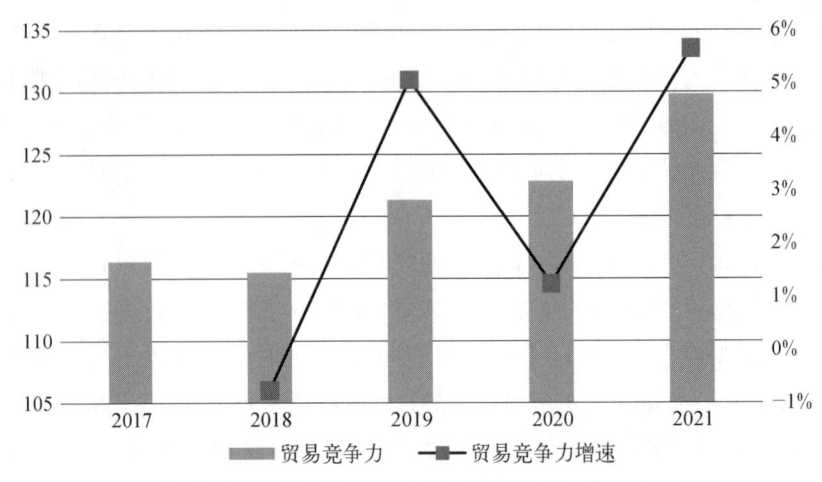

图 8　上海电子信息产业贸易竞争力指数变化(2017—2021 年)

在影响贸易竞争力的指标中,RCA、TC 和行业复杂度是主导指数的变化的因素。如图 9 所示,2017 年至 2021 年间,上海整体电子信息产业的 RCA 指数在 2018 年经历略微下降后在高位保持稳定,而 TC 指数自 2018 年开始就出现了持续的下降,拖累了贸易竞争力的提升。随着上海电子信息制造业中传统产品,如手机、电视等劳动密集型总装产品产量的不断下降,上海电子信息产业的总体出口量也在下降。与此同时,上海电子信息产业新产品,如半导体、传感器、智能产品等一方面由于首先供应国内市场,另一方面在生产中使用了大量的进口中间品,故使得 TC 指数自 2018 年起出现了持续的下降。

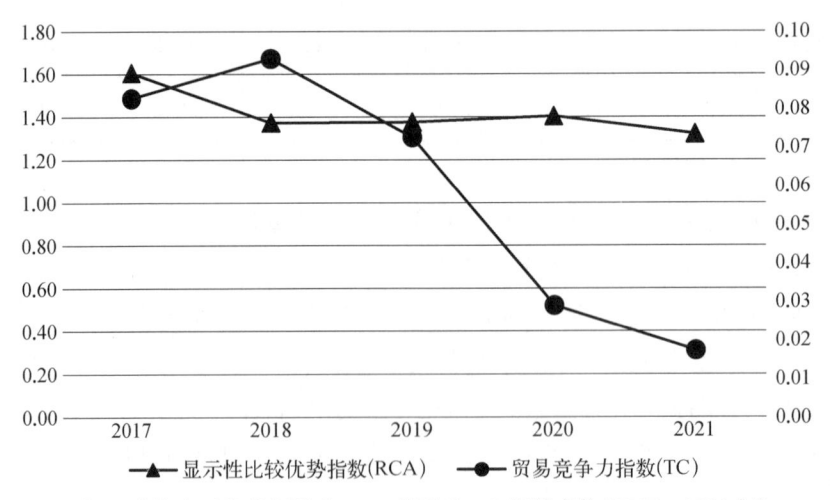

图 9　上海电子信息制造业 RCA 指数和 TC 指数变化(2017—2021 年)

另一个影响贸易竞争力指数的指标是行业复杂度。行业复杂度是基于产品空间理论创造的一个指标,通过单个产品的 RCA 指数标定该产品的技术复杂度。对一个产品而言,能生产出口的国家越多,该产品的技术水平和附加价值等通常越低。最后,将单个地区产业中所含的所有产品即产品复杂度根据出口比重进行加权后,得到该产业的行业复杂度数值,代表了这一产业能够在全球提供的产品的技术水平和竞争力程度。通过对全球电子信息制造业的相关产品进行测算并对其产品进行加权之后,得到了上海电子信息产业行业复杂度指数,其结果如图11所示。

由图10可以看出,上海电子信息制造业产业出口额和行业复杂度在2013年至2017年间表现基本平稳,显示出波动的趋势。而从2018年开始,上海电子信息制造业产业出口额和行业复杂度指数开始快速上行。这表明,自2018年开始,上海电子信息产业出口达成了产品出口数量提升,同时也实现了出口产品技术水平的提升。

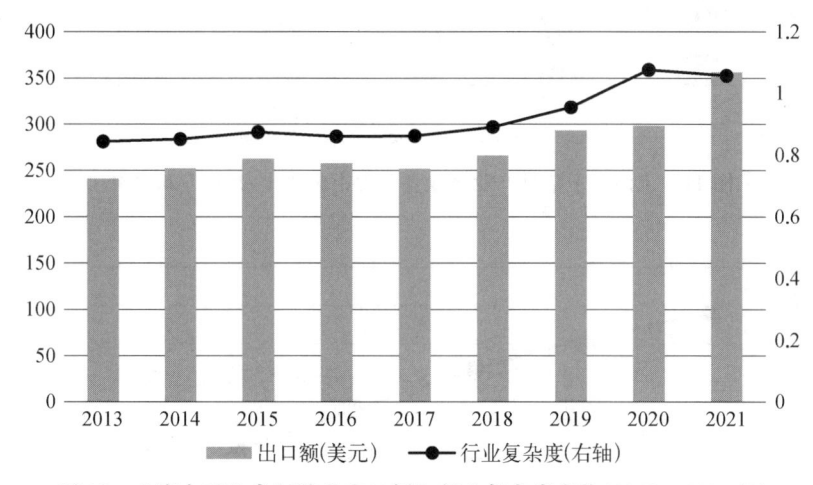

图10 上海电子信息制造业出口额和行业复杂度变化(2013—2021年)

2. 上海电子信息产业企业竞争力

上海企业竞争力指数如图11所示,企业竞争力指数则经过2017年和2018年的低位震荡之后,2019年之后表现为稳定持续的上升。

企业竞争力包含地区电子信息产业出口占营收的比重(电子信息制造、软件和信息技术服务业)、产业链强度和产业韧性度指标,代表着地区产业中企业在产业发展中的直接表现。

在企业竞争力中,电子信息产业出口占营收的比重(电子信息制造、软件和信息技术服务业)指标出现了持续的下降,而产业链强度和产业链韧性指标持续上升支撑了企业竞争力的稳中有进。由图12可知,在2016年至2021年间,上海电子信息产业中,无论是制造业还是服务业,均出现了出口占总产值比重不断下降的情况。上海自20世纪90年代开始发展电子信息制造业,自发展伊始就将其定位为外向型产业,通过电子信息产业的加工贸易发展出了一大批具有一定竞争优势的电子信息企业。但随着地区要素禀赋的转变,上海电子信息产业也经历着转型,一方面是由国外市场向国内市场的转型,表现为图 12 所示的出口占总产值比重的不断下降;另一方面,是产品结构的转变和产业能级的提升。

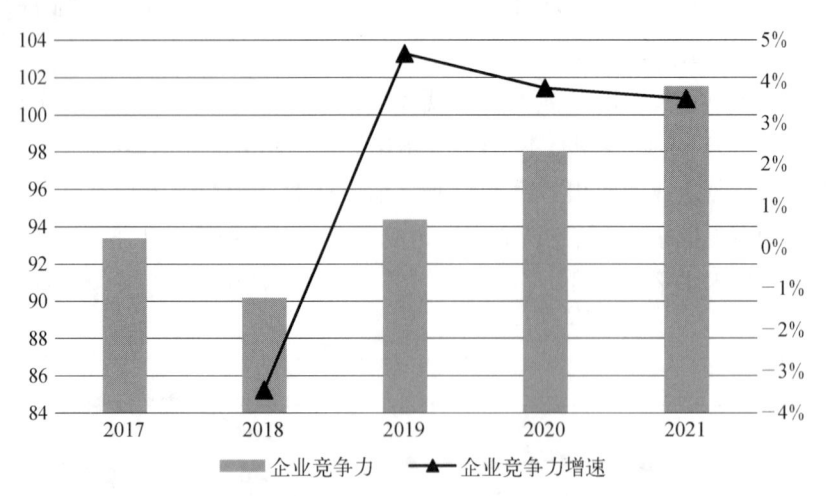

图 11　上海电子信息产业企业竞争力指数变化(2017—2021 年)

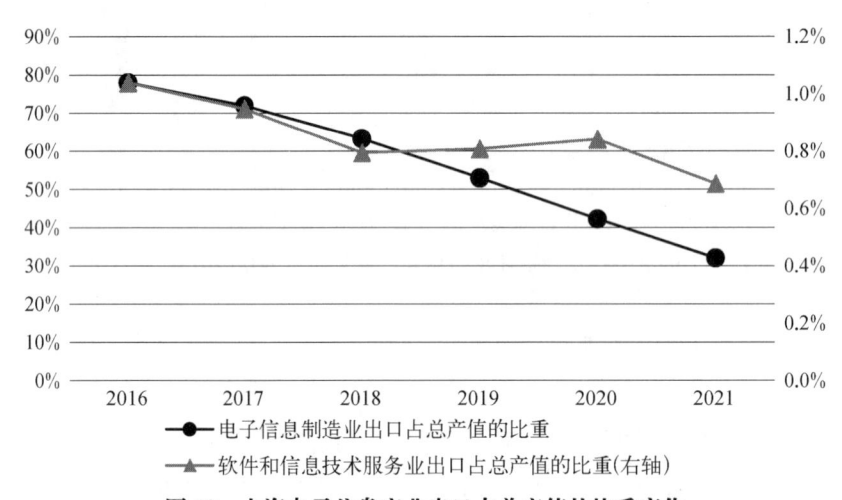

图 12　上海电子信息产业出口占总产值的比重变化

3. 上海电子信息产业竞争力

上海电子信息产业竞争力指数如图 13 所示,产业竞争力指数表现为低位徘徊的态势,指数在 88 和 92 之间徘徊,并且在增长率上也表现为正增长和负增长波动的态势。

产业竞争力包含电子信息制造业劳动生产率、电子信息制造业行业利润率、软件业劳均收入和国内市场占有率指标,代表电子信息产业发展的产业基础的评价,衡量了电子信息产业的产业基础能力。

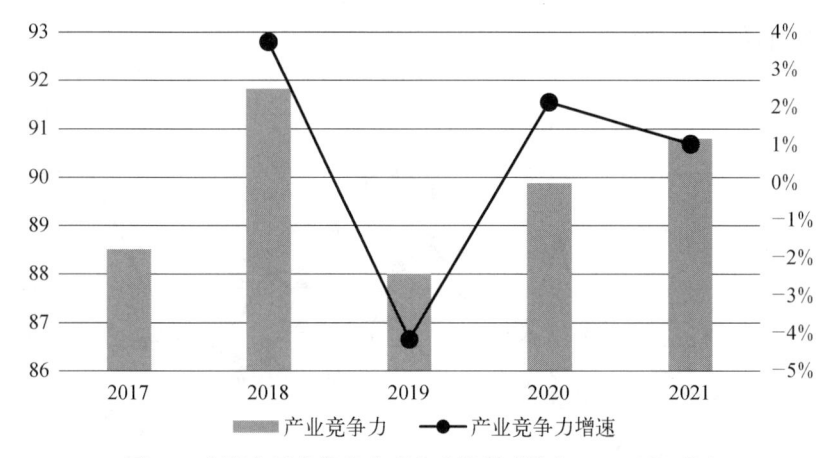

图 13　上海电子信息产业竞争力指数变化（2017—2021 年）

在影响产业竞争力指数的指标中，行业劳均产值、软件和信息技术服务业劳均产值和行业利润率处于核心的地位。上海 2016 年至 2021 年汽车产业的劳均产值和行业利润率如图 14 所示。

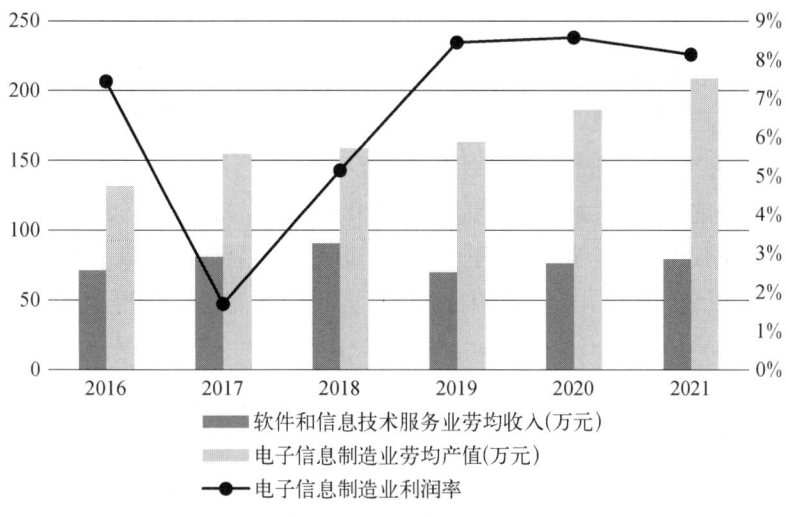

图 14　上海电子信息产业劳均指标和利润率（2016—2021 年）

上海电子信息制造业劳均产值在 2016 至 2021 年间稳步上升，而软件和信息技术服务业则表现出波动中稳定，与此相反的是，电子信息制造业的利润率在 2018 年和 2019 年的反弹后陷入了增长乏力的困境。显然，上海电子信息制造业在转型升级的过程中投入了大量中间品，这种生产模式压缩了电子信息制造业的利润率，但扩张了劳均产值。电子信息服务业则不同，尽管劳均收入在一定水平上波动，但是其利润率则更高，其给予了上海电子信息产业更高的竞争力。

上海电子信息产业的产业转型可以从上海电子信息产业历年主要产品的

产量看出,如图 15 所示。

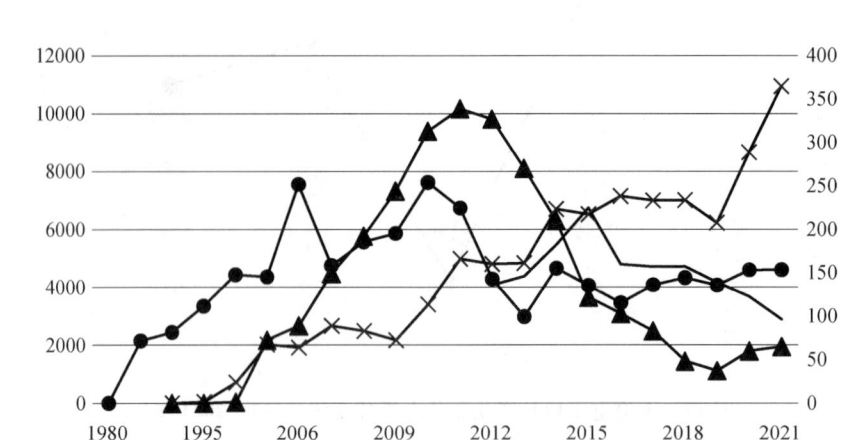

图 15 上海电子信息制造业主要产品产量变化(1980—2021 年)

自 2010 年起,长久以来支撑上海电子信息制造业增长的产品产量开始出现连年下跌。其中,程控交换机、移动通信基站、微型计算机设备、移动通信手持机(手机)和电视机产量下降显著。其中,移动通信基站设备由 2013 年的 89.73 万通信道下降至 2017 年的 5 万通信道;微信计算机设备产量虽在 2020 年和 2021 年受益于疫情影响有所反弹,但 2021 年产量仅仅为 2011 年产量最高点的五分之一不到;电视机产量虽在 2014 年起保持了约 150 万台的产量,但其产量也仅为 2010 年的五分之三;移动通信手持设备,即手机的产量在 2015 年见顶之后已经出现了六年的下滑,并且伴随着产量下滑的还有出口总量的下滑。

与之相对应,中国电子信息产业依然保持了快速增长,计算机、手机、电视等产量不断突破新高,成为全球最重要的电子信息产品制造国。所以,上海大量的电子信息制造业产品生产的下降背后,一方面是原有产能的转移,另一方面是电子信息制造业中新投资的收缩。对于上海而言,传统电子信息制造业总装环节受限于上海劳动力价格的不断上升而逐渐失去竞争力,而新阶段以集成电路为主体的产业正在逐渐快速增长,但在体量上无法与总装型细分产业的产值相比。如图 16 所示,在过去二十多年间,上海集成电路和集成电路圆片产量迅速增长,已经逐渐取代传统电子信息总装产业,成为上海电子信息产业发展的主体,带动了上海电子信息产业技术水平和产业能级的不断提升。

4. 上海电子信息产业区域竞争力

上海电子信息产业区域竞争力如图 17 所示。区域竞争力指数在 2017 至 2021 年间变动不大,表现为高位稳定,由 2017 年的 101.59 增长为 2021 年的 103.75,除 2018 年小幅下跌之外,其余年份都保持了正增长。

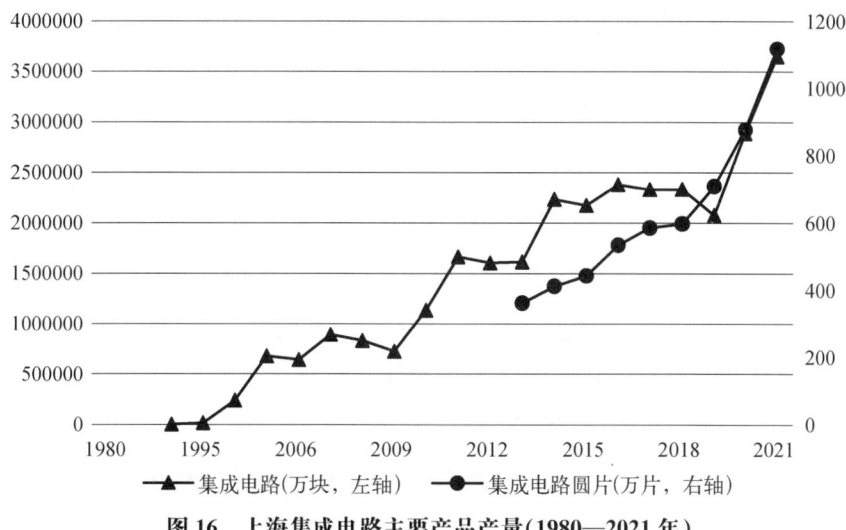

图 16　上海集成电路主要产品产量(1980—2021 年)

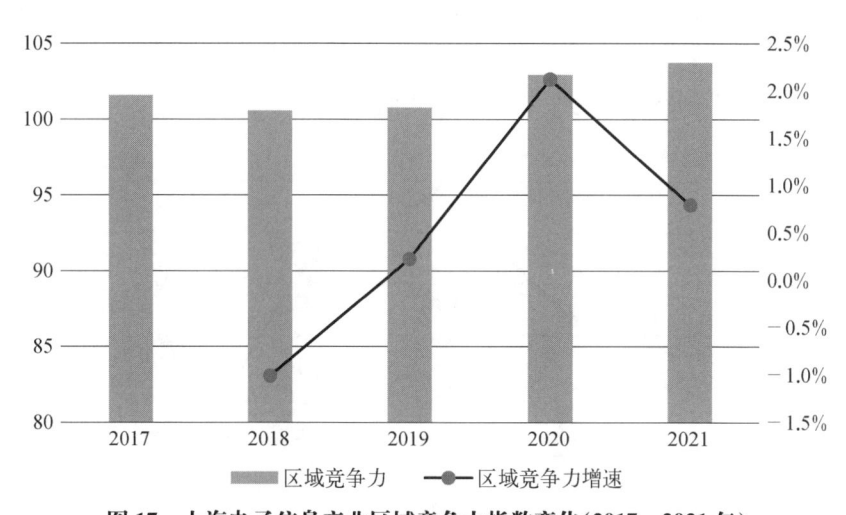

图 17　上海电子信息产业区域竞争力指数变化(2017—2021 年)

在影响电子信息产业区域竞争力指数的因素上,产业集中度和税收政策是最主要的两个指标。由图 18 可以看出,产业集中度在 2018 年经历了较大的下降,在 2019 至 2021 年间则表现为小幅度的下滑。自中美贸易摩擦以来,中国国内各地区就开始了对集成电路的大力投资,各地产业项目遍地开花,降低了上海的比重。另一方面,上海主动淘汰低效产能,大量处于手机、计算机等电子信息产品的总装环节企业迁离上海,导致了上海在电子信息产业总体产出上占全国的比重的下降。在税收政策上,自 2019 年开始,上海电子信息产业的税收政策指标开始上升,代表税收占销售收入比重的上升。显然,缴税额上升的背后是上海电子信息产业的附加值和营业利润的提升,是上海电子信息产业产业结构转型升级的重要表现。

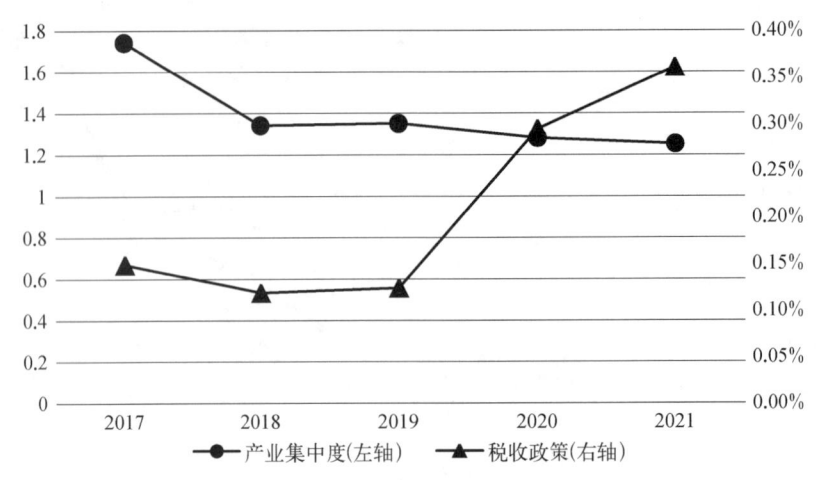

图 18　上海电子信息产业区域竞争力指标变化（2017—2021 年）

5. 上海电子信息产业创新竞争力

上海电子信息产业创新竞争力指数变化如图 19 所示，创新竞争力相对增长较大，但其增速在 2019 至 2021 年间不断放缓，在 2021 年甚至出现了微小的负增长，并且创新竞争力指数相对于其他分指数而言较低。

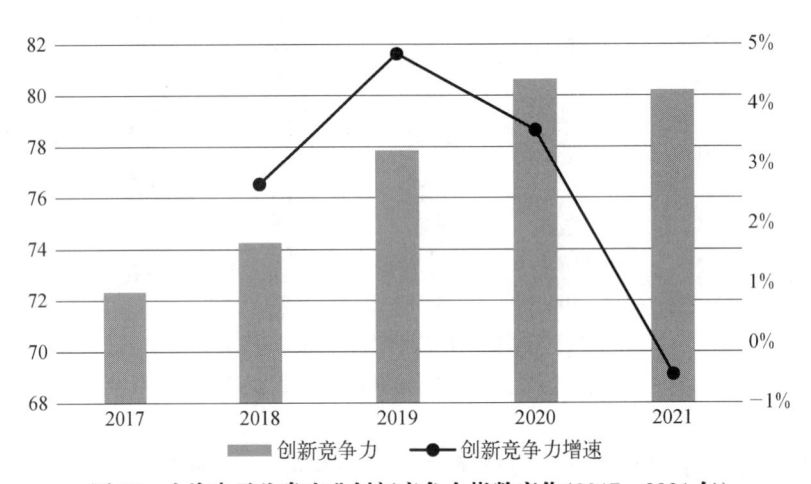

图 19　上海电子信息产业创新竞争力指数变化（2017—2021 年）

创新竞争力指标包含 R&D 投入强度、R&D 人员全时当量、发明专利数指标；区域竞争力包含产业集中度、税收政策和产业政策指标。故创新竞争力的本质是衡量地区产业在创新上的投入程度，是影响产业未来发展潜力的核心指标。

上海电子信息产业的创新竞争力指数增长速度和幅度都较为显著，但存在指数水平较低的问题。创新竞争力指数较低主要是两方面的因素所导致，一方面，在本项目的测算中，指数的高低有着相对的含义。上海受限于地域、禀赋等因素，与广东、江苏等电子信息产业大省的产业体量相比较小，因而也表现出相对较少的研发投入、研发人员和专利产出，这些指标的水平决定了创新竞争力指数的水平。正是由于这一体量因素,上海电子信息产业的产业竞争力指数的测算结果也相对较低。

另一方面,上海的产业结构具有特殊性,上海在电子信息制造领域中的核心为集成电路,在电子信息服务领域中的核心则为人工智能、大数据等前沿领域和上游高技术领域,这些领域专利的形成需要大量资源投入和人才投入,由此产生的专利技术也更具有"含金量"。与广东、江苏等电子信息大省的产业投入相比,有大量电子信息企业处于总装集成环节,其技术水平和附加值含量也较多,其研发投入的专利技术水平与重要性也相对较低,但在专利数量上则更多。所以,上海电子信息产业的创新能力虽然在指数上表现较低,但其创新的质量相较于其他省市更高,正是在这一高创新质量的带动下,上海电子信息产业创新竞争力的指数在过去几年间迅速提升,表现出了相对于其他省市更高的增长速度。

上海电子信息产业创新竞争力的主要指标行业研发投入和电子信息产业专利数如图 20 所示。

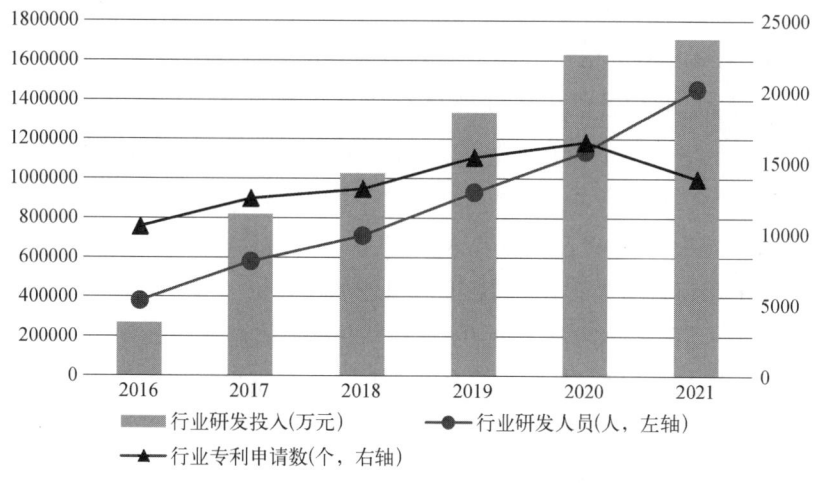

图 20　上海电子信息产业研发指标变化(2016—2021 年)

在 2017 至 2021 年间,上海电子信息产业行业研发投入、行业研发人员都出现了持续性的增长,而行业专利申请数在 2016 年至 2020 年间的持续上升之后,在 2021 年有所下降,大量的研发投入有力地支撑了上海电子信息产业创新竞争力指数的快速增长。

表 11　上海电子信息制造业研发支出　　　　（单位：亿元）

研发相关项目	2016	2017	2018	2019	2020
R&D 内部支出	92.79	103.73	77.30	95.59	146.39
技术改造经费支出	1.77	4.76	2.63	11.48	7.34

续表

研发相关项目	2016	2017	2018	2019	2020
技术引进经费支出	2.31	2.35	3.76	1.33	0.18
购买国内技术支出	0.54	0.39	0.48	0.71	1.23
新产品销售收入	1 034.53	1 074.97	1 145.46	1 356.49	1 450.00
新产品出口	483.28	570.89	558.96	544.12	646.50

上海电子信息制造业研发投入内部支出波动中上升，由 2015 年的 87.91 亿元上升至 2020 年的 146.39 亿元，是近 5 年的最大值。虽然 2018 年美国对中国高科技产业的打压使得上海电子信息制造业的内部研发支出出现了较大回落，这一情况也出现在技术改造经费支出和新产品出口的变化上。但是，正是由于这一产业打压使得国内的电子信息企业开始转向全面的自主研发，由此出现了 2019 年、2020 年 R&D 内部支出的快速增长，2020 年的 R&D 内部支出近乎 2018 年的 2 倍。与这一研发内部支出相反的是技术引进经费支出的快速下降，由 2018 年 3.76 亿元下降至 2020 年的 0.18 亿元。上海电子信息制造业的这一转变虽然是在外界的封锁中所被迫的，但同时也必然会增强上海电子信息制造业的技术水平和研发能力，形成具有国际竞争力的技术基础。

值得注意的是，新产品销售收入自 2015 年起逐年增长，并且增长显著，而在新产品的出口总量上却在 2017 年达到了顶峰后于 2018 年出现了回落。这表明上海电子信息制造业新产品的增长中主要为国内需求的增长，国外需求反而有所下降，反映出上海电子信息制造业产品在出口能级上的不足、当前发展主要依托国内市场的情况。

总体上来看，上海电子信息产业已经进入了产业转型期，其典型的特征就是以传统终端产品，如手机、电视、计算机等产品的产量和产值的下降和以集成电路、传感器、集成电路圆片等高技术产品产能和产值的扩张为主。传统产品的生产转移使得上海电子信息制造业在总产值、产业利润等方面处于不利的地位。与此同时，集成电路等新的电子信息制造业的支柱还处于产业导入期，在产值、盈利能力上都还无法支撑起上海电子信息制造业的发展，并且还需要长期持续稳定的研发投入作为上海电子信息制造业产业高端化的前提，这势必进一步降低上海电子信息制造业的盈利能力和总体产业增速。

（三）2023 年上海电子信息产业国际竞争力展望

1. 总体产业发展方向

上海市电子信息制造业的未来，应充分发挥张江实验室、国家集成电路创新中心等"1+4"创新体系的作用,对前瞻性、颠覆性技术进行提前研发和布局,联合长三角区域的相关企业开展深度的合作;并加快建设上海集成电路设计产业园、东方芯港等创新园区。上海市需要重点发展集成电路、新一代通信设备、OLED及Mini LED技术、物联网及AIoT设备、智能终端设备的研发与制造;大力发展工业互联网平台建设,加快产业的数字化转型,实现产业的高质量发展。此外,应加强核心设备器件的设计制造技术攻关,解决"卡脖子"问题的同时推进电子信息制造冲击高端,鼓励头部电子信息制造企业提升其技术水平和产品附加值,保障供应链的安全和产业链的稳定。对于电子信息终端产品,应当保持自身优势的基础上,探索适应市场需求的新一代智能消费终端,着力将上海市电子信息制造业打造为技术先进、安全可靠、自主可控的产业聚集区。

而在电子信息服务领域中,通过深化电子信息服务深挖金融科技领域潜力,打造上海国际金融科技高地。金融服务的移动化、网络化已经十分明显,无人银行网点、智能投顾等金融创新应用不断涌现,上海作为国际金融中心,更应该跟紧这一趋势,大力发展金融科技。首先,探索机器学习、分布式账本、生物识别等技术的创新应用,提升金融服务的安全保障。

此外,电子信息服务业的发展也需要发挥对制造业发展的支撑作用。加大对工业软件研发投入,提升工厂智能化水平。工厂智能化和信息化水平的提升,一方面有利于缩短产品研发的时间;另一方面,也有利于为客户提供专业定制服务。加速信息服务,推动商务应用向人性化转变,不断改善用户体验。将软件和信息服务业与生活工作深入融合,赋予人们更美好的感受。如今,高德地图、百度地图已成为出行必备工具,通过大数据分析,为用户提供智能导航和多种路径选择。

2. 长期来看,上海电子信息产业承担着独立自主、突破封锁的重任

在电子元器件领域,上海市应加大投入,提高芯片设计、制造封测水平。在芯片设计方面,在推动进行SOC芯片的设计之外,也应注重目前专用芯片的广大市场,推动头部企业获取3 nm的先进芯片设计能力,设计性能先进、安全可靠的EDA软件,对RISC-V及MIPS等开源指令集进行研发,争取创造有市场竞争力的IP核。在芯片制造方面,要加快先进工艺研发,支持12英寸晶圆生产线产能提升,争取实现产能在"十四五"时期结束时实现翻倍;在芯片封装方面,要发展晶圆级封装、2.5D/3D封装、系统封装等先进封装技术。

在制造设备及材料领域,应当投入大量资金支持,争取实现先进光刻设备、刻蚀设备、薄膜设备、离子注入设备、湿法设备、检测设备等集成电路前道制造设备的国产化替代,解决相应设备的"卡脖子"问题;而在半导体材料方面,需要提高大硅片、高端掩膜板、光刻胶等材料的产能和技术水平,保障显示面板、芯片制造等方面的需求。

在下一代通信设备领域,要研发 5G 基带及射频芯片,推进产业化和国产化的发展;促进 5G 及 Wi-Fi6 技术的发展;完成向 SA 组网的转变,对毫米波基站的布局进行前瞻性研究,支持 5G 通信设备企业积极参与相应国际标准制定和技术研发工作。

随着与世界产业技术前沿的不断接近,欧美国家对中国电子信息产业的封锁和打压会进一步加剧,上海作为技术前沿地区将是打击的重点。事实上,自 2020 年开始,美国相继制裁中芯国际、商汤科技等企业,相关领域包括高端集成电路装备、EDA 软件等中国尚未突破、还需依靠国际供应的产品,试图进一步打压中国电子信息制造业。

3. 上海电子信息产业"双轮驱动"发展模式

近年来,上海电子信息产业中,电子信息制造业和电子信息服务业在产值上基本相近,但在利润率和增加值上却出现了较大的差距,特别是在 2021 年的发展中上海电子信息制造业营业利润下滑超过 40%,而电子信息服务业营业利润则上升了 20%,电子信息服务业的总利润约为电子信息制造业的 10 倍。

显然在过去几年中,上海电子信息制造业为了实现产业转型升级,投入大量资金进行产业改造和研发,侵蚀了产业利润。而电子信息服务业则受益于电子信息制造业的高端化扩张和大量企业的数字化改造,获得了巨大的发展机遇,特别是疫情反复情况下,大量业务转向线上,增加了行业的需求,形成了行业发展的新机遇。

对于上海电子信息产业发展而言,软件和硬件的发展是不能割裂的,电子信息制造业的发展给电子信息服务业提供了市场,而电子信息服务业的扩张则助力电子信息服务业向高端化挺进,未来上海电子信息产业的发展必然是电子信息制造业和电子信息服务业协同发展的模式。形成制造业支撑服务业,服务业拉动制造业的互为促进的良性循环。具体来说,就是以工业软件、计算机指令集、人工智能算法为主要发展方向,支撑集成电路产业发展;以集成电路、新型显示、通信设备制造为硬件基础,进一步实现电子信息服务业的突式发展。最后,在协同式发展的模式下,依托中国超大规模国内市场优势,构建自主产业链发展基础。

四、上海电子信息产业发展的困境与政策建议

(一)上海当前产业发展存在的问题

上海市在电子信息产业方面取得了显著成就,但也存在一定的问题,目前上海市电子信息产业主要存在产业链核心技术控制能力较弱、产业链联动不足等问题。因此,在后疫情时代,上海市应把握国家对上海科创中心的定位,

以增强自主创新能力为主线,提升电子信息产业的产业基础能力和产业链现代化水平,以人才引领战略为支撑,发挥张江科学城等科创中心的创新优势,主动融入全球创新网络,汇聚创新要素资源,优化空间布局结构,完善产业创新生态,完成产业数字化转型,补足产业链技术短板,积极参与产业链的国产替代,形成国内国际双循环的发展格局,打造世界级电子信息产业集群。

1. 疫情反复下,上海电子信息产业面临断"链"风险

自 2020 年新冠肺炎疫情暴发以来,全球电子信息产业时不时遭受产业链和供应链断链的风险。以 2021 年中的缺"芯"为例,由于汽车芯片、传感器芯片等专门生产厂家海外工厂的停产,整个新能源汽车产业的生产能力有所下降,进一步制约了中国新能源汽车产业的发展。而到了 2022 年初,上海遭受了疫情暴发以来最大的停产危机,自 2022 年 3 月底至 6 月初,上海电子信息产业生产几乎停滞,这不仅直接导致了上海电子信息产业产值和生产能力的下降,更在一定程度上导致企业对上海疫情防控不确定的担忧,为此进一步缩减投资,降低了上海相关产业的产能。

2. 关键核心技术缺失,自主创新能力与世界前沿差距较大

目前上海市电子信息制造业的产业研发依然存在普遍存在原始创新动力不足、科研成果质量不高的问题,绝大部分企业主要采取自主研发模式,合作研发或委托研发的比例较低,而在这一点上,国际头部企业则大量采取合作研发模式,例如阿斯麦的大量研发活动都会与其供应链伙伴进行合作研发模式,从而提升研发效率;在经济全球化和 ICT 技术不断发展的时代背景下,有必要针对产业核心共性技术,进一步激励与引导企业开展多种形式的合作研发,加强国际科技合作,通过开放式的协同创新机制推动企业实现研发过程的资源共享、风险共担和利益均沾,从而提高研发及创新效率。

尽管近年来电子信息制造业在技术突破上取得了不错的成就,但在关键核心技术产品方面依然与国际先进水平有巨大差距。以集成电路领域为例,在 EDA/IP 这一半导体行业的明珠领域,中国仅占有全球 1% 的 EDA/IP 市场,上海在该领域更是几乎空白,2020 年第 23 届中国集成电路制造年会所公布的中国十大 EDA 公司中没有上海企业;在芯片设计领域,国内也落后较多,尤其是 X86 芯片设计方面,以兆芯发布的 KX-6640MA 处理器为例,在性能上仅相当于英特尔同代 atom 微架构的赛扬系列;在半导体设备方面,先进的光刻机、刻蚀机、CMP、PVD 设备均由美国、日本、荷兰等国的企业所垄断,目前国内乃至上海的相关企业距离国际先进水平依然有相当大的差距;而在部分元器件方面,国内依然无法做到国产替代,如华为受美国禁令影响,无法从国外供应商获取 5G 射频器件,而国产无相应替代品,使其 P 系列新机不得不全部制造为 4G 手机。

除了在集成电路制造业领域的缺失之外,我国在集成电路设计的前端工

业软件领域也严重落后。未来上海电子信息制造业的发展离不了相关工业软件的协同发展。特别是工业软件的发展还关系着我国电子信息产业全产业链的产业安全,其国产化需求甚是紧迫。

从当前各国的工业软件发展来看,拥有完备工业软件体系的国家只有美国、德国和法国三个国家,这三个国家也是工业化的先行国家,在对工业制造的理解上领先于全球,从而发展出了全套的工业软件体系。而我国作为后发工业化国家,在制造领域已经有了一定的建树,但是在工业软件领域则出现了严重缺失的情况。

3. 上海集成电路产业直面美国围剿,国际发展环境堪忧

上海作为中国电子信息产业发展的前沿阵地,承担着突破重任,但同样也直面外国的制裁和封锁。2020年6月,在疫情持续致全球半导体供应危机爆发之际,美国众议院首次提出"芯片法案",并且顺利得到了两党议员的支持,于2021年1月作为国防法案的一部分被签署为法律。

2022年7月,《芯片与科学法案》(CHIPS and Science Act of 2022)通过美国上下议院的投票。该法案授权未来五年支出近2 500亿美元,这也是美国历史上最大的五年研发预算。该法案直接以税收抵免的形式阻止芯片制造工厂在中国内地投资或扩建先进制程的半导体。

美国政府不仅欲在国内振兴半导体制造业的发展,还企图联合其盟友,控制全球芯片供应链,如2022年3月提议组成"芯片四方联盟"。

在可见的将来,美国对中国电子信息核心领域的打压依然会不断持续,而上海集成电路领域将成为直面美国"围剿"的前沿阵地。另一个上海电子信息产业需直面的打压就是美国商务部所制定的"实体清单"。

实体清单(Entity List)是美国商务部下属的工业和安全局不定期维护的一份列表。清单上可以是企业、政府机构、研究院所或是个人。清单上的这些机构和个人在涉及美国产品与技术的出口、转口和转让贸易时必须事先获得有关机构发出的许可证。并且,"实体清单"约束范围并不仅限于美国企业。欧盟、日本、澳大利亚等地的企业往往与美国的出口管制步调保持一致,因为其销售的产品往往包含美国生产的部件或者是使用了部分美国企业的技术,这都属于《出口管理条例》所列出的管控产品,一旦违反同样会遭受美国政府的制裁。所以被列入实体清单的企业在与欧美各国的国际贸易方面都会遇到较大的困难。

由表12可知,截至2022年,上海有近20家电子信息企业进入了美国"实体清单",并且名单上企业几乎都为电子信息产业中各个领域的领先企业,如华为为中国最大的通信设备制造商,商汤和依图为中国最大的两大人工智能企业,中芯国际为中国最大的集成电路生产企业,国盾量子为中国领先的量子通信企业。

表 12　美国出口管制"实体"名单（上海电子信息产业部分）

上海电子信息产业被制裁企业名单	上海电子信息产业被制裁企业名单
上海华为技术有限公司	上海天朗电子技术有限公司
上海商汤智能科技有限公司	中微半导体设备（上海）股份有限公司
上海依图网络科技有限公司	上海集成电路技术与产业促进中心
上海银晨智能识别科技有限公司	中芯国际集成电路制造（上海）有限公司
上海瓦诺仪器有限公司	上海金卓科技有限公司
华为云计算技术有限公司上海分公司	上海国盾量子信息技术有限公司
中芯南方集成电路制造有限公司	上海爱信诺航芯电子科技股份有限公司
中芯国际控股有限公司	上海傲世控制科技股份有限公司
上海屹领电子科技有限公司	

4. 产业发展人才供给不足，行业薪酬不断上涨

全国电子信息产业长期面临着人才不足的问题，按照工信部《制造业人才发展规划指南》中对制造业十大重点领域人才需求的预测，2020年，新一代信息技术产业的人才需求缺口将达到750万人，而电子信息制造业属于新一代信息技术产业，和整个产业一样面临着人才缺口大的问题。根据中国电子信息产业发展研究院发布的《中国集成电路产业人才发展报告（2020—2021年版）》的数据，我国集成电路产业正处于布局和发展期，行业薪酬不断提升，进入本行业的从业人员增多。2020年我国直接从事集成电路产业的人员约54.1万人，同比增长5.7%。集成电路产业2020年总销售额达到8 848亿元人民币，同比增长17%。从产业链各环节来看，设计业、制造业和封装测试业的从业人员规模分别为19.96万人、18.12万人和16.02万人。预计到2023年前后全行业人才需求将达到76.65万人左右，集成电路行业人才或存在20多万的缺口。2020年，我国集成电路相关毕业生规模在21万左右，其中有13.77%的集成电路相关专业毕业生选择进入本行业从业。

根据前程无忧发布的《2021年第一季度"芯力量"（集成电路/半导体）市场供需报告》，集成电路/半导体行业在2021年一季度的招聘量比2020年和2019年同期分别增长了65.3%和22.2%，并呈现出进一步增长的态势。2021年3月集成电路/半导体行业人才需求量占职位总量达到历史高位5.5%。大量新创立的集成电路企业从传统集成电路企业中开出高薪，挖走人才，进一步推动集成电路行业薪酬的不断上升。就上海地区而言，受限于高房价、落户难

等因素,也出现了重点企业中大量人才的流失。如 2021 年,中芯国际员工整体流失率为 21.22%。在 2020 年上半年至 2021 年上半年间,中芯国际流失约 600 名研发人员,研发团队人数下降至不到 1 800 人,严重影响了企业的研发能力。

(二) 上海提升电子信息产业国际竞争力的政策建议

1. 坚定政策定力,持续政策支撑

上海市应继续加大力度攻关电子信息产业技术薄弱环节,提高产业综合竞争力,聚焦产业技术产品的不足之处,补足产业薄弱环节,实现大规模的国产替代,解决关键领域技术产品存在的"卡脖子"风险,加大对相关技术的攻关和人才引进,力争填补国内产业空白。政府应鼓励企业加强与重点高校、研究院所等的合作,依托张江科学城等科创中心的资源,开展对于先进光刻机等半导体制造设备、光刻胶等半导体材料等的研发与商业化应用推进;推进 EDA 工具的研发,加强对工业互联网平台的建设及利用,从而整合产业技术创新能力,提高研发效率;对 RISC-V、MIPS 等不同于 ARM 和 X86 的开源指令集进行研发设计,在这些潜在赛道上力争实现技术突破;加快发展第三代半导体材料(砷化镓、碳化硅等)的研发力度,力争在材料领域实现较强的竞争优势。

电子信息制造业需要大量的资金投入与尖端人才;在资金投入方面,政府可以设立电子信息产业投资基金,重点投资产业链各个环节中的骨干企业,达到基金投入支持骨干企业突破关键技术的目的,政府基金的投入重点应聚焦于协力推动上下游企业间的合作,并与国家重大科技项目和专项建设基金共同支持集成电路产业的发展,形成协同效应和带动效应;而电子信息产业迈向高端,需要大量相应领域的人才,针对目前相应人才短缺的现象,一方面应当加大国内的人才梯队建设培养力度,推进企业与高校在人才培养方面进行合作;另一方面,应当加速产业相关海外高端人才的吸引和保留利好政策,使人才梯队和上海市电子信息产业升级和发展的需求相匹配;此外,还应重视对人才结构进行优化,提升高层次人才的占比,为产业链迈向高端提供充足的保障。

2. 推动电子信息产业"软""硬"联动发展,增强发展效益

一方面,不断探索电子信息产业发展的新模式,推进电子信息产业云平台的建设。云平台可以为企业设计人员提供共享平台,查看和利用云端设计资源和软件,实现企业内部合作共享,同时也打破了地域限制。因而,集成电路企业上云,有利于提高集成电路企业的研发效率。同时,集成电路是云平台建设的基础,集成电路企业上云将更加有利于发现云平台建设过程中的重点、难点,实现集成电路设计、制造与云平台建设的双向互动,对上海的集成电路制造业的价值链提升以及上海信息化水平提高,形成巨大推力。当下,由于存

储、传感器等传统芯片领域几乎被国外垄断,进入难度极高,上海应该将注意力重点放在人工智能、区块链、边缘计算、物联网等新兴技术领域所需芯片的研发,提升这类芯片的运算能力和使用寿命,开发人工智能芯片提升安防、自动驾驶、金融等应用领域可靠性,抢占这一轮产业革命的高地。

另一方面,为软件和信息服务业构建好的生存发展环境。首先要进一步完善基础设施。互联网数据中心(IDC)是云计算和大数据的基础,重视 IDC 的建设与完善,提升其对电信资源、互联网资源和传统 IT 服务的整合能力,制定好紧急预案措施,保证 IDC 安全,确保内容或应用服务能够及时准确传递到使用者的手中;另一方面,上海超级计算中心是支撑上海智慧城市建设的公共资源服务平台,上海应当继续推进上海超级计算中心计算资源的升级扩容,来满足基础科学研究的高性能计算需求和工业创新等社会发展的高性能计算需求。

最后,应提高产业链协同的能力。需借鉴国际产业的发展经验,进行资源整合,优化产业发展模式,提升产业链联动能力,鼓励企业通过提高纵向一体化程度,尤其是产业链的后向一体化程度,进而增强企业的议价能力,从而降低生产成本;此外,可以学习阿斯麦、三星、台积电等企业的模式,通过企业交叉持股等方式,促进产业链企业合作研发,提高产业投入产出效率,降低研发风险;还应当进行价值链的延伸与整合,不断探索产品发展的新方向,做好产业供给侧的转型升级。

在发展模式上,对于上海电子信息制造业的前沿技术突破中,也不仅仅要依靠单独一家公司进行大量的研发从而突破,更需要推动现有上海本地上下游企业的联合发展和联合研发。如集成电路设备企业上海微电子和集成电路代工企业上海华虹的交叉持股和联合研发,集成电路设计公司和 EDA 软件公司的联动发展,等等。通过交叉持股、联合研发等手段,实现产业的联动发展。

3. 建立完善的疫情常态化生产保供协调机制,稳定发展预期

在 2022 年上半年疫情冲击下,上海经历了严重的停工停产,这背后折射出的是上海当前在面对疫情暴发时产业保障机制的不健全。为此,在将来一段时间内,构建疫情防控常态化下的产业保障机制有利于稳定产业发展,增强投资信心。

上海应该建立电子信息产业链保供常态化平台,升级产业物流体系。一是通过现代化信息技术打造信息互认和产业保供平台。将相关运输车辆和司机信息接入平台,实现人员、线路、车辆状态、货物状态的实时监控和区域间信息互认,确保运输安全,以此衔接上海与周边地区的产品流转和物流的监测。二是使用大数据和人工智能等技术赋能信息平台,自动规划运输路径,形成中转方案,打通长三角地区信息链,减少省际流转间的门槛,畅通供应链。三是在现有上海港口仓储的基础上,探索特殊时期港口运输仓储闭环式运营模式

和仓储模式。

4. 持续加强人才引进和人才帮扶力度

人才是产业发展的基础,未来上海电子信息产业的发展需要大量的高端人才。而人才的投入也是一项长期而持续的工作。要政府、社会和高校三方共同努力才有可能实现。在当前产业发展的阶段,引进海外相关人才是最便捷,也是最可行的方式。继续坚持落户绿色通道、完善医疗保险等优质社会保障吸引人才,政府还应当结合企业发展方向,有针对性地搜寻人才,分配人才,既最大化实现人才自身价值,又最大化发挥企业自身优势。对于引进人才的政策,要打破唯职称、唯学历的评价体系,使得广大的产业人才受益于人才政策,这样上海才能集聚大量人才,实现产业突破与创新。

对于上海而言,上海本地拥有大量工科院校和研究所,发挥好院校和研究所的人才培养,并且加大培养力度,为产业提供相应的人才。鼓励产学研相结合,借助高校资源建设软件园区,推动高校、企业的互助往来,高校参与到企业的项目建设中,企业为高校提供试验与实习平台。

此外,除了继续加大高校人才培养力度外,还需推动微电子和集成电路相关一级学科的申请和建设,缩小高校人才培养与企业用人需求间的差距,推动集成电路人才的"供给侧结构性改革"。

在政策层面,企业自主培养人才是企业人才的最主要来源,为增强还在发展时期的企业潜力,鼓励企业培养人才,对电子信息制造业企业,政府可以进行相应的人才培养补贴,进一步降低企业人才培养成本,加大企业自主培养人才的意愿。

5. 强化国内区域联动,推动国际联合发展

电子信息产业作为典型的长产业链和复杂产业链的产业,其单个地区的发展离不开其他地区的支撑。因此,上海电子信息制造业的发展不仅是上海单个地区的发展,更是区域产业的合作发展。自2019年开始,长三角一体化正式成为国家战略,这是上海产业发展的大契机。特别是在长三角一体化发展的重点领域中,电子信息制造业成为重点发展产业之一。就在长三角一体化背景下,上海虽然已经明确未来发展的三大产业,即人工智能、集成电路和生物医药,其中人工智能和集成电路是电子信息制造业发展相关度极高的产业,仅仅依靠上海本土自身资源的发展势必面临产业发展缓慢、资源投入不足等困境。所以上海在产业发展上要立足于产业链,向价值链的两端延伸,布局长三角,利用长三角的资源发展自身。为此,一方面,政府应该依靠中央推动长三角一体化的政策大背景,与江浙地区政府和监管机构互动,化解行政层面上的市场割裂和限制进入与合作的情况,如对于非本地区企业的非明文的歧视等。另一方面,依靠上海本地企业去江浙地区设立分公司或者培养供应商,充分利用当地资源优势,在工业中间产品的流动上获得收益,从产业层面实现

长三角地区区域产业的一体化。

此外,通过进一步加强软件和信息服务业的国际合作进行深化发展,继续深挖美国、欧洲和日本等发达国家市场的潜力。首先,鼓励软件企业在美日欧发达国家设立软件研发机构,在提升本土软件开发能力的同时提高学习创新能力;其次,支持发达国家的软件企业到上海投资;最后,推动软件功能标准设定与国际测评标准接轨,提升上海企业的接包能力,特别对于自主创新能力较弱的中小软件企业而言,应当积极接包,主动加强与先进企业的合作,获取国际先进技术。

执笔:

蒋程虹　上海社会科学院应用经济研究所博士

图书在版编目(CIP)数据

上海重点产业国际竞争力发展蓝皮书.2021—2022 / 汤蕴懿等著. —上海：上海社会科学院出版社，2023
ISBN 978-7-5520-4242-9

Ⅰ.①上… Ⅱ.①汤… Ⅲ.①产业发展—国际竞争力—研究报告—上海—2021—2022 Ⅳ.①F269.275.1

中国国家版本馆 CIP 数据核字(2023)第 188169 号

上海重点产业国际竞争力发展蓝皮书(2021—2022)

著　　者：汤蕴懿等
责任编辑：袁钰超
封面设计：夏艺堂
出版发行：上海社会科学院出版社
　　　　　上海顺昌路 622 号　邮编 200025
　　　　　电话总机 021-63315947　销售热线 021-53063735
　　　　　http://www.sassp.cn　E-mail:sassp@sassp.cn
照　　排：南京展望文化发展有限公司
印　　刷：镇江文苑制版印刷有限责任公司
开　　本：787 毫米×1092 毫米　1/16
印　　张：18.25
插　　页：1
字　　数：354 千
版　　次：2023 年 8 月第 1 版　2023 年 8 月第 1 次印刷

ISBN 978-7-5520-4242-9/F·747　　　　　　　定价：88.00 元

版权所有　　翻印必究